Andreas Kuckertz

Der Beteiligungsprozess bei Wagniskapitalfinanzierungen

AF892302

GABLER EDITION WISSENSCHAFT

Entrepreneurship

Herausgegeben von
Professor Dr. Malte Brettel, RWTH Aachen,
Professor Dr. Lambert T. Koch, Universität Wuppertal,
Professor Dr. Tobias Kollmann, Universität Duisburg-Essen, Campus Essen,
Professor Dr. Peter Witt, Wissenschaftliche Hochschule für Unternehmensführung (WHU), Vallendar

„Entrepreneurship" ist ein noch relativ junger Forschungszweig, der jedoch in Wissenschaft und Praxis stetig an Bedeutung gewinnt. Denn Unternehmensgründungen und deren Promotoren nehmen für die wirtschaftliche Entwicklung einen zentralen Stellenwert ein, so dass es nur folgerichtig ist, dem auch in Forschung und Lehre Rechnung zu tragen.

Die Schriftenreihe bietet ein Forum für wissenschaftliche Beiträge zur Entrepreneurship-Thematik. Ziel ist der Transfer von aktuellen Forschungsergebnissen und deren Diskussion aus der Wissenschaft in die Unternehmenspraxis.

Andreas Kuckertz

Der Beteiligungsprozess bei Wagniskapitalfinanzierungen

Eine informationsökonomische Perspektive

Mit einem Geleitwort von Prof. Dr. Tobias Kollmann

Deutscher Universitäts-Verlag

Bibliografische Information Der Deutschen Bibliothek
Die Deutsche Bibliothek verzeichnet diese Publikation in der Deutschen Nationalbibliografie; detaillierte bibliografische Daten sind im Internet über <http://dnb.ddb.de> abrufbar.

Dissertation Universität Duisburg-Essen, Campus Essen, 2005

1. Auflage Juni 2006

Alle Rechte vorbehalten
© Deutscher Universitäts-Verlag | GWV Fachverlage GmbH, Wiesbaden 2006

Lektorat: Brigitte Siegel / Nicole Schweitzer

Der Deutsche Universitäts-Verlag ist ein Unternehmen von Springer Science+Business Media.
www.duv.de

Das Werk einschließlich aller seiner Teile ist urheberrechtlich geschützt. Jede Verwertung außerhalb der engen Grenzen des Urheberrechtsgesetzes ist ohne Zustimmung des Verlags unzulässig und strafbar. Das gilt insbesondere für Vervielfältigungen, Übersetzungen, Mikroverfilmungen und die Einspeicherung und Verarbeitung in elektronischen Systemen.

Die Wiedergabe von Gebrauchsnamen, Handelsnamen, Warenbezeichnungen usw. in diesem Werk berechtigt auch ohne besondere Kennzeichnung nicht zu der Annahme, dass solche Namen im Sinne der Warenzeichen- und Markenschutz-Gesetzgebung als frei zu betrachten wären und daher von jedermann benutzt werden dürften.

Umschlaggestaltung: Regine Zimmer, Dipl.-Designerin, Frankfurt/Main
Druck und Buchbinder: Rosch-Buch, Scheßlitz
Gedruckt auf säurefreiem und chlorfrei gebleichtem Papier

ISBN 978-3-8350-0391-0

Geleitwort

Junge und damit meist gerade erst gegründete Unternehmen mit einer innovativen Geschäftsidee stehen in der Regel vor dem Problem, dass ihnen am Anfang oftmals die notwendigen finanziellen Mittel zur Umsetzung ihres Konzeptes fehlen. Um die Basis für die Unternehmensgründung, ein schnelles Wachstum und die erfolgreiche Weiterentwicklung des Unternehmens zu legen, müssen daher externe Investoren gefunden werden, die Wagniskapital (Risikokapital – Venture Capital) zur Verfügung stellen. Ziel des Venture-Capital-Gebers ist es, über den Erwerb von Anteilen des Unternehmens an dessen Wertsteigerung zu partizipieren und diese Anteile zu einem späteren Zeitpunkt gewinnbringend wieder zu veräußern. Damit dieser Erfolg realisiert wird, muss sich der Investor intensiv mit den Chancen und Risiken der Geschäftsidee und dem jungen Unternehmen auseinandersetzen. Dies erfolgt in einem sogenannten Beteiligungsprozess, innerhalb dessen verschiedenen Investmentkriterien geprüft werden. Aufgrund der Neuheit der Unternehmensidee liegen in der Regel jedoch noch keine Erfahrungen am Markt vor, so dass alle Beurteilungen zunächst mehr oder weniger unter Unsicherheit getroffen werden müssen. Der Investor versucht vor diesem Hintergrund, durch die konsequente Beschaffung und Auswertung von Informationen, die Beurteilung zu verbessern.

Andreas Kuckertz bietet vor diesem Hintergrund einen innovativen Erklärungsansatz für den Finanzierungsprozess junger Unternehmen, der im Kern eine Integration von Prozess und Investmentkriterien über eine informationsökonomische Dynamisierung zum Inhalt hat. Die Anwendung des Konzeptes von Such-, Erfahrungs- und Vertrauenseigenschaften auf die komplexen Verhältnisse eines potenziell zu finanzierenden, jungen Unternehmens hat zum Ziel, dass der Wagniskapitalprozess und das Verhalten der beteiligten Akteure besser verstanden werden können. Die damit gewählte Themenstellung der vorliegenden Schrift ist als besonders reizvoll und als eine in wissenschaftlicher sowie praktischer Hinsicht hoch bedeutsame Aufgabe zu erachten. Die Problemstellung erfordert entsprechend eine Auseinandersetzung mit den Besonderheiten der Wagniskapitalgeber, dem Finanzierungsprozess junger Unternehmen und hiermit in Verbindung stehenden Entscheidungs- bzw. Investmentkriterien. Auf Basis dieser Erkenntnisse ist dann die Entwicklung eines geeigneten Erklärungsmodells im Rahmen der Informationsökonomik möglich.

Andreas Kuckertz verfolgt mit der resultierenden Entwicklung eines dynamischen Erklärungsansatzes zu dem Investitions- und Beteiligungsprozess auf Basis der Informationsökonomik aufgrund der gleichzeitigen Verknüpfung der prozessualen Schritte mit der Unsicherheit der Investmentkriterien einen wissenschaftlich anspruchvollen Forschungsansatz. Darüber hinaus versucht er über die empirische Erhebung und das gewählte Untersuchungsdesign auch erste Belege für die Gültigkeit seiner theoretischen Überlegungen zu liefern und damit die höhere Prognosegüte seines Ansatzes im Vergleich zu den klassischen Aussagen über das Verhalten im Beteiligungsprozess zu untermauern. Die vorliegende Schrift ist durch ein besonders hervorzuhebendes Maß an Kreativität und sorgfältiger Literaturarbeit ausgezeichnet, womit der Verfasser sowohl für die Entrepreneurship-, als auch für die allgemeine betriebswirtschaftliche Forschung in mehrfacher Hinsicht fundierte neue Erkenntnisse liefert.

Ich wünsche der Arbeit eine sowohl in der Wissenschaft als auch in der Praxis verdientermaßen hohe Beachtung und Verbreitung und dem Autor *Andreas Kuckertz* viel Erfolg bei seinen nächsten akademischen Schritten.

Prof. Dr. Tobias Kollmann

Vorwort

Seit den 1970er Jahren hat sich die Finanzierung junger, innovativer Unternehmen mit Wagniskapital erst zögerlich, dann immer stärker zu einem entscheidenden Teilbereich der Gründungsfinanzierung in Deutschland entwickelt. Auch die wirtschaftswissenschaftliche Forschung trägt diesen veränderten Bedingungen der Gründungsfinanzierung zunehmend Rechnung. Dies ist mehr als verständlich, da die Beschäftigung mit jungen Unternehmen ohne nennenswerte Historie (dafür aber mit großem Entwicklungspotenzial) mit Sicherheit eines der reizvollsten Themen innerhalb der Gründungsforschung darstellt. Finanzielle Fragestellungen bieten in diesem Kontext ein reiches Betätigungsfeld; nicht zuletzt aufgrund des Umstandes, dass fehlende finanzielle Ressourcen mit eine der häufigsten Ursachen für das Nichtzustandekommen oder gar Scheitern von Gründungsvorhaben sind.

Die historisch zu erklärende Dominanz des angloamerikanischen Modells der Wagniskapitalfinanzierung geht einher mit der Dominanz ebenfalls angloamerikanischer Studien zum Thema. Aus deutscher Warte sind Fragen zur Wagniskapitalfinanzierung demzufolge mitnichten erschöpfend beantwortet. Die simple Übertragung internationaler Konzepte auf deutsche Verhältnisse hat schon zu Beginn der Entwicklung von Wagniskapital in Deutschland für Akzeptanzschwierigkeiten dieser besonderen Finanzierungsform gesorgt. Mit dieser Analyse soll daher ein weiterer Schritt zur theoriegeleiteten, deutschen Wagniskapitalforschung getan werden.

Die vorliegende Dissertation entstand zum überwiegenden Teil während meiner Tätigkeit als wissenschaftlicher Mitarbeiter am Multimedia Campus Kiel (Christian-Albrechts-Universität zu Kiel) und wurde am Lehrstuhl für E-Business und E-Entrepreneurship der Universität Duisburg-Essen abgeschlossen. Die Arbeit wäre ganz sicher eine andere, hätte ich während dieser Zeit nicht Inspiration, Anregung und Hilfestellung von zahlreichen Personen erhalten. Ihnen allen ist zu danken.

Mein besonderer Dank gilt dabei Herrn *Univ.-Prof. Dr. Tobias Kollmann* für die Gelegenheit, mich verstärkt mit wirtschaftswissenschaftlichen Fragestellungen auseinandersetzen zu können. Seine Unterstützung hat wesentlich zum Gelingen der Arbeit beigetragen; nicht nur war er ein stets diskussionsbereiter akademischer Lehrer, sondern hat mir darüber hinaus bereits frühzeitig den nationalen und internationalen Austausch über die dieser Arbeit zugrunde liegenden Konzepte ermöglicht. Zu danken ist weiterhin Herrn *Univ.-Prof. Dr. Jost Adler* für die Übernahme des Zweitgutachtens. Seine Bereitschaft, darüber hinaus bereits in der Konzeptionsphase dieser Arbeit als Diskussionspartner zur Verfügung zu stehen, hat mir etliche Irrwege innerhalb der Informationsökonomik erspart und damit diese Arbeit entscheidend geprägt.

Von den wissenschaftlichen Mitarbeiter des Multimedia Campus Kiel sind insbesondere Frau *Julia Christofor*, Herr *Christian Herr* und Herr *Kurt Weimann* zu erwähnen, die alle jederzeit bereit waren, sich auf meine teilweise abwegigen theoretischen Ausführungen einzulassen und diese dennoch konstruktiv zu diskutieren. Dafür sei ihnen herzlich gedankt. Weiterhin wäre ohne das Engagement des Sekretariat des Lehrstuhls für Electronic Business unter der Führung von Frau *Sigrid Ernst* sowie ohne die Unterstützung der zahlreichen Hilfskräfte des Lehrstuhls, insbesondere von Herrn *Bastian Bender* und Herrn *Joachim Krabbenhöft*, das Schreiben dieser Dissertation weit weniger angenehm gewesen. Ferner gilt mein Dank den Verantwortlichen am Multimedia Campus Kiel, Herrn *Dr. Horst Neumann*, Herrn *Dr. Dieter Swatek* und Herrn *Axel Reimer*, deren Engagement für Forschung und Lehre das Arbeiten am Multimedia Campus entscheidend geprägt und überhaupt erst ermöglicht hat.

Ohne ständige Rückkoppelung zur Praxis könnte eine Realwissenschaft letztlich nicht auf Dauer bestehen. Ebenfalls bedanken möchte ich mich daher bei meinen zahlreichen Gesprächspartnern aus der Praxis, die nicht nur das Forschungsvorhaben dieser Arbeit, sondern auch etliche andere Projekte der Vergangenheit unterstützt haben. Hervorzuheben sind hier insbesondere Herr *Dr. Heiko Milde*, Herr *Stefan Leermann*, Herr *Dr. Pablo Fetter* und Herr *Dr. Christopher Heinemann*.

Ganz besonders möchte ich auch Herrn *Univ.-Prof. Dr. Wilderich Tuschmann* danken, dessen Vorbild mir überhaupt erst den Wert eines intellektuellen Lebens vor Augen geführt hat und der mich während des Studiums und der Zeit der Promotion in meiner Entscheidung für diesen Weg fortlaufend ermutigt hat. Ermutigung habe ich ebenfalls durch meine Mutter Frau *Christel Kuckertz* erfahren, die auch in schwierigen Zeiten immer an mich geglaubt hat.

Abschließend danke ich herzlich auch meiner Freundin *Antje*, die viel Verständnis für das teilweise weltabgewandte Verhalten eines Doktoranden aufgebracht hat und mich immer wieder daran erinnert hat, dass auch jenseits der Mauern der Alma mater ein Leben existiert.

Andreas Kuckertz

Inhaltsverzeichnis

Tabellen

Abbildungen

Abkürzungen

AG	Aktiengesellschaft
AGFI	Adjusted Goodness of Fit Index
AktG	Aktiengesetz
AVCO	Austrian Private Equity and Venture Capital Organization
BGB	Bürgerliches Gesetzbuch
bspw.	beispielsweise
BVCA	British Venture Capital Association
BVK	Bundesverband deutscher Kapitalbeteiligungsgesellschaften
bzw.	beziehungsweise
CAPM	Capital Asset Pricing Model
CVC	Corporate Venture Capital
DCF	Discounted Cashflow
DEV	Durchschnittlich erfasste Varianz
df	Degrees of Freedom
EBIT	Earnings before Interest and Taxes
EBITDA	Earnings before Interest, Taxes, Depreciation and Amortization
EE	Erfahrungseigenschaften
EVCA	European Venture Capital Association
F & E	Forschung und Entwicklung
GFI	Goodness of Fit Index
GmbH	Gesellschaft mit beschränkter Haftung
H	Hypothese
i.d.R.	in der Regel
i.w.S.	im weiteren Sinne
IK	Interne Konsistenz
IPO	Initial Public Offering
IRR	Internal Rate of Return
KAGG	Gesetz über Kapitalanlagegesellschaften
KMU	Kleine und mittlere Unternehmen
LBO	Leveraged-Buy-Out
LoI	Letter of Intent
M&A	Mergers & Acquisitions

MAR	Missing at Random
MBG	Mittelständische Beteiligungsgesellschaft
MBI	Management-Buy-In
MBO	Management-Buy-Out
MCAR	Missing Completely at Random
MIT	Massachusetts Institute of Technology
MoU	Memorandum of Understanding
NDA	Nondisclosure Agreement
NIPALS	Nonlinear Iterative Partial Least Squares
OAR	Observed at Random
p.a.	per annum
PLS	Partial Least Squares
R & D	Research and Development
RMSEA	Root Mean Square Error of Approximation
ROI	Return on Investment
s	Standardabweichung
s.o.	siehe oben
SE	Sucheigenschaften
SECA	Swiss Private Equity & Corporate Finance Association
SEM	Structural Equation Model
SME	Small and Medium Sized Enterprises
T	These
u.a.	unter anderem
UBGG	Gesetz über Unternehmensbeteiligungsgesellschaften
USP	Unique Selling Proposition
VC	Venture Capital
VE	Vertrauenseigenschaften
vgl.	vergleiche
z.B.	zum Beispiel

1 Zur ökonomischen Bedeutung von wagniskapitalfinanzierten Unternehmensgründungen

Nicht zuletzt durch die ungezählten Unternehmensgründungen diverser Internet-Start-ups und deren schnelle Börsengänge in den späten 90er Jahren des vorangegangenen Jahrhunderts ist der Gründung von Unternehmen eine gestiegene Aufmerksamkeit auch im öffentlichen Bewusstsein zuteil geworden.[1] Versteht man eine Volkswirtschaft als einen sich ständig selbst erneuernden Organismus, der seine durch den Abgang von Unternehmen entstandenen „Verletzungen“ mit Hilfe von neu hinzukommenden Unternehmensgründungen „heilt“, so wird die Bedeutsamkeit des Nachwachsens junger Unternehmen für jede marktwirtschaftlich orientierte Gesellschaft überdeutlich. Jede gegebene Wirtschaftsstruktur erneuert sich fortlaufend und wächst von der Basis her nach.[2] Potenziellen (so genannten „nascent entrepreneurs“) und tatsächlichen Gründern kommt dabei die wesentliche Aufgabe zu, Technologien und Märkte in Bewegung zu halten,[3] diese durch Innovation für bestehende Unternehmen schwer kalkulierbar zu machen und derart den Bestand des Wettbewerbs und der daraus resultierenden Wohlfahrtseffekte zu sichern.

Zwar haben die sich an den Börsenboom anschließenden zahlreichen Insolvenzen zum Abklingen der als eher ungesund zu bewertenden Euphorie geführt; das Thema der Gründung und Finanzierung von jungen, technologieorientierten Wachstumsunternehmen selbst ist jedoch nicht minder relevant geblieben. Die Gründung von Unternehmen ist trotz dieses Sachverhaltes lange Zeit als Gegenstand der Wirtschaftswissenschaften ignoriert worden.[4] Dieser Umstand kann in der Tat als „blinder Fleck“ einer mehrheitlich auf die Konzernsteuerung ausgerichteten Betriebswirtschaftslehre gesehen werden. Noch in den 1970er Jahren vernachlässigt die deutsche Betriebswirtschaftslehre diese Thematik – ähnlich wie die Forschung im angloamerikanischen Raum in den Jahren zuvor.[5] Zwischenzeitlich hat sich jedoch Gründungsforschung bzw. Entrepreneurship-Research als ein neues, zunehmend an Bedeutung gewinnendes Forschungsfeld innerhalb der Wirtschaftswissenschaften durchgesetzt.[6] Diese Richtung der betriebswirtschaftlichen Forschung zielt dabei insbesondere auf die Erklärung

---

[1] Vgl. *Kollmann 2004a*, S. 8ff.
[2] Vgl. *Szyperski/Nathusius* 1999, S. 5.
[3] Vgl. *Szyperski/Nathusius* 1999, S. 18.
[4] Vgl. *Bhidé* 2000, S. 9ff.
[5] Vgl. *Szyperski/Nathusius* 1999, S. 4.
[6] Verschiedene Einführungen in das Thema bzw. Literaturüberblicke zum Forschungsstand geben u.a. *Bronner/Mellewigt/Späth* 2001; *Dowling/Drumm* 2002; *Klandt* 1996; *Koch/Zacharias* 2001; *Fallgatter* 2002 sowie *Kollmann* 2003a und *Kollmann* 2005b.

der Bedeutung neuer Unternehmen für den ökonomischen Fortschritt.[7] Versteht man das Alter eines Unternehmens – in diesem Fall eines jungen Wachstumsunternehmens – als Surrogat für eine Reihe von anderen, impliziten Faktoren,[8] wie Entwicklungsstand des Produktes, des Marktes oder der Organisation, so wird deutlich, dass die Instrumente der klassischen Konzernbetriebslehre zwangsläufig in vielen Bereichen inadäquat sein müssen. Nicht nur die Gründer derartiger Unternehmen, auch deren Investoren, müssen diesen Umstand beachten.

Gegenstand des Erkenntnisinteresses dieser Arbeit ist die Finanzierung *junger* Wachstumsunternehmen durch Wagniskapital. Die vorliegende Arbeit liefert daher einen Beitrag zur Diskussion der Wagniskapitalfinanzierung auf der Grundlage der informationsökonomischen Theorie, da diese besonders dazu geeignet ist, Aussagen über die Eigenschaften von Gütern und damit auch die Eigenschaften des Investitionsobjektes eines Wagniskapitalgebers zu tätigen. Unbestritten ist, dass Wagniskapital in den späten 90er Jahren – insbesondere im Internetsektor – ein wichtiger Einflussfaktor der euphorischen Entwicklung und des darauf folgenden Zusammenbruchs der Kapitalmärkte gewesen ist.[9] Ausfälle von Investments müssen zwar als integraler Bestandteil des Geschäfts von Wagniskapitalgebern gesehen werden. Die schmerzlichen Erfahrungen vieler Marktteilnehmer im Zusammenhang mit den im Zuge des Stimmungsumschwungs auftretenden Insolvenzen und dem darauf folgenden „Finanzierungsstau" insbesondere im Bereich der Frühphaseninvestments[10] lassen jedoch vermuten, dass es sinnvoll ist, den Entscheidungs- und Investitionsprozess von Wagnisfinanzierern systematisch zu analysieren, ihn auf eine feste theoretische Basis zu stellen und derart sowohl zum akademischen Erkenntnisgewinn als auch zur Professionalisierung der Praxis beizutragen.

Diese Arbeit geht diesen Weg. Dazu handelt sie die Thematik in sechs Schritten ab (vgl. Abbildung 1). Kapitel 1 gibt einen deskriptiven Überblick über die grundsätzlichen Problemstellungen der Finanzierung von jungen Unternehmen. Daraufhin führt Kapitel 2 in die Grundlagen der Finanzierung mit Wagniskapital als Mittel zur Lösung dieser Probleme ein und diskutiert die Ergebnisse der Forschungen zum Phänomen der Wagniskapitalfinanzierung.

---

[7] Vgl. *Low/MacMillan* 1988, S. 141.

[8] Vgl. *Roberts* 1991, S. 15.

[9] Vgl. *Zacharakis et al.* 2003, S. 229; *Kollmann* 2004a, S. 22.

[10] So weist die Statistik des Bundesverbandes Deutscher Kapitalbeteiligungsgesellschaften für das Jahr 2003 im Seed- und Start-Up-Bereich nur noch Bruttoinvestitionen von EUR 292,42 Mio. aus, nachdem im Boomjahr 2000 umgerechnet EUR 1.600,88 Mio. in denselben Finanzierungsphasen investiert wurden (*Bundesverband Deutscher Kapitalbeteiligungsgesellschaften e.V. (BVK)* 1994-2005). Dies entspricht einem Rückgang auf lediglich rund 18% des ursprünglichen Finanzierungsvolumens.

Abbildung 1
Der Aufbau der Dissertation

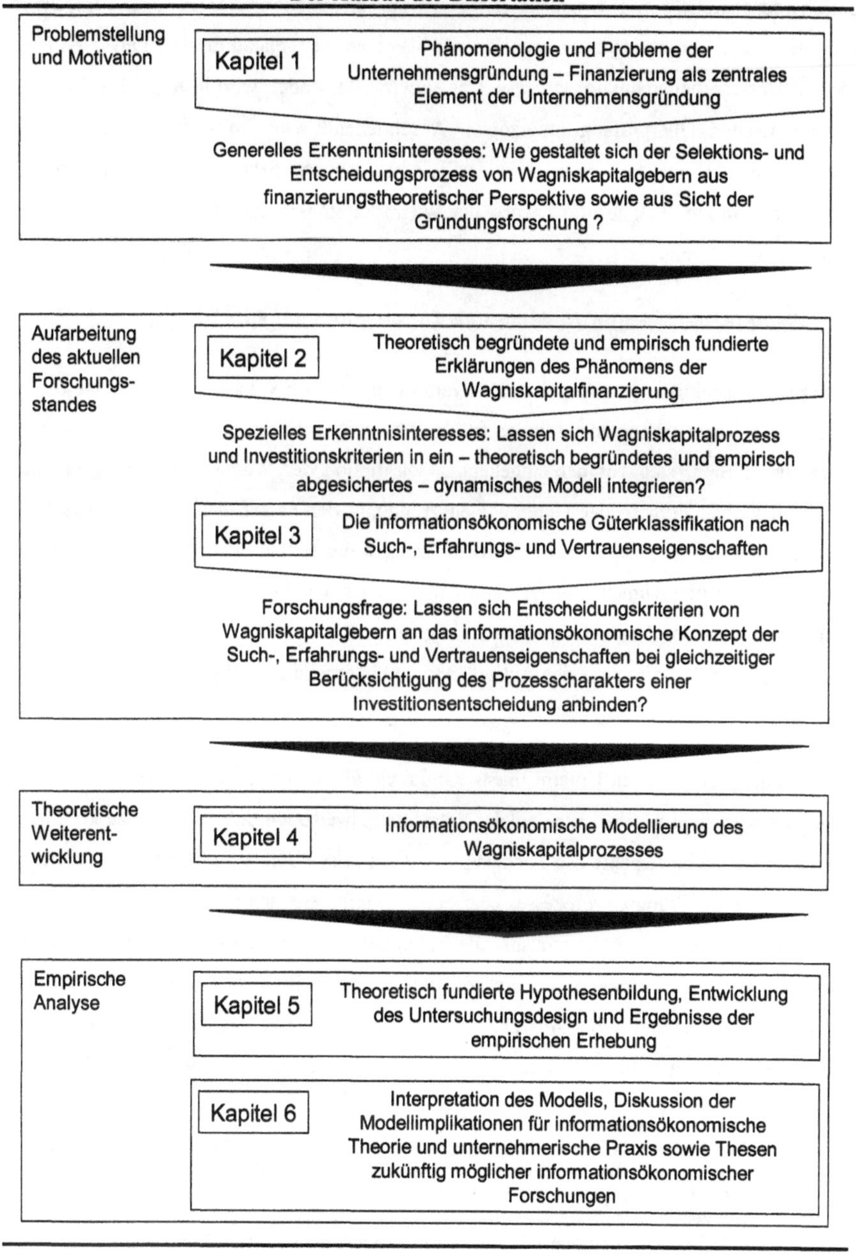

Weiterhin werden verschiedene theoretische Ansätze der Neuen Mikroökonomie unter besonderer Berücksichtigung der Informationsökonomik im Hinblick auf ihre Eignung zur Erklärung dieses Phänomens diskutiert (Kapitel 3). Kapitel 4 widmet sich der Modellierung des Entscheidungsprozess von Wagniskapitalgebern aus informationsökonomischer Perspektive und interpretiert diesen idealtypischen Prozess als einen weitgehend rational geleiteten Risiko- und Unsicherheitsreduktionsprozess. Das entwickelte Modell wird in Kapitel 5 einer ersten empirischen Überprüfung unterzogen. Abschließend wird im sechsten Kapitel eine Interpretation der aus der empirischen Analyse gewonnenen Erkenntnisse unternommen – dies sowohl im Hinblick auf die Theorie der Wagniskapitalfinanzierung als auch auf die unternehmerische Praxis.

1.1 Gründerperson und Formen von Unternehmensgründungen

Das Leistungsspektrum von Wagnisfinanzierern richtet sich im Wesentlichen an junge Unternehmen mit Wachstumspotenzial in den frühen Phasen ihrer Entwicklung. Aus diesem Grunde macht es Sinn, sich vor der eingehenden Diskussion der Wagnisfinanzierung mit den unterschiedlichen Formen der Unternehmensgründung, der Person des Unternehmers bzw. Gründers und den grundsätzlichen Herausforderungen des Gründungsprozesses auseinanderzusetzen. Der Unternehmensgründer kann dabei als Antagonist des Wagnisfinanzierers betrachtet werden – der Wagnisfinanzierer ist in gewissem Sinne Dienstleister[11] für diesen; sein Angebot leitet sich logisch aus den Aktivitäten von Unternehmensgründern her und nicht umgekehrt.

Die Gründung eines neuen Unternehmens kann nicht allein als eine juristische, rein formale Handlung betrachtet werden. Eine solche Betrachtungsweise würde notwendig zu kurz greifen und wesentliche Aspekte des Themas außer Acht lassen. Die zu treffenden Entscheidungen im Laufe des Gründungsprozesses beziehen sich infolgedessen nicht nur auf die Auswahl einer geeigneten Gesellschaftsform und die Formulierung eines von allen Beteiligten akzeptierten Gesellschaftervertrages, sondern adressieren ebenso Fragestellungen hinsichtlich des anvisierten Marktes und seiner Abgrenzung, der anzubietenden Produkte oder Dienstleistungen, der Formung von Hierarchien und Abläufen[12] im Unternehmen – wie auch der Finanzie-

[11] Die zahlreichen Versuche, die Agency-Theorie (vgl. Abschnitt 3.2.1.3) auf das Verhältnis von Wagniskapitalgeber und Unternehmer zu übertragen, stehen in weiten Teilen konträr zu dieser Ansicht: Dort wird der Unternehmer oftmals lediglich als Agent betrachtet, den es zu kontrollieren gilt – vom Unternehmer unerwünschtes Verhalten des Wagniskapitalgebers wird ignoriert. Ebenso zeigt sich in der Anwendung des bekannten Modells der Wettbewerbskräfte zur Analyse des Marktes für Wagniskapital (*Porter* 1998), dass Uneinigkeit darüber herrscht, ob der Unternehmer eher als Kunde, sprich als Nachfrager einer Dienstleistung zu sehen ist oder vielmehr als Lieferant eines „Rohstoffs“ einzustufen ist, den der Wagniskapitalgeber für seine Kunden, sprich Fondsinvestoren, aufbereitet (für erstere Einschätzung siehe bspw. *Wright/Robbie* 1998; *Sahlmann* 1989; *Lloyd* 1989; für letztere Sichtweise *Murray* 1995).

[12] Vgl. *Szyperski/Nathusius* 1999, S. 24.

rung und der Auswahl der an der Unternehmensgründung beteiligten Personen. Etymologisch leitet sich der Terminus „Gründen" vom althochdeutschen „Grunden" her und kann als „den Grund zu etwas legen, etwas errichten, etwas ins Leben rufen" verstanden werden.[13]

Die Herausforderung an den Unternehmer und seine primäre Aufgabe bestehen folglich darin, seine Unternehmensvision auf einem tragfähigen Fundament zu errichten und im Laufe der Gründung das zukünftige Unternehmen auf einen solch „festen Grund" zu stellen, dass von dort aus die weitere Entwicklung sicher vonstatten gehen kann.[14]

1.1.1 Der Unternehmensgründer

Nachstehend soll eine Annäherung an den Begriff des Unternehmensgründers versucht werden. Grundvoraussetzung einer jeden Unternehmensgründung muss das Vorhandensein einer Person sein, die unternehmerisch tätig wird – das Gründungsunternehmen benötigt einen Unternehmer. Tabelle 1 gibt einen Überblick über verschiedene ausgewählte Definitionen des Gründer- bzw. Unternehmerbegriffs.[15] Dabei fällt auf, dass der Gründer/Unternehmer nach entsprechend weit gefassten Definitionen nicht zwingend ökonomische Ziele verfolgen muss;[16] Konsens herrscht jedoch größtenteils über die Notwendigkeit der Ressourcenbeschaffung zur Verwertung einer unternehmerischen Gelegenheit; dies wird durch das Schaffen einer neuen Organisation geleistet.

Die Wirtschaftswissenschaften diskutieren diese Unternehmerperson und ihre unterschiedlichen Funktionen bereits mit dem Entstehen der Nationalökonomie im 18. Jahrhundert.[17] Während heutzutage – in Anlehnung an das berühmte Diktum *Schumpeters* – der Begriff des Unternehmers als „kreativer Zerstörer" sprichwörtlich geworden ist, ist es jedoch als das Verdienst von *Cantillon* zu betrachten, dem Unternehmer Platz in der wirtschaftswissenschaftli-

---

[13] Vgl. *Szyperski/Nathusius* 1999, S. 23.

[14] Vgl. *Kluge/Seebold* 2002.

[15] Dabei ist zu beachten, dass die positive Besetzung des Begriffs „Entrepreneur", die dieser im Deutschen vielfach mit sich führt und die meist mit *innovativem* unternehmerischem Handeln assoziiert wird, nicht zwingend auf den angloamerikanischen Sprachraum ausgedehnt werden kann. Zur Unschärfe der Begriffe „Entrepreneur" und „Entrepreneurship" vgl. *Fallgatter* 2002, S. 13f. Darüber hinaus überwiegt im Anschluss an *Schumpeter* innerhalb der Entrepreneurship-Forschung ein ausgesprochener methodologischer Individualismus (*Fallgatter* 2004, S. 34f.), wodurch die Disziplin Gefahr läuft, in eine zu enge Herangehensweise zu verfallen. Die positiven Konnotationen des Gründerbegriffs könnten zu einem Teil auch darin begründet liegen, dass dieser bei der Realisierung des Gründungsprojektes sämtliche Promotorenrollen (d.h. Macht-, Fach-, Prozess- und Beziehungspromotor) in Personalunion auszuüben hat. Zum Promotorenmodell vgl. bspw. *Hauschildt* 1998 sowie *Walter* 1998.

[16] Vgl. bspw. *Bygrave/Hofer* 1991.

[17] Für einen Vergleich der Unternehmerrolle aus der Perspektive klassischer Autoren wie *Cantillon*, *Smith*, *Marx* und *Schumpeter* siehe *Graumann* 2003 bzw. *Hering/Vincenti* 2005, S. 48ff.

chen Analyse eingeräumt und dessen Tätigkeit erstmals thematisiert zu haben.[18] Dabei ist der Unternehmer bereits für *Cantillon* „ganz im modernen Sinne jedermann, insofern er Risikoträger ist und Gewinn im Gegensatz zu Grundrente als Einkommen bezieht."[19] Verschiedene andere Autoren haben den Unternehmer späterhin im Wesentlichen über fünf zentrale Rollen beschrieben.

Tabelle 1
Definitionen des Gründerbegriffs

Quelle	Definition
Schumpeter 1934, S. 115f.	"...halten wir fest, dass jemand grundsätzlich nur dann Unternehmer ist, wenn er eine 'neue Kombination durchsetzt' – weshalb er den Charakter verliert, wenn er die geschaffene Unternehmung dann kreislaufmäßig weiterbetreibt –, und dass daher jemand ebenso selten durch die Jahrzehnte seiner Kraft immer Unternehmer bleibt, wie es selten einen Geschäftsmann geben wird, der niemals einen, wenn auch noch so bescheidenen Unternehmermoment hätte..."
Bygrave/Hofer 1991 S. 14.	"An entrepreneur is someone who perceives an opportunity and creates an organization to pursue it."
Brazeal/Herbert 1999, S. 33.	An Entrepreneur is „anyone starting an organization or working within the confines of an organization who pursues opportunities without regard to resources currently controlled."
Szyperski/Nathusius 1999, S. 25.	„Unternehmensgründer sind [...] Personen, die eine neue Kombination produktiver Faktoren durch die Schaffung eines gegenüber der Umwelt qualitativ abgegrenzten Systems durchsetzen, welches als wirtschaftlich selbständige Wirtschaftseinheit der Fremdbedarfsdeckung dient und dabei die besondere Art des wirtschaftlichen Risikos zu tragen hat."
Bhidé 2000, S. 25.	"Following common usage, I call individuals who start their own businesses entrepreneurs."
Lindsay/Craig 2002, S. 14.	Entrepreneurs are defined as "individuals who had recognized an opportunity and who had brought together the necessary resources to take advantage of that opportunity."
Greve/Salaff 2003, S. 1.	"An entrepreneur is commonly defined as one who owns, launches, manages, and assumes risks of an economic venture."

So kann es sowohl unternehmerische Funktion sein, im Sinne *Cantillons* Risiko zu tragen, als auch Innovationen zu entwickeln, als Arbitrageur aktiv zu sein, als Kapitalist zu fungieren oder aber auch als Koordinator tätig zu werden. Versteht man mit *Schumpeter* den Unternehmer als den Durchsetzer neuer Kombinationen von Produktionsfaktoren am Markt, so sind Gründer hingegen nur als diejenigen Unternehmer zu betrachten, die zur Durchsetzung ihrer Vorhaben ein vorher nicht existierendes, von seiner Umwelt qualitativ abgegrenztes System

[18] Vgl. *Cantillon/Hayek/Hayek* 1931.
[19] Vgl. Hayek, 1931, S. XXX.

schaffen.[20] Gründung ist folglich der Prozess der Schaffung eines solchen Systems; der Gründer selbst ist als eine spezielle Ausprägung des Unternehmertyps zu sehen. Die vorliegende Arbeit macht sich ebenfalls diese Perspektive zu Eigen.

Die teilweise Heroisierung von „Unternehmertypen" insbesondere in der angloamerikanisch geprägten Wirtschaftspresse hat unter anderem dazu geführt, dass sich die Gründungsforschung mit dem Charakter von Unternehmensgründern auseinandergesetzt hat. Zwar identifizieren in der Tat einige Studien Eigenschaften der Persönlichkeit von Unternehmern;[21] allerdings ist es der Forschung bislang nicht gelungen, Charakterzüge insbesondere mit dem Erfolg unternehmerischer Aktivität in Beziehung zu setzen.[22] Die mögliche kausale Beziehung von Charakter und Erfolg der unternehmerischen Aktivität wird stark von der jeweiligen Motivation des Einzelnen beeinflusst. D.h. motivationale Faktoren[23] wie das Streben nach extrinsischen und intrinsischen Belohnungen, Autonomiebestrebungen und der Wunsch, ökonomische Sicherheit für die eigene Familie zu schaffen, können den Erfolg einer Unternehmensgründung unabhängig vom Charakter des Gründers mit prägen und beeinflussen die Aktivitäten eines Unternehmers auch weit über den eigentlichen Gründungsprozess hinaus. Weiterhin ist zu bedenken, dass über das Individuum hinaus im Zusammenspiel mehrerer Gründerpersonen als Team[24] mit jeweils unterschiedlichen Kompetenzen und Charakterzügen durchaus ein Erfolgsfaktor liegen kann.

1.1.2 Gründungsformen

„The essence of entrepreneurship is a change of state."
Wiliam D. Bygrave[25]

Das vom Unternehmensgründer mit dem Ziel der Neukombination produktiver Faktoren zu errichtende System lässt sich anhand zweier fundamentaler Differenzierungen charakterisieren. Zum einen können Unternehmensgründungen danach unterschieden werden, ob es sich bei ihnen um selbständige oder um unselbständige Gründungen einer neuen Wirtschaftseinheit handelt. Selbständige Gründungen erfolgen unter eigener Verantwortung des Unternehmensgründers, wohingegen unselbständige Gründungen bspw. die Formierung von

[20] Vgl. *Szyperski/Nathusius* 1999, S. 25.
[21] So bspw. *McClelland* in seiner einflussreichen Studie zum „Need for Achievement" (1961).
[22] Vgl. *Herron/Robinson* 1993, S. 291 sowie *Bygrave* 1989a, S. 13.
[23] Vgl. *Kuratko/Hornsby/Naffziger* 1997, S. 30.
[24] Vgl. *Lechler/Gemünden* 2003.
[25] Vgl. *Bygrave* 1989b, S. 9.

weitestgehend unabhängigen Tochtergesellschaften früher schon existierender Unternehmungen durch ein angestelltes Managementteam bezeichnen. Weiterhin ist zu beachten, ob die Wirtschaftseinheit vor dem Gründungsakt bereits in einer anderen Form bestanden hat (derivative Gründung) oder ob es sich um ein vollkommen neu geschaffenes wirtschaftliches System handelt (originäre Gründung).

Unter die derivativen Gründungen fallen bspw. Management-Buy-Outs (MBO),[26] bei denen das Management eines bereits existierenden Unternehmens – in aller Regel mit externer Unterstützung – genau dieses Unternehmen erwirbt, für das es bislang im Angestelltenverhältnis tätig war. Da sich der ehemalige Angestellte derart eine Existenz schafft, können auch MBOs als Unternehmensgründungen verstanden werden. Die Kombination dieser zwei genannten Leitunterscheidungen erlaubt es, im Folgenden von vier Idealtypen der Unternehmensgründung sprechen zu können:[27]

a) Unselbständig-derivative Gründungen umfassen sowohl Fusionen mehrerer bestehender Unternehmen zu einer neuen Wirtschaftseinheit als auch Umgründungen eines existierenden Unternehmens. Aufgrund der Unselbständigkeit der Gründer und der weitestgehend stabilen Kombination der Produktionsfaktoren sind sie als „unechte" Gründungen zu betrachten, wenngleich bspw. durch eine Übernahme, bei der eine bestehende Wirtschaftseinheit zur Teileinheit oder zur Tochtergesellschaft eines übernehmenden Unternehmens wird, die Identität des übernommenen Unternehmens durchaus beeinflusst wird. Dennoch sind die aus dieser Kombination folgenden betriebswirtschaftlichen Fragestellungen tendenziell eher dem Bereich der Mergers & Acquisitions (M&A) sowie dem des organisationalen Wandels zuzuordnen.

b) Von unselbständig-originären Gründungen kann immer dann gesprochen werden, wenn bereits existierende Unternehmen vollkommen neue Wirtschaftseinheiten kreieren. Dabei entsteht ein vollwertiges neues System, das seine Entscheidungen in weiten Zügen autonom fällt und selbständig handelt. Da es sich jedoch um einen immer noch abhängigen Teil eines größeren Unternehmens handelt, kann im Gegensatz zur echten Unternehmensgründung nur von einer Betriebsgründung gesprochen werden. Der Vorteil einer solchen Gründung liegt im potenziellen Erfahrungstransfer von der Mutter- auf die Tochtergesellschaft begründet.

---

[26] Einführend zum Themenkomplex MBO vgl. *Forst* 1992; *Fanselow* 1993; *Cullom/Stein* 2001; *Kasperzak* 2001; *Constantin/Rau* 2002.

[27] Vgl. *Szyperski/Nathusius* 1999, S. 26ff.

c) Selbständig-derivative Gründungen entsprechen in weiten Teilen der unechten Gründung mit der entscheidenden Ausnahme, dass es in diesem Fall eine oder mehrere Gründerpersonen gibt, die sich durch Übernahme eines Betriebes eine Existenz aufbauen und damit vom Angestelltenverhältnis ins Selbständigenverhältnis wechseln. Dies kann im einfachsten Fall allein durch den Austausch des Unternehmers vonstatten gehen (wie bspw. bei der Übernahme eines Handwerksbetriebes). In anderen Fällen kann jedoch auch nur der Firmenmantel übernommen werden, während das eigentliche Unternehmen vollkommen neu ausgerichtet wird.

d) Selbständig-originäre Gründungen stellen als letzte Klasse der Gründungsformen die Variante mit den höchsten Freiheitsgraden dar und bilden so die „echte" Unternehmensgründung. Dem isolierten Gründer (bzw. Gründerteam), der ohne eine einflussreiche Institution im Hintergrund seine Ziele verfolgt, steht ein ausgedehnter Möglichkeitsraum gegenüber, der mit dem einseitig begrenzten Wissen des Gründers bewältigt werden muss.

Die zahlreichen Instrumente der Risikofinanzierung – sowohl aus dem Private-Equity-Bereich als auch in der Frühphasenfinanzierung – können zu allen Idealtypen der Gründung einen Beitrag leisten. Im Weiteren wird sich diese Arbeit jedoch primär auf den Bereich der selbständigen – und hier besonders auf die Gruppe der selbständig-originären – Gründungen konzentrieren. Diese können bedenkenlos als idealtypisches Objekt der Wagniskapitalfinanzierung betrachtet werden und finden sich im Fokus der meisten Wagnisfinanzierer. Tabelle 2 fasst die vier fundamentalen Gründungsformen abschließend noch einmal zusammen.

Tabelle 2
Gründungsformen[28]

	Derivative Gründungen	**Originäre Gründungen**
Unselbständige Gründungen	Fusion / Umgründung	Betriebsgründung
Selbständige Gründungen	Existenzgründung durch Betriebsübernahme	Unternehmensgründung

[28] Vgl. *Szyperski/Nathusius* 1999, S. 27.

1.2 Modellierung des Gründungsablaufs

In der Literatur finden sich vielfältige Modelle zur Illustration des Gründungsprozesses – meist werden diese in Form aufeinander aufbauender Evolutionsphasen entworfen. Zwei ausgewählte Ansätze – einerseits aus dem angelsächsischen Raum und andererseits aus dem deutschsprachigen Gebiet – mit jeweils verschiedener Schwerpunktsetzung sollen an dieser Stelle vorgestellt werden. Der erste Ansatz konzentriert sich dabei auf die Gründung prägende Einflüsse, während der zweite Ansatz eine Übertragung der Werkzeuge des Projektmanagements auf das Gründungsgeschehen versucht und so erste Hinweise zur Konkretisierung der Aufgaben eines Unternehmensgründers liefert.[29]

1.2.1 Gründungsprozess und Einflussfaktoren

Bygrave gibt eine Zusammenfassung des Gründungsprozesses unter Berücksichtigung verschiedener interner und externer[30] Faktoren mit Einfluss auf den Ablauf der Gründung (vgl. Abbildung 2). Dabei wird die Gründung und anschließende Entwicklung eines jungen Unternehmens in vier Phasen eingeteilt. Ausgangspunkt der Betrachtung ist eine Innovation, auf der das zukünftige Geschäftsmodell aufbaut. Damit es zur Realisierung der Innovation im Zuge einer Gründung kommen kann, ist ein auslösendes Ereignis („Triggering event") von Nöten, das ursächlich für die Implementierung des Gründungskonzepts und ein darauf folgendes potenzielles Wachstum ist. Der gesamte Prozess wird geprägt durch vier Klassen von Einflussfaktoren.[31] Dazu sind Umwelteinflüsse, Persönlichkeitsfaktoren, gesellschaftliche Faktoren sowie organisationale Einflüsse zu zählen.

Ob es überhaupt zu einer Innovation kommt, ist auf der einen Seite abhängig von Persönlichkeitsfaktoren des potenziellen Gründers, die sich einerseits in harten Faktoren wie dem Aus-

---

[29] Alternativ zu den hier vorgestellten Prozessmodellen, die sich im Gegensatz zu weitergefassten Ansätzen explizit auf den Unternehmensgründungsprozess beziehen, hat es innerhalb der internationalen Entrepreneurship-Forschung in den letzten Jahren etliche Versuche gegeben, Phänomene wie Intrapreneurship, Social Entrepreneurship, Corporate und International Entrepreneurship sowie eben auch die Gründung von Unternehmen unter ein einheitliches, die Disziplin leitendes Paradigma zu stellen. Vgl. bspw. *Gartner* 1985 als einen möglichen Ausgangspunkt innerhalb der Entrepreneurship Theorie sowie *Brazeal/Herbert* 1999, *Bygrave/Hofer* 1991 und *Timmons* 1999, S. 37ff., für alternative Konzeptualisierungsversuche. Auch der „Individual-Opportunity Nexus" von *Shane* und *Venkataraman* (2000 sowie *Shane* 2003) ist vielfach beachtet worden und in seiner Folge finden sich zahlreiche Arbeiten (bspw. *Lindsay/Craig* 2002) zur Erklärung der so genannten „unternehmerischen Gelegenheit" (*Fallgatter* 2004). Einflussreich ist auch der Aufsatz von *Bhave*, der mittels 27 Fallstudien dem Paradigma der „Grounded Theory" folgt (*Yin* 1984; *Glaser/Strauss* 1980) und derart Geschäftskonzept, Produktionstechnologie und das Produkt als die Kerndimensionen des Gründungsprozesses ermittelt (*Bhave* 1994, S. 237).

[30] Jede Unternehmensgründung ist Teil eines „Entrepreneurial System", d.h. einer regional gegebenen Konstellation, die sich aus dem Zusammenspiel von Ursprungsorganisationen, formellen und informellen Netzwerken, der physischen Infrastruktur und der unternehmerischen Kultur ergibt. Vgl. *Neck et al.* 2004, S. 199.

[31] Vgl. *Kuratko/Hodgetts* 1998, S. 43.

bildungsniveau und den professionellen Erfahrungen zeigen. Weiche Faktoren, wie bspw. die Risikoneigung oder die persönlichen Wertmaßstäbe, bestimmen weiterhin das Ausmaß der Kreativität und Innovationsfähigkeit einer Person. Darüber hinaus prägen Umweltfaktoren in Form einer kreativen Arbeitsumgebung und von Vorbildern in der persönlichen Umgebung die Innovationsneigung des potenziellen Unternehmensgründers. Diese grundsätzlich positive Haltung zur Innovation kann immer dann zu einer faktischen Innovation führen, wenn sie mit einem entsprechenden innovationsauslösenden Moment konfrontiert wird.

Abbildung 2
Gründungsprozess und Einflussfaktoren[32]

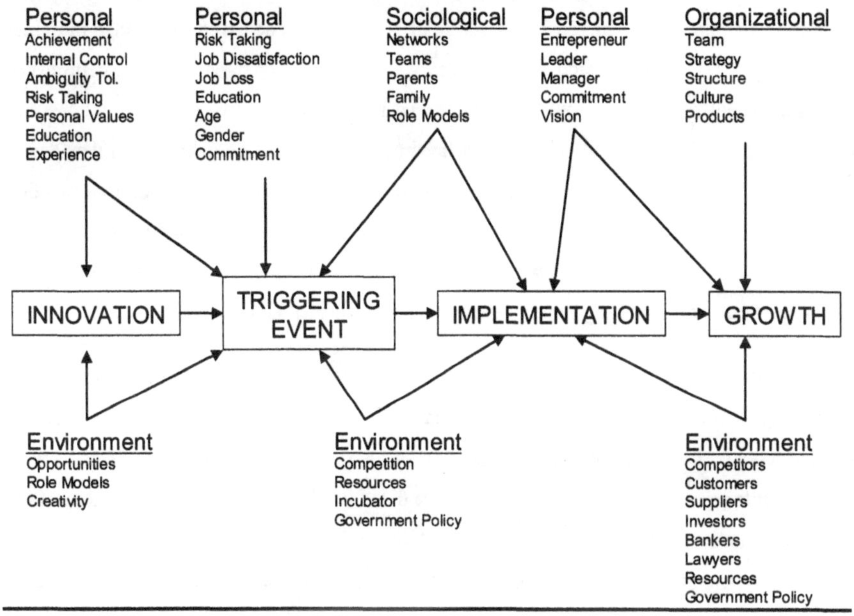

Auf der persönlichen Ebene mögen dies eher negative Faktoren wie plötzliche Arbeitslosigkeit oder die Unzufriedenheit mit der momentanen Tätigkeit sein.[33] So zeigt sich in einer internationalen Vergleichstudie[34] in 15 europäischen Ländern, dass insbesondere die allgemeine Unzufriedenheit innerhalb einer Gesellschaft mit der Häufigkeit des Auftretens von Selbständigkeit korreliert. Bedeutung gewinnen hier aber auch neutrale Einflüsse wie Geschlecht und

[32] Vgl. *Bygrave* 1989a, S. 9 – das dort skizzierte Modell basiert dabei im Wesentlichen auf Vorarbeiten von *Moore* 1986.

[33] Vgl. bspw. *Galais* 1998 sowie *Opaschowski* 2003, S. 325ff. Für einen internationalen Vergleich *Klandt/Brüning* 2002.

[34] Vgl. *Noorderhaven et al.* 2004, S. 460.

Alter des Unternehmers. Im Umfeld der Unternehmensgründung können darüber hinaus bestimmte als günstig empfundene Wettbewerbskonstellationen oder vorher nicht vorhandene Ressourcen den Schritt zur innovativen Unternehmensgründung auslösen. Unternehmerische Aktivität wird in diesem Zusammenhang jedoch nicht allein durch die Infrastruktur des Umfeldes, sondern auch durch etwaige Turbulenzen im Umfeld, wie bspw. schnellen technologischen Wandel, induziert.[35]

Erstmals gewinnen hier auch gesellschaftliche Faktoren an Einfluss; so mag das professionelle Netzwerk des Unternehmensgründers oder seine Familie den Ausschlag zur Gründung geben. Empirische Studien haben ebenfalls gezeigt, dass insbesondere die Einschätzung des Unternehmers, der Unternehmenserfolg sei möglich und wünschenswert verbunden mit einer Neigung zum Handeln, die sich aus positiven Kontrollüberzeugungen herleitet, dem auslösenden Moment förderlich sind.[36] Die Umsetzung der Gründungsidee, also die Implementierung des innovativen Geschäftsmodells, ist im dritten Schritt extrem geprägt von der Person des Gründers, seinen Managementfähigkeiten und seinem Willen, die Innovation tatsächlich zu realisieren. Im letzten Schritt werden dann zunehmend organisationale Faktoren ausschlaggebend, wenn das Unternehmen auf seinem Wachstumspfad voranschreitet und sich in der Folge weg vom Gründungsunternehmen hin zur etablierten Unternehmung entfaltet.

Alle Faktoren, die hier im wesentlichen als positive Faktoren vorgestellt worden sind, d.h. in der richtigen Konstellation als innovations- und damit gründungsfördernd verstanden werden, können jedoch ebenso als potenziell negativ, also als gründungsbehindernd oder sogar verhindernd interpretiert werden. Im Kern bedeutet dies, dass der Gründungsprozess keinesfalls als ein sich notwendig in Richtung einer tatsächlichen Gründung entwickelnder Innovationsprozess verstanden werden darf. Das Vorhandensein einer günstigen Konstellation von Einflussfaktoren führt nicht zwingend zum Übergang auf die nächste Entwicklungsstufe. Genauso kann eine negative Konstellation jederzeit zum Abbruch des Prozesses führen.

Kritisch anzumerken bleibt, dass *Bygraves* theoretisches Modell der Innovation im ersten Schritt zwingend bedarf und sich damit lediglich auf eine unternehmerische Funktion konzentriert (vgl. Abschnitt 1.1.1). Es kann folglich in dieser Form nur bedingt auf die Gesamtheit der Unternehmensgründungen übertragen werden; der Großteil der Unternehmensgründer

---

[35] Vgl. *Morris/Lewis* 1995, S. 41.
[36] Vgl. *Krueger* 1993, S. 17ff.

beginnt seine Tätigkeit auch ohne eine originelle Idee[37] und ist bspw. eher als Arbitrageur denn als Innovator zu sehen. Das Modell beschränkt sich demzufolge auf einen bestimmten, herausragenden Teil von Gründungsprojekten, die sich auf neue Märkte konzentrieren – offensichtlich nicht zuletzt, weil diese Märkte deutlich bessere Überlebensbedingungen für junge Unternehmen bieten als gereifte Märkte.[38] Damit beschreibt *Bygraves* Ansatz jedoch in jedem Fall diejenigen Unternehmensgründungen, die auch Gegenstand des Modells dieser Arbeit sind (vgl. Abschnitt 4.3.3).

1.2.2 Aufgaben im Gründungsprozess

Abbildung 3 vertieft diesen Sachverhalt und führt ein aufgabenorientiertes Gründungsmodell ein,[39] welches in abstrakter Weise den Prozess einer Unternehmensgründung in sechs Schritten verdeutlicht. Dieser Prozess setzt nach dem innovations- und gründungsauslösenden Moment ein (s.o.) und darf aus diesem Grund im Vergleich mit dem ersten Modell eine größere theoretische Reichweite für sich beanspruchen.

Abbildung 3
Ablaufschema einer Unternehmensgründung[40]

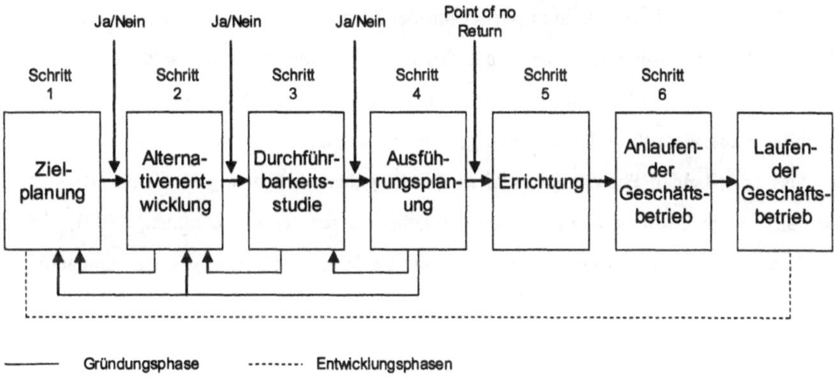

Das Modell ist daher bspw. sowohl auf Nebenerwerbsgründungen als auch auf wagniskapitalfinanzierte, technologieorientierte Unternehmensgründungen anwendbar. Beginnend mit der Definition von Zielen hinsichtlich des Aufbaus des Geschäftsmodells werden verschiedene

[37] Vgl. *Bhidé* 2000, S. 52. *Bygrave* selbst ist sich dieser Tatsache durchaus bewusst und sieht in einem späteren Artikel sein Modell eher auf so genannte „Mega-Entrepreneurs (sic)“ Schumpeterscher Prägung als auf die so genannten Micro-Entrepreneurs zugeschnitten. Vgl. *Bygrave* 1989b, S. 9f.
[38] Vgl. *Szyperski/Nathusius* 1999, S. 13.
[39] Vgl. *Szyperski/Nathusius* 1999.
[40] Vgl. *Szyperski/Nathusius* 1999, S. 33.

Alternativen entwickelt und jeweils einer Machbarkeitsstudie unterzogen. Die als machbar bewerteten Alternativen dienen schließlich als Grundlage einer konkreten Ausführungsplanung, welche die Implementierung der Gründungsidee determiniert. Das Anlaufen des Geschäftsbetriebs und die Aufrechterhaltung der Unternehmung schließen den Gründungs- und Entwicklungsprozess ab. In diesem Modell wird der klassische Ablauf des Projektmanagements auf das Feld der Unternehmensgründung übertragen. Dies ist genau deswegen möglich, weil das Management eines jeden Gründungsprozesses Projektcharakter hat. Jedes Projekt zeichnet sich aus durch Orientierung auf ein Ziel, zeitliche Begrenzung der Maßnahmen zur Zielerreichung, Außergewöhnlichkeit der zu lösenden Aufgabe für die beteiligten Personen, einen relativ hohen Schwierigkeitsgrad, interdependente Teilaufgaben und interdisziplinäre Zusammenarbeit von Spezialisten.[41] Alle diese Charakteristika treffen gleichermaßen auf Unternehmensgründungen zu,[42] wobei jedoch gerade die Einmaligkeit der Gründung es erlaubt, diese idealiter von der weiteren Entwicklung des Unternehmens, die ohne einen genau spezifizierten Endpunkt auskommt, zu trennen.

Es ist folglich möglich, von einer Gründungsphase bis zur Aufnahme des Geschäftsbetriebes und einer Entwicklungsphase, beginnend mit der Aufnahme des Geschäftsbetriebes, zu sprechen. Wesentliches Unterscheidungskriterium der beiden Phasen ist das Vorhandensein von Umsätzen: In der Gründungsphase muss das junge Unternehmen noch ohne Umsätze auskommen, während die Entwicklungsphase durch das erstmalige Aufkommen und sich daran anschließendes Wachstum der Umsätze gekennzeichnet ist. Dieser Sachverhalt deutet bereits an, dass es in beiden Phasen unterschiedliche Aufgaben zu bewältigen gilt und dass damit ebenfalls unterschiedliche Kompetenzen des Gründers zum Tragen kommen, wie sie sich in den Bezeichnungen des Gründungsmanagers und des Wachstumsmanagers widerspiegeln.[43]

---

[41] Vgl. *Schulte-Zurhausen* 1999, S. 176. Alternativ definiert die DIN 69 901 ein Projekt als „ein Vorhaben, das im Wesentlichen durch Einmaligkeit der Bedingungen in ihrer Gesamtheit gekennzeichnet ist, wie z.B. Zielvorgabe, zeitliche, personelle, oder andere Begrenzungen, Abgrenzungen gegenüber anderen Vorhaben und eine projektspezifische Organisation." Vgl. *Luderer* 2003, S. 613.

[42] Hinsichtlich der ersten fünf Charakteristika eines Projektes besteht keinerlei Schwierigkeit der direkten Übertragung auf die Unternehmensgründung. In Bezug auf das Charakteristikum der interdisziplinären Zusammenarbeit von Spezialisten, deren Einsatz ein Projekt mitdefiniert, lässt sich festhalten, dass auch jede Unternehmensgründung in einem Beziehungsgeflecht von Gründungs- und Steuerberatern, Gründungsspezialisten der Banken, Unternehmensberatern, Investoren, etc. stattfindet, die alle ihren jeweils spezifischen Expertenbeitrag zur Unternehmensgründung leisten.

[43] Die Eignung des Projektmanagementansatzes zur Beschreibung des Gründungsgeschehens kann auch daran ermessen werden, dass zwischenzeitlich eine Rückübertragung vom Gründungsmanagement hin zur Organisationslehre vollzogen worden ist. So spricht die Organisationslehre expressis verbis von „Venture Teams" als besonders geeignet zur „Planung und Entwicklung neuer, erfolgversprechender Produkt-Markt-Konzeptionen." Vgl. *Bühner* 1999, S. 240.

Die gründungsfördernden bzw. hemmenden Einflussfaktoren aus dem zuerst diskutierten Prozessmodell von *Bygrave* finden sich in diesem Ablaufschema einer Unternehmensgründung wieder als Bestimmungsfaktoren von Ja/Nein-Entscheidungen zwischen den einzelnen Prozessschritten. Dabei ist es notwendig festzuhalten, dass es einen Zeitpunkt innerhalb des Gründungsprozesses gibt, ab dem keine rationalen Ja/Nein-Entscheidungen über den weiteren Fortgang mehr getroffen werden (Point of no return[44]). Rückschritte im Prozess oder gar der Abbruch der Gründung würden hier aufgrund vorangegangener versunkener Kosten zu merklichen finanziellen Verlusten führen. Das Bewusstsein hinsichtlich dieser Gefahr ist essentiell für eine erfolgreiche Unternehmensgründung. Allerdings soll dies nicht bedeuten, dass ab diesem kritischen Zeitpunkt keinerlei strategische Anpassungen am Geschäftskonzept mehr möglich sind. Die Entwicklung eines Unternehmens kann durchaus als ein Lernprozess betrachtet werden; es scheint jedoch sinnvoll, dieses unternehmerische Lernen auf den laufenden Geschäftsprozess zu verschieben und nicht das Geschäftskonzept in der Implementierungsphase anzupassen.

Die Prozessphasen sind dabei nur im ideal gedachten Modell als wirklich trennscharf bewertbar. In der unternehmerischen Realität zeichnet sich der Unternehmensgründungsprozess sowohl durch Überlappungen der einzelnen Schritte als auch durch Rückschritte und ständige Anpassungen aus. Weiterhin muss kritisch angemerkt werden, dass es sich bei diesem Modell weniger um eine realitätsnahe Beschreibung tatsächlicher Gründungsprozesse handelt, als vielmehr um eine tendenziell normative Modellierung, die Orientierung während der Gründungsphase bietet. Alternativenentwicklung, Machbarkeitsstudien und Planung sind potenziell nützliche Instrumente, deren tatsächliche Anwendung beim durchschnittlichen Gründer allerdings nicht vorausgesetzt werden darf. Die limitierten Ressourcen der überwiegenden Mehrzahl der Unternehmensgründer führen dazu, dass es in den meisten Fällen sinnvoller ist, diese direkt in die Durchführung als in die Planung zu lenken.[45] Geschickte Adaption an unvorhergesehene Ereignisse muss dann die in den meisten Fällen unökonomische Planung und Alternativenentwicklung substituieren. Diese Schritte müssen vielfach übersprungen werden, um die begrenzten Ressourcen überhaupt ertragsgenerierend einsetzen zu können. Das oftmals kritisierte Fehlen der Planung bei Unternehmensgründungen kann also durchaus auch ökonomische Gründe haben: Planungskosten können aufgrund begrenzter Ressourcen eine Gründung unmöglich machen. Für Gründer allerdings, die eine potenziell wagniskapitaltaug-

[44] Dieser Punkt innerhalb des Gründungsprozesses kann u.a. auch als eine Annäherung an den eigentlichen Startpunkt eine Unternehmens begriffen werden. Vgl. *Kollmann/Kuckertz* 2005b, S. 309.

[45] Vgl. *Bhidé* 2000, S. 53ff.

liche Geschäftsidee verfolgen, ist rationale Planung schon allein aufgrund der Anforderungen der Investoren schlicht unumgänglich.

1.3 Finanzierung als zentrales Problemfeld der Unternehmensgründung

In der betriebswirtschaftlichen Literatur findet sich eine umfangreiche Diskussion zu den unterschiedlichen Erfolgsfaktoren von Unternehmensgründungen.[46] Ein solches – positiv geprägtes – Vorgehen der Forschung ist insbesondere vor dem Hintergrund verständlich,[47] dass es eine Aufgabe der Betriebswirtschaftslehre sein sollte, viable Geschäftsmodelle zu analysieren, diese replizierbar zu machen und derart den einzelnen Praktiker mit den notwendigen Hilfsmitteln zum Bestehen unter realen wirtschaftlichen Bedingungen zu versehen. Die Ergebnisse der jahrzehntelangen Forschung auf diesem Gebiet sind jedoch als zu problembehaftet einzustufen,[48] um tatsächlichen Erfolg zu erklären und gegebenenfalls auch wiederholbar zu machen. Konträr zu dieser positiven Vorgehensweise ist es jedoch auch möglich, sich dem Themenkomplex der Unternehmensgründung negativ über die Bestimmung von einzelnen Problemfeldern der Unternehmensgründung zu nähern (vgl. Abbildung 4), die dann als potenzielle Fehlerquellen mit den daraus resultierenden Aufgaben eines Gründers verstanden werden können. Den Wert einer dergestaltigen Annäherung an ein Thema drückt *Lippmann* pointiert folgendermaßen aus:„Das Studium des Irrtums hat nicht nur eine im höchsten Grade prophylaktische Bedeutung, es dient auch als eine anregende Einführung ins Studium der Wahrheit."[49] Im Gegensatz zur positiven Herangehensweise der Erfolgsfaktorenforschung wird so also nicht nur erreicht, dass der Gründer weiß, was genau zu tun ist, um das Gründungsprojekt zum Erfolg zu führen, sondern auch, was eben genau nicht zu tun ist, um potenzielle Misserfolge zu vermeiden.

---

[46] Für Literatur zu den Erfolgsfaktoren von Unternehmensgründungen siehe bspw. *Dowling/Drumm* 2002; *MacMillan/Zemann/Narasimha* 1987; zu den Erfolgsfaktoren technologielastiger Unternehmensgründungen *Warren/Hutchinson* 2000; *Albers/Panten/Schäfers* 2002; *Werner* 2000; *Steinle/Schumann* 2003 und für ausgewählte Aspekte *Kollmann* 2003b.

[47] Die Konzentration auf den als positiv empfundenen Erfolg von Unternehmen in zahlreichen wissenschaftlichen Studien kann als eine Verzerrung betrachtet werden, die in etwa der Neigung empirischer Wissenschaftler entspricht, möglichst nur Positiv-Befunde zu erreichen. Siehe hierzu eingehender *Hauschildt* 2003, S. 18ff. Beide Verfahrensweisen werden vom jeweiligen System entsprechend großzügiger honoriert, als es die Auseinandersetzung mit der negativen – jedoch unabdingbar genauso wichtigen Seite – einer bestimmten Fragestellung verspricht.

[48] Vgl. *Nicolai/Kieser* 2002, die auf eine Reihe von Schwierigkeiten dieses Ansatzes hinweisen - insbesondere auf den Umstand, dass Erfolgsfaktoren, die bekannt und damit kopierbar sind, ihre Wirksamkeit verlieren müssen.

[49] Vgl. *Lippmann* 1990.

Szyperski und *Nathusius*[50] identifizieren mit dieser Methode basierend auf systemtheoretischen Überlegungen sechs entscheidende Problemklassen in der Gründungsphase eines jungen Unternehmens. Dabei wird in einer an das klassische strategische Instrumentarium von Unternehmens- und Umweltanalyse erinnernden Systematik[51] differenziert zwischen internen und externen Einflussfaktoren auf das Gründungsgeschehen. Intern trennt die Analyse den Unternehmensgründer selbst als Person mittels einer theoretischen Hilfskonstruktion vom Gründungsunternehmen. Diese beiden zentralen Bestimmungsfaktoren stehen im Zentrum und sehen sich einer unternehmensexternen Umwelt ausgesetzt, in der sowohl behördliche Instanzen, die öffentliche Meinung wie auch die Bedingungen auf Beschaffungs- und Absatzmärkten Wirkung entfalten. Die Systematik verkürzt zweifelsohne die gesellschaftliche Realität, bietet jedoch einen geeigneten ersten Schritt hin zum Verständnis der prägenden Einflüsse.

Abbildung 4
Problemklassen der Gründungsphase[52]

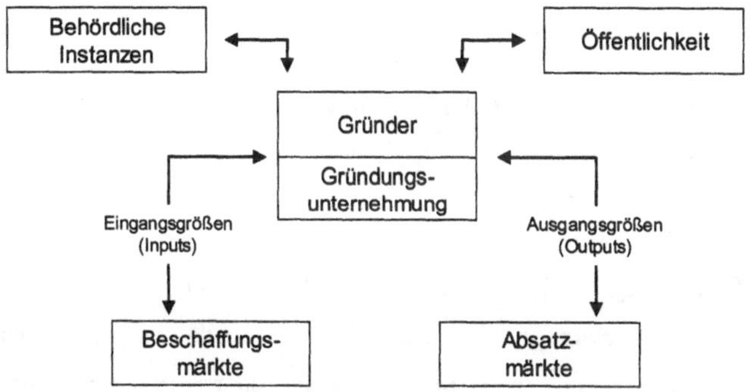

Das Problem der Finanzierung junger Unternehmen ist im Rahmen der Problemklassen der Gründungsphase aus der Perspektive des Gründers als ein Beschaffungsproblem zu werten und wird in dieser Arbeit unter weitestgehender Abstraktion von den weiteren Problemfeldern diskutiert. Die Finanzierung stellt in diesem Kontext lediglich ein Unterproblem eines der Haupteinflussfaktoren auf das Gründungsgeschehen dar. Dies darf jedoch nicht dazu verleiten, die Gestaltung der Gründungsfinanzierung als ein nachrangiges Thema zu betrachten. Wie kritisch dieser Faktor ist, zeigt allein schon die Bandbreite der Veröffentlichungen im

---

[50] Vgl. *Szyperski/Nathusius* 1999, S. 36ff.
[51] Vgl. *Oster* 1999, S. 13ff.; S. 117ff.; darüber hinaus bspw. *Porter* 1998.
[52] Vgl. *Szyperski/Nathusius* 1999, S. 38.

Rahmen der Diskussion über Unternehmensgründungen. Darüber hinaus sind Finanzierungsprobleme mit einer der häufigsten Gründe für das Scheitern eines jungen Unternehmens.[53] Wie virulent diese Problematik tatsächlich ist, verdeutlicht auch der Umstand, dass eingeschränkte Möglichkeiten der externen Kapitalbeschaffung mittlerweile neben anderen Kriterien zum Definiens nicht nur von Gründungsunternehmen, sondern auch generell von kleinen und mittelständischen Unternehmen (KMU) avanciert sind.[54] Andersherum betrachtet hat eine Studie unter 1710 deutschen Gründungen aus den 1980er Jahren gezeigt, dass das Niveau der ursprünglichen Kapitalausstattung positiv mit der dreijährigen Überlebensrate korreliert.[55] Finanzierung ist daher zwischenzeitlich zu einem traditionellen Thema der Gründungsforschung avanciert; nicht zuletzt aufgrund der Tatsache, dass die Finanzierungskonstruktion in allen Phasen der Unternehmensentwicklung wesentlichen Einfluss auf die Handlungsfähigkeit eines Unternehmens besitzt. Wie die weitergehende Analyse noch detailliert zeigen wird, wäre es allerdings grob simplifizierend, die Kapitalakquisition als ein reines externes Problem zu klassifizieren. Vielmehr findet sich die Gründungsfinanzierung im Spannungsfeld von internen und externen Herausforderungen wieder und betrifft dabei in einem nicht unwesentlichen Maße unternehmensinterne Faktoren.

1.3.1 Systematisierung der Entwicklung eines Unternehmens nach Finanzierungsaspekten

Die auf den Point of No Return (vgl. Abbildung 3) folgenden Entwicklungsstufen eines neu gegründeten Unternehmens werden in der Literatur auf vielfältige Art und Weise systematisiert. Während einige Ansätze in Anlehnung an den Produktlebenszyklus einen Unternehmenslebenszyklus entwickeln,[56] orientieren sich andere Autoren an den in unterschiedlichen Stufen der Gründungs- und Entwicklungsphase virulenten Finanzierungsproblemen und systematisieren die Unternehmensentwicklung derart. Letztere Sichtweise hat sich im deutschsprachigen Raum weitestgehend durchgesetzt und kann in Anlehnung an angelsächsische Usancen acht Finanzierungsphasen, die vielfach den Geschäftsfeldern von Investoren entsprechen und derart aus Unternehmersicht eine Vorauswahl potenzieller Investoren zulassen. Diese Finanzierungsphasen sind im einzelnen:[57]

---

[53] Vgl. *Mayer* 2003, S. 1508.

[54] Vgl. *Gerke/Bank* 1999, S. 10. Für eine Einführung in die KMU-Problematik vgl. *Mugler* 1993.

[55] Vgl. *Brüderl/Preisendörfer* 1998, S. 213ff.

[56] Vgl. *Kimberley/Miles* 1980; *Kazanjian* 1988 oder auch *Churchill/Lewis* 1983.

[57] Vgl. *Schefczyk* 2000a, S. 35ff. bzw. *Achleitner* 2001, S. 515f. Alternativ existiert der nachstehende Acht-Schritt: Seed investments, Startup, First stage, Second stage (Expansion), Third stage, Fourth stage, Bridge stage sowie Liquidity stage. Vgl. *Sahlman* 1990, S. 479 für eingehende Definitionen. Ebenfalls mgl. ist die

a) Die Seed-Phase, in der die Gründung vorbereitet, Forschung und Entwicklung betrieben wird und erste Machbarkeitsprüfungen durchgeführt werden (Proof-of-Concept-Stage[58]),

b) die Start-up-Phase, in der die Produktentwicklung abgeschlossen wird, erste Marketingschritte unternommen werden und die Produktion aufgebaut wird. Das Unternehmen kann in dieser Phase i.d.R. noch auf keinerlei Umsätze verweisen,[59] stellt sich aber gerade auf, um diese Umsätze in Zukunft generieren zu können,

c) die Expansions-Phase, in der primär die Finanzierung des Beginns der Produktion oder des Wachstum am Break-Even-Point im Fokus steht.

Diese drei Phasen sind prinzipiell analog der US-amerikanischen alphabetischen Etikettierung von Finanzierungsrunden zu sehen (Series A bis C), wobei Investitionen in Series-A-Unternehmen den Seed-Investments entsprechen, Series-B-Unternehmen einen funktionierenden Prototoypen vorweisen und Series-C-Unternehmen bereits am Markt aktiv sind sowie mehr als einen Kunden bedienen.[60] Weiterhin werden im späteren Entwicklungsverlauf eines Unternehmens die folgenden Finanzierungsinstrumente interessant:

d) Die Bridge-Finanzierung, die i.d.R. zur Vorbereitung eines Börsengangs dient, aber auch im Hinblick auf weitere Finanzierungsrunden eine Option darstellt,

e) die Finanzierung von Management-Buy-Outs bzw. -Buy-Ins (MBO/MBI), bei dem vorhandenes oder externes Management das Unternehmen übernimmt (vgl. Abschnitt 1.2.2),

f) der Leveraged-Buy-Out (LBO),[61] in dessen Zuge mittels großem Fremdkapitalanteil vom so genannten Leverage-Effekt profitiert werden soll,

g) das Replacement Capital, bei dem ein Altgesellschafter Unternehmensteile übernimmt und zwar derart, dass dem Unternehmen nicht neues Eigenkapital zugeführt wird, wie dies in den frühen Phasen die Regel ist, sondern so, dass mit Hilfe externer Investoren ein Wechsel in der Eigentümerstruktur des Unternehmens herbeigeführt wird[62] und letztlich

---

Systematisierung nach Ideenfindungs-, Ideenformulierungs-, Ideenumsetzungs-, Ideenintensivierungs- und Ideenfortführungsphase. Vgl. *Kollmann* 2005c, S. 73. Vgl. weiterhin die Diskussion bei *Ruhnka/Young* 1987.

[58] Vgl. *Timmons/Bygrave* 1986, S. 168.

[59] Vgl. *Timmons/Bygrave* 1986, S. 168.

[60] Vgl. *Stuck/Weingarten* 2005.

[61] Vgl. *Otto* 1989 sowie für eine detaillierte Diskussion *Weiss* 2005.

[62] Vgl. *Mason/Harrison* 1995, S. 155.

h) die Turnaround-Finanzierung, welche den erneuten wirtschaftlichen Aufstieg nach einer Verlustphase sicherstellen soll.

Die Schwäche einer solchen Klassifikation ist – trotz der weiten Verbreitung – offenkundig: Einzelne Phasen lassen sich im Zeitverlauf nicht trennscharf voneinander abgrenzen, während manche so genannten Phasen eher die Vertragsgestaltung adressieren oder Finanzierungsinstrumente darstellen. Aufgrund der regelmäßig begrenzten Mittel des Managements ist nahezu jeder MBO gleichzeitig ein LBO. Manche „Phasen" adressieren aus Unternehmerperspektive zentrale Tätigkeiten, andere Bezeichnungen zielen eher auf die Investorenseite.[63] Weiterhin darf dem Entwicklungsprozess keine Zwangsläufigkeit unterstellt werden; die Unternehmensentwicklung ist vielmehr von der jeweils gegebenen Strategie geprägt. So entwickelt sich die Mehrheit der Gründungen eben nicht unabwendbar hin zu einem Börsengang – die Systematik ist damit eher als ein normatives Konzept insbesondere für wagniskapitalfinanzierte Unternehmen anzusehen.

Abbildung 5
Idealtypische Entwicklungs- und Finanzierungsphasen eines wagniskapitalfinanzierten Unternehmens[64]

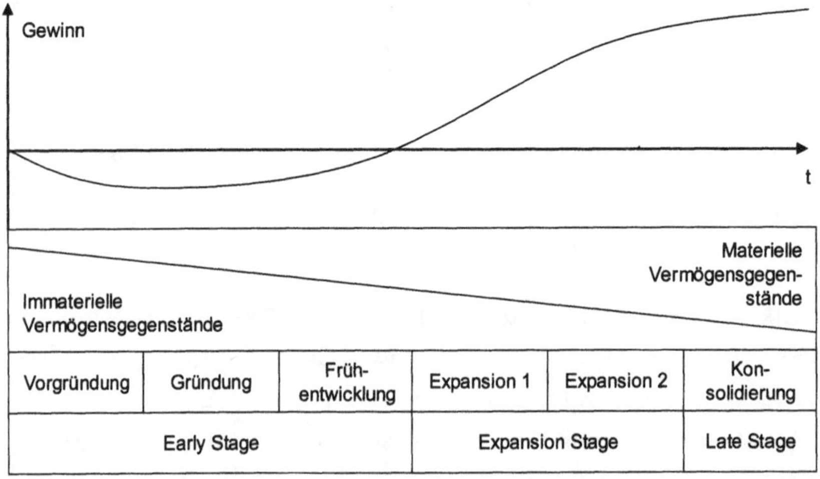

Sinnvollerweise sollte daher die – zwar reduzierte, aber unmissverständliche – Rede von Early-, Expansion- und Late Stage sein (siehe Abbildung 5). Dabei ist die Entwicklung des Unternehmens dadurch gekennzeichnet, dass das Gesamtrisiko sinkt, wenn sich eine

[63] Vgl. *Ruhnka/Young* 1987, S. 168ff.
[64] In Anlehnung an *Gompers/Lerner* 2000, S. 154f., *Nathusius* 2001a, S. 56 und *Schefczyk* 2000a, S. 35.

Unternehmensgründung entlang dieser Phasen entwickelt. In frühen Entwicklungsphasen ist eine Periode negativer Erträge und negativen Cashflows die Regel.[65] Im Zuge dieses Fortschritts wird verhältnismäßig mehr internes Risiko als externes Risiko abgebaut, da sich das junge Unternehmen i.d.R. schneller als seine Umwelt verändert. Problematisch für Unternehmensgründungen ist der häufig anzutreffende Umstand, dass die Verantwortlichen diese Phasenwechsel nur selten realisieren und nicht wahrnehmen, dass nun andere Ziele, andere Fähigkeiten und andere Management-Instrumente erforderlich werden. Anpassungsschwierigkeiten an die jeweilige Entwicklungsphase sind die Folge.

1.3.2 Gründungspezifische Finanzierungsprobleme

Die Gründungsfinanzierung stellt aus genau vier Gründen ein Problem für jeden Gründer dar. Zu diesen Gründen zählen die Unsicherheit über den Ausgang des Gründungsvorhabens und die asymmetrische Informationsverteilung zwischen Unternehmer und potenziellen Financiers,[66] die spezifische Beschaffenheit der Aktiva eines jungen Unternehmens und letztlich auch die Gegebenheiten auf den relevanten Finanz- und Produktmärkten.[67] Diese Faktoren bestimmen entscheidend die Wahl der möglichen Finanzierungsmittel zur Realisierung des Gründungskonzeptes; sie können sich mit der Entwicklung des Unternehmens schnell und unerwartet ändern und so den Finanzierungsmix beeinflussen. Konkret stellen sich diese Faktoren wie folgt dar:

a) Unsicherheit über den Ausgang des Gründungsvorhabens: Die Bandbreite möglicher Ausgänge des Gründungsprojektes stellt ein Maß für die mit dem Gründungsvorhaben verbundene Unsicherheit dar. Je weiter diese Verteilung streut, desto größer wird die Unsicherheit hinsichtlich der Resultate. Junge Wachstumsunternehmen sind gerade wegen ihres Aufwärtspotenzials entsprechend unsichere Finanzierungsobjekte; während das Verlustrisiko bei jeglichem Unternehmen durch den Totalverlust des eingesetzten Kapitals begrenzt ist, können gerade in der Frühphase enorme Wachstumseffekte mit den damit verbundenen außerordentlichen Gewinnen die Bandbreite der möglichen Unternehmensergebnisse erweitern. Die Reaktion der Konkurrenz auf einen neuen Wettbewerber stellt ebenfalls einen schwer zu kalkulierenden Faktor dar, der zusätzlich die Unsicherheit verstärkt.

---

[65] Vgl. *Nathusius* 2003c, S. 166.
[66] Vgl. *Shane* 2003, S. 165ff.
[67] Vgl. *Gompers/Lerner* 2000, S. 127f.

b) Asymmetrische Informationsverteilung: Diese bedingt weiterhin die ausschöpfbaren Finanzierungsquellen. Dies liegt ursächlich im Wissen des Unternehmensgründers über sein Unternehmen begründet, wobei dieses Wissen den Informationsstand der Investoren, Lieferanten und strategischen Partner weit übersteigt.

c) Beschaffenheit der Aktiva des Unternehmens: Diese beeinflussen zusätzlich den Finanzierungsmix. Gerade junge Wachstumsunternehmen schaffen Unternehmenswert in der Regel durch immaterielle Vermögensgegenstände[68] wie selbst entwickelte Software oder vergleichbare wissenslastige Güter, was traditionelle Finanzierungen, die über materielles Unternehmensvermögen abgesichert werden, nahezu unmöglich macht.

d) Marktgegebenheiten: Als letztes determinieren die Rahmenbedingungen auf verschiedenen Märkten den Finanzierungsmix. Auf Kapitalmärkten kann das Volumen des angebotenen Kapitals (siehe Abbildungen 9 bis 11 für das Beispiel des deutschen Wagniskapitalmarktes) und der von institutionellen Investoren hierfür geforderte Preis starken Schwankungen unterliegen. Die Produktmärkte, auf denen das Gründungsunternehmen aktiv ist, beeinflussen zusätzlich indirekt über die Intensität des Wettbewerbs sowie über die Unsicherheit bezüglich des Marktwachstumspotenzials das Verhalten der Gründungsfinanzierer.

Die Situation des Gründers ist weiterhin durch zwei Aspekte[69] gekennzeichnet. Erstens mangelt es an verlässlichen Vergangenheitsdaten, die naturgemäß bei einem noch zu errichtenden Unternehmen niemals vorliegen können. Daraus folgen entsprechend Schwierigkeiten, etwaige Kapitalgeber vom Gründungskonzept zu überzeugen, da diesen keinerlei Basis geboten werden kann, um Prognosen über die Unternehmensentwicklung abzusichern. Zweitens stellt die Selbstfinanzierung des Unternehmens aus dem laufenden Cashflow keine Finanzierungsmöglichkeit dar, weshalb die Gründungsfinanzierung in weiten Teilen von der persönlichen Vermögenssituation des Gründers bestimmt ist.

1.3.3 Gründungsfinanzierungsmodelle

Unternehmensgründern bieten sich verschiedene – strategische – Möglichkeiten, um die geschilderten Probleme anzugehen. Zwar erlaubt die Vielfalt möglicher Unternehmensgründun-

[68] Zur Problematik der exakten Begriffsbildung vgl. *Zimmermann/Schütte* 2004, die immaterielle Vermögensgegenstände (auch Intangibles, Intellectual Property oder Intangible Assets) als „non-physical sources of future economic benefits" verstehen.

[69] Vgl. *Szyperski/Nathusius* 1999, S. 56.

gen nicht die Entwicklung eines einzigen allgemeingültigen Finanzierungsmodells; dennoch lässt sich die Problematik in mehrere Grundmodelle der Gründungsfinanzierung ausdifferenzieren.[70]

Die Unmöglichkeit, das reale Finanzierungsgeschehen im Zuge von Unternehmensgründungen auf ein einziges Modell zu verdichten, liegt in der Heterogenität des Feldes begründet: So können Unternehmensgründer unterschiedliche Vorstellungen hinsichtlich der angestrebten Unternehmensgröße haben (bspw. Kleingewerbe vs. mittelständisches Unternehmen) sowie unterschiedliche Wachstumspfade planen. Weiterhin unterscheidet sich die persönliche Situation von Unternehmensgründern bezüglich der Bonität und der Vermögenslage. Derartige Faktoren können die Strategie bestimmen, mittels derer ein Unternehmensgründer die Umsetzung seiner Pläne anstrebt.[71] Von diesen Gegebenheiten ausgehend, lässt sich die Gründungsfinanzierung in zwei grundlegende Modelle ausdifferenzieren. Zum einen können Gründer sich durch Faktoren wie die oben genannten bei der Gründungsumsetzung beschränken lassen – in diesem Fall folgt die Unternehmensstrategie den Finanzierungsmöglichkeiten (strategy follows finance). Andererseits sind jedoch auch – insbesondere wagniskapitaltaugliche – Geschäftsmodelle denkbar, die unabhängig von der limitierenden persönlichen Situation des Gründers konzipiert und finanziert werden sollen: In diesem Fall werden passend zur Unternehmensstrategie geeignete Finanzierungsmöglichkeiten gesucht (finance follows strategy). Im Einzelnen gestalten sich diese Grundmodelle der Gründungsfinanzierung wie folgt:

a) Strategiebestimmende Gründungsfinanzierung (strategy follows finance): Im Zuge einer derartigen Gründungsfinanzierung bestimmen die finanziellen Ausgangsbedingungen den Möglichkeitsraum, innerhalb dessen der Gründer seinen Unternehmensaufbau realisiert. Die Finanzierung ist hierbei als der entscheidende Engpass der Strategieentwicklung zu sehen, welcher die Aktionsmöglichkeiten des Unternehmensgründers im großen Maße beschränkt und ihn bspw. dazu zwingt, entscheidende Unternehmensfunktionen auszugliedern. Je nach Ausmaß der finanziellen Beschränkungen lässt sich die strategiebestimmende Gründungsfinanzierung in das No-Budget-Modell sowie das Low-Budget-Modell differenzieren. Stehen überhaupt keine finanziellen Mittel zur Verfügung (No-Budget-Modell), so sind Gründer dennoch nicht zwangsläufig dazu genötigt, vom Unternehmensaufbau abzusehen. Die Selbstfinanzierung des Unternehmens über Sweat Equity (d.h. eigenen Arbeitseinsatz) bspw. in Verbindung mit dem so genannten Moon-

[70] Vgl. *Nathusius* 2001a, S. 31ff.; für eine Anwendung im Internationalisierungsbereich *Kollmann/Christofor* 2004, S. 110ff.

[71] Vgl. *Drucker* 1985, S. 9ff., für eine Systematisierung möglicher unternehmerischer Strategien.

lighting (d.h. der Arbeit am Gründungsprojekt neben einer angestellten Tätigkeit, welche die Lebenshaltungskosten des Gründers finanziert) kann zumindest eine Kleingewerbe- oder Nebenerwerbsgründung möglich machen. Erhaltene Anzahlungen oder auch die Ausnutzung des Zahlungszieldifferentials (d.h. das früheste mögliche Fakturieren erbrachter Leistungen bei gleichzeitig möglichst spätem Ausgleich eigener Verbindlichkeiten) eröffnen dem Gründer weitere Handlungsräume. Stehen dem Gründer zumindest marginale eigene Mittel zur Verfügung, so wird die Gründungsfinanzierung im Zuge des Low-Budget-Modells[72] möglich. Diese Form der Gründungsfinanzierung ist auch unter dem Stichwort „Bootstrapping"[73] geläufig und steht für die Gründungsfinanzierung als eine Kombination aus Eigen- und Fremdfinanzierung. Die eigenen Mittel des Gründers in Verbindung mit dem so genannten Family-and-Friends-Kapital – also Mitteln aus dem näheren sozialen Umfeld des Gründers, die weniger aus Renditegesichtspunkten als vielmehr aus persönlichen Erwägungen heraus zur Verfügung gestellt werden – bestimmen dann den Umfang der fremden Mittel, welche die Finanzierung einer Low-Budget-Gründung vervollständigen. Geeignet zur Ergänzung des Gründerkapitals sind dabei erste Bankkredite, Lieferantenkredite, Leasingangebote sowie öffentliche Fördermittel.

b) Strategieerfüllende Gründungsfinanzierung (finance follows strategy) : Im Gegensatz zur strategiebestimmenden Gründungsfinanzierung sollen hier die auf Basis einer strategischen Analyse ermittelten unternehmerischen Chancen unabhängig von der Eigenkapitalausstattung des Unternehmensgründers genutzt werden. Die zur Realisierung notwendigen Finanzierungsmittel werden i.d.R. ausgehend von einer unternehmerischen Vision top-down ermittelt; nach erfolgter Definition des Geschäftsmodells[74] wird dabei deutlich, welche Ressourcen zur Realisierung benötigt werden. Diese Herangehensweise lässt sich auch als Big-Budget-Modell bezeichnen und ist insbesondere für technologieorientierte Unternehmensgründungen geeignet. Der ermittelte Kapitalbedarf kann – in Abhängigkeit vom Entwicklungsstand des Unternehmens – bspw. durch Business Angels, Wagnisfinanzierungsgesellschaften, Corporate Venture Capitalists, Private Equity Investoren oder über einen Börsengang (Initial Public Offering – IPO) gedeckt werden.

Die drei grundsätzlichen, in Abhängigkeit vom Finanzierungsvolumen definierten Modelle der Gründungsfinanzierung sind allerdings nicht isoliert zu betrachten, sondern hängen

---

[72] Siehe für eine Beispielrechnung *Nathusius* 2003a, S. 50ff.

[73] Vgl. *Bhidé* 1999; *Godin* 1998 sowie *Hess* 2001.

[74] Unter einem Geschäftsmodell soll in der Folge in Anlehnung an *Timmers* 1999, S. 32 die Architektur der Produktions- und Absatzkapazitäten eines Unternehmens in Verbindung mit einer Beschreibung der Nutzenpotenziale diverser Anspruchsgruppen und einer Erklärung der möglichen Umsatzquellen verstanden werden.

durchaus voneinander ab. Einerseits ist keine exakte Grenzziehung zwischen den Modellen möglich, da diese fließend ineinander übergehen, andererseits finden alle „untergeordneten" Modelle ebenfalls Platz im alles umfassenden Big-Budget-Modell. Darüber hinaus lässt sich eine Low-Budget-Gründung mit den Finanzierungsinstrumenten der größeren Finanzierungsmodelle im Zeitablauf ergänzen; das Unternehmenswachstum[75] kann – muss aber nicht zwangsläufig[76] – das Finanzierungspotenzial des Unternehmens erweitern. Änderungen vom Big-Budget-Model hin zu reduzierten Finanzierungsansätzen können ebenfalls möglich werden, wenn sich die ursprünglichen Planungen als unrealistisch erweisen. Beide Entscheidungen – sowohl die Ausweitung des angestrebten Finanzierungsinstrumentariums als auch dessen Reduktion auf wesentliche Finanzierungsmöglichkeiten – werden jedoch nicht nur die finanzielle Domäne des Unternehmens betreffen, sondern auch strategische Anpassungen und damit Anpassungen der Managementkultur notwendig machen und sollten daher nicht vorschnell getroffen werden. Tabelle 3 fasst die Herleitung der Grundmodelle der Gründungsfinanzierung zusammen und gibt einige Beispiele für typische Unternehmensgründungen, klassifiziert nach dem jeweiligen Finanzierungsvolumen.

Tabelle 3
Grundmodelle der Gründungsfinanzierung[77]

Grundmodelle	Finanzierungsvolumen	Typische Gründungssektoren
Strategiebestimmende Gründungs-finanzierung	No-Budget-Modell	Kleingewerbe-Gründung Dienstleistungs-Gründung Nebenerwerbs-Gründung
	Low-Budget-Modell	Einzelhandels-Gründung Handwerks-Gründung Gastgewerbe-Gründung Dienstleistungs-Gründung Technologie-Gründung
Strategieerfüllende Gründungs-finanzierung	Big-Budget-Modell	Technologie-Gründung Industrielle Gründung MBO/MBI

Der Fokus dieser Arbeit, der im Wesentlichen auf den Beteiligungsprozess bei Wagniskapitalfinanzierungen gerichtet ist, macht im Folgenden eine Beschränkung auf diejenigen Unter-

---

[75] So beginnen in einer Untersuchung von *Roberts* aus den frühen 90er Jahren unter technologieorientierten Unternehmensgründungen beinahe die Hälfte aller Gründer mit einem Startkapital von weniger als US$ 10.000 und 80% mit weniger als US$ 50.000, um bald darauf festzustellen, dass die ursprünglich aufgebrachten Ressourcen nicht ausreichend sind, um das weitere Wachstum des Unternehmens zu finanzieren. Vgl. *Roberts* 1991, S. 9.

[76] Vgl. *Nathusius* 2001a, S. 42.

[77] Vgl. *Nathusius* 2003b, S. 259.

nehmensgründungen möglich, die sich strategieerfüllend auf die Realisierung eines Big-Budget-Modells konzentrieren.

1.3.4 Kapitalformen im Vergleich

Idealtypisch muss jede Gründungsfinanzierung – auch im Zuge der Umsetzung eines Big-Budget-Modells - entweder über Quellen von Eigenkapital, über Quellen von Fremdkapital oder aber über eine Mischform dieser beiden Kapitaltypen (Mezzanine Capital) realisiert werden. Da jede dieser Quellen Rechte und Pflichten in unterschiedlichem Ausmaß auf Kapitalgeber und Kapitalnehmer verteilt, und damit in einem zweiten Schritt Risiko und Chance einer Finanzierung entsprechend auf die beteiligten Parteien verteilt, ist ein grundlegendes Verständnis dieser Quellen für den weiteren Gang der Arbeit unerläßlich.

1.3.4.1 Die Bedeutung von Eigenkapital für Unternehmensgründungen

Eigenkapital umfasst all diejenigen Mittel, die von den Eigentümern eines Unternehmens zu dessen Finanzierung aufgebracht werden.[78] Dies kann der Gründer oder sein Team selbst sein; externe Investoren von Eigenkapital können jedoch genauso zu Miteigentümern des Unternehmens gemacht werden. Eigenkapital zeichnet sich aus durch die zinsfreie Überlassung, die mit ihm verbundene volle Haftung der Eigenkapitalgeber und das Fehlen von regelmäßigen Tilgungszahlungen.[79] Attraktiv für ein Gründungsunternehmen ist Eigenkapital gerade aufgrund der Tatsache, dass es dem Unternehmen ohne Befristung zur Verfügung gestellt wird und seine Verwendung nicht an bestimmte Zwecke gebunden ist.[80] Die Finanzierungen, die primär mit Eigenkapital getätigt werden sollten, betreffen hauptsächlich Gründungs-, Wachstums-, Konsolidierungs- und Sanierungsfinanzierungen. Im Rahmen einer Gründungsfinanzierung stellen sich dabei viele der Charakteristika von Eigenkapital genauer betrachtet als entscheidende Vorteile heraus.[81] Da seitens der Eigenkapitalinvestoren keine Zins- und Tilgungszahlungen erwartet werden können, verbessert sich die Liquiditätsposition des Unternehmens. Zusätzlich kann durch die Beteiligung von externen Investoren das Haftungsrisiko vom Gründer zumindest in Teilen auf andere Parteien verlagert werden.

---

[78] Vgl. *Weitnauer/Guth* 2001, S. 159ff.
[79] Vgl. *Daferner* 2000, S. 114ff.
[80] Vgl. *Nathusius* 2001a, S. 20ff.
[81] Vgl. *Jungen* 2003, S. 59ff.

1.3.4.2 Schwierigkeiten der Nutzbarmachung von Fremdkapital für Unternehmensgründungen

Im Gegensatz zum Eigenkapital umfasst Fremdkapital all diejenigen Mittel, die einer Unternehmung von außen zugeführt werden und die Gesellschafter des Unternehmens zur Rückzahlung[82] dieser Mittel verpflichten. Eine Fremdkapitalfinanzierung ist charakterisiert durch regelmäßige Zins- und Tilgungszahlungen[83] sowie die Tatsache, dass die Finanzierungsmittel dem kapitalaufnehmenden Unternehmen nur befristet zur Verfügung gestellt werden.[84] Aufgrund dieser Eigenschaften eignet sich Fremdkapital insbesondere zur Finanzierung der Betriebsmittel und der kurzfristigen Überbrückung von Liquiditätsengpässen. Vorteilhaft aus Sicht der Gesellschafter ist es, dass im Zuge einer Fremdkapitalfinanzierung keinerlei Eigentümerrechte verloren gehen und Finanziers daher auch nicht an etwaigen Unternehmensgewinnen partizipieren können.[85] Nachteilig können sich jedoch die mit der Finanzierung entstehenden Gläubigerrechte auswirken. Vertraglich vereinbarte Zins- und Tilgungszahlungen sind abgekoppelt von der allgemeinen Unternehmensentwicklung und können daher prinzipiell eventuell auftretende negative Tendenzen des Geschäftsganges zusätzlich verstärken. Insbesondere für Unternehmensgründer ist die Fremdkapitalfinanzierung auch aus dem Grund als problematisch und nur sehr schwer durchführbar einzuordnen, da ihre erfolgreiche Durchführung abhängig vom (in der Regel zu geringen) Eigenkapital des Gründungsunternehmens und verfügbaren Sicherheiten[86] ist.

Fremdkapital für Unternehmensgründer ist demzufolge rationiert, d.h. zum aktuellen Fremdkapitalzins findet keine Markträumung statt und ein Nachfrageüberschuss nach Kreditmitteln bleibt bestehen.[87] Dies hat zwei wesentliche Gründe: Würden Banken einerseits den Kreditzins generell markträumend anpassen, so würden gute Kapitalnehmer sich im Sinne einer ad-

---

[82] Vgl. *Geigenberger* 1999, S. 8.

[83] Vgl. *Nestel* 2000, S. 427f.

[84] Vgl. *Nathusius* 2001b, S. 179.

[85] Die Präferenz deutscher Unternehmer insbesondere des Mittelstandes für die Fremdkapitalfinanzierung mag auf diesen Umstand zurückzuführen sein. Dabei wirkt sich das unternehmerische Streben nach größtmöglicher Kontrolle jedoch negativ auf die Durchführbarkeit gerade von Eigenkapitalfinanzierungen aus, deren Vorteile vielfach nicht erkannt werden. Darüber hinaus müssen Unternehmer den Kontrollerhalt „bezahlen", da sie risikoadjustiert eine schlechtere Position einnehmen als im Fall einer Vermögensdiversifikation. Vgl. *Gerke/Bank* 1999, S. 14. Ähnlich nachteilig wirkt sich insbesondere auf Eigenkapitalfinanzierungen der Unwillen zahlreicher Unternehmer aus, sensible Information zukünftigen Partnern zu offenbaren. Vgl. *Nathusius* 2003c, S. 164.

[86] Vgl. *Witt* 2004, S. 358. Für einen Überblick der banküblichen Sicherheiten vgl. *Adrian/Heidorn* 1996, S. 405-468; als besonders geeignet zur Absicherung von größeren Kreditbeträgen werden besonders Grundpfandrechte, die Sicherungsübereignung des Anlagevermögens, die Verpfändung oder Abtretung von Lebensversicherungsansprüchen, Wertpapieren oder Gesellschaftsrechten (z. B. GmbH-Anteile), Bürgschaftserklärungen durch Bund, Land oder Kreditgarantiegemeinschaften sowie „harte" Patronatserklärung einer etwaigen Muttergesellschaft angesehen. Vgl. *Weiss* 2005.

[87] Vgl. *Gerke/Bank* 1999, S. 17.

versen Selektion vom Markt zurückziehen und lediglich schlechte Kapitalnehmer weiterhin Kredite nachfragen. Andererseits würde eine Einteilung der potenziellen Schuldner in Bonitätsklassen dazuführen, dass insbesondere Unternehmensgründer sich mit Zinssätzen konfrontiert sähen, die gesellschaftlich als überzogen betrachtet würden und darüber hinaus aufgrund des erhöhten Drucks auf die Liquidität des jungen Unternehmens den Erfolg der Gründung generell fraglich werden lassen würden.

Eine ernsthafte Finanzierungsoption stellt Fremdkapital im Allgemeinen erst in späteren Unternehmensphasen dar, wenn stabile Aufwendungen und Erträge zu einem mit besserer Wahrscheinlichkeit prognostizierbaren zukünftigen Unternehmenscashflow führen. Gerade den - in den frühen Phasen einer Unternehmensgründung kaum vorhandenen – Erträgen kommt für die Beurteilung der Kreditwürdigkeit eine entscheidende Bedeutung zu, da Kreditinstitute i.d.R. darauf achten, dass insbesondere Investitionskredite aus den laufenden Erträgen eines Unternehmens zurückgeführt werden und nicht aus der Substanz.[88]

1.3.4.3 Mezzanine Capital als Mischform von Eigenkapital und Fremdkapital

Jede Finanzierungsform ist für den Kapitalnehmer genauso wie für den Kapitalgeber mit unterschiedlichen Rechten und Pflichten verbunden. Aus diesem Grund lässt sich auch wie folgt argumentieren: Eigen- und Fremdkapital stellen weniger Finanzierungsinstrumente dar, sondern sind vielmehr als unterschiedliche „governance structures“[89] zu betrachten – d.h. als differierende Kontroll-, Herrschafts- oder Steuerungsstrukturen der Kapitalgeber im Hinblick auf das kapitalnehmende Unternehmen. Aus den Idealtypen Eigen- und Fremdkapitel lässt sich daher durch unterschiedliche Gestaltung der Rechteverteilung das so genannte Mezzanine Capital[90] konstruieren, das als Sammelbegriff für jegliche Finanzierungsinstrumente zwischen reiner Eigen- und Fremdkapitalfinanzierung angesehen werden darf.[91]

---

[88] Vgl. *Perridon/Steiner* 1999, S. 376.

[89] Vgl. *Williamson* 1988, S. 576.

[90] Vgl. *Nathusius* 2001a, S. 108ff., sowie *Gereth/Schulte* 1992; ebenfalls geläufig ist die Bezeichnung „Gap Financing“. Vgl. *Jakob* 2004, S. 7.

[91] *Williamson* weist darauf hin, dass Mezzanine Capital (Dequity in seiner Terminologie) immer den je unterschiedlichen Zwecken entsprechend konstruiert werden muss und nicht als eine überlegene Weiterentwicklung von Eigen- und Fremdkapital gelten darf, sondern eher als Ergänzung zu verstehen ist. Vgl. *Williamson* 1988, S. 582. Einige Autoren merken ebenfalls an, dass der Begriff Mezzanine nicht nur wegen seiner mittleren Stellung zwischen Eigen- und Fremdkapital Verwendung gefunden hat, sondern auch auf Grund der besonderen Eignung dieser Finanzierungsform für Unternehmen mit mittleren Umsätzen zwischen US$ 5 Mio. und US$ 100 Mio. berechtigt ist. Vgl. bspw. *Torpey/Viscione* 1987, S. 116.

Die Wahl des Begriffs leitet sich her von der italienischen Bezeichnung ‚mezzanino' für ein in der Renaissance und im Barock typisches Zwischengeschoss eines Gebäudes.[92] Je nach Ausgestaltung ist Mezzanine Capital entweder eigenkapitalähnlich wie im Falle der Genussscheine und atypischen stillen Beteiligungen (Mezzanine Equity) oder aber fremdkapitalähnlich wie bei typischen stillen Beteiligungen oder nachrangigen Darlehen (Mezzanine Debt). Kerncharakteristika einer jeden Mezzanine-Finanzierung sind:[93]

a) Nachrangigkeit in Relation zu den Ansprüchen anderer Gläubiger,

b) Vorrangigkeit gegenüber voll haftendem Eigenkapital,

c) ein höherer Zins als Vergütung für die Kapitalüberlassung, bewirkt durch die Nachrangigkeit im Vergleich zu vorrangigem Fremdkapital (Senior Debt),

d) die zeitlich befristete Überlassung auf sechs bis zehn Jahre sowie

e) die Möglichkeit, das Entgelt für die Kapitalbereitstellung steuerlich als Betriebsaufwand geltend zu machen.

Typische Formen von Mezzanine Capital finden sich mit dem partiarischen Darlehen, dem Nachrangdarlehen, der typischen und atypischen stillen Beteiligung (privatplatzierungsorientiertes Mezzanine Capital) sowie Genussscheinen und Wandel- und Optionsanleihen (kapitalmarktorientiertes Mezzanine Capital).[94] Bei der Entscheidung für eine dieser Finanzierungsformen lassen sich Risiko- und Renditeverteilung wesentlich besser an die jeweiligen Bedürfnisse von Kapitalgeber und -nehmer anpassen, als dies bei den reinen Formen von Eigen- und Fremdkapital möglich ist. Da Mezzanine Capital gegenüber Senior Debt nachrangig ist, erhöht sich im Zuge einer solchen Finanzierung das wirtschaftliche Eigenkapital des kapitalnehmenden Unternehmens.[95]

Unternehmerseitige Vorteile bestehen in der Vermeidung der Verwässerung (Dilution) der Alteigentümer[96] und dem vielfach positiv bewerteten Umstand, keine Mitsprachrechte abgeben zu müssen und so keinen Kontrollverlust zu erleiden. Mezzanine Capital ist aufgrund des geringeren Investorenrisikos günstiger aufzunehmen als Eigenkapital; wegen des höheren

---

[92] Vgl. *Nolting/Nolte* 2002, S. 1065.
[93] Vgl. *Volk* 2003, S. 1225, sowie *Nelles/Klusemann* 2003, S. 6f.
[94] Vgl. *Schäcker/Brehm/Ho* 2003, S. 236.
[95] Vgl. *Raupach/Jakob* 2004, S. 81; zu den Mezzanine-Instrumenten, die durch die Rating-Systeme der Banken dem Eigenkapital zugerechnet werden, zählen insbesondere Nachrangdarlehen, stille Beteiligungen und Genussscheine. Vgl. *Höser* 2004, S. 44f.
[96] Vgl. *Boehm-Bezing* 2001, S. 504.

Risikos im Vergleich zum Fremdkapital stellen Mezzanine-Investoren jedoch höhere Ansprüche an die Verzinsung als bspw. bei Senior Debt Finanzierungen. So erwarten Mezzanine-Geber eine Vergütung für die Kapitalüberlassung zwischen 15% und 25% p.a.; allerdings mag diese Spanne in Niedrigzinsphasen auch niedriger liegen.[97] Bankenseitig ist die Durchführung von Mezzanine-Finanzierungen attraktiv, da der Fremdkapitalzins für vorrangige Darlehen oftmals in keiner adäquaten Relation zum Ausfallrisiko steht; gerade bei Unternehmen, deren Bewertung auf immateriellen Vermögensgegenständen beruht – was vor allem bei vielen jungen Unternehmen der Fall sein wird – müssen sich die Institute verweigern, derartige Vermögensgegenstände zu beleihen.[98] Wagniskapitalgeber profitieren – im Umkehrschluss von den Gründervorteilen – bei der Überlassung von Mezzanine Capital von einer besseren Anreizsetzung; daher werden derart auch Projekte finanzierbar, die ansonsten nicht durchführbar gewesen wären.

Die Kosten für die Überlassung von Mezzanine Capital sind dreigeteilt:[99] Sie bestehen aus einer laufenden Festzinskomponente, einer zusätzlichen thesaurierten Zinsverpflichtung zahlbar bei Laufzeitende sowie – primär bei typischen und atypischen stillen Beteiligungen - einem so genannten Kicker.[100] Dieser Kicker kann vereinbart sein als

a) Non-Equity-Kicker, d.h. eine einmalige, unternehmensentwicklungsunabhängige Sonderverzinsung,

b) als virtueller Equity-Kicker, d.h. eine einmalige Sonderzahlung in Abhängigkeit von der Entwicklung des Unternehmenswerts oder auch

c) als Equity-Kicker, d.h. eine Kaufoption auf einen definierten Anteil am Grundkapital des kapitalnehmenden Unternehmens, die gebunden ist an den Eintritt von Ereignissen wie bspw. einen Unternehmensverkauf oder einen Börsengang.

Mezzanine-Finanzierungen werden für strategiebestimmende Gründungsfinanzierungen in der Regel keine Option darstellen, für wagniskapitaltaugliche Geschäftsmodelle sind sie jedoch durchaus geeignet. Gerade Wagnisfinanzierer nutzen regelmäßig neben direkten Beteiligungen insbesondere die Möglichkeiten von typischen und atypischen stillen Beteiligungen, um Investitionen in junge Unternehmen zu tätigen. Abbildung 6 fasst die einzelnen Kapitalformen im Vergleich zusammen und macht deutlich, wie mit den verschiedenen, zwischen

---

[97] Vgl. *Dörscher/Hinz* 2003 , S. 609.
[98] Vgl. *Gross/Amiri* 1990, S. 56.
[99] Vgl. *Raupach/Jakob* 2004, S. 81.
[100] Vgl. *Nelles/Klusemann* 2003, S. 7.

Fremd- und Eigenkapital angesiedelten Mezzanine-Instrumenten Betreuungsleistungen und Informationserfordernisse des Kapitalgebers angesichts seines Risikos und seiner Renditeerwartungen an Bedeutung gewinnen.

Abbildung 6
Eigen- und Fremdkapital im Vergleich mit Mezzanine Capital[101]

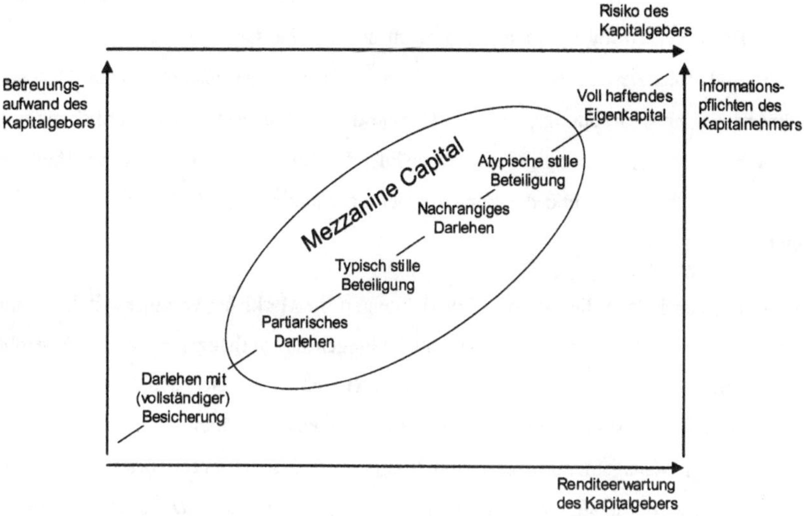

Gerade bei jungen Unternehmen in den ersten Nachgründungsjahren kommt allerdings der Finanzierung mit Eigenkapital besondere Bedeutung zu. Zwar sind deutsche Unternehmen traditionell mit geringem Eigenkapital ausgestattet; im Falle von Gründungsunternehmen verstärkt ein Eigenkapitalmangel jedoch die Probleme, die aus anderen Ressourcenproblemen – wie bspw. der mangelnden Attraktivität eines jungen Unternehmens für gut qualifizierte Arbeitskräfte aufgrund der damit verbundenen Unsicherheit - resultieren können. Die Finanzierung eines neuen Unternehmens mittels Eigenkapital stellt oftmals die einzige Finanzierungsoption dar. So erfordert ein lang andauernder Vorlauf bei der Entwicklung des Produktes und der Markteinführung erfahrungsgemäß Eigenkapitalquoten von annähernd 100%.[102] Das im folgenden Verlauf der Untersuchung diskutierte Wagniskapital ist eine inte-

[101] In Anlehnung an *Dörscher/Hinz* 2003, S. 607.

[102] Vgl. *Nathusius* 2001a, S. 12, der an gleicher Stelle bemerkt, dass die Existenz öffentlicher Förderprogramme, welche die laufende Bedienung von Darlehen mit (zinsgünstigen) Tilgungszahlungen erfordern, nicht als Gegenbeweis zu dieser These gesehen werden darf, sondern vielmehr als ein Fehlgriff der Wirtschaftspolitik zu betrachten ist.

ressante Option, das Finanzierungsproblem junger Unternehmen mit Eigenkapital und eigenkapitalnahen Finanzierungsformen wie dem Mezzanine Capital zu lösen.

1.4 Zwischenfazit und Ableitung des generellen Erkenntnisinteresses

Die vorangegangenen Ausführungen haben die Bedeutung der Finanzierung junger Unternehmen sowohl auf Unternehmensebene als auch auf gesamtwirtschaftlicher Ebene deutlich gemacht. Dabei sollten die Rahmenbedingungen und Einflussfaktoren einer Unternehmensgründung und -finanzierung deutlich geworden sein; ebenso wie der prozessuale Charakter der Umsetzung eines Gründungsprojektes. Gerade die Verfügbarkeit von Wagniskapital erscheint vor diesem Hintergrund als ein entscheidender Faktor, der die Innovationsfähigkeit einer Volkswirtschaft prägt und die Implementierung ambitionierter Gründungsvorhaben ermöglicht.

Rekapituliert man jedoch die jüngsten Entwicklungen im Markt für Wagniskapital, so stellt sich die Frage, ob nicht etliche negative Entwicklungen der vergangenen Jahre vermeidbar gewesen wären – wie bspw. die Investition in Unternehmen mit sich daran anschließender Unmöglichkeit des Ausstiegs. Eine solche Fragestellung kann nur über eine Analyse der Entscheidungs- und Managementprozesse von Wagniskapitalgebern beantwortet werden. Der Prozessgedanke wird also auch bei einer Betrachtung des Gründungsfinanzierungsphänomens aus Investorenperspektive für diese Arbeit weiterhin bedeutsam bleiben. Vor diesem Hintergrund sei deshalb das generelle Erkenntnisinteresse dieser Arbeit festgemacht.

> *Generelles Erkenntnisinteresse*: Wie gestaltet sich der Selektions- und Entscheidungsprozess von Wagniskapitalgebern aus finanzierungstheoretischer Perspektive sowie aus Sicht der Gründungsforschung?

2 Ergebnisse empirischer und theoretischer Forschung zum Komplex der Wagniskapitalfinanzierung

Mit leichter zeitlicher Verzögerung ist das Phänomen der Wagniskapitalfinanzierung im Anschluss an die sich herausbildenden Märkte mit der Mitte der 1980er Jahre[103] auch zum Gegenstand der Forschung geworden. Die folgenden Abschnitte umreißen zentrale Ergebnisse dieser akademischen Bemühungen im Hinblick auf das Ziel der vorliegenden Arbeit, ein besseres Verständnis des Managements von Risiko und Unsicherheit im Zuge einer Wagniskapitalfinanzierung zu schaffen.

2.1 Wagniskapital als Finanzierungsmöglichkeit junger Unternehmen

Die Möglichkeiten zur Beschaffung von Eigenkapital können nach internen und externen Quellen (vgl. Abbildung 7) unterschieden werden.[104] Die interne Beschaffung von Eigenkapital wird in der Literatur auch als Selbstfinanzierung bezeichnet, bei der Eigenkapital aus dem Gewinn des Unternehmens gebildet wird. Dies kann entweder offen über die Verwendung von bereits versteuerten Gewinnen oder verdeckt durch das Ausnutzen von Bewertungswahlrechten zwecks Bildung von stillen Reserven geschehen. Im Regelfall stoßen Unternehmen bei rein interner Beschaffung von Eigenkapital schnell an Grenzen – gerade wachstumsorientierte Unternehmen werden nur in den seltensten Fällen ihre Investitionsbedürfnisse mit thesaurierten Gewinnen bedienen können.

Alternativ bietet sich die Beschaffung von Eigenkapital aus externen Quellen an. Der Terminus extern deutet dabei an, dass dem Unternehmen durch zusätzliche Einzahlungen Eigenkapital zugeführt wird – dies muss allerdings nicht zwingend durch unternehmensexterne Parteien geschehen, sondern kann auch vom bereits vorhandenen Gesellschafterkreis geleistet werden. Sollen darüber hinaus neue Gesellschafter angesprochen werden, so muss das Eigenkapital folglich am Markt beschafft werden. Dies kann zum einen über einen Börsengang geschehen (IPO), der jungen Unternehmen in der extremen Frühphase allerdings i.d.R. als Kapitalbeschaffungsmöglichkeit verwehrt ist. Weiterhin besteht die Möglichkeit der Aufnahme neuer Gesellschafter im Zuge eines Private Placements oder aber die Investition durch eine Kapitalbeteiligungsgesellschaft. Wagnisfinanzierer – die besonders junge Unternehmen in ihren Investitionsfokus stellen – sind dabei als eine spezielle Untergruppe der Kapitalbetei-

[103] Vgl. *Wright/Sapienza/Busenitz* 2003, S. IX.
[104] Vgl. *Leopold* 1993, S. 347f.

ligungsgesellschaften zu betrachten, die primär Eigenkapital bereitstellen (so genanntes Private Equity im Gegensatz zum Public Equity nach einem IPO). Abbildung 7 fasst die Möglichkeiten der Eigenkapitalbeschaffung zusammen und ordnet die Wagnisfinanzierer[105] systematisch in den Markt für Eigenkapital ein.

Abbildung 7
Terminologische Einordnung von Wagnisfinanzierern[106]

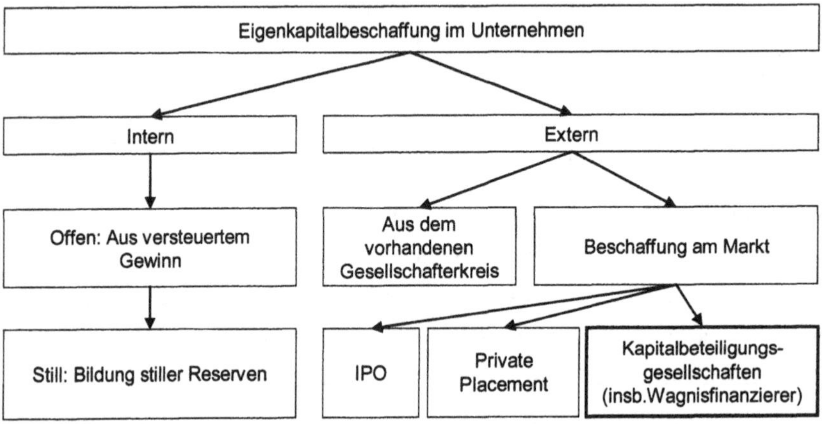

Die Begründung der Existenz von Kapitalbeteiligungsgesellschaften und ganz besonders von Wagnisfinanzierern leitet sich dabei aus deren spezifischen Kompetenzen her: Banken können im Bereich der Gründungsfinanzierung schlicht nicht das leisten, was spezialisierten Eigenkapitalinvestoren möglich ist.[107] Im Bereich der Fremdkapitalfinanzierung sind Engagements von Banken bei jungen Unternehmen begrenzt durch die hohen Zinssätze, die sie anwenden müssten, um das erhebliche Unternehmensrisiko zu kompensieren; im Bereich der Eigenkapitalfinanzierung durch Banken bestehen je nach Nation unterschiedliche rechtliche Rahmenbedingungen, die bspw. gesetzlich festgelegte Obergrenzen für direkte Beteiligungen an Unternehmen vorsehen. Darüber hinaus sind Banken im Bereich der Eigenkapitalfinanzierung regelmäßig überfordert, da die Spezialisierung auf die Selektion von chancenreichen jungen

[105] Einführend zur Wagniskapitalfinanzierung siehe bspw. *Betsch/Groh/Schmidt* 2000; *Bigus* 2003a; *Gompers/Lerner* 2000; *Kollmann/Kuckertz* 2003b; *Kollmann* 2003c; *Kollmann* 2003d; *Lerner/Hardymon* 2002; *Nathusius* 2001a; *Schefczyk* 2000a; *Schefczyk* 2000b und *Weitnauer/Guth* 2001.
[106] In Anlehnung an *Leopold* 1993, S. 347.
[107] Vgl. *Gompers/Lerner* 2000, S. 131f.

Unternehmen und deren Überwachung zu stark von ihrem grundlegenden Geschäftsmodell abweicht. Dies ist nur Wagniskapitalgebern möglich.[108]

2.1.1 Zum Begriff des Wagniskapitals

Prinzipiell eignet sich Wagniskapital[109] zur Finanzierung jeglichen Kapitalbedarfs; in der Praxis haben sich jedoch einige grundlegende Finanzierungsanlässe herauskristallisiert, bei denen Wagniskapitalgeber primär zum Zuge kommen. Faktisch finanziert Wagniskapital Investitionen des Unternehmens – meist mit Innovationscharakter – sowie Akquisitionen und Wachstum. Auch die Herstellung der Börsenreife und die Unterstützung bei Nachfolgeregelungen[110] durch Buy-Out-Finanzierungen fallen in den Aktivitätsbereich von Wagniskapitalgebern.

Der innovationsfinanzierende Charakter von Wagniskapital sei an dieser Stelle besonders hervorgehoben: Bereits in den 1970er Jahren ist für die deutsche Forschung klar, dass ein Zusammenhang gegeben ist zwischen der Durchsetzung neuer Technologien innerhalb einer Gesellschaft und der „Situation bestimmter Know-how-Träger und der sie beeinflussenden Faktoren“[111], wie es zum Beispiel das verfügbare Wagniskapital sein kann. Auch spätere Untersuchungen haben gezeigt, dass die Verfügbarkeit von Kapital für Unternehmensgründer positiv mit tatsächlich realisierten Innovationen korreliert ist.[112] Zwar fehlen eindeutig bestimmte Zahlen für die deutsche Volkswirtschaft – für den US-amerikanischen Raum wird jedoch geschätzt, dass Wagniskapital für rund 8% aller industriellen Revolutionen verantwortlich ist, obgleich die investierten Summen lediglich 3% der Forschungs- und Entwicklungsaktivitäten der amerikanischen Unternehmen ausmachen.[113]

Allerdings kann nicht davon ausgegangen werden, dass Wagniskapitalgeber jegliche technische und unternehmerische Innovation finanzieren können; bspw. sind aufgrund der Fondsstruktur des Wagniskapitalgeschäftes Innovationen mit außerordentlich langer Entwicklungs-

---

[108] Vgl. *Amit/Brander/Zott* 1998.

[109] In der Literatur finden sich ebenso der Begriff des Risikokapitals sowie die angelsächsisch geprägte Bezeichnung Venture Capital. Allgemeiner ist auch die Rede von Beteiligungskapital oder Kapitalbeteiligungsgesellschaften; dann wird jedoch der Private-Equity-Bereich mit eingeschlossen, der sich mit der Eigenkapitalfinanzierung bereits etablierter, jedoch nicht börsennotierter Unternehmen befasst. Im Folgenden soll zugunsten des Terminus „Wagniskapitalfinanzierung“ wo immer möglich auf die Verwendung von Anglizismen verzichtet werden, wenn es der Klarheit der Erläuterung nicht abträglich ist.

[110] Vgl. *Leopold* 1993, S. 355.

[111] Vgl. *Szyperski/Nathusius* 1999, S. 4.

[112] Vgl. *Brophy/Shulman* 1993.

[113] Vgl. *Kortum/Lerner* 2000, S. 691.

und Durchsetzungszeit nur schlecht finanzierbar. Genauso kann die Orientierung der Investoren an Konjunkturzyklen oftmals innovationsverhindernd sein.[114]

Tabelle 4
Annäherungen an den Begriff des Wagniskapitals

Quelle	Definition
Leopold 1993, S. 347f.	Investoren von Wagniskapital sind „institutionalisierte Investoren, die auf die Kapitalbeteiligung bei nicht börsennotierten, meist kleineren und mittleren Unternehmen spezialisiert sind."
Mason/Harrison 1995, S. 153.	"Venture Capital can be defined as an activity by which corporate investors provide long-term equity finance, supported by business skills, to unquoted companies with the potential to grow rapidly with the aim of making an eventual capital gain commensurate with the high risk and illiquidity involved in the investment rather than interest income or dividend yield."
Wright/Robbie 1998, S. 521.	"Venture Capital is typically defined as the investment by professional investors of long-term, unquoted, risk equity finance in new firms where the primary reward is an eventual capital gain, supplemented by dividend yield."
Amit/Brander/Zott 1998, S. 442.	"..., generally speaking, venture capital firms provide privately held 'entrepreneurial' firms with equity, debt, or hybrid forms of financing, often in conjunction with managerial expertise."
Gerke/Bank 1999, S. 18.	„Unter Venture Capital (VC) versteht man Risiko- oder Wagniskapital, welches im Wege einer Eigenkapitalbeteiligung innovativen Unternehmen zur Verfügung gestellt wird, die sich in der Gründungsphase (Seed-Phase), in der ersten Wachstumsphase (Start-up Phase) oder in der sich daran anschließenden Expansionsphase befinden."
Schefczyk 2000, S. 16.	„Gegenstand der Investition von Venture Capital sind Beteiligungsfinanzierungen bei Unternehmen, die zumindest zum Finanzierungszeitpunkt nicht börsenreif sind."
Gompers/Lerner 2000, S. 11.	"We define venture capital as independently managed, dedicated pools of capital that focus on equity or equity-linked investments in privately held, high-growth companies."
Weitnauer/Guth 2001, S. 5.	„Der Venture-Capital-Geber [erklärt sich, A.K.] ohne Stellung von Sicherheiten durch den VC-Nehmer langfristig zur Finanzierung in Form haftenden Eigenkapitals [bereit, A.K.], zu dessen Rückzahlung oder Verzinsung der Beteiligungsnehmer nicht verpflichtet ist."
Nathusius 2001a, S. 55.	„Venture Capital i.w.S. sind Mittel zur Finanzierung junger, schnell wachsender Unternehmen in frühen Entwicklungsstadien sowie Mittel zur Finanzierung von etablierten, kleinen bis mittleren Unternehmen an wesentlichen Stufen einer Neuorientierung ihrer Unternehmensentwicklung."
Bigus 2003a, S. 1.	„Wagnisfinanzierung [umfasst die, A.K.] Finanzierung von jungen Unternehmen mit einem starken, häufig innovationsbedingten Wachstumspotential."
EVCA 2004.	"Professional equity co-invested with the entrepreneur to fund an early stage (seed and start-up) or expansion venture. Offsetting the high risk the investor takes is the expectation of higher than average return on the investment."
Welpe 2004, S. 19.	„Venture Capital ist Eigenkapital oder eigenkapitalähnliches Kapital, das zeitlich befristet in nicht börsennotierte Wachstumsunternehmen typischerweise in Form einer Minderheitsbeteiligung eingebracht wird und statt auf laufende Erträge auf eine Wertsteigerung des Unternehmens abzielt, zu welcher eine aktive Unterstützung und Kontrolle des Unternehmens beitragen soll."

[114] Vgl. *Stuck/Weingarten* 2005.

Weiterhin ist einschränkend anzumerken, dass sich gerade international bislang kein Konsens, geschweige denn eine rechtlich verbindliche Definition[115] darüber herausgebildet hat, was genau unter Wagniskapital zu verstehen ist. Vielmehr unterscheidet sich von Land zu Land, wie mit den entsprechenden Begriffen umgegangen wird.[116]

Tabelle 4 gibt verschiedene ausgewählte Definitionen von Wagniskapital über die gesamte Bandbreite des möglichen Spektrums wieder. Dabei wird deutlich, dass sich einige Definitionen eher auf den Investitionsgegenstand von Wagniskapitalgebern konzentrieren, während andere die verwendeten Finanzierungsinstrumente in den Vordergrund stellen. Insbesondere der Entwicklungsgrad der Unternehmen, in die investiert wird, scheidet die verschiedenen Sichtweisen auf das Phänomen Wagniskapital. Während sich bspw. Wagniskapitalgeber aus dem nordamerikanischen und angelsächsischen Wirtschaftsraum in beträchtlichem Umfang gerade in den frühen Phasen der Unternehmensentwicklung engagieren, werden etliche europäische Wagniskapitalgeber ihrem Namen nur schwer gerecht, da sie sich stark auf die späteren, risikotechnisch besser zu handhabenden Investitionsphasen konzentrieren.[117] Im deutschsprachigen Raum zeichnet sich jedoch im Hinblick auf Wagniskapitalfinanzierungen ein Konsens zumindest über die nachstehenden fünf Charakteristika ab:[118]

a) Wagniskapitalfinanzierungen sind hauptsächliche Eigenkapitalfinanzierungen; d.h. dem Unternehmen wird voll haftendes Eigenkapital zur Verfügung gestellt, das gegebenenfalls durch stille Beteiligungen, nachrangiges Fremdkapital und hybride Finanzierungsformen (Mezzanine Finanzierung) ergänzt werden kann.[119] Zweck dieser Konzentration auf Eigenkapital und eigenkapitalnahe Finanzierungsformen ist die Begrenzung des Insolvenzrisikos der kapitalnehmenden Partei, da so etwaige Zins- und Rückzahlungsverpflichtungen minimiert werden.

b) Wagniskapitalfinanzierungen werden i.d.R. als Minderheitsbeteiligungen gestaltet. Nur in Ausnahmefällen übernimmt der Wagniskapitalgeber eine Mehrheit am Unternehmen, sodass der eigenständige Charakter des Unternehmens erhalten bleibt und die Motivation des Gründers, die sich vielfach aus dem Streben nach Unabhängigkeit herleitet, nicht konterkariert wird.

---

[115] Vgl. *Amit/Brander/Zott* 1998, S. 442.
[116] Vgl. *Bygrave/Timmons* 1992, S. 72.
[117] Vgl. *Black/Gilson* 1998 sowie *Nevermann/Falk* 1986.
[118] Vgl. hierzu besonders *Schefczyk* 2000a, S. 18f., sowie *Kollmann/Kuckertz* 2003b oder auch *Welpe* 2004.
[119] Vgl. *Nathusius* 2001a, S. 108ff.

c) Wagniskapitalgeber engagieren sich zeitlich begrenzt. Zwar steht gerade Eigenkapital einem Unternehmen definitionsgemäß unbegrenzt zur Verfügung; Wagniskapitalfinanzierungen unterscheiden sich jedoch von „normalen" Minderheitsbeteiligungen durch den angestrebten Ausstieg des Kapitalgebers innerhalb von fünf bis zehn Jahren. Dies liegt zum großen Teil in der Fondsstruktur des Wagniskapitalgeschäftes begründet. Die Rückzahlungsverpflichtung von institutionellen Wagniskapitalgebern gegenüber ihren Fondsinvestoren führt dazu, dass die Partizipation an Steigerungen des Unternehmenswertes über die Partizipation an den laufenden Erträgen eines Unternehmens gestellt wird. Diese potenziellen Gewinne können nur über den Ausstieg des Investors durch Anteilsverkauf realisiert werden.

d) Wagniskapitalgeber lassen sich in den Beteiligungsverhandlungen Kontroll- und Mitspracherechte einräumen, die regelmäßig weit über die Rechte eines Minderheitsbeteiligten hinausgehen.[120] Nur so können die extremen Informationsasymmetrien, die besonders bei jungen, nicht börsennotierten Unternehmen im Verhältnis von Investor und Unternehmer entstehen, auf ein vertretbares Maß reduziert werden.

e) Über die reine Kontrollfunktion des Wagniskapitalgebers hinaus übt dieser oftmals zusätzlich eine Managementfunktion aus. D.h. das Risiko der Investition wird überdies auch durch Managementunterstützungsleistungen reduziert, die i.d.R. den Charakter einer Unternehmensberatung haben, in Krisenfällen allerdings auch bis zur konkreten Unterstützung im operativen Geschäft reichen können.

Die hohen Renditeforderungen von Wagniskapitalgebern, die sich aus der extremen Unsicherheit (vgl. Abschnitt 2.3) der zukünftigen Unternehmensentwicklung junger Unternehmen herleiten, haben zur Folge, dass die Finanzierung mit Wagniskapital *kein* Instrument ist, das jedem Unternehmen zur Verfügung steht. Wagniskapitalfinanzierte Unternehmensgründungen entsprechen nicht der „normalen" Unternehmensgründung:[121] Während sich der durchschnittliche Unternehmensgründer vielfach auf Adaption an Unvorhergesehenes und Improvisation bei der Führung seiner Geschäfte verlassen muss, ist der wagniskapitalfinanzierte Unternehmensgründer nicht zuletzt durch die Zusammenarbeit mit einem professionellen Investor dazu gezwungen, die Imponderabilien des Geschäftslebens durch weitestgehende Antizipation und Planung zu kompensieren. Planungen des Unternehmens werden vom Wag-

---

[120] Vgl. *Kaplan/Strömberg* 2003b für einen Überblick über das Kontrollinstrumentarium von Wagniskapitalgebern.

[121] Vgl. *Bhidé* 2000, S. 16 sowie S. 141f.

niskapitalgeber ausführlich geprüft und das Unternehmen sieht sich einer ständigen, rigiden Performance-Kontrolle gegenüber.

Angesichts der Unterschiedlichkeit der verschiedenen Sichtweisen (vgl. Tabelle 4), bietet es sich an, zumindest für die Zwecke dieser Arbeit eine Metadefinition zu verwenden, welche zentrale Komponenten der aufgeführten Definitionen berücksichtigt und so Klarheit über den Erkenntnisgegenstand dieser Studie schafft. Zusammenfassend wird daher im Folgenden unter Wagniskapital nachstehendes Phänomen verstanden.

> *Definition*: Wagniskapital wird von professionellen Investoren i.d.R. jungen, aber in jedem Fall noch nicht börsennotierten, dabei jedoch wachstumsorientierten Unternehmen längerfristig in der Form von Eigenkapital oder eigenkapitalähnlichen Mitteln mit dem Ziel zur Verfügung gestellt, primär an der Steigerung des Unternehmenswertes zu partizipieren – die Zielereichung wird über die Auswahl, Vertragsgestaltung sowie die Managementkontrolle bzw. –unterstützung gesteuert.

2.1.2 Entwicklungslinien des deutschen Marktes für Wagniskapital

2.1.2.1 Internationale Märkte für Wagniskapital

Die Idee des Wagniskapitals verbreitete sich ausgehend von den Vereinigten Staaten in Westeuropa zuerst in Großbritannien, um dann auch von anderen europäischen Ländern aufgenommen zu werden. Zwischenzeitlich haben sich ebenfalls in Asien und Osteuropa eigene Märkte für Wagniskapital herausgebildet.[122] Diese Märkte sind i.d.R. starken zyklischen Schwankungen ausgesetzt. Zwar sind die meisten Märkte, insbesondere auf dem europäischen Festland und in asiatischen Ländern, noch zu wenig entwickelt, um bereits komplette Zyklen durchlaufen zu haben (abgesehen von einigen wenigen Marktakteuren findet sich bspw. in Deutschland nur wenig Investitionserfahrung über den kompletten Zyklus hinweg). Das Beispiel des US-Marktes zeigt jedoch, dass insbesondere das Volumen der eingeworbenen Fonds sowie die Profitabilität der daran anschließenden Investitionen starken Schwankungen unterliegen.[123]

Der amerikanische Markt für Wagniskapital entwickelte sich kurz nach dem zweiten Weltkrieg mit der Gründung vom American Research and Development,[124] welche die erste mo-

---

[122] Vgl. *Murray* 1995, S. 1098 sowie *Wright/Robbie* 1998, S. 527.
[123] Vgl. *Bygrave et al.* 1989.
[124] Vgl. *Jeng/Wells* 2000, S. 246.

derne Wagniskapitalgesellschaft darstellte. Erstmals erreichte der Markt in den 1980er Jahren eine signifikante Größe.[125] Angaben der National Venture Capital Association (NVCA)[126] zufolge investierten US-amerikanische Wagniskapitalgeber im Jahre 2003 US$ 18,3 Milliarden in junge Unternehmen, nachdem sie noch im Jahre 2000 im Zuge der Internet-Euphorie der Wirtschaft insgesamt US$ 106,4 Milliarden zur Verfügung gestellt hatten.[127] In Relation gesetzt zum Volumen öffentlicher Finanzmärkte mag dieser Markt weder im Boom noch im Abschwung in absoluten Zahlen betrachtet wirklich bedeutend sein. Die wirkliche Bedeutung allerdings spiegelt sich exemplarisch in der Tatsache wieder, dass US-amerikanische Wagniskapitalgeber für rund ein Drittel aller Börsengänge in den USA mitverantwortlich sind – und dies trotz der Tatsache, dass sie nur gut 1% aller tatsächlichen Neugründungen finanzieren.[128]

Wie bereits angedeutet, unterscheidet sich die wagniskapitalfinanzierte Unternehmensgründung also stark von anderen Gründungsprojekten – Wagniskapitalgeber agieren offensichtlich in einer besonderen Erfolg versprechenden Nische des gesamten Gründungsgeschehens einer Volkswirtschaft. Daher ist es auch augenfällig, dass Wagniskapitalgeber zwar einen wichtigen Beitrag zur Lösung der Finanzierungsprobleme noch nicht börsennotierter junger Unternehmen und zur Innovationsproblematik generell leisten können; es ist jedoch weniger angebracht, diese Finanzierungsform als ein „Allheilmittel“ für sämtliche Finanzierungsprobleme[129] des deutschen Mittelstands bspw. im Zuge von Basel II zu betrachten.

Der europäische Markt für Wagniskapital hat seinen Ursprung in Großbritannien. Wagniskapitalinvestoren traten in Großbritannien verstärkt in den späten 1970er bis frühen 1980er Jahren in Erscheinung[130] und waren in starkem Maße beeinflusst durch das Vorbild der USA. Auch wenn europäische Aktivitäten erst mit zeitlicher Verzögerung aufgenommen wurden, so hat sich der europäische Markt zwischenzeitlich doch zu einem substantiellen Wirtschaftsfak-

---

125 Vgl. *Mason/Harrison* 1995, S. 154.
126 Im Folgenden angeführte Marktzahlen von NVCA, EVCA oder auch anderen nationalen Verbänden dürfen aufgrund der divergierenden Ausrichtung der einzelnen Verbände lediglich als Mittel zur Gewinnung eines ersten Eindrucks gewertet werden; eine direkte Vergleichbarkeit der unterschiedlichen Zahlenwerke ist nicht gegeben.
127 Vgl. *NVCA* 2004.
128 Vgl. *Shane* 2003, S. 163.
129 Vgl. *Timmons/Bygrave* 1986, S. 170.
130 Vgl. *Murray* 1995, S. 1080.

tor entwickelt.[131] So wurden im Jahre 2003 im gesamten europäischen Private Equity-Sektor gut EUR 29 Milliarden investiert, nach vorhergehenden EUR 27 Milliarden im Jahre 2002.[132]

Im reinen Wagniskapital-Bereich wurden 2003 in junge Unternehmen EUR 8,4 Milliarden in Form von Beteiligungen eingebracht nach vorangegangenen EUR 9,8 Milliarden in 2002. Vom gesamten Investitionsvolumen des Jahres 2003 lassen sich gut EUR 2,1 Milliarden dem Frühphasenbereich zuordnen. Die Erfahrungen der letzten Jahre haben gezeigt, dass der europäische Markt als „ressource-driven" zu klassifizieren ist, d.h. Wagniskapitalgeber verschieben die Aufgabe, den Mittelzufluss zu regulieren, auf ihre Fondsinvestoren,[133] was Phasen von Überinvestments wie in den späten 1990er Jahren zur Folge haben kann. Ähnliche Phänomene ließen sich in den Vereinigten Staaten in den 1980er Jahren innerhalb der Disk-Drive-Industrie beobachten.[134]

2.1.2.2 Ursprünge des deutschen Marktes für Wagniskapital

Historisch gesehen bestand in Deutschland lange Zeit aufgrund der Dominanz des Hausbankensystems wenig Bedarf an Beteiligungsfinanzierungen. Konsequenterweise hat der durchschnittliche Eigenkapitalanteil an den Bilanzsummen aller deutschen Unternehmen seit den 1960er Jahren kontinuierlich abgenommen.[135] Lag dieser Anteil im Jahre 1965 noch bei 30%, so waren es 1982 lediglich 18% und 1986 rund 19%;[136] ein verhältnismäßig niedriges Niveau, auf dem sich die deutschen Eigenkapitalquoten zwischenzeitlich stabilisiert haben.[137]

Allerdings vollzieht sich unternehmensseitig ein Sinneswandel: Die starke Abhängigkeit von den Fremdfinanzierungsinstrumenten der Hausbanken wird als nachteilig empfunden und vielfach wird die Fremdfinanzierung aufgrund der großen Eigenkapitallücke der Unternehmen sogar unmöglich gemacht. Gerade bei KMU ist der Eigenkapitalmangel besonders deutlich zu spüren; so wiesen im Herbst des Jahres 2000 rund 38,8% aller KMUs eine Eigenkapitalquote von unter 10% aus.[138] Das unter Unternehmern weit verbreitete Ziel, diesen Mangel durch Verbesserung der Eigenkapitalausstattung bspw. durch Aufnahme neuer Gesellschafter zu

---

[131] Vgl. *Mason/Harrison* 1995, S. 154.
[132] Vgl. *EVCA* 2004.
[133] Vgl. *Manigart* 1994, S. 532.
[134] Vgl. *Sahlman/Stevenson* 1985 sowie *Bygrave et al.* 2000, wobei letzterer zu dem Schluss kommt, dass zumindest auf der Ebene der gesamten US-Wagniskapitalgeber die getätigten Investitionen durch spätere Kapitalrückflüsse überkompensiert wurden.
[135] Direkt nach dem zweiten Weltkrieg verzeichneten deutsche Unternehmen Eigenkapitalquoten von 80%; ein Umstand der primär auf den Mangel an Außenfinanzierungsinstrumenten zurückzuführen ist. Vgl. *Frien* 2004.
[136] Vgl. *Leopold* 1993, S. 346.
[137] Vgl. *Frien* 2004, S. 54.
[138] Vgl. *Nelles/Klusemann* 2003, S. 1.

beheben[139], kann deshalb nicht überraschen. Die Eigenkapitalquoten deutscher Unternehmen sind nicht nur absolut betrachtet als niedrig zu bewerten, auch im internationalen Vergleich müssen sie als sehr niedrig eingeschätzt werden.[140] Allerdings sind Argumentationen, die auf einem internationalen Vergleich aufbauen, aufgrund der unterschiedlichen nationalen Gegebenheiten immer cum grano salis zu nehmen. Bspw. bieten sich deutschen Unternehmen mehr Möglichkeiten, stille Reserven zu bilden, als dies bei vergleichbaren Unternehmen in den USA der Fall ist. Dennoch lassen sich die nationalen Unterschiede nicht allein auf divergierende Rechnungslegungsvorschriften zurückführen: Der in den 60er Jahren beginnende Abwärtstrend der Eigenkapitalquoten ist in Teilen bspw. in den hohen deutschen Steuer- und Soziallasten zu sehen, zum anderen ist dieser in der Tatsache begründet, dass sich funktionierende öffentliche Kapitalmärkte in Deutschland erst in der jüngeren Vergangenheit entwickelt haben.

Beteiligungsfinanzierungen und damit auch Wagniskapitalfinanzierungen treffen deswegen nachfrageseitig schon seit längerem auf grundsätzlich positive Bedingungen; allerdings hat sich der Markt anfänglich nur sehr verhalten entwickelt. Diese Akzeptanzschwierigkeiten mögen zunächst in zumindest zwei Ursachen begründet liegen. Zum einen ist die Finanzierung mit Eigenkapital für den Kapitalnehmenden schlicht teurer als im Falle der Fremdkapitalfinanzierung. Wenn man neben der unterschiedlichen Risikoposition der jeweiligen Kapitalgeber die divergierenden, mit der jeweiligen Kapitalform verbundenen „governance structures" in Betracht zieht, so wird deutlich, dass aufgrund der unterschiedlichen Rechte und Pflichten Fremdkapitalfinanzierungen mit vergleichsweise simplen Kontrollstrukturen eingegangen werden können, während Eigenkapitalfinanzierungen eine weit komplexere Governance-Struktur erfordern, die diese Finanzierungsform zwangsläufig verteuert. Die Kosten für den Aufbau dieser Strukturen werden unabwendbar an den Kapitalnehmenden weitergegeben.[141] Weiterhin findet sich gerade im Bereich der kleinen und mittleren Unternehmen ein starkes Streben nach Unabhängigkeit seitens der Unternehmer, welches einer erfolgreichen Beteiligungsfinanzierung notwendig im Wege stehen muss.[142] Ein nicht nur finanziell starker Partner könnte durchaus die Handlungsfähigkeit des Unternehmers einschränken. Allerdings ist davon auszugehen, dass durch die Erfahrungen der letzten Jahre und die gesteigerte Wahr-

---

[139] Vgl. *KfW Bankengruppe* 2004, S. 58ff. Eine niedrige Eigenkapitalausstattung alleine mag zwar noch kein hinreichender Grund für diese angestrebte Verbesserung sein; im Zusammenhang mit der positiven Signalfunktion einer hohen Eigenkapitalquote für die durch Basel II einschneidend veränderten Unternehmensratings seitens der Fremdfinanzierer lässt diesen Wunsch der Unternehmer jedoch nachvollziehbar werden.

[140] Vgl. *European Commission - Directorate General Economic and Financial Affairs* 2004.

[141] Vgl. *Williamson* 1988, S. 581.

[142] Vgl. *Szyperski/Nathusius* 1999, S. 57.

nehmung der Wagniskapitalfinanzierung in der Öffentlichkeit, verbunden mit einer globalen Angleichung der nationalen Märkte aneinander,[143] Unternehmer zunehmend von dieser Position abzurücken bereit sind.

Als positiv für die deutsche Situation ist jedoch zu bewerten, dass sich parallel zur negativen Entwicklung der Eigenkapitalausstattung in Deutschland auch im vorbörslichen Bereich ein funktionierender Markt für Eigenkapitalbeteiligungen und damit ebenfalls für Wagniskapital entwickelt hat. Nach ersten Versuchen in den 1960er Jahren, diese damals für Unternehmer noch ungewohnte Finanzierungsform im Markt zu etablieren, entwickelte sich dieser Markt in den 1980er Jahren hin zur Funktionsfähigkeit, um dann in den 1990er Jahren auch in der breiteren Öffentlichkeit wahrgenommen zu werden. Ein herausragender Punkt der Marktentwicklung war Mitte der 1970er Jahre die Einrichtung der bundesgeförderten „Deutschen Wagnisfinanzierungsgesellschaft mbH",[144] die zwar aufgrund des dahinter stehenden Fördergedankens noch nicht als ein reiner Wagniskapitalgeber gewertet werden kann, aber dennoch einen entsprechenden Beitrag zur Marktentwicklung geleistet hat. Während anfängliche Wagniskapitalinvestitionen noch auf die Initiative von Kreditinstituten zurückgeführt werden können,[145] sind zwischenzeitlich Kapitalanlagegesellschaften zu den bestimmenden Akteuren auf diesem Markt avanciert. Diese haben mit der durch die Kommerzialisierung des Internets in den späten 1990ern ausgelösten Kapitalmarkteuphorie an Bedeutung gewonnen; ihre Aktivitäten sind allerdings im Anschluss an den Umschwung auf den Technologiemärkten[146] auf das Niveau der frühen 1990er Jahre zurückgefallen.

2.1.2.3 Akteure auf dem Markt für Wagniskapital

Trotz des Umstandes, dass gerade der deutsche Markt für Wagniskapital als noch verhältnismäßig jung einzustufen ist, haben sich bereits unterschiedliche Typen von Wagniskapitalgebern ausdifferenziert. Die Heterogenität des Feldes bestimmt sich über Faktoren wie unterschiedlichen Organisationsformen, Ziele, Strategien, Ressourcenausstattungen oder auch die Rolle, die vom Investor im Rahmen einer Beteiligung bevorzugt eingenommen wird (bspw. Lead- vs. Non-Lead-Investor).[147]

---

[143] So z.B. durch die zunehmende Verbreitung international vergleichbarer Rechnungslegungsstandards.

[144] Vgl. *Szyperski/Nathusius* 1999, S. 57. Der Beitrag der „Deutschen Wagnisfinanzierungsgesellschaft" zur Marktentwicklung wird allerdings mancherorts auch skeptisch bewertet. Vgl. *Becker/Hellmann* 2003.

[145] Vgl. *Leopold* 1993, S. 362.

[146] Vgl. *Kollmann/Kuckertz* 2004.

[147] Vgl. *Timmons/Bygrave* 1986, S. 163.

Abbildung 8 verdeutlicht die Zusammenhänge von Geldflüssen und unterschiedlichen Akteuren auf dem deutschen Markt für Wagniskapital.[148] Die Beziehung der einzelnen Akteure ist dabei durch drei verschiedene Ebenen gekennzeichnet: die Ebene der Kapitalquellen, die Ebene der institutionellen Wagniskapitalinvestoren und die Ebene der kapitalnehmenden Unternehmer. Zu den erwerbswirtschaftlich orientierten Kapitalquellen der Wagniskapitalgesellschaften zählen große institutionelle Investoren, wie bspw. Banken und Versicherungen, genauso wie strategische Investoren, die primär Mittel für Initiativen im Bereich des Corporate-Venture-Capital zur Verfügung stellen. Aus Fördermotiven heraus engagiert sich ebenfalls eine Reihe von Institutionen – in Deutschland geschieht dies seit den 1970er Jahren primär über die so genannten „Mittelständischen Beteiligungsgesellschaften" der Länder (MBGs), die eine Vielzahl von Gesellschaftern, wie bspw. Kreditinstitute, Kammern, Verbände und andere Förderinstitute aufweisen können.[149]

Abbildung 8
Akteure und Strukturen des deutschen Marktes für Wagniskapital

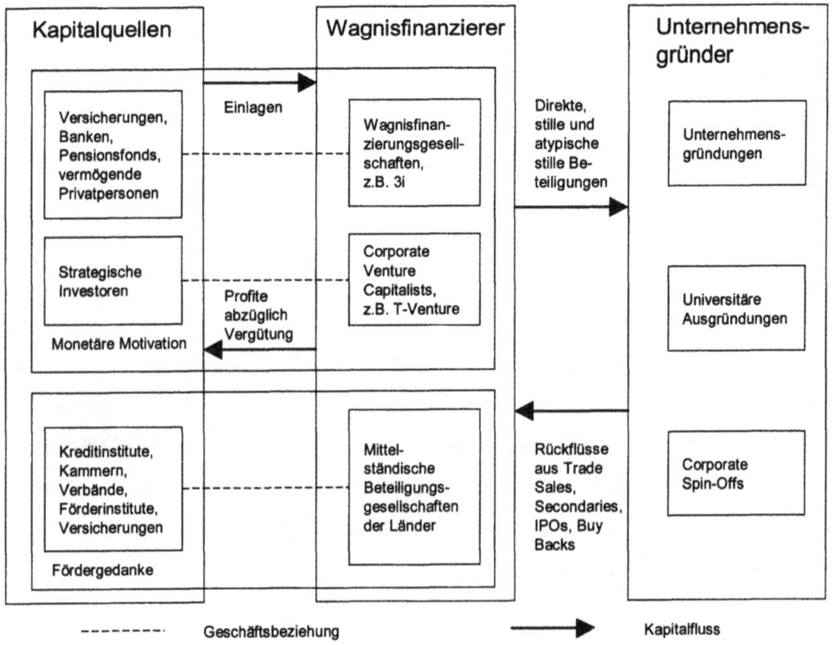

[148] Alternative Strukturierungsversuche finden sich bei *Papendick/Schmalholz* 2002, S. 128; *Schefczyk* 2003, S. 404; *Zider* 1998; *Gompers/Lerner* 2000, S. 9; *Schefczyk* 2004 sowie für das Beispiel des chinesischen Marktes in *White/Gao/Zhang* 2002.

[149] Vgl. *Bürgschaftsbank Sachsen/Mittelständische Beteiligungsgesellschaft Sachsen* 2003, S. 52.

Auf der Ebene der Wagniskapitalgeber finden sich – nach der Abhängigkeit aus institutioneller Perspektive betrachtet - drei Idealtypen von Wagniskapitalgebern:[150]

a) Unabhängige Wagniskapitalgeber, die ihre Mittel am Markt aufnehmen,

b) so genannte Corporate Venture Capitalists (auch bezeichnet als „Captive“ Wagniskapitalgeber),[151] die ihre Investitionsmittel von einer übergeordneten Gesellschaft erhalten, sowie

c) halbabhängige (semi-captive) Gesellschaften, die ihre Mittel teils am Markt aufnehmen, teils aber auch von einer Muttergesellschaft Investitionsmittel erhalten.

Der Bereich der abhängigen und halbabhängigen Gesellschaften rechtfertigt aufgrund der unterschiedlichen Investitionsmotivation der teils strategisch, teils vom Fördergedanken getriebenen übergeordneten Instanz prinzipiell ein eigenes Forschungsfeld.[152] Dennoch können diese Gesellschaften im Hinblick auf das generelle Erkenntnisinteresse dieser Arbeit durchaus zusammen mit institutionell unabhängigen und über den vollständigen Investitionsprozess selbständig agierenden Wagniskapitalgebern betrachtet werden.

Eine weitere entscheidende Rolle auf diesem Markt kommt auch den Investment-Abteilungen großer Banken zu.[153] Ohne deren Mitwirkung ist der Börsengang einer erfolgreichen Beteiligung nicht möglich. Investmentbanker unterstützen also Wagnisfinanzierer insbesondere bei der Realisierung der attraktivsten Ausstiegsmöglichkeit aus einer Beteiligung: dem IPO. Sie stellen demzufolge das Bindeglied zu den öffentlichen Finanzmärkten dar und ermöglichen den Übergang von „Private Equity“ zu „Public Equity“. Welche Bedeutung Investmentbankern und Publikumsbörsen zukommt zeigt sich auch darin, dass Volkswirtschaften, die stark um öffentliche Finanzmärkte herum aufgebaut sind, in der Regel einen funktionsfähigeren Markt für Wagniskapital aufweisen als Volkswirtschaften, in denen die Unternehmensfinanzierung primär von Banken geleistet wird.[154]

Dieser relative Nachteil bspw. des deutschen gegenüber dem nordamerikanischen Markt für Wagniskapital wird allerdings in Teilen durch Globalisierungstendenzen kompensiert; d.h. es

---

[150] Vgl. *Manigart* 1994, S. 534. Alternativ ist auch eine Einteilung nach den jeweiligen Gesellschafteranteilen möglich. Vgl. hierzu *Bundesverband Deutscher Kapitalbeteiligungsgesellschaften e.V. (BVK)* 1994-2005.
[151] Vgl. *Voigt/Christofor/Landwehr* 2004.
[152] Vgl. für einen Einstieg in diesen Zweig der Forschungen zum Wagniskapitalkomplex bspw. *Chesbrough* 2000; *Kann* 2001; *Knyphausen-Aufseß* 2003; *Maula* 2001; *McNally* 1997; *Mishra/Gobeli* 2000 oder auch *Siegel/Siegel/MacMillan* 1988.
[153] Vgl. *Zider* 1998, S. 135.
[154] Vgl. *Black/Gilson* 1998.

zeichnet sich ein Trend zur Internationalisierung der Aktivitäten von Wagniskapitalgebern derart ab, dass Investoren aus Ländern, deren institutionelle Arrangements eher weniger förderlich für einen gesunden Wagniskapitalmarkt sind, dazu tendieren, diesen Wettbewerbsnachteil bspw. durch internationale Exits auszugleichen.[155] Wagniskapitalgeber nutzen die globalisierte Wirtschaft jedoch nicht allein, um sich Exitmöglichkeiten zu erschließen; ebenso sind Versuche beobachtbar, die Aktivitäten auf allen Stufen der Wertschöpfung global auszubauen.[156]

Aufgrund der Institutionalisierung des Wagniskapitalgeschäfts in den oben vorgestellten Formen wird dieser Markt oftmals auch als der formelle Markt für Wagniskapital bezeichnet – im Gegensatz zum informellen Markt, der durchaus eine Alternative[157] der Unternehmensfinanzierung darstellen kann. Unter informellen Investoren von Wagniskapital (vielfach auch als Business Angels[158] bezeichnet) werden diejenigen privaten Investoren verstanden, die Wagniskapital in neue oder stark wachsende Unternehmen direkt investieren, *ohne* zu den Gründern in einer familiären Beziehung zu stehen.[159] Aufgrund der im Vergleich zu professionellen Wagniskapitalgebern geringeren absoluten Investitionsbeträge[160] der informellen Investoren stellen sie allerdings eher eine Finanzierungsalternative in den extremen Frühphasen der Unternehmensentwicklung dar, bspw. wenn ein Prototyp entwickelt oder eine Marktstudie erstellt werden soll, die dann in einem zweiten Schritt das Unternehmen für formelle Wagniskapitalinvestoren interessant machen können. *Mason* und *Harrison* weisen jedoch auf eine diesem Marktsegment inhärente, zweigeteilte Problematik hin.[161] Der Umstand, dass der Markt wenig transparent ist, führt zwangsläufig zu Ineffizienzen: Einerseits sind Business Angels für Unternehmensgründer extrem schwer aufzufinden,[162] andererseits stehen die Business Angels jedoch ebenfalls vor dem Problem, geeignete Investitionsobjekte zu finden. Auf beiden Seiten sind außerordentlich hohe Suchkosten die Folge. Informelle Investoren haben dafür jedoch den Vorteil, bspw. auch in (strukturschwachen) Regionen präsent zu sein, die von institutionellen Wagniskapitalgebern eher vernachlässigt werden.[163] Kritisch muss jedoch

---

155 Vgl. *Wright/Sapienza/Busenitz* 2003, S. XXVI.
156 Vgl. *Vivekarajah/Harrison/Gregson* 2005.
157 Vgl. *Wright/Robbie* 1998, S. 530ff.
158 Vgl. *Brettel/Jaugey/Rost* 2000; *Bell* 1999; *Kollmann* 2004b oder auch *Kirchner* 1998.
159 Vgl. *Mason/Harrison* 1995, S. 153.
160 Hierunter sind Beträge unterhalb der minimalen Investitionssummen institutioneller Investoren von ca. EUR 500.000 EUR zu verstehen. Vgl. auch *Osnabrugge* 2000, S. 92, sowie Abbildung 10 in dieser Arbeit.
161 Vgl. *Mason/Harrison* 1995.
162 Dies gilt in gleichem Maße für die Forschung; die kleinzahligen Stichproben etlicher akademischer Studien verdeutlichen diese Problematik.
163 Vgl. *Mason/Harrison* 1995, S. 156. So konzentrieren sich US-amerikanische Wagniskapitalgeber auf Kalifornien und die Umgebung von Boston, britische institutionelle Investoren sind i.d.R. in London aufzufinden

angemerkt werden, dass auch Business Angels nicht immer ihre primäre Funktion erfüllen, die Eigenkapitallücke der Unternehmer in den frühen Unternehmensphasen zu schließen: Oftmals entscheiden sie wenig risikofreudig und ziehen es vor, genauso wie institutionelle Investoren eher in bereits am Markt tätige Unternehmen zu investieren.[164]

Aus diesem Grund kommt der staatlichen Förderung von Unternehmensgründungen ebenfalls entscheidende Bedeutung zu.[165] Hinsichtlich der öffentlichen Alternativen zu privatem Wagniskapital kommen *Mason* und *Harrison* für das Beispiel Großbritannien allerdings zu einem eher ernüchternden Fazit. Dort zeigt sich, dass Eigenkapitalmaßnahmen der öffentlichen Hand i.d.R. nicht ausreichend zur Schließung der Finanzierungslücke beitragen. So sind Förderprogramme vielfach finanziell unterausgestattet und kannibalisieren private Initiativen, während sie jedoch nicht dieselbe Expertise auf demselben Niveau wie der private Sektor bereitstellen.[166] Deutsche Verhältnisse stellen sich jedoch in gewissem Maße anders dar. So ist eine Reihe[167] von Förderprogrammen vorhanden, die in ihrer Gesamtheit als grundsätzlich positiv auch im internationalen Vergleich[168] gewertet wird – wenngleich die einzelnen Möglichkeiten bei der Zielgruppe der Unternehmer nicht immer wirklich bekannt sind.[169] Dies ist nicht nur in Deutschland der Fall, auch international[170] sind Unternehmensgründer gerade im Hinblick auf staatliche Unterstützung bei der Finanzierung von Gründungsvorhaben als eher uninformiert einzuschätzen. Die Auflösung der Intransparenz sowohl im Markt für informelles Wagniskapital als auch bei den Fördermöglichkeiten sollte daher oberste Maxime der staatlichen Wirtschaftsförderung sein. Das Prinzip, die Hausbank des Gründers als zentralen Anlaufpunkt zahlreicher Förderprogramme festzuschreiben, ist demzufolge als außerordentlich sinnvoll einzuschätzen. Weitere unterstützende Maßnahmen der öffentlichen Hand, bspw. um investitionswillige private Investoren mit geeigneten Unternehmen in Kontakt zu bringen, sind in diesem Sinne zusätzlichen monetären Fördermaßnahmen immer vorzuziehen.

---

und deutsche Wagniskapitalgeber tendieren bspw. dazu, sich im Technologiecluster um München anzusiedeln.

164 Vgl. *Roberts* 1991, S. 9.

165 Vgl. *Murray* 1998, S. 416.

166 Vgl. *Mason/Harrison* 1995, S. 159f.

167 Für einen Überblick vgl. *Schmeisser/Galler* 2001; Förderungsmöglichkeiten für Unternehmen speziell der digitalen Wirtschaft diskutiert *Brandkamp* 2003. Zur Frage nach der Sinnhaftigkeit einer frauenspezifischen Gründungsförderung vgl. *John* 2003.

168 Vgl. *Sternberg/Bergmann/Tamásy* 2001.

169 Vgl. *Kollmann/Kuckertz* 2003b, S. 138.

170 Vgl. *Auken* 2001, S. 256f.

2.1.2.4 Aktuelle Entwicklungen auf dem deutschen Markt für Wagniskapital

Es lässt sich beobachten, dass der deutsche Markt für Wagniskapital parallel zur Enteuphorisierung der öffentlichen Kapitalmärkte in den Jahren nach dem März 2000 ebenfalls unter Druck geraten ist.[171] Damit hat sich die Finanzierungssituation gerade für Gründungsunternehmen außerordentlich verschärft.

Abbildung 9
Bruttoinvestitionen deutscher Wagnisfinanzierer in Seed- und Start-up-Unternehmen im Vergleich zur absoluten Transaktionshäufigkeit – 1994 bis 2004[172]

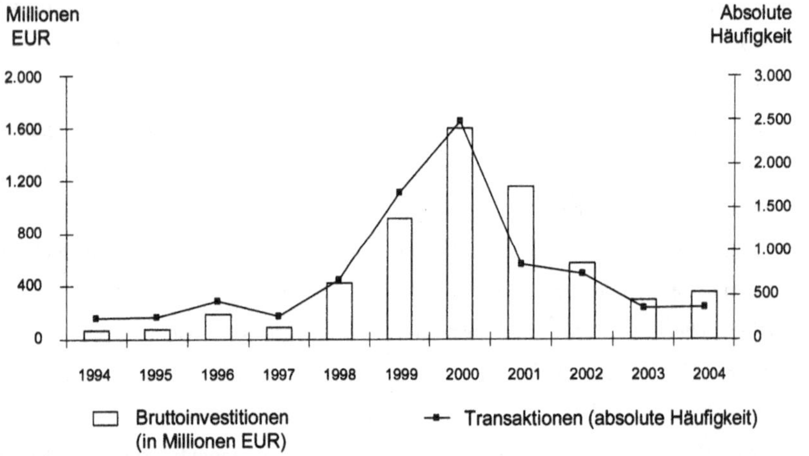

Abbildung 9 gibt die Situation auf dem deutschen Markt für Wagniskapital wieder.[173] Die Bruttoinvestitionen deutscher Wagnisfinanzierer in Seed- und Start-up-Unternehmen erreichen im Jahre 2000 einen Höchststand von EUR 1,6 Milliarden, schrumpfen allerdings in den darauf folgenden drei Jahren auf nur noch EUR 292,4 Millionen. Dieses verringerte Investitionsvolumen entspricht lediglich 18,2% der Frühphaseninvestitionen des Jahres 2000. Parallel

[171] Die nachfolgenden Ausführungen beruhen primär auf Angaben des BVK. Vgl. *Bundesverband Deutscher Kapitalbeteiligungsgesellschaften e.V. (BVK)* 1994-2005. Über das vom BVK bereitgestellte Zahlenmaterial lässt sich zwar ermitteln, wie viele Unternehmen mit Wagniskapital finanziert wurden – aufgrund einer fehlenden aussagekräftigen Gründungsstatistik in Deutschland lässt sich diese Zahl allerdings nicht zur Gesamtheit der Unternehmensgründungen in Bezug setzen, was selbstverständlich wünschenswert wäre, um die Bedeutung von Wagniskapital für Unternehmensgründungen exemplarisch zu verdeutlichen. Weder Gewerbeanmeldungen noch Umsatzsteuerstatistik lassen aufgrund von Coverage-Problemen gültige Aussagen zu. So werden bspw. Gewerbeanmeldungen auf der einen Seite dadurch verzerrt, dass sie freie Berufe und Aktivitäten aus der Schattenwirtschaft nicht berücksichtigen und andererseits Scheinselbständige und Mehrfachanmeldungen mitzählen. Vgl. *Struck* 1999 bzw. *Harhoff/Steil* 1997, S. 18f.

[172] Eigene Berechnung basierend auf *Bundesverband Deutscher Kapitalbeteiligungsgesellschaften e.V. (BVK)* 1994-2005. Vgl. auch *Kollmann/Kuckertz* 2004, S. 49.

[173] Vgl. *Holi et al.* 2005 für Entwicklungen vor 1997.

zu dieser negativen Entwicklung hat sich die absolute Anzahl der Transaktionen vom Maximum des Jahres 2000 mit 2.481 Beteiligungen auf lediglich 352 Beteiligungen im Jahr 2003 reduziert, nachdem der Markt seit den frühen 1990er Jahren einen stetigen Aufwärtstrend verzeichnen konnte.

Berücksichtigt man die Tatsache, dass die Verfügbarkeit von Kapital innerhalb einer Volkswirtschaft positiv mit der Stimulation von Innovationen korreliert ist,[174] so steht zu befürchten, dass sowohl der Rückgang in den absoluten Transaktionshäufigkeiten als auch im Bruttoinvestitionsvolumen die Innovationsfähigkeit der deutschen Wirtschaft zumindest potenziell gefährdet. Zwar ist Kapital in ausreichender Menge vorhanden; es gibt jedoch einige Hinweise darauf, dass dieses Kapital rationiert ist. Eine etwaige Rationierung von Eigenkapital, d.h. der Umstand, dass zum gängigen Preis von Eigenkapital nicht alle Nachfrager in der von ihnen gewünschten Höhe bedient werden, ist genau deswegen problematisch, da „'Equity rationing' [...] impedes firm's willingness to invest and undertake risks, and thus slows growth."[175]

Abbildung 10
Durchschnittliches Transaktionsvolumen im Seed- und Start-up-Bereich vs. absolute Häufigkeit von Börsengängen wagniskapitalfinanzierter deutscher Unternehmen – 1994 bis 2004[176]

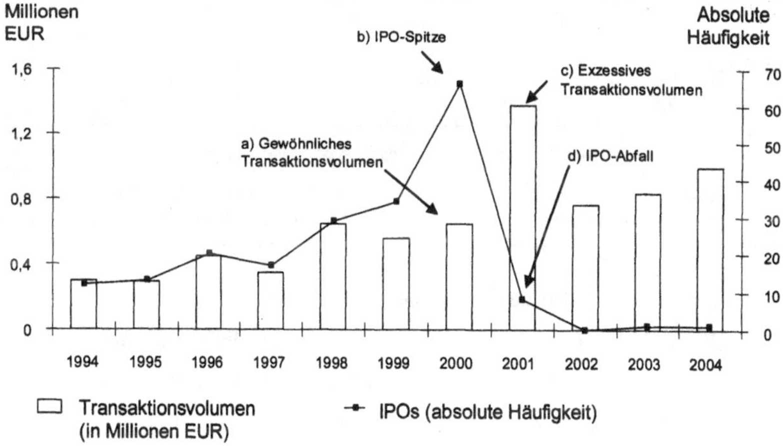

Abbildung 10 gibt Hinweise auf einige potenzielle Ursachen dieser Entwicklung. In der Zusammenschau von durchschnittlichem Transaktionsvolumen und der absoluten Häufigkeit

[174] Vgl. *Brophy/Shulman* 1993.
[175] Vgl. *Stiglitz* 2002, S. 483.
[176] Eigene Berechnung basierend auf *Bundesverband Deutscher Kapitalbeteiligungsgesellschaften e.V. (BVK)* 1994-2005. Vgl. auch *Kollmann/Kuckertz* 2004, S. 49.

von Börsengängen wagniskapitalfinanzierter deutscher Unternehmen zeigt sich, dass in den 1990er Jahren durchgängig pro Beteiligung EUR 460.000 investiert werden. Auch das Jahr 2000 weicht hiervon nicht wesentlich ab: Die durchschnittliche Frühphasenfinanzierung zu diesem Zeitpunkt ist durch ein Investitionsvolumen von EUR 550.000 gekennzeichnet (vgl. Abbildung 10 – Punkt a). Bereits im Jahr 1999 zeichnet sich jedoch ab, dass die nachgelagerten, öffentlichen Finanzmärkte Börsengängen gegenüber extrem positiv eingestellt sind; im Jahr 2000 spätestens ist die Möglichkeit eines erfolgreichen IPOs für alle Marktteilnehmer mehr als offensichtlich (vgl. Abbildung 10 – Punkt b). Die Börsengänge von Unternehmen mit Wagnisfinanzierern im Gesellschafterkreis folgen in den 1990er Jahren einem leicht positiven Trend, um im Jahr 2000 ihr Maximum mit 66 Erstnotizen zu erreichen.

Abbildung 11
Absolute Häufigkeit von Finanzierungsanfragen vs. faktisch realisierte Transaktionen (alle Finanzierungsphasen) – 1994 bis 2004[177]

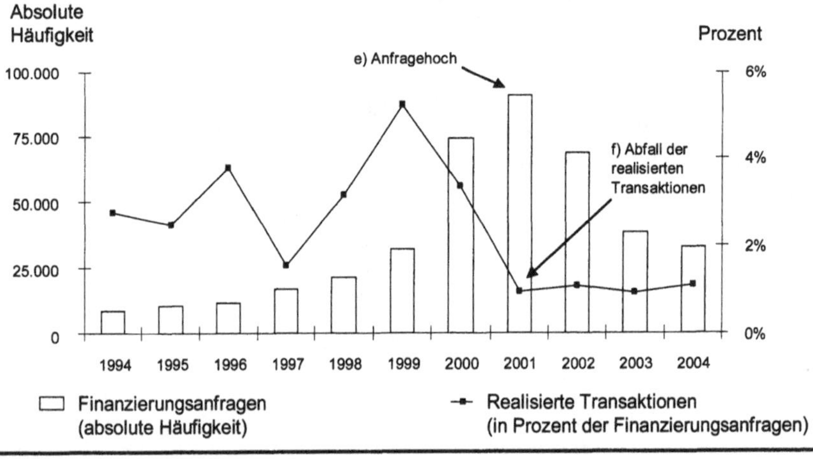

Die Zahlen für das Jahr 2001 deuten jedoch ein bereits zu diesem Zeitpunkt verändertes Verhalten der Wagnisfinanzierer an. Aufgrund der offenkundigen IPO-Möglichkeit und großer Fondsvolumina, die entsprechenden Investitionsdruck zur Folge haben, steigt das durchschnittliche Investitionsvolumen im Frühphasenbereich auf ungewöhnliche EUR 1, 4 Millionen (vgl. Abbildung 10 – Punkt c). Zum Nachteil aller Marktteilnehmer schließt sich jedoch der IPO als Exitkanal – lediglich acht Börsengänge von wagniskapitalfinanzierten Unternehmen finden im Jahr 2001 statt, keiner in 2002 und nur jeweils einer in den Jahren 2003 und 2004. Das gestiegene durchschnittliche Investitionsvolumen kann dabei als einer der Gründe

[177] Eigene Berechnung basierend auf *Bundesverband Deutscher Kapitalbeteiligungsgesellschaften e.V. (BVK)* 1994-2005. Vgl. auch *Kollmann/Kuckertz* 2004, S. 50.

für die offensichtliche Eigenkapitalrationierung interpretiert werden: Die Unmöglichkeit, aus Beteiligungen über einen Börsengang auszusteigen, hat zur Folge, dass deutsche Wagniskapitalgeber in Investitionen von außergewöhnlichem Volumen festgehalten werden. Damit wirkte sich die Unmöglichkeit von Börsengängen auf die realisierte Rendite der Portfolios deutscher Wagnisfinanzierer ungleich härter aus, als dies bspw. in den frühen 1990er Jahren der Fall gewesen wäre. Entsprechend zurückhaltendes Investitionsvorhalten zu Beginn des 21. Jahrhunderts ist die Folge.

Anhand von Abbildung 11 soll diese Marktentwicklung weiter erläutert werden.[178] Es lässt sich zeigen, dass parallel zur steigenden Zahl der Börsengänge die Finanzierungsanfragen von Unternehmern anschwellen. Diese steigern sich über die 1990er Jahre bis hin zu einem Maximum von 90.500 Gesuchen (Abbildung 11 – Punkt e). Angesichts der veränderten Stimmung an den öffentlichen Kapitalmärkten verweigern sich die Wagnisfinanzierer jedoch diesen Anfragen und finanzieren im Jahr 2001 lediglich 0,9% aller Finanzierungsgesuche. Nachdem dieses Verhalten auch nachfrageseitig erkannt wird, fallen die Finanzierungsanfragen bis zum Jahr 2003 um annähernd 60% auf 38.300 Gesuche.

Es bleibt folgender Sachverhalt festzuhalten: Obwohl deutsche Wagnisfinanzierer aufgrund allgemeiner Marktentwicklungen gezwungen waren, ungewöhnliche Beträge im Bereich der Frühphase zu investieren, haben diese, ganz im Gegensatz zu zahlreichen Unternehmern, bereits im Jahre 2001 die veränderten Marktbedingungen zur Kenntnis genommen und ihr Investitionsverhalten daran angepasst. Letztendlich ist die Investitionstätigkeit auf ein außerordentlich niedriges Niveau abgesunken. Es besteht jedoch Anlass zu der begründeten Vermutung, dass die gemachten Erfahrungen und die gesteigerte Wahrnehmung dieser Finanzierungsform in der Öffentlichkeit – wie sie sich auch in der im Vergleich zu den frühen 1990er Jahren immer noch auf hohem Niveau befindlichen Anzahl der Finanzierungsanfragen widerspiegelt – insgesamt zur Professionalisierung der Branche beitragen. Zusätzlich forciert bspw. Basel II die Finanzierung der Unternehmen mit mehr Eigenkapital, was als ein grundsätzlich positives Signal gewertet werden kann, da Unternehmer in der Vergangenheit dort mit Kreditfinanzierungsmitteln tendenziell überversorgt waren, wo Eigenkapitalfinanzierung aus betriebswirtschaftlicher Warte vorzuziehen gewesen wäre.[179]

---

[178] Aufgrund eines Mangels an differenzierteren Zahlen gelten die Ausführungen hinsichtlich Abbildung 10 für alle Finanzierungsphasen von der Early bis zur Late Stage.

[179] Vgl. *Nathusius* 2001a, S. V.

2.2 *Systematisierung theoretischer und empirischer Arbeiten mit Bezug zur Wagniskapitalfinanzierung*

In der Literatur finden sich etliche Versuche, das Forschungsfeld zum Themenkomplex Wagniskapital zu systematisieren. Dabei ist zu unterscheiden zwischen generellen Versuchen, die sich dem Status quo des gesamten Themengebietes widmen[180] und Systematiken, die im Hinblick auf die spezielle Fragestellung der jeweils vorliegenden Studie gerichtet sind. Macht man sich etwa die umfassende Perspektive der Gründungsforschung zu Eigen, so ist eine Einteilung des Forschungsfeldes nach relevanten und einflussreichen Theorien denkbar. Dazu zählen bspw. der ressourcenbasierte Ansatz, die Agency-Theorie oder auch die Transaktionskostentheorie, deren aller Anwendungspotenzial für Fragestellungen der Gründungsforschung allerdings als eher eingeschränkt bewertet wird.[181] Verortet man Wagniskapitalforschungen nicht im generellen Finanzierungsbereich, sondern eher im Zuständigkeitsbereich der Gründungsforschung, so ist einzig die Agency-Theorie als Ausnahme hiervon zu betrachten, da sie sich als verhältnismäßig erklärungsmächtig gerade im Hinblick auf das Verhältnis von Unternehmensgründer und Investor erwiesen hat.

Systematiken in Abhängigkeit von einer spezifischen Fragestellung finden sich bspw. bei *Bigus* und *Schefczyk*. *Bigus*[182] unterscheidet zwischen verschiedenen theoretischen Ansätzen zur Wagniskapitalfinanzierung nach einmaliger bzw. gestaffelter Kapitalzufuhr. *Schefczyk*[183] teilt für Zwecke der Erfolgsfaktorenforschung das Forschungsfeld einerseits nach Analyseebene bzw. Forschungsobjekt ein (d.h. nach Fokus der jeweiligen Arbeit auf Einzelpersonen, Einzelgesellschaften, Portfolios, öffentliche Förderung oder Erfolgsmessung) und andererseits nach Elaborationsgrad und wissenschaftlicher Strenge der Herangehensweise (d.h. normativ, deskriptiv, bivariat korrelativ oder multivariat korrelativ).

Diese Arbeit wird das Management von Risiko und Unsicherheit einer Wagniskapitalinvestition über die Akquisition von Informationen systematisch erklären (vgl. Abschnitt 4). Dies liegt in dem Umstand begründet, dass primär Informationen über das Investitionsobjekt die unsichere und risikobehaftete Finanzierung von Gründungsvorhaben tragbar machen. Demzufolge besteht auch die Möglichkeit, das Forschungsfeld nach denjenigen Aktivitäten und In-

---

180 Umfangreiche Überblicke über den Stand der Literatur finden sich bei *Wright/Robbie* 1998; *Gompers/Lerner* 2000; *Wright/Sapienza/Busenitz* 2003 sowie für den deutschsprachigen Raum bei *Schefczyk* 2000a.
181 Vgl. *Fallgatter* 2004, S. 37ff.
182 Vgl. *Bigus* 2003a, S. 39ff.
183 Vgl. *Schefczyk* 2004, S. 178ff.

strumenten zu vermessen, die Wagniskapitalgeber verwenden, um speziell Agency-, Informations- und Verifizierungsprobleme einer Investition zu minimieren. Zu diesen Instrumenten zählen die Kontrolle und das Überwachen des Portfolios (Monitoring), die Unterstützung des Managements (Value Adding), die Auswahl geeigneter Investitionsobjekte (Screening), die aktive Gestaltung des Ausstieges aus der Beteiligung und die Methoden, das Management des Beteiligungsunternehmens zum Verhalten im Sinne des Wagniskapitalgebers zu veranlassen (Harvesting / Incentives to Exit) sowie letztlich die Möglichkeiten der Syndizierung und des Stagings von Investments.[184]

Alle diese Tätigkeiten und Instrumente finden sich im Laufe des Investitionsprozesses an unterschiedlichen Stellen in unterschiedlicher Bedeutung und Gewichtung. Um eine umfassende Sicht auf diesen Themenkomplex zu erlangen, wird daher im Folgenden der Investitionsprozess von Wagniskapitalgebern sowohl in der Prä- als auch in der Post-Investment-Phase beleuchtet. Vorab setzt sich die Arbeit mit dem Gegensatz von Risiko und Unsicherheit auseinander, um dann die generellen Rahmenbedingungen zu diskutieren, die den Investitionsprozess, der hier als ein weitgehend rationaler Prozess der Reduktion von Risiko und Unsicherheit verstanden wird, entscheidend prägen.

2.3 *Zur Differenz von Risiko und Unsicherheit*

Wagniskapital wird vielfach auch mit dem Synonym Risikokapital bezeichnet. Dieser alternative – wie sich zeigen wird allerdings problematische – Begriff deutet bereits an, dass Wagniskapitalgeber ökonomischen Risiken in besonderem Maße ausgesetzt sind und dass das Risiko einer Investition in junge Unternehmen integraler Bestandteil ihres Geschäftskonzeptes ist. Risiko ist mathematisch strikt definiert[185] als das Produkt aus der Wahrscheinlichkeit, dass ein hypothetisches Ereignis tatsächlich eintritt, und der voraussichtlichen Schadenshöhe bei Eintritt dieses hypothetischen Ereignisses. Daraus ergibt sich ein Erwartungswert des Risikos. Dies gilt ebenfalls für die Investitionstätigkeit eines Wagniskapitalgebers: Seine Investition ist charakterisiert durch einen erwarteten Wertzuwachs sowie einen entsprechenden möglichen Verlust. *Ruhnka* und *Young*[186] schlagen deshalb vor, dass Wagniskapitalgeber zuerst Investitionsmöglichkeiten mit einem Erwartungswert hinsichtlich des Verlustes derart selektieren, dass der Erwartungswert ihrer jeweils unterschiedlichen Risikoneigung entspricht und dann in einem zweiten Schritt innerhalb der Gruppe der möglichen Investitionen ihre

---

[184] Vgl. *Baker/Gompers* 2003.
[185] Vgl. *Weiss* 2005.
[186] Vgl. *Ruhnka/Young* 1991, S. 116ff.

Mittelallokation so gestalten, dass denjenigen Investitionsvorschlägen, die den höchsten Erwartungswert auf der Gewinnseite vorweisen können, die Mittel zugewiesen werden. Für den negativen Erwartungswert bedeutet dies, dass die Instrumente von Wagniskapitalgebern klassifizierbar sind sowohl nach Instrumenten zur Reduktion der negativen Wahrscheinlichkeiten als auch zur Minimierung der absoluten Schadenshöhen.

Eine solche Konzeption besticht durch ihre Einfachheit, muss allerdings als eine Ausdehnung klassischer finanzierungstechnischer Herangehensweisen auf einen dafür nicht geeigneten Gegenstand bewertet werden. Gerade bei noch nicht börsennotierten jungen Unternehmen, die im Fokus des Investitionsinteresses von Wagniskapitalgebern stehen, ist es oftmals ausgesprochen problematisch, das exakte Ausmaß des jeweils gegebenen Risikos zu quantifizieren.[187] Zwar ist bspw. das Capital Asset Pricing Model (CAPM) prinzipiell auch im Bereich der Frühphasenfinanzierung anwendbar. Es treten dann jedoch Schwierigkeiten auf, die nötigen Beta-Faktoren,[188] welche innerhalb des CAPM das jeweilige systematische Risiko widerspiegeln, wirklich verlässlich abzuschätzen. Weiterhin hat sich gezeigt, dass sich das Risiko einer Wagniskapitalfinanzierung im Verlauf der Beteiligung extrem instabil verhält.[189]

Über die reine Messproblematik hinaus muss die Konzentration auf das Investitionsrisiko zusätzlich als die tatsächliche Problematik zu stark verkürzend bewertet werden: Risiko ist weiterhin von der mit einer Investition verbundenen Unsicherheit zu unterscheiden.[190] Sowohl Unternehmer/Gründer als auch Investor sehen sich fortwährend einer massiven Unsicherheit ausgesetzt. *Knights* klassische Unterscheidung von Risiko und Unsicherheit[191] verdeutlicht diesen Zusammenhang und soll im Folgenden als theoretische Basis der eigenen Analyse dienen. Folgt man *Knight*, so steht jegliche Rendite in direktem Zusammenhang mit Risiko und Unsicherheit. Während sich Risiko durch den Umstand auszeichnet, dass es mess- und quantifizierbar ist, da möglichen zukünftigen Ereignissen bestimmte Eintrittswahrscheinlichkeiten zugeordnet werden können, ist Unsicherheit im Gegenzug dadurch definiert, dass sie sich eben dieser Mess- und Quantifizierbarkeit entzieht. Unsicherheit stellt damit eine besondere Unterform von Risiko dar, die zwar durch dieselben Faktoren (Schadenshöhe und Eintritts-

---

[187] Vgl. *Gifford* 2003, S. 40.

[188] Beta-Faktoren beschreiben die Volatilität einer Aktienrendite im Verhältnis zur Volatilität des gesamten Marktes und errechnen sich aus dem Quotienten der Kovarianz einer Kapitalanlage mit dem Marktportfolio im Verhältnis zur Varianz des Marktportfolios. Im Fall eines Start-ups sind Beta-Faktoren schlicht nicht zu erheben, da es keinen liquiden Markt gibt, der eine ständige Vergleichbarkeit sicherstellt. Sowohl die Varianz des Marktportfolios als auch die daraus folgende Kovarianz des Kursverlaufs des Start-ups sind nicht messbar. Vgl. *Kollmann/Kuckertz* 2003a.

[189] Vgl. *Schefczyk* 2004, S. 184f.

[190] Vgl. *Bhidé* 2000, S. 6.

[191] Vgl. *Knight* 1921.

wahrscheinlichkeit) bestimmt wird, jedoch aufgrund des begrenzten Informationsstandes keinerlei Aussagen über einen Erwartungswert erlaubt. Folgt man dieser Definition, so ist die Beteiligung an einem jungen Unternehmen immer eher unsicher als riskant,[192] weshalb die Rede von Wagnisfinanzierern (oder Venture Capitalisten) in der Tat immer dem Begriff des Risikofinanzierers vorzuziehen ist.

Beim überwiegenden Teil ökonomischer Entscheidungen ist Unsicherheit selbstredend eine unerwünschte Komponente – es ist jedoch in der Regel nicht möglich, Unsicherheit vollständig in handhabbares Risiko zu transformieren. Ein bestimmtes Maß von Restunsicherheit muss zwingend von jedem Marktteilnehmer getragen werden. Die Entrepreneurship-Literatur hat vielfach diejenigen, die bereit sind, die Konsequenzen dieser Restunsicherheit zu tragen, als Unternehmer bezeichnet[193] – innerhalb von unsicheren Bereichen einer Wirtschaft zu agieren, kann also mit als eine Unternehmerfunktion begriffen werden (vgl. Abschnitt 1.1.1). Weiterhin hat sich gezeigt, dass die mögliche Rendite einer Investition positiv korreliert ist mit dem Ausmaß der Unsicherheit einer spezifischen Investitionsentscheidung;[194] eine minimale Restunsicherheit ist also zwingend erforderlich, um Überrenditen zu erzielen. Vor diesem Hintergrund gestaltet sich das Tätigkeitsfeld von Wagniskapitalgebern[195] wie folgt: Einerseits ist es nötig, die mit einer Investitionsgelegenheit verbundene Unsicherheit auf ein tolerierbares, aber immer noch Erfolg versprechendes Ausmaß zu reduzieren, andererseits benötigen Wagniskapitalgeber geeignete Strategien, um (quantifizierbare und unquantifizierbare) Eintrittswahrscheinlichkeiten und potenzielle Schadenshöhen in ihrem Sinne zu gestalten. Über diese eher defensiven Bestandteile des Tätigkeitsspektrums von Wagniskapitalgebern wird der Erfolg einer Beteiligung auch von der Wahl des Geschäftsfeldes beeinflusst, d.h. vor Unsicherheitsreduktion und Risikomanagement steht notwendigerweise die Entscheidung für ein Erfolg versprechendes Betätigungsfeld.

Interessanterweise ist in der Literatur vielfach die Rede von Risiko, wo eigentlich von Unsicherheit gesprochen werden sollte. Es werden zwar Ereignisse diskutiert, die sich potenziell schädlich auf das Unternehmen auswirken können; die Frage, ob ein korrespondierender Erwartungswert auch wirklich berechnet werden kann, ist vielfach jedoch nachrangig. Dies ist jedoch vor dem Hintergrund verständlich, dass sich die Tätigkeiten von Wagniskapitalgebern weniger darauf konzentrieren, mit klassischen Mitteln der Finanzierungstheorie den Erwar-

---

192 Vgl. *Moesel/Fiet/Busenitz* 2001, S. 95.
193 Vgl. bspw. *Gifford* 2003.
194 Vgl. *Bhidé* 2000, S. 26.
195 Die sich aus der Theorie ergebenden Nachteile der Bezeichnung Risikokapitalgeber sollten damit deutlich geworden sein – der Begriff wird daher im Folgenden vermieden.

tungswert einer Investition zu managen (bspw. durch Hedging), als vielmehr versucht wird, direkt auf potenziell negative Ereignisse einzuwirken.

Derartige Kategorien sollen im Folgenden vorgestellt werden. Da die Begrifflichkeiten des Risikos bzw. der Unsicherheit in der Literatur uneinheitlich verwendet werden, sollte deutlich sein, dass an diese Kategorien nicht die Maßstäbe der strengen, oben eingeführten Risikodefinition angelegt werden können. Quantifizierungsversuche von Erwartungswerten schädlicher Ereignisse werden im Folgenden konsequent vermieden; insofern wird im weiteren Gang der Arbeit lediglich die Rede von (*Knightscher*) Unsicherheit sein. Dabei sollte jedoch beachtet werden, dass Strategien zur Erfolgssicherung eines Investments sowohl auf das potenziell quantifizierbare Risiko einer Investition als auch auf die unquantifizierbare Unsicherheit einwirken können.

Wagniskapitalgeber sehen sich zwei Hauptkategorien von Unsicherheit gegenüber: Marktunsicherheit und Agency-Unsicherheit.[196] Diese Kategorien entsprechen im weitesten Sinne der Abgrenzung der Unsicherheit nach intern verursachter und extern bewirkter Unsicherheit.[197] Während unter der Kategorie der Marktunsicherheit alle unvorhergesehenen Wettbewerbssituationen subsumiert werden können, adressiert Unsicherheit über Agency-Verhältnisse das Verhalten sowohl des Wagniskapitalgebers als auch das des Unternehmers, die beide ihre eigenen Interessen über die Anforderungen des Beteiligungsvertrages und damit das gemeinsame Interesse stellen können. Marktunsicherheit[198] bestimmt sich über

a) mögliche technische Überholtheit des Angebots,

b) eine große Anzahl von Wettbewerbern,

c) eine große Anzahl potentieller, neuer Wettbewerber,

d) zahlreiche mögliche Substitute des Angebots,

[196] Vgl. *Fiet* 1995, S. 567, der zwar ursprünglich von Markt- und Agency-Risiko spricht, gleichzeitig aber unterstreicht, dass beide *nicht* messbar sind. Ursächlich für die (Verhaltens-)Unsicherheit des Nachfragers ist asymmetrische Informationsverteilung. Vgl. *Spremann* 1990, S. 562.

[197] Vgl. *Ruhnka/Young* 1987, S. 172. Alternativ (vgl. *Mayer* 2003, S. 1510) differenziert die Innovationsfinanzierung Risiken in technologische, informationsbedingte und moralische Risiken. Im Falle von Wagniskapitalfinanzierungen ist es weiterhin möglich, von sechs Risikokategorien zu sprechen, die von Wagniskapitalgebern beachtet werden sollten: das Risiko, das vollständige Investment abschreiben zu müssen, das Risiko, nicht rechtzeitig aussteigen zu können, das Umsetzungsrisiko, das Wettbewerbsrisiko, das Managementrisiko und das Führungsrisiko. Siehe hierzu *MacMillan/Siegel/Narasimha* 1985, S. 125f.; das Führungsrisiko ist dabei deutlich vom Managementrisiko abgegrenzt, insofern als es sich nur auf die Fähigkeit des Unternehmensgründers bezieht, andere anleiten und überzeugen zu können, während das Managementrisiko eher organisatorischen Charakter hat.

[198] Vgl. *Fiet* 1995, S. 553.

e) eine schwache Nachfrage und

f) die generelle Attraktivität des Marktes als einer Funktion von Größe, Wachstum und Zugänglichkeit dieses Marktes.

Demgegenüber ist Unsicherheit über die Agency-Beziehung von Wagniskapitalgeber und Unternehmer charakterisiert durch Faktoren wie

a) die potenzielle Unehrlichkeit des Unternehmensgründers,

b) den Wissensvorsprung des Unternehmers,

c) die räumliche Distanz zwischen Wagniskapitalgeber und Unternehmensstandort,

d) die mögliche unternehmerseitige, kurzfristige Verfolgung eigennütziger Ziele,

e) den Umstand, dass viele Unternehmer innerhalb eines Wagniskapitalportfolios zu überwachen sind, und

f) die Gefahr, dass der Unternehmer nicht wie vereinbart agiert.

Interessanterweise haben empirische Arbeiten[199] gezeigt, dass sich Wagniskapitalgeber im täglichen Geschäft speziell auf die Reduktion von Marktunsicherheiten konzentrieren; ein Umstand, der darauf zurückzuführen ist, dass Unsicherheit über Agency-Verhältnisse relativ gut durch die Vertragsgestaltung zu handhaben ist. Da die singuläre Investitionsentscheidung im Fokus dieser Arbeit steht, sollen bspw. Ansätze zur Risikomessung auf Portfolioebene[200] hier nicht weiter diskutiert werden. Bei einer solchen Betrachtungsweise würden sich die Schwierigkeiten, das exakte Risiko einer Einzelinvestitionsentscheidung verlässlich abzuschätzen, auf der Portfolioebene fortsetzen: Der Erfolg von Gründungsunternehmen streut dermaßen weit, dass selbst bei zehn Investitionen im Portfolio eines Wagniskapitalgebers keine sinnvolle Aussage über das Risiko getroffen werden kann.[201] Risikoreduktion im Sinne der Portfoliotheorie[202] muss folglich gerade im Frühphasenbereich der Beteiligungsfinanzierung mit Skepsis betrachtet werden – in praxi versuchen Wagniskapitalgeber denn folglich auch eher, Risiken über Spezialisierung auf Branchen und Phasen zu minimieren, da dies zu

---

[199] Vgl. *Fiet* 1995.

[200] Hierunter fallen bspw. der Buchwert der liquidierten Beteiligungen prozentual in Relation gesetzt zum Gesamtportfolio sowie im Spezialfall der börsennotierten Wagniskapitalgeber die Standardabweichung der Renditen in mehreren Perioden und eben auch Betafaktoren. Vgl. *Schefczyk* 2004, S. 185 sowie *Chiampou/Kallet* 1989 und *Kleiman/Shulman* 1992.

[201] Vgl. *Ruhnka/Young* 1991, S. 118.

[202] Vgl. *Markowitz* 1990 sowie *Hielscher* 1996.

mehr und besseren Netzwerken und Investitionsvorschlägen genauso wie Informationen führt.[203]

2.4 Rahmenbedingungen der Wagniskapitalfinanzierung in Deutschland

Ulrich unterscheidet die Rahmenbedingungen, die jegliches wirtschaftliche Handeln von Marktteilnehmern und damit auch von Wagniskapitalinvestoren bestimmen, nach vier Dimensionen.[204] Zu diesen Dimensionen werden die ökologische, die technische, die ökonomische und die soziale Sphäre gezählt. Eine solche Perspektive erlaubt die umfassende Beschreibung der Rahmenbedingungen; für das an dieser Stelle interessierende Phänomen der Wagniskapitalfinanzierung wird jedoch die Konzentration auf die einflussreichsten Faktoren bevorzugt. Daher werden die Rahmenbedingungen für Wagniskapital in Deutschland im Folgenden nach der politisch-rechtlichen, der ökonomischen und der gesellschaftlichen Dimension differenziert und im Einzelnen diskutiert. Mögliche, exemplarische Einflüsse auf Makroebene auf die Tätigkeit von Wagniskapitalgebern können neben funktionstüchtigen Märkten für Neuemissionen auch durch Regulierungen am Arbeitsmarkt, durch kulturelle Unterschiede im Hinblick auf die Einstellung zum Unternehmertum und die Aktivitäten von Pensionsfonds als Kapitalgeber von Wagniskapitalfonds gegeben sein.[205]

2.4.1 Politisch-rechtliche Rahmenbedingungen

Hinsichtlich der politisch-rechtlichen Dimension kennt die wissenschaftliche Literatur nur verhältnismäßig wenige systematische Forschungsarbeiten, die Aufschluss darüber geben, inwieweit die Bemühungen von Regierungen zur indirekten Förderung von Innovation durch Wagniskapitalinitiativen wirklich effektiv sind.[206] Dies hindert politische Entscheider jedoch nicht daran, im Bereich der Finanzierung von jungen Wachstumsunternehmen gerade im Hochtechnologiebereich aktiv zu werden und damit das Wagniskapitalgeschäft zu beeinflussen – wie es sich bspw. im Falle des im Sommer 2004 diskutierten „Seed-Fonds“ zur Förderung von High-Techgründungen mittels fremdkapitalbasierter Anschlussförderung an die Gründungsphase zeigt. Rechtlich sind die unterschiedlichen Teilmärkte für Wagniskapital (formeller vs. informeller Markt) in Deutschland indes kaum reguliert.[207]

---

[203] Vgl. *Norton/Tenenbaum* 1993, S. 432f.
[204] Vgl. *Ulrich* 1987.
[205] Vgl. *Black/Gilson* 1998, S. 269ff.
[206] Vgl. *Wright/Sapienza/Busenitz* 2003, S. XXVII.
[207] Vgl. *Schefczyk* 2004, S. 72.

Allerdings finden sich gesetzliche Rahmenbedingungen einerseits mit dem Gesetz über Unternehmensbeteiligungsgesellschaften (UBGG) und andererseits mit dem Gesetz über Kapitalanlagegesellschaften (KAGG), welche die Aktivitäten von Kapitalbeteiligungsgesellschaften potenziell regeln.[208] Zielsetzung des Gesetzgebers bei der Entwicklung des UBGG war es, jungen und noch nicht börsennotierten Unternehmen den Zugang zu Wagniskapital zu erleichtern. Dazu werden Kapitalbeteiligungsgesellschaften, die sich den Anlagegrenzen und den Restriktionen hinsichtlich der Gesellschafterstruktur nach UBGG unterwerfen, seit dem Inkrafttreten des Gesetzes am 1.1.1987 eine Reihe von Vergünstigungen zugestanden. Trotz mehrerer Novellen – zuletzt im Zuge des 3. Finanzmarktförderungsgesetzes vom 24. 3. 1998 – werden jedoch die eingeräumten Vergünstigungen durch die gesetzlichen Restriktionen negativ überkompensiert; nur ein verschwindend geringer Teil der im BVK organisierten Wagniskapitalgeber trägt folglich die geschützte Bezeichnung Unternehmensbeteiligungsgesellschaft.[209] Ähnlich sind die besonderen Regelungen des KAGG zu bewerten. Seit 1986 besteht die Möglichkeit für Kapitalanlagegesellschaften,[210] Beteiligungssondervermögen zu bilden (§§25a ff. KAGG). Die jederzeitige Rücknahmepflicht von ausgegebenen Anteilsscheinen (sic!) soll hier exemplarisch für mehrere ähnliche ungünstige Regelungen innerhalb des KAGG angeführt werden, die den besonderen Erfordernissen des Geschäftsmodells von Wagniskapitalgebern zuwiderlaufen. Beteiligungssondervermögen sind daher praktisch nur von geringer Relevanz; der Markt hat diese Gestaltungsmöglichkeit bislang nicht angenommen.[211] Konsequenterweise werden die meisten Wagniskapitalgesellschaften daher in gesetzlich nicht typisierten, „freien“ Beteiligungsformen realisiert.[212]

2.4.2 Ökonomische Rahmenbedingungen

Die ökonomische Dimension des Wagniskapitalgeschäfts ist auf der Makroebene wesentlich durch die Institutionen einer Volkswirtschaft bestimmt. *Black* und *Gilson* zeigen in einem Ländervergleich,[213] dass ein funktionierender Markt für IPOs im direkten Zusammenhang mit dem Ausmaß des Marktes für Wagniskapital steht. Um Aktienmärkte herum gebaute Volkswirtschaften, wie bspw. die USA, Großbritannien oder auch Kanada, haben im Gegensatz zu

---

[208] Vgl. *Weiss* 2005.

[209] Vgl. *Schefczyk* 2004.

[210] § 1 KAGG definiert Kapitalanlagegesellschaften als Kreditinstitute, deren Geschäftstätigkeit darauf ausgerichtet ist, das eingelegte Geld für Rechnung der Anteilsinhaber nach dem Grundsatz der Risikomischung anzulegen. Die eingelegten Gelder werden zu Sondervermögen. Vgl. auch *Schwark* 1995, Sp. 1065ff.

[211] Vgl. *Schefczyk* 2004, S. 84.

[212] Vgl. *Weitnauer/Guth* 2001, S. 65ff.

[213] Vgl. *Black/Gilson* 1998, S. 243ff.

bankzentrierten Volkswirtschaften[214] den Vorteil, Wagniskapitalgebern eine höhere Wahrscheinlichkeit des Ausstieges über einen IPO zu bieten. In der Konsequenz finden sich in Ländern mit funktionierenden Märkten für Neu-Emissionen erfolgreichere Märkte für Wagniskapital. Der IPO als Exitform ist dabei nicht allein aufgrund der in der Regel höheren Veräußerungserlöse zu präferieren. Darüber hinaus erhält der Unternehmensgründer im Zuge eines IPOs genau diejenigen Kontrollrechte zurück, die er während der ursprünglichen Beteiligungsverhandlungen an den Wagniskapitalgeber *über* dessen nominalen Anteil am Unternehmen hinaus abgetreten hat,[215] während neu hinzukommende Anteilseigner lediglich diejenigen Kontrollrechte für sich reklamieren können, die ihnen aufgrund ihres Beteiligungsvolumens zustehen. Dies ist bei einem Verkauf an Dritte als alternativem Exitweg jedoch nicht gegeben; akquiriert bspw. ein Konzern aufgrund strategischer Erwägungen das Portfoliounternehmen eines Wagniskapitalgebers, so sieht sich der Unternehmer mit einer neuen kontrollierenden Instanz in Form der Muttergesellschaft konfrontiert. Geht man davon aus, dass Kontrolle über das eigene Unternehmen einen bedeutenden Anreiz für den Unternehmer darstellt, so wird deutlich, dass die Möglichkeit eines Exits des Wagniskapitalgebers über einen IPO auch aus diesem Grunde einen wesentlichen Erfolgsfaktor für einen funktionierenden Wagniskapitalmarkt darstellt. Die Möglichkeit eines IPOs kann damit für den Unternehmer als eine Call-Option auf die Kontrolle des Unternehmens interpretiert werden, die in starkem Maße Anreize setzt, den Erfolg des Unternehmens im Sinne des Wagniskapitalgebers zu beeinflussen. Spätere empirische Untersuchungen bestätigen die ursprüngliche Analyse von *Black* und *Gilson*, zeigen aber auch, dass die Möglichkeit zur Realisierung von IPOs vor allem den Markt für Spätphaseninvestitionen bestimmt, während ein existierender Markt für Frühphaseninvestments eher davon abhängig ist, wie stark Hemmnisse am Arbeitsmarkt (bspw. Kündigungsschutzrechte der Arbeitnehmer) unternehmerische Aktivitäten prägen.[216]

Aufgrund der offensichtlichen Schwierigkeit, etablierte institutionelle Rahmenbedingungen nach eigenen Vorstellungen zu prägen (dazu wäre nicht nur die Einführung eines geeigneten und funktionierenden Börsensegmentes für Wachstumsunternehmen nötig, sondern auch ein Wandel bspw. bei der Geschäftspolitik von Investmentbanken), haben sich Wagniskapitalgeber in Ländern mit bankzentrierten Volkswirtschaften in der Vergangenheit darauf konzentriert, die Institutionen derjenigen Länder zu nutzen, die bereits einen funktionierenden Markt

[214] Hierzu zählen bspw. Deutschland und Japan.
[215] Wie z.B. Sitze im Aufsichtsrat oder Vetorechte in Bezug auf bestimmte Geschäftsentscheidungen. Vgl. *Black/Gilson* 1998, S. 261.
[216] Vgl. *Jeng/Wells* 2000, 266ff.

für Wagniskapital mit geeigneten institutionellen Rahmenbedingungen aufgebaut haben.[217] Allerdings darf ein funktionierender Aktienmarkt nur als notwendige und keineswegs als hinreichende Bedingung eines funktionierenden Wagniskapitalmarktes verstanden werden. Nicht nur das Negativ-Beispiel des „Neuen Marktes", sondern auch die Fallstudie von *Becker* und *Hellmann*[218] über die Schwierigkeiten der „Deutschen Wagnisfinanzierungsgesellschaft" im deutschen Markt zeigen, dass allein die Implementierung eines Segmentes für junge Wachstumsunternehmen nicht ausreichend sein kann – wenngleich ein Börsensegment für innovative Unternehmen selbstredend als wünschenswerter Bestandteil auch der deutschen Finanzierungslandschaft zu betrachten ist.[219]

2.4.3 Gesellschaftliche Rahmenbedingungen

Von mindestens genauso großem Einfluss wie die beiden erstgenannten Dimensionen ist die gesellschaftliche Dimension der Rahmenbedingungen von Wagniskapital. So müssen die anfänglichen Schwierigkeiten der Marktentwicklung weniger auf ökonomische Rahmenbedingungen zurückgeführt werden – der Geregelte Markt wäre als potenzieller Exitkanal auch in früheren Jahren verfügbar gewesen – als vielmehr auf den Umstand, dass sehr gut qualifizierte Unternehmer rar und die gesellschaftlichen Anreize zu unternehmerischem Handeln schlicht nicht vorhanden waren.[220] Die Rahmenbedingungen des Wagniskapitalmarktes allein über die ökonomische Dimension erklären zu wollen, muss folglich aufgrund der damit verbundenen Monokausalität als die Realität zu stark simplifizierend eingeschätzt werden. Mit *Schefczyk* sollen unter der gesellschaftlichen Dimension der Rahmenbedingungen die „mittlere Akzeptanz"[221] von Anlegern, Kapitalnehmern und anderen Institutionen gegenüber dem Phänomen der Wagniskapitalfinanzierung und darüber hinaus der Gründung von Unternehmen generell verstanden werden.

Im Gegensatz zur in der deutschen Gesellschaft weit verbreiteten Skepsis der frühen 1970er Jahre der Selbständigkeit und dem Unternehmertum gegenüber,[222] hat sich nicht zuletzt durch

---

[217] So sind im Anschluss an den Börsencrash von 1994 in Israel annähernd alle Exits über IPOs an der US-amerikanischen NASDAQ vollzogen worden. Vgl. *Black/Gilson* 1998, S. 268. Auch deutsche Wagniskapitalgeber bevorzugten traditionell vor Einführung des „Neuen Marktes" ausländische Börsen zum Ausstieg aus ihren Beteiligungen. Vgl. *Bundesverband Deutscher Kapitalbeteiligungsgesellschaften e.V. (BVK)* 1994-2005.

[218] Vgl. *Becker/Hellmann* 2003.

[219] Vgl. *Audretsch/Lehmann* 2004, S. 355.

[220] Vgl. *Becker/Hellmann* 2003.

[221] Vgl. *Schefczyk* 2004, S. 101, sowie eingehender zum Akzeptanzbegriff *Kollmann* 1998.

[222] *Becker* und *Hellmann* gehen sogar so weit zu unterstellen, dass in den 1970er Jahren hauptsächlich diejenigen eine unternehmerische Karriere verfolgten, die nicht fähig waren, unter das schützende Dach eines Konzerns zu schlüpfen. Vgl. *Becker/Hellmann* 2003.

die Internet-Euphorie der späten 1990er Jahre die Einstellung in Deutschland der Unternehmensgründung gegenüber stark gewandelt.[223] Zwar hat sich die Anzahl der Unternehmensgründungen gerade in diesem Bereich merklich reduziert; dennoch stellt zwischenzeitlich die berufliche Selbständigkeit auch für Hochqualifizierte durchaus eine Option dar. Die Institutionalisierung der Gründungsforschung und -ausbildung im Zuge der Errichtung zahlreicher Lehrstühle zum Thema an deutschen Universitäten ist mit ein weiteres Indiz für diesen Sachverhalt.[224] So kann in summa auf ein zumindest in Ansätzen positives Meinungsklima dem Gründen von Unternehmen gegenüber verwiesen werden[225] (und damit indirekt auch der Wagniskapitalfinanzierung gegenüber) – wenngleich sich Deutschland gerade im internationalen Vergleich immer noch durch eine hohe Risikoaversion der befragten potenziellen Unternehmensgründer (so genannte „nascent entrepreneurs“) und eine weit verbreitete Angst vor dem Scheitern auszeichnet.[226]

2.5 Der Investitionsprozess

Der Investitionsprozess von Wagniskapital (oder auch „Venture Capital Cycle“[227] – ein Begriff, der die Kontinuität der Tätigkeiten des Wagniskapitalgebers andeutet), hat sich trotz der vielfältigen Turbulenzen in diesem Markt (siehe Abschnitt 2.1.2.4 und folgende) seit den ersten Studien nicht wesentlich verändert.[228] Wagniskapitalgeber platzieren Fonds (Fundraising), investieren diese Mittel (Deal Origination, Screening, Evaluation, Structuring) und sorgen nach dem Abschluss des Beteiligungsvertrages dafür, dass der Unternehmenswert erhalten und gesteigert wird (Monitoring / Value Adding). Zum geeigneten Zeitpunkt steigen sie aus den Investments wieder aus.

Mit der Studie von *Wells*[229] liegt eine der ersten Arbeiten vor, welche die Zusammenarbeit von Investor und Unternehmer umfassend beschreibt. Dazu wird der vollständige Prozess in sechs Schritten analysiert. Die Suche nach geeigneten Investitionen, eine kurze Prüfung, eine umfassende Evaluierung, Kontrolle, Betreuung des Unternehmers im operativen Geschäft und Ausstieg aus der Beteiligung lassen sich hiernach als die aufeinander folgenden Kernaktivitäten von Wagniskapitalgebern identifizieren. Eine alternative Konzeption findet sich mit dem

---

[223] Vgl. *Kollmann/Kuckertz* 2003b, S. 2.
[224] Vgl. *Klandt* 2004 sowie *Volkmann* 2004.
[225] Vgl. *Schefczyk* 2004, S. 101.
[226] Vgl. *Sternberg/Bergmann/Lückgen* 2004.
[227] Vgl. *Gompers/Lerner* 2000.
[228] Vgl. *Wright/Sapienza/Busenitz* 2003, S. XXIV.
[229] Vgl. *Wells* 1974 sowie *Fendel* 1987 für eine frühe deutsche Studie.

Fünf-Schritt nach *Tyebjee* und *Bruno*[230] (vgl. Abbildung 12). In der ersten Phase des Prozesses (Deal Origination) ist es die Aufgabe des Wagniskapitalgebers, viel versprechende Investitionsmöglichkeiten aufzudecken. Daran schließt sich ein zweiter Schritt an, dessen Hauptfunktion angesichts des Überflusses an Investitionsmöglichkeiten die Reduktion von Finanzierungsgesuchen auf ein handhabbares Maß ist (Deal Screening). Drittens erfolgt eine eingehende Analyse des potenziellen Portfoliounternehmens (Deal Evaluation) im Zuge der so genannten „Due Diligence". Weiterhin müssen nach erfolgter Prüfung die Vertragsbedingungen zwischen Wagniskapitalgeber und Unternehmer en detail ausgehandelt werden (Deal Structuring). Im letzten Schritt werden weiterhin alle Aktivitäten des Wagniskapitalgebers im Anschluss an die abgeschlossene Transaktion zusammengefasst (Post-Investment-Activities), die sich primär auf die Managementunterstützung und die Vorbereitung der Desinvestition des Wagniskapitalgebers konzentrieren.

Abbildung 12
Der Prozess der Wagniskapitalfinanzierung[231]

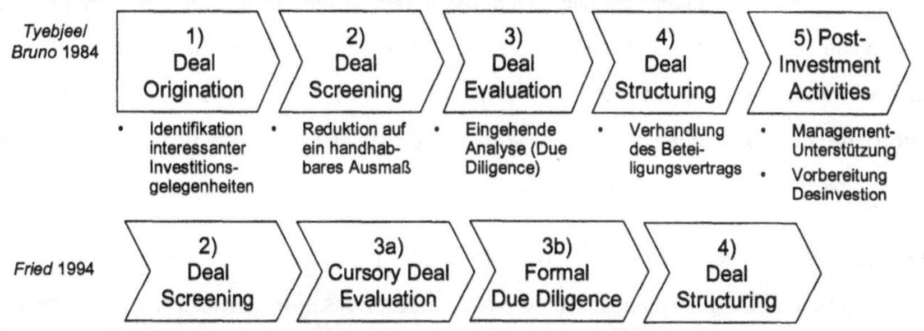

Dieses Konzept sieht sich genau wie die ursprüngliche Studie von *Wells* dem Vorwurf ausgesetzt, rein deskriptiv und ohne eine solide theoretische Basis an den Prozess der Wagniskapitalfinanzierung heranzutreten. Zahlreiche diesen Vorarbeiten nachfolgende empirische Studien zeigen jedoch, dass die grundsätzliche Systematisierung des Prozesses in fünf Schritte immer noch weitestgehend Gültigkeit für sich beanspruchen darf.[232] Eine überzeugende Erweiterung findet sich freilich mit der Studie von *Fried* und *Hisrich*:[233] Danach ist der dritte Schritt der Überprüfung sinnvollerweise weiter auszudifferenzieren in eine eher oberflächliche Prüfung und eine eher formelle Due Diligence (so genannte first-phase- und second-phase-evaluation). Aus diesem Grund lässt sich der gesamte Investitionsprozess mittels sechs

230 Vgl. *Tyebjee/Bruno* 1984.
231 Für alternative, allerdings primär konzeptionelle Herangehensweisen an den Prozess der Wagniskapitalfinanzierung vgl. bspw. *Schefczyk* 2004, S. 39; *Kollmann/Kuckertz* 2003b, S. 42 oder auch *Nathusius* 2001a.
232 Vgl. *Feeney/Haines/Riding* 1999 für einen Überblick dieses Forschungsstrangs.
233 Vgl. *Fried/Hisrich* 1994.

aufeinander folgender Schritte beschreiben. Im Hinblick auf das generelle Erkenntnisinteresse dieser Arbeit, das nach den Selektions- und Entscheidungsmechanismen von Wagniskapitalgebern fragt, sind folglich alle Schritte des gesamten Prozesses mit Ausnahme der Post-Investment-Aktivitäten von besonderem Interesse und werden daher in den nächsten Kapiteln eingehender betrachtet. Alle Konzeptionen konzentrieren sich jedoch lediglich auf die Beziehung von Unternehmer und Investor und vernachlässigen damit eine wesentliche Aktivität, die diesem Prozess zwingend vorausgehen muss: die Einwerbung von Investitionsmitteln.

2.5.1 Die Vor-Investment-Phase

2.5.1.1 Einwerben von Investitionsmitteln – Fundraising

Zu den vielfältigen Quellen von Wagniskapitalgebern zählen professionelle Investoren aus Versicherungen, Kreditinstituten, Pensionsfonds, Dachfonds, dem öffentlichen Sektor und der Industrie – in Ausnahmefällen aber auch private Anleger. Ebenfalls sind indirekte Corporate-Venture-Capital Aktivitäten denkbar,[234] d.h. große strategische Investoren verzichten darauf, eine eigene Wagniskapitalgesellschaft zu errichten und versuchen, über den Wagniskapitalgeber als Intermediär strategische Ziele zu erreichen. Derartige Konstruktionen sind bislang in Europa allerdings nur selten beobachtet worden und müssen daher noch als eine Besonderheit des US-amerikanischen Marktes gewertet werden.

Den Pensionsfonds kommt bei der Kapitalbereitstellung eine herausragende Bedeutung zu: In den Vereinigten Staaten stellen sie ca. 40% aller Investitionsmittel genauso wie dies – hervorgerufen durch internationales Einwerben der Mittel – in Deutschland der Fall ist. Betrachtet man jedoch lediglich Investoren mit Sitz primär in Deutschland, so wird der Großteil der Mittel für Investitionen im vorbörslichen Bereich von Kreditinstituten bereitgestellt.[235] Deren Anteil entspricht ca. 20% der gesamten eingeworbenen Mittel,[236] während rund 14% von Versicherungen zur Verfügung gestellt werden. Auch öffentliche Gelder spielen eine bedeutende Rolle; dies insbesondere durch die Tätigkeiten der MBGs und anderer Beteiligungsgesellschaften in öffentlicher Trägerschaft sowie im Zuge der Co-Investment-Programme des Staates, bei denen staatliche Gelder der privaten, gewinn-maximierenden Entscheidung folgen und

---

234 Vgl. *McNally* 1994, S. 277ff.; indirektes Corporate-Venture-Capital wird i.d.R. in Form von „dedicated funds" investiert, womit strategische Investoren sicherstellen, dass nicht nur die monetären Ziele der Investition erreicht werden.

235 Vgl. *Black/Gilson* 1998, S. 248.

236 Vgl. *Bundesverband Deutscher Kapitalbeteiligungsgesellschaften e.V. (BVK)* 1994-2005, wobei einschränkend anzumerken ist, dass gerade die jüngsten verfügbaren Zahlen leider nur wenig Aussagekraft besitzen, da bspw. im Jahre 2003 mehr als 40% der eingeworbenen Mittel aus nicht näher spezifizierten Quellen stammen.

derart eventuelles Marktversagen auszugleichen suchen. Üblicherweise werden die eingeworbenen Mittel über Fonds in den Markt investiert, deren Laufzeit begrenzt ist. So sind 72% aller US-Fonds auf eine Laufzeit von zehn Jahren ausgelegt.[237] Die Investition erfolgt in den ersten Jahren der Laufzeit des Fonds, an die sich im verbleibenden Rest der Laufzeit die Betreuung des bestehenden Portfolios und die Vorbereitung der Desinvestition anschließen. Diese Tätigkeit erfolgt parallel zur Initiation neuer Fonds – ein Umstand, der in der Konsequenz zu überlappenden Perioden von Investition und Auszahlung führt.[238]

Das Verhältnis von Wagniskapitalgebern und ihren Fondsinvestoren kann wie jede andere Auftragsbeziehung im Grunde auch als ein Prinzipal-Agent-Verhältnis betrachtet werden, bei dem Fondsinvestoren es vorziehen, anstelle von Direktinvestitionen eben über spezialisierte Intermediäre indirekt in junge Unternehmen zu investieren. Die typische, zu zwei Dritteln angewandete und daher dominierende US-Organisationsform der Zusammenarbeit von Investoren und Wagniskapitalgebern ist die so genannte „Limited Partnership". Im Rahmen dieser Partnerschaft bringen Fondsinvestoren als „Limited Partner" Investitionsmittel ein, die dann wiederum von Wagniskapitalgebern als „General Partner" investiert werden.[239] Die Limited Partner zeichnen für den Großteil der Investitionsmittel verantwortlich, während General Partner i.d.R. nur rund 1% der Fondsmittel einbringen. Das Investieren von eigenen Mitteln in den eigenen Fonds ist in diesem Zusammenhang weniger als ein gewinnorientiertes Handeln der Fondsinitiatoren zu verstehen – primäres Ziel ist das Signalisieren von Seriosität seitens der Beteiligungsgesellschaft im Sinne der Agency-Theorie. In Deutschland wiederum sind neben den aus den Bestimmungen des UBGG und des KAGG resultierenden Spezialformen (vgl. Abschnitt 2.4) auch frei gestaltbare Formen möglich. Dazu zählen insbesondere die GmbH & Co. KG, wenn primär Privatanleger als Investoren angesprochen werden sollen, oder aber auch börsenfähige Kapitalgesellschaften wie die AG.[240] Die Bestimmungen des UBGG sowie des KAGG sind also nicht als verdrängend einzustufen; grundsätzlich sind auch zu diesen gesetzlichen Konstruktionen konkurrierende Strukturierungen möglich.

Die Entlohnung von unabhängigen Wagniskapitalgebern erfolgt gewöhnlich auf zwei Wegen: Einerseits wird mit den Fondsinvestoren eine jährlich zu erhebende Management Fee vereinbart (üblicherweise rund 2%), die andererseits durch den so genannten „Carried Interest" er-

---

[237] Vgl. *Sahlman* 1990, S. 490.
[238] Für eine detaillierte Diskussion der Vertragsgestaltung von Fondsinvestoren vgl. *Sahlman* 1990.
[239] Vgl. *Sahlman* 1990, S. 487f.
[240] Vgl. *Weitnauer/Guth* 2001, S. 65ff.

gänzt wird (im US-Raum sind dies ca. 20% des realisierten Kapitalzuwachses).[241] Über einen fixen Entlohnungsbestandteil hinaus wird folglich eine erfolgsabhängige Vergütungskomponente erhoben, die sich aus dem Wertzuwachs des Fonds ergibt. Diese Komponente wird fällig, sobald ein Mindestmaß an Verzinsung der ursprünglichen Einlage der Investoren durch das Überwinden einer vorab vereinbarten „Hurdle Rate" sichergestellt worden ist.[242] Es ist dabei evident, dass diese Eigenart des Wagniskapitalgeschäftes die Wagniskapitalgeber dazu motiviert, Fonds so groß wie möglich zu gestalten, da die Management Fee i.d.R. unabhängig von der Fondsgröße vereinbart wird. Diese Gegebenheiten führen weiterhin dazu, dass der von relativ niedrigen Eintrittsbarrieren geprägte Markt gleichzeitig durch hohe Austrittsbarrieren gekennzeichnet ist, welche durch die Verpflichtung entstehen, einen aufgelegten Fonds über die Laufzeit hinweg zu führen.[243]

Allerdings ist nicht davon auszugehen, dass die im Vergleich zu Fonds anderer Asset-Klassen verhältnismäßig hohe, fixe Management-Gebühr zu Passivität auf Seiten der Wagniskapitalgeber führt. Vertragsgestaltung genauso wie Incentivierung haben zur Folge, dass der fixe Anteil der Entlohnung tendenziell eher in wertschaffende Aktivitäten investiert wird, um später vom gestiegenen Carried Interest überdurchschnittlich zu profitieren.

Umfangreiche Vertragsstrukturen, die zu einem gewissen Maße analog der Beziehung von Wagniskapitalgeber und Unternehmer konzipiert werden, sorgen neben der Setzung von Anreizen für Kontrolle. So wird bspw. genau spezifiziert, in welchem zeitlichen Ausmaß der Wagniskapitalgeber zur Betreuung seiner Fonds verpflichtet ist.[244] Dass Ausmaß an Kontrolle durch die Fondsinvestoren ist jedoch in Teilen abhängig von den generellen Marktgegebenheiten – während Fondsinvestoren in der Vergangenheit ihre Investitionen eher passiv bis reaktiv[245] überwacht haben, finden sich gerade in Zeiten mit einem Überangebot an Wagniskapitalfonds zumindest in den Vertragswerken stärkere Restriktionen,[246] um die Agency-Problem in der Beziehung von Investor und Wagniskapitalgeber besser handhabbar zu machen.

---

[241] Vgl. *Sahlman* 1990, S. 491; für deutsche Usancen der Entlohnung auch *Weitnauer/Guth* 2001.
[242] Vgl. *Murray* 1995, S. 1088.
[243] Vgl. *Murray* 1995, S. 1091.
[244] Vgl. *Sahlman* 1990, S. 492.
[245] Vgl. *Robbie/Wright/Chiplin* 1997, S. 17.
[246] Vgl. *Gompers/Lerner* 1996, S. 493f.

2.5.1.2 Eröffnung des Wagniskapitalprozesses – Deal Generation

Ist der Prozess des Einwerbens von Investitionsmitteln abgeschlossen, so kann der Wagniskapitalprozess eröffnet werden. Dieser erste Schritt des Investitionsprozesses muss allerdings als bislang noch wenig erforscht eingestuft werden. So sind verhältnismäßig wenige akademische Studien zum Themenkomplex der „Deal Generation" veröffentlicht worden. Primär wurde das Thema aus Praktikersicht abgehandelt;[247] dies trotz zahlreicher interessanter Fragestellungen, die in diesem Bereich möglich wären (bspw. im Hinblick auf die Erfolgswahrscheinlichkeit unterschiedlicher Herangehensweisen an die Investmentakquise). Gleichwohl ist bekannt, dass Wagniskapitalgeber i.d.R. nicht passiv auf Investitionsgelegenheiten warten, sondern sich aktiv in der Suche engagieren.[248] Der Wagniskapitalgeber erschließt sich also aktiv interessante Investitionsgelegenheiten – trotz der Tatsache, dass ein durchschnittlicher Wagniskapitalfonds sich üblicherweise im Jahr mit tausend und mehr Finanzierungsanfragen von Unternehmern konfrontiert sieht. Von diesen Anfragen wird jedoch nur eine verschwindend geringe Anzahl letztlich genutzt.[249]

Aus Unternehmersicht kann der Kontakt zu Wagniskapitalgebern über den Bundesverband Deutscher Kapitalbeteiligungsgesellschaften (BVK) oder auch die Hausbank erfolgen – genauso wie durch die KfW-Mittelstandsbank oder von auf die Vermittlung von Beteiligungskapital spezialisierten Unternehmensberatern.[250] Wagniskapitalgeber finden interessante Investitionsgelegenheiten aber auch über die Pflege von Kontakten zu Universitäten und anderen Forschungseinrichtungen oder generell, indem Beziehungen in die „entrepreneurial community" einer Region entwickelt werden. In diesem Zusammenhang kommt dem Ruf des Wagniskapitalgebers entscheidende Bedeutung zu. So zeigt *Hsu* an einer Stichprobe von 51 Unternehmen[251] aus dem Umfeld des Massachusetts Institute of Technology (MIT), dass Angebote von Wagniskapitalgebern mit hoher Reputation eine dreifach höhere Wahrscheinlichkeit der Akzeptanz aufweisen[252] und Unternehmensgründer dafür einen Abschlag von 10% bis 14% auf die Finanzierungssumme akzeptieren. Ob dies allerdings rationales Verhalten ist,

---

[247] Vgl. *Wright/Robbie* 1998, S. 536.
[248] Vgl. *Timmons/Bygrave* 1986, S. 170.
[249] Vgl. *Sahlman* 1990, S. 475.
[250] Vgl. *Weiss* 2005.
[251] Vgl. *Hsu* 2004 bzw. *Börner* 2005, S. 97ff.
[252] Auch für den Bereich des informellen Wagniskapitals hat sich gezeigt, dass Reputation, insbesondere als aktiver Investor, zu vielversprechenderen Investitionsvorschlägen führt. Vgl. *Kelly/Hay* 2000.

also ob sich die Reputation des Wagniskapitalgebers bspw. tatsächlich auf den Unternehmenserfolg auswirkt, steht noch zur empirischen Überprüfung an.[253]

Trotz der Investitionszurückhaltung deutscher Wagniskapitalgeber (vgl. Abschnitt 2.1.2.4) lässt sich nur schwerlich von Wagniskapital als knapper Ressource in Deutschland reden. Betrachtet man die Fondsvolumina in absoluten Zahlen, so stehen erhebliche Summen für die Investition in junge Unternehmen zur Verfügung.[254] Dieser Umstand ließe vermuten, dass Investoren massivem Investitionsdruck ausgesetzt wären, der bspw. weitere Intermediäre zwischen Investor und Unternehmer obsolet machte. Theoretisch sorgen Intermediäre dafür, investorenseitig die Suchkosten zu senken und machen damit Gründungsprojekte mit höherer, potentieller Rendite möglich.[255] Auch praktisch sind Intermediäre in diesem Markt bedeutend; sie existieren sowohl zwischen Wagniskapitalgebern und ihren Fondsinvestoren als auch zwischen Wagniskapitalgebern und Unternehmern.[256] In Großbritannien sind bspw. besonders Buchhalter und Wirtschaftsprüfer für die Vermittlung relevant. Diese beiden Berufsgruppen übten in der Vergangenheit einen teilweise solch wirksamen Einfluss auf den Verhandlungsprozess aus, dass sich die Marktmacht in starkem Maße auf die Unternehmerseite verlagerte. Die Beauftragung solch spezialisierter Unternehmensberater kann sich allerdings sowohl für die Unternehmer- als auch für die Investorenseite auszahlen. Unternehmerseitig wird die zur Kapitaleinwerbung benötigte Zeit von der Identifikation des Finanzierungsbedürfnisses bis hin zum Vertragsabschluss potenziell reduziert und Investoren profitieren andererseits von der Auslagerung der ersten Prüfschritte. Dies hat zur Folge, dass lediglich Investitionsvorschläge von höherer Güte überhaupt in den internen Prüfprozess gelangen und die Arbeit des Investors zwangsläufig effizienter wird.

Allerdings zeigt eine Befragung von 70 Geschäftsführern junger Unternehmen aus dem Jahr 1993, dass nur ein Viertel der Befragten Intermediäre als hochgradig einflussreich für den Start des Prozesses zur Aufnahme von Wagniskapital empfinden. Weitere 40% der Unternehmen hatten bereits einen potenziellen Wagniskapitalgeber gefunden, ehe sie einen Berater bzw. einen Intermediär beauftragten.[257] Die Leistungen von Intermediären sind folglich nicht nur auf die Initiierung des Verhandlungsprozesses gerichtet, sondern beziehen sich auch auf

---

[253] Aus Kundensicht scheinen die Partner von jungen Unternehmen bspw. nur einen geringen Einfluss auf die Vertrauenswürdigkeit des Unternehmens zu besitzen. Vgl. *Kollmann/Herr* 2005, S. 129.

[254] Vgl. *Witt* 2004.

[255] Vgl. *Chan* 1983.

[256] Der Wagniskapitalgeber gliedert durch die Beauftragung von Intermediären (oder durch die Akzeptanz der Beauftragung des Intermediärs durch den Unternehmer) Teile der Evaluation des Investments aus. Vgl. hierzu *Lisle* 2003.

[257] Vgl. *Murray* 1995, S. 1085f.

die Unterstützung des Unternehmers in einer für ihn einmaligen Situation. Insbesondere in Krisenzeiten[258] kann die Nutzung von Intermediären den gesamten Prozess stark beschleunigen, was zur Folge hat, dass Unternehmer, welche die Dienste eines solchen Intermediärs nutzen, sich als generell erfolgreicher in der Einwerbung von Wagniskapital herausstellen.[259]

2.5.1.3 Eingrenzung der Investitionsmöglichkeiten – Deal Screening

Ist der erstmalige Kontakt mit dem Unternehmer initiiert, gilt es für den Wagniskapitalgeber, das Überangebot von Investitionsvorschlägen auf ein handhabbares Maß zu reduzieren. Dieses Überangebot wird nicht zuletzt durch die zahlreichen, frei verfügbaren Adress-Datenbanken verursacht, die es dem Unternehmer damit erlauben, vielfältige „Kaltkontake" zu initiieren. Prinzipiell kommt allerdings nur das Projekt desjenigen Gründers in Frage, der sich in einer Umgebung bewegt, in welcher der Wagniskapitalgeber durch seine Auswahl-, Kontroll- und Unterstützungsinstrumente einen Wettbewerbsvorteil gegenüber anderen Investorentypen hat.[260] Dieser Vorteil ist meist in Situationen gegeben, die sich durch eine hohe Unsicherheit in Verbindung mit starken Informationsasymmetrien im Verhältnis von Kapitalgeber und -nehmer auszeichnen (also aktuell bspw. Biotechnologie oder Informations- und Kommunikationstechnologien). Neben der offensichtlichen Frage, ob der Unternehmer – bspw. aufgrund von Patenten anderer – aus juristischer Sicht überhaupt dazu in der Lage ist, seine Unternehmensidee zu verwerten, stehen in dieser Phase schnell überprüfbare Kriterien zur Verfügung, wie die Branchenzugehörigkeit oder der Entwicklungsstand des Unternehmens, die es erlauben, Finanzierungsanfragen zügig auf eine kleinere Anzahl von Finanzierungskandidaten zu reduzieren. Auch die nachgefragte Finanzierungssumme zählt hierzu, da institutionelle Anleger wie Wagniskapitalgeber wegen hoher fixer Transaktionskostenbestandteile eine Unternehmensbeteiligung erst ab einem bestimmten Mindestvolumen sinnvoll eingehen können.[261] So bewegen sich die Transaktionskosten eines Fonds im Bereich der Frühphasenfinanzierung bei durchschnittlich 15-20 Investmentes in summa um etwa EUR 500.000.[262]

Diese Informationen lassen sich dem Businessplan eines Unternehmens und hierin insbesondere dem „Executive Summary" entnehmen. Der Businessplan wird vom Unternehmer vielfach gerade mit dem Ziel der Einwerbung von Kapital – speziell Wagniskapital – erstellt. Die

[258] Vgl. *Kollmann/Kuckertz* 2004.
[259] Vgl. *Wright/Robbie* 1998, S. 529.
[260] Vgl. *Amit/Brander/Zott* 1998, S. 452.
[261] Vgl. *Gerke/Bank* 1999, S. 15.
[262] Vgl. *Mackewicz* 2005, S. 37.

darin enthaltenen Informationen ermöglichen eine erste Grobprüfung durch den Wagniskapitalgeber; meist nachdem eine so genannte Vertraulichkeitserklärung (auch Nondisclosure Agreement /NDA) unterzeichnet wurde, um dem Unternehmer das Beibehalten der Exklusivität bzw. Einzigartigkeit seines Unternehmenskonzepts zu ermöglichen. Allerdings ist zu bedenken, dass auch ohne eine derartige Geheimhaltungsverpflichtung aus einer Verletzung von Due-Diligence-Geheimnissen durchaus Ansprüche rechtlicher Natur entstehen können.[263]

Allgemein gesprochen wird unter dem Businessplan[264] (auch Geschäftsplan oder Gründungsplan) ein schriftliches Dokument verstanden, welches das betriebswirtschaftliche Konzept und die Realisierungsstrategie einer geplanten Unternehmensgründung über einen Planungszeitraum von drei bis fünf Jahren enthält.[265] Im Kontext der Wagniskapitalfinanzierung kommt neben den strategischen Aussagen ganz besonders der Finanzplanung entscheidende Bedeutung zu – nicht allein aufgrund der Tatsache, dass das Zahlenwerk Rückschlüsse auf die unternehmerische Kompetenz zulässt und Hinweise darauf bietet, wie weit und realitätsnah der Unternehmer sich mit seinem Geschäftskonzept auseinandergesetzt hat, sondern auch, da nach Zusammenführung der verschiedenen Teilpläne eine Liquiditätsplanung möglich wird, aus der sich der kumulierte Liquiditätsbedarf entnehmen lässt.[266] Dieser Liquiditätsbedarf gibt Hinweise darauf, in welchem Ausmaß ein externer Investor sich im jeweiligen Unternehmen finanziell engagieren muss bzw. kann. Über die Phase des Screenings hinaus besitzt der Businessplan weiterhin Bedeutung als ein Controlling-Instrument aufgrund der durch seine Existenz ermöglichten Soll/Ist-Vergleiche bei der Begutachtung der Unternehmensentwicklung. Weiterhin ist der Businessplan auch für das Beenden des gesamten Wagniskapitalprozesses ein wichtiger Faktor – Investoren der nächsten Stufe benötigen genauso wie der Wagniskapitalgeber die darin enthaltenden Informationen, um zu einer rationalen Investitionsentscheidung gelangen zu können.

In der ersten Screening-Phase stellt ein korrekter Businessplan jedoch primär das Kernargument für die Aufnahmen weiterführender Beteiligungsgespräche dar. Zur Bewertung existieren unterschiedliche Verfahren. Ein solches mehrdimensionales Bewertungsverfahren[267] stellt bspw. das Instrument der Nutzwertanalyse dar. Dabei werden verschiedene vorab definierte Kriterien in unterschiedlichen Gewichtungen evaluiert, um zu einem Globalurteil hinsichtlich

---

263 Vgl. *Westermann* 2005, S. 270.
264 Vgl. exemplarisch *Kautz* 1998; *Hofmeister* 1999; *Nelles/Rocke* 2001; *Dowling/Drumm* 2002; *Nagel* 2003; *Witt* 2003.
265 Vgl. *Witt* 2003, S. 189ff.; *Stahl* 2003, S. 201.
266 Vgl. *Nelles/Rocke* 2001, S. 168, für ein Beispiel siehe *Kollmann* 2004a, S. 200ff.
267 Vgl. *Neuhaus/Braun* 2003, S. 216ff.

des Geschäftskonzeptes zu gelangen. Kriterien und Gewichtungen sind in der Praxis stark subjektiv geprägt und hängen unausweichlich vom jeweiligen Zielsystem und den Nutzenvorstellungen des Bewerters ab. I.d.R. sind zumindest die Evaluationskriterien festgeschrieben; die einzelnen Gewichtungen sind jedoch phasenabhängig (vgl. Abschnitt 1.2.2). So machen bestimmte Kennziffern, die zwingend eine Unternehmenshistorie benötigen, um überhaupt aussagekräftig zu sein, in frühen Phasen weniger Sinn und werden zu diesem Zeitpunkt daher untergewichtet. Gerade aus Unternehmersicht ist es sinnvoll, sich diese Kriterien und Gewichtungen zu vergegenwärtigen; ganz besonders unter Berücksichtigung der Tatsache, dass Wagniskapitalgeber *spezifische* Anforderungen an den Inhalt von Businessplänen stellen. Zwar suggeriert ein großer Teil gerade der Praxisliteratur die universelle Einsetzbarkeit eines jeden Businessplans. Vernachlässigt wird dabei jedoch der Umstand, dass Wagniskapitalgeber, Kreditentscheider und informelle Investoren jeweils unterschiedliche Erfordernisse an einen Businessplan haben.[268]

Interessanterweise geben in empirischen Studien jedoch rund 55% der deutschen Wagniskapitalgeber an, dass sie kein vordefiniertes Evaluationsmodell nutzen, um zu entscheiden, welche Investitionsvorschläge genauer geprüft werden sollen. Wenn dennoch ein derartiges Modell zum Einsatz kommt, so ist es darüber hinaus nur in den seltensten Fällen die alleinige Entscheidungsgrundlage.[269] Ganz sicherlich besteht an dieser Stelle noch einiges Potential, um den Entscheidungsprozess von Wagniskapitalgebern aus dem Zustand der „Kunst" hin zur weitestgehend rationalen Entscheidung zu transformieren. US-amerikanische Studien[270] zur Bewertung von Businessplänen geben einige Anhaltspunkte dahingehend, wie der „intuitive" Bewertungsprozess von Wagniskapitalgebern in dieser Phase des Prozesses zu verstehen ist. Aus dem Vergleich von finanzierten und unfinanzierten Businessplänen folgt, dass nicht allein der Informationsgehalt eines Plans die Entscheidung bestimmt. So existieren implizite Normen hinsichtlich der Ausdrucksweise, der prognostischen Verfahren und der Strukturierung des Businessplans, die in ihrer Gesamtheit gerade die Glaubwürdigkeit des Geschäftskonzeptes beeinflussen. Es gibt Hinweise darauf, dass Wagniskapitalgeber daher bspw. Businesspläne bevorzugen, die das Ausmaß der Reflexion der Geschäftsidee durch den Planautoren erkennen lassen, bei gleichzeitiger Bevorzugung einer professionellen, wenig marketing-orientierten Ausdrucksweise.

268 Vgl. *Mason/Stark* 2002.
269 Vgl. *Neuhaus/Braun* 2003, S. 220.
270 Vgl. *MacMillan/Narasimha* 1986, S. 412.

2.5.1.4 Überprüfung der Investitionskriterien – Deal Evaluation

„The crucial decision is the selection of
men to make decisions."
Frank H. Knight[271]

Interessante Businesspläne werden im nächsten Schritt des Investitionsprozesses eingehend im Rahmen der so genannten Due Diligence[272] geprüft. Ob eine Due Diligence eingeleitet wird, ist nicht zuletzt aus Kostengründen eine wesentliche Entscheidung seitens des Wagniskapitalgebers, da diese Prüfung außerordentlich aufwendig sein kann und vielfach auch externe Experten in den Prozess involviert werden.[273] Die zu evaluierenden Themenbereiche sind vielfältig; sie erstrecken sich vom Geschäftsmodell des kapitalnehmenden Unternehmens selbst über die rechtliche (Legal Due Diligence) und steuerliche (Tax Due Diligence) bis hin zur finanziellen Prüfung (Financial Due Diligence).[274] Auch Fragen der Strategie, der Organisation, des Managements,[275] des Marketings und der Technik können Prüfungsgegenstand werden.[276] Wird die Validität des Geschäftsmodells geprüft, so sind in praxi besonders die Produktseite, der Vertrieb und die interne Organisation der Geschäftsprozesse von Interesse.[277] Im Rahmen der Legal Due Diligence wird der Unternehmer bspw. den Gesellschaftervertrag, arbeitsrechtliche Dokumente und weitere (meist alle) Verträge des Unternehmens vorlegen müssen, während sich Financial und Tax Due Diligence mit früheren Jahresabschlüssen, Steuererklärungen und Steuerbescheiden auseinandersetzen.[278]

Für den Wagniskapitalbereich sind – ganz im Gegensatz zur Prüfung des Managements und der grundsätzlichen Geschäftsidee – Legal, Tax und Financial Due Diligence meist von geringerer Bedeutung. Diese Teilbereiche der Gesamtprüfung sind prinzipiell erst dann sinnvoll evaluierbar, wenn eine gewisse Unternehmenshistorie vorliegt, die analysiert werden und damit auch als Grundlage eventueller Prognosen über den weiteren Geschäftsverlauf dienen kann. Dies ist im Falle eines jungen Unternehmens meist nicht gegeben; es sind i.d.R. nur wenige Verträge geschlossen worden und eine Finanzhistorie ist ebenfalls nicht vorhanden.

---

[271] Vgl. *Knight* 1921, S. 297.

[272] Vgl. *Barthel* 1999a; *Barthel* 1999b; *Nathusius* 2001a, S. 87, sowie *Kollmann/Kuckertz 2003b*, S. 46ff., für einen umfassenden Überblick der Literatur zur Due Diligence.

[273] Vgl. *Nathusius* 2003c, S. 168.

[274] Vgl. *Brauner/Lescher* 2002, S. 325ff.

[275] Zum Vergleich von Managementevaluation durch Wagniskapitalgeber und regulärer personalwirtschaftlicher Entscheidung vgl. *Smart* 1999.

[276] Vgl. *Rockholtz* 2002, S. 196.

[277] Vgl. *Weitnauer/Guth* 2001, S. 270; dort ist auch eine umfangreiche Due Diligence Kontrollliste verfügbar.

[278] Vgl. *Weiss* 2005.

Tabelle 5
Exemplarische Studien zur Investitionsentscheidung von Wagniskapitalgebern und darin überprüfte Investitionskriterien

Studie	*MacMillan et al.* 1985	*Tyebjee/ Bruno* 1984	*Mason/ Stark* 2002	*Wells* 1974	*Muzyka et al.* 1996
Stichprobe	100 Investoren	90 Investitionsentscheidungen	10 Fallstudien	8 Fallstudien	73 Investoren
Worüber wird entschieden?	Investment proposal	n.n.	Businessplan	n.n.	Kriterien allgemein
Gründer-/Teamkriterien					
1. Einsatzbereitschaft	X*		X	X*	
2. Technische Qualifikation		X	X	X*	X
3. Kaufmännische Qualifikation		X*	X		X
4. Risikomanagement	X*				
5. Kommunikationsfähigkeit	X				
6. Detailbeachtung	X				
7. Ähnliche Persönlichkeit wie Investor	X				
8. Marktkenntnis	X*	X*		X*	
9. Führungserfahrung	X*		X		X
10. Track Record	X		X		X
11. Empfehlung aus vertrauenswürdiger Quelle	X	X		X	
12. Eigeninitiative			X		
13. Teamfähigkeit			X		
Produkt-/Servicekriterien				X*	
14. Proprietäres / patentierbares Produkt	X	X			
15. Rohmaterial verfügbar		X			
16. Marktakzeptanz gegeben	X	X	X		
17. Qualität des Produktes			X		
18. Alleinstellungsmerkmale		X	X		X
19. Funktionsfähiger Prototyp liegt vor	X				
20. Produkt ist ein High-Tech-Produkt	X				
21. Schutz vor Veraltung des Produktes		X			
Marktkriterien				X*	
22. Signifikantes Marktwachstum	X	X*	X*		X
23. Marktvolumen		X*	X*		X
24. Unternehmen betritt existierenden Markt	X				X
25. Investor kennt Markt	X				
26. Wenig Wettbewerb	X	X	X*		X
27. Markteintrittsbarrieren		X	X*		X
28. Unternehmen schafft neuen Markt	X				
29. Geringer regulatorischer Rahmern		X			

* In der jeweiligen Studie als zentral für die Investitionsentscheidung ermitteltes Kriterium.

Tabelle 5 (Fortsetzung)
Exemplarische Studien zur Investitionsentscheidung von Wagniskapitalgebern und darin überprüfte Investitionskriterien

Studie	*MacMillan et al.* 1985	*Tyebjee/ Bruno* 1984	*Mason/ Stark* 2002	*Wells* 1974	*Muzyka et al.* 1996
Finanzkriterien		X		X	
30. Faktor 10 in fünf bis zehn Jahren	X*				
31. Einfache Liquidisierbarkeit	X				
32. Keine Folgeinvestitionen notwendig	X				
33. Keine Beteiligung an weiteren Finanzierungsrunden notwendig	X				
34. Kapitalstruktur			X*		
35. Unternehmensrendite		X	X*		X
36. Zeit bis zum Exit					X
37. Zeit bis zum Break-Even					X
Sonstige Kriterien					
38. Nationalität					X
39. Finanzierungsphase					X
40. Strategie/Konzept des Unternehmens			X		
41. Zweckmäßigkeit Ablauforganisation			X		X
42. Exitmöglichkeiten		X	X	X	X
43. Syndizierungsmöglichkeiten					X
44. Konjunkturunabhängigkeit		X			X
45. M & A Potential		X			
46. Investor's Fit			X		X

* In der jeweiligen Studie als zentral für die Investitionsentscheidung ermitteltes Kriterium.

Von akademischer Seite wird der Themenkomplex „Due Diligence" meist über eine Untersuchung der Entscheidungs-/Investitionskriterien von Wagniskapitalgebern angegangen. Dazu liegt eine Reihe von Arbeiten speziell aus dem anglo-amerikanischen Umfeld vor, die allerdings aufgrund der Besonderheiten des Wagniskapitalgeschäftes durchaus Potenzial zur Verallgemeinerung in sich trägt. Die Dominanz der US-Methoden hat zur Folge, dass zwischen einzelnen Ländern i.d.R. lediglich marginale Unterschiede bestehen. Dies ist darauf zurückzuführen, dass sich die weltweit noch relativ jungen Märkte für Wagniskapital an den Praktiken erfahrener Märkte orientieren und erst mit der Zeit eigene Verfahrensweisen entwickeln, die dem jeweiligen institutionellen Umfeld besser angepasst sind.[279]

Tabelle 5 stellt die Ergebnisse einiger exemplarischer Studien zu Investitionskriterien vor. Dabei ist die jeweilige Zuordnung der Kriterien selbstverständlich cum grano salis zu neh-

[279] Vgl. *Zacharakis* 2004.

men; in der Zusammenschau müssen zwangsläufig einige der untersuchten Kriterien verdichtet oder paraphrasiert werden.

Der Wert der Tabelle ist folglich eher in einem Überblick möglicher Investitionskriterien und weniger im direkten Vergleich der einzelnen Studien zu sehen ist. Die empirischen Studien zum Entscheidungsverhalten von Wagniskapitalgebern lassen den Schluss zu, dass sich die Vielzahl möglicher Investitionskriterien auf fünf in der Tabelle wiedergegebene Faktoren verdichten lässt. Dazu zählen Gründer-/Teamkriterien, Produkt-/Servicekriterien, Marktkriterien, Finanzkriterien und die Sammelkategorie der sonstigen Kriterien. Die Kategorie Gründer-/Teamkriterien hat sich im Zuge dieser Untersuchungen als eminent wichtig herauskristallisiert: Die Qualität des Managementteams ist nicht nur unter Wagniskapitalgebern sprichwörtlich; ihre Bedeutung wird auch - zumindest anfänglich – durch empirische Studien bestätigt. So finden *MacMillan et al.*[280] Hinweise darauf, dass fünf der zehn wichtigsten Entscheidungskriterien mit der Erfahrung oder der Persönlichkeit des Unternehmers bzw. Gründers in Verbindung gebracht werden können.

Muzyka et al. zeigen weiterhin,[281] dass europäische Wagniskapitalgeber insbesondere Management-*Team*-Kriterien und nicht Charakteristika des einzelnen Unternehmers als besonders wichtig einstufen. Produkt- und Marktkriterien stellen sich in dieser Studie als lediglich von mittlerer Relevanz heraus, während Kriterien des Fonds und die jeweilige Beteiligungsstruktur eher nachrangig sind. Aus diesen Ergebnissen folgt die kontraintuitive Erkenntnis, dass es aus Unternehmersicht nicht anzuraten ist, sich nur auf diejenigen Investoren zu konzentrieren, die offensichtlich aufgrund von Investitionsphasen- oder Branchenfokus am Geschäftskonzept interessiert sein könnten. Es kann ebenso sinnvoll sein, andere Investorentypen bei der Kapitalsuche mit einzubeziehen. Genauso sehen sich möglicherweise auf Investorenseite die Wagniskapitalgeber einer Konkurrenz ausgesetzt, die nicht sofort erkennbar ist.

Die Bedeutung der Managementqualität geht mit der Schwierigkeit einher, diese zu bewerten. Eine Ursache dieser Problematik ist der Umstand, dass der Investor den Großteil der Fähigkeiten des Unternehmers nicht direkt beobachten kann. Daher ist niemals mit letzter Sicherheit entscheidbar, ob der Unternehmer bereit ist, das Risiko einer Unternehmensgründung zu tragen, weil er vom außerordentlichen Erfolg des Projekts überzeugt ist, oder weil er – bspw. aufgrund von Unfähigkeit oder mangelnder Qualifikation – nur sehr geringen Opportunitäts-

---

[280] Vgl. *MacMillan/Siegel/Narasimha* 1985, S. 123. *MacMillan et al.'s* Kriterien sind auch für Deutschland in *Brettel* 2002 durch eine Wiederholungsstudie weitestgehend bestätigt worden.

[281] Vgl. *Muzyka/Birley/Leleux* 1996.

kosten ausgesetzt ist.[282] Vor diesem Hintergrund ist die Forderung nach einem bislang fehlenden wissenschaftlich begründeten Management-Evaluationsinstrument für Wagniskapitalgeber mehr als verständlich.[283]

Kriterien können dahingehend nach ihrer relativen Wichtigkeit geordnet werden, ob sie sich jeweils in Bezug zu einer spezifischen Risiko- oder Chancengruppe setzen lassen. *Tyebjee* und *Bruno*[284] zeigen, dass bspw. die Attraktivität des Marktes und die Produktdifferenzierung als Treiber des erwarteten Umsatzes gesehen werden können (Chancenpotential). Kompetenzen des Managements hingegen und dessen Fähigkeit, dem Druck aus der Unternehmensumwelt standzuhalten, beinflussen lediglich das wahrgenommene Risiko der Unternehmensgründung und führen also kein Chancenpotenzial aus Sicht des Wagniskapitalgebers mit sich. Ein Faktor wie das Potenzial des Exits stellt sich in dieser Studie als unabhängig sowohl von Risiko als auch von eventuellen Chancen heraus. Damit ist evident, dass nicht alle Kriterien vollkommen gleichberechtigt nebeneinander gestellt werden dürfen. So unterscheidet bspw. *Nathusius* konsequenterweise zwischen Kernkriterien und ergänzenden Kriterien.[285] Nach dieser Konzeption zählen Management, Markt, Produkte und Technologien, Unternehmensprozesse und die potenzielle Rendite der Beteiligung zu den Kernkriterien, während sich ergänzende – und damit nachrangige – Kriterien bspw. mit dem internationalen Potenzial des Unternehmens finden, seiner USP, einer möglichen Absicherung des Geschäftskonzeptes durch Schutzrechte, eventuellen Portfoliosynergien oder eben attraktiven Desinvestitionsmöglichkeiten.

Die Zusammenstellung der jeweiligen Kriterien scheint im Hinblick auf die Investitionsentscheidung im Zeitablauf allerdings nicht stabil; so steht zu vermuten, dass sich diese Kriterien je nach Marktsituation oder nach institutionellem Erfahrungsgrad des Wagniskapitalgebers verändern.[286] Zu dieser These finden sich auch Hinweise in qualitativ-empirischen Arbeiten, die allerdings noch einer weitergehenden großzahlig-empirischen Erhärtung bedürfen.[287] Weiterhin kann mit einigem Recht davon ausgegangen werden, dass zwar nicht alle, jedoch einige Kriterien branchenabhängig sind – so spielt bspw. das Kriterium der „wissenschaftlichen Qualifikation" der Gründer naturgemäß bei der Finanzierung von Biotechnologie-

[282] Vgl. *Gifford* 2003, S. 48.
[283] Vgl. *Smart* 1999.
[284] Vgl. *Tyebjee/Bruno* 1984, S. 1061.
[285] Vgl. *Nathusius* 2001a, S. 81.
[286] Vgl. *Brettel* 2002, S. 321.
[287] Vgl. *Kollmann/Kuckertz* 2004.

Unternehmen eine entscheidendere Rolle als in anderen Gründungssituationen.[288] Zusätzlich existieren neben der Menge der Positiv-Kriterien auch eine Reihe von Negativ-Kriterien,[289] welche die Investitionsentscheidung ebenfalls beeinflussen und im Extremfall zum Abbruch des Wagniskapitalprozesses führen können. So sind Geschäftsmodelle, die auf den Preis des Produktes oder der Dienstleistung als Hauptverkaufsargument aufbauen, kaum finanzierbar, genauso wie dies der Fall ist bei Geschäftsmodellen, die preissensitive Märkte adressieren.[290] Damit sei keinerlei Aussage über die Viabilität des jeweiligen Geschäftsmodells getroffen; Wagniskapitalgeber sind sich lediglich des Umstands bewusst, dass erfolgreicher Wettbewerb über den Preis das Erreichen der Kostenführerschaft erfordert.[291] Fatalerweise ist diese Position innerhalb einer Branche immer nur von einem Unternehmen erreichbar, während jedoch i.d.R. mehrere ausreichende Nischen existieren. Investitionen in Kostenführerschaftsmodelle grenzen folglich das Chancenpotenzial einer Beteiligung an jungen Unternehmen unnötig ein.

Ausgehend vom je unterschiedlichen Umgang mit den Investitionskriterien lassen sich verschiedene Typen von Wagniskapitalgebern unterscheiden, wobei allerdings die Kategorien von Studie zu Studie divergieren. Eine mögliche Systematik[292] teilt Wagniskapitalgeber ein in diejenigen, die Risiken außerordentlich sorgfältig evaluieren; diejenigen, die besonderen Wert auf einen einfach zu erreichenden Exit legen (und damit Liquidität des Investments über potenzielle Rendite stellen) sowie diejenigen, die sich möglichst viele Optionen offen halten wollen und derart renditeträchtige Chancen zu generieren suchen. Eine alternative Clusteranalyse ergibt ebenfalls drei Gruppen, die sich allerdings aufgrund des internationalen Charakters der Studie von der ersten Klassifikation abheben: Danach existieren primär national orientierte Investoren neben hauptsächlich vertragsorientierten und managementorientierten Investoren.[293]

Die Arbeiten zur Entscheidungsfindung von Wagniskapitalgebern – insbesondere die ersten Studien aus den 1980er und frühen 1990er Jahren – sind jedoch nicht von Kritik verschont geblieben. Dabei sind besonders Studien, die sich zur Ermittlung von Entscheidungskriterien retrospektiver Befragungen, postalisch versandter Fragebögen (anstelle von Beobachtung tatsächlicher Entscheidungsprozesse) und direkter Berichterstattung von Entscheidern bedienen,

---

[288] Vgl. *Scheibhenne/Ising/Schiereck* 2005, S. 230.
[289] Vgl. *Roberts* 1991, S. 17 für einen Überblick.
[290] Vgl. *Roberts* 1991, S. 14ff.
[291] Vgl. *Porter* 1998.
[292] Vgl. *MacMillan/Siegel/Narasimha* 1985, S. 127f.
[293] Vgl. *Muzyka/Birley/Leleux* 1996, S. 281.

in weiten Teilen skeptisch zu sehen.[294] Die verwendeten Methoden führen dazu, dass tendenziell eher berichtet wird, wie Wagniskapitalgeber *glauben* zu entscheiden und nicht wie tatsächlich entschieden wird. *Shepherd* weist so mittels einer Conjoint-Analyse nach, dass ein erheblicher Unterschied zwischen berichteten und verwendeten Kriterien bestehen kann. Danach tendieren Wagnisfinanzierer dazu, in der täglichen Anwendung unbedeutende Kriterien in direkten Befragungen überzugewichten, während entscheidende Kriterien zur Einschätzung von Profitabilität und Überlebensfähigkeit eines Gründungsunternehmens bei Befragungen eher untergewichtet werden.[295] Der Investitionsprozess ist folglich stark von tazitem Wissen der Entscheider geprägt, das nur schwer explizit gemacht werden kann, da jede Investitionsentscheidung eine visionäre Komponente beinhaltet.[296] Letztlich kann auch nur bedingt davon ausgegangen werden, dass die Analyse der Entscheidungskriterien Hinweise auf ein erfolgreiches Management des Auswahlprozesses gibt. So können die Faktoren, die eine Wagniskapitalinvestition faktisch erfolgreich machen, stark von den Entscheidungskriterien divergieren.[297] Damit sind diese Ergebnisse tendenziell eher für Unternehmer interessant, die den Wagniskapitalprozess taktisch angehen wollen und weniger für Wagniskapitalgeber, die nach geeigneten Auswahlkriterien suchen.

2.5.1.5 Unternehmensbewertung und Vertragsgestaltung – Deal Structuring

> "Highly uncertain environments do not lend themselves to conventional financial valuation methods."
>
> *Mike Wright*, *Harry J. Sapienza* und *Lowell W. Busenitz*[298]

Die Investitionskriterien von Wagniskapitalgebern sind eng verbunden mit der Bewertung des potenziellen Beteiligungsunternehmens und der konkreten Vertragsgestaltung. D.h. obwohl in Prozessmodellen (vgl. Abschnitt 2.5) i.d.R. die Phase der Evaluation von der Phase der Vertraggestaltung getrennt betrachtet wird, finden sich bspw. einige Aspekte aus der Vertragsphase in den Untersuchungen zu den Investitionskriterien wieder (vgl. Tabelle 5). Die

[294] Vgl. *Shepherd* 1999a, S. 622.
[295] Vgl. *Shepherd* 1997.
[296] Vgl. *Burg/Kenney* 2000, S. 1152.
[297] Bspw. zeigen *Roure* und *Keely* (1990), dass insbesondere vier Bestimmungsfaktoren die Internal Rate of Return bestimmen. Dazu zählen die Vollständigkeit des Gründerteams, die technische Überlegenheit des Produktes, die erwartete Zeit zur Produktentwicklung und die Anzahl der Kunden. Während die ersten beiden Faktoren in linearem Zusammenhang mit dem Erfolgsmaß stehen, findet sich bei den beiden letzten Faktoren ein umgekehrt U-förmiger Zusammenhang mit einem Optimum von 12 Monaten für die Entwicklungszeit und einer optimalen Kundenzahl von 60.
[298] Vgl. *Wright/Sapienza/Busenitz* 2003, S. XXXIII.

Trennung der Phasen ist folglich zu einem gewissen Maße artifiziell; sie kann nur aufrecht erhalten werden, wenn davon ausgegangen wird, dass Wagniskapitalgeber erst das Unternehmen selbst und dann in einem zweiten Schritt die potenzielle Beteiligungsstrukturierung evaluieren. Eine solche Herangehensweise muss als kontrafaktisch gewertet werden – sie hat jedoch als theoretische Hilfskonstruktion einige Berechtigung.

Tabelle 6
Methoden der Unternehmensbewertung im Kontext der Wagniskapitalfinanzierung[299]

Methode	Vorteile	Nachteile
Substanzwert (SW)	– Einfach – Exakt bestimmbar – Daten im Jahresabschluss gegeben	– Vergangenheitsbezogen – Immaterielles Vermögen wird ignoriert
Ertragswert (EW)	– Einfach – Keine Detailbudgets für Folgejahre notwendig	– Statische Betrachtungsweise vernachlässigt dynamisches Umfeld – Zunehmende zukünftige Unsicherheit wird nicht berücksichtigt
Mittelwerte aus SW & EW	– Einfach – Breite Akzeptanz in der Praxis	– Willkürliche Gewichtungen von Substanz- und Ertragswert – Immaterielles Vermögen nur schwer bewertbar
Discounted Cash Flow (DCF)	– Gute Argumentations- und Entscheidungsgrundlage – Theoretisch fundiert (Portfoliotheorie) – Zukunftsbezogenheit erfordert Beschäftigung mit Zukunftsszenarien – Charakteristika von Gründungsunternehmen können berücksichtigt werden	– Abhängig von subjektiven Erwartungen und Annahmen – Diskontierungsrate schwierig zu bestimmen (fehlende Beta-Faktoren) – Sehr sensitiv hinsichtlich Terminal Value – Komplexe Berechnung – Falscher Eindruck von Genauigkeit – Ermittlung und Begründung der Wahrscheinlichkeitsfaktoren schwierig – Keine Berücksichtigung von Optionen
Ausschüttungen an den Investor	– Einzig theoretisch richtige Methode (Investorenperspektive) – Unternehmensbewertung als Investitionsrechnungsverfahren	– Für Praxisanwendung zu komplex
Venture Capital (VC)[300]	– Einfach – Breite Akzeptanz in der Praxis – Schnell in der Anwendung – Berücksichtigt mehrere eventuelle Finanzierungsrunden	– Stützt sich auf andere Methoden – Stark simplifizierend

[299] In Anlehnung an *Wipfli* 2001, S. 158f.

[300] Während die Venture Capital Methode der Bewertung lediglich ein Best-Case-Szenario zugrundelegt, hat die konzeptionell ähnliche First-Chicago-Methode den Vorteil, auch negative Unternehmensentwicklungen explizit berücksichtigen zu können. Vgl. *Achleitner/Nathusius* 2005.

Unternehmensbewertung und Vertragsgestaltung werden durch die Ungleichheit in der Beziehung von Investor zu Unternehmer bestimmt. Tendenziell ist der Unternehmer besser informiert über das tatsächliche Potenzial des Unternehmens;[301] diesen Nachteil korrigieren Wagniskapitalgeber über die konkrete Bewertung und absichernde Klauseln im Beteiligungsvertrag. In der Konsequenz entstehen verhältnismäßig strikte Verträge und Bewertungen zu vergleichsweise unattraktiven Konditionen,[302] bei denen es auf den ersten Hinblick nicht einsehbar ist, warum Unternehmer dennoch auf diese eingehen (die anfänglichen Akzeptanzschwierigkeiten von Wagniskapital im deutschen Markt verdeutlichen diese Problematik).

Solche Vertragsgestaltungen sind jedoch zwingend notwendig, da andernfalls mit einem Marktversagen im Bereich der Gründungsfinanzierung derart zu rechnen ist, dass innovative Projekte mit einem positiven Barwert faktisch nicht mehr finanziert werden können. Weiterhin stellt Wagniskapital bei limitierten Unternehmerressourcen eine Finanzierungsoption dar, die auch für den Unternehmer mit einem Aufwärtspotenzial einhergeht, das ihm keine andere Finanzierungsform bieten kann.[303]

Primärer Gegenstand der Beteiligungsstrukturierung ist die Unternehmensbewertung. Dazu findet sich in der Literatur[304] eine Reihe von Verfahren, deren Bandbreite von der Bewertung der Unternehmenssubstanz (Substanzwertverfahren) bis hin zur Diskontierung verschiedener zukünftiger Überschussgrößen auf einen derzeitigen Barwert[305] reicht. Tabelle 6 gibt einen Überblick einiger ausgewählter Bewertungsmethodiken im Hinblick auf ihre Eignung für die Bewertung von potenziellen Beteiligungsunternehmen wieder. Interessant ist in diesem Zusammenhang der offensichtliche Widerspruch zwischen betriebswirtschaftlich „richtigen" Verfahren der Unternehmenswertbestimmung und faktisch eingesetzten Methoden.

Während aus akademischer Perspektive Discounted-Cashflow-Methoden (DCF-Methoden) i.d.R. als einzig angemessene Verfahrensweisen betrachtet werden, liegt der praktische Fokus auf der Verwendung von Multiplikator-Verfahren.[306] Dabei werden Kennziffern des zu bewertenden Unternehmens mit einem aus der Erfahrung oder aus Marktzahlen abgeleiteten Multiplikator zur Wertermittlung verwendet. So legt bspw. die British Venture Capital Asso-

---

301 Vgl. *Myers/Majluf* 1984, S. 187ff.

302 Dies zumindest unter „normalen" Marktverhältnissen; die euphorische Phase gegen Ende der 1990er Jahre stellt sicherlich eine Ausnahme hiervon dar.

303 Vgl. *Zider* 1998, S. 137.

304 Vgl. für allgemeine betriebwirtschaftliche Herangehensweisen bspw. *Drukarczyk* 2001 und *Hielscher* 1996; für einen kurzen Überblick *Coenenberg/Schultze* 2002 sowie *Moser* 2002. Im Kontext der Bewertung von Wagniskapitalbeteiligungen besonders *Achleitner/Nathusius* 2004 und ausführlicher *Wipfli* 2001.

305 Vgl. *Hielscher* 1996, S. 10ff.

306 Vgl. *Wright/Robbie* 1998, S. 540 sowie die Fallstudien in *Kollmann/Kuckertz* 2003b.

ciation (BVCA) in ihren „Reporting and Valuation Guidelines" ihren Mitgliedern nahe,[307] DCF-Verfahren eher als nachrangige oder prüfende Bewertungsweisen zu verwenden, während Multiple-Verfahren die größte Bedeutung zugesprochen wird. Dieser Hinweis sollte jedoch nicht Grundlage einer Kritik der Praxis sein. Vielmehr ist davon auszugehen, dass die wenig elaborierten Bewertungsverfahren ein Indiz dafür sind, dass Wagniskapitalgeber für ihre Investoren Wert eher durch die Auswahl von geeigneten Geschäftsmodellen und deren Unterstützung schaffen[308] als durch die Selektion „günstiger" oder unterbewerteter Unternehmen, wie dies in anderen Asset-Klassen der Fall sein mag. Zusätzlich wird die Anwendung von DCF-Verfahren durch die Schwierigkeit der Prognose zukünftiger Zahlungsströme eines jungen Unternehmens nahezu unmöglich gemacht.

Das Ermitteln eines von beiden Parteien akzeptierten Unternehmenswertes stellt jedoch nur eine Facette der Beteiligungsstrukturierung dar. Mindestens genauso bedeutend ist die Verteilung von Kontroll- und Informationsrechten, die über die jeweiligen gesetzlich vorgeschriebenen Rechte hinausgehen. Da die Beziehung von Investor und Unternehmer als eine klassische Agency-Beziehung[309] betrachtet werden kann, ist es meist Leitidee der Vertragsgestaltung aus Perspektive des Wagniskapitalgebers, Kontrolle über das Verhalten des Unternehmers aufzubauen. Normalerweise gehen Wagniskapitalgeber direkte Beteiligungen am Unternehmen ein, haben darüber hinaus aber auch die Möglichkeit, in Form von typischen und atypischen stillen Beteiligungen zu investieren.[310] Bei einer direkten Beteiligung erwirbt der Investor – meist im Zuge einer Kapitalerhöhung – Anteile am Unternehmen. Meist handelt es sich hierbei um Minderheitsbeteiligungen (so halten nordamerikanische Wagniskapitalgeber gewöhnlich rund 30% am Unternehmen),[311] deren geringer Einfluss allerdings durch die konkrete Vertragsgestaltung relativiert wird. Deutsche Wagniskapitalgeber streben einen Ausstieg aus direkten Beteiligungen innerhalb eines Zeitraums von vier bis sieben Jahren an; dies deckt sich in etwa mit den bekannten Zeithorizonten von US-Investoren.[312] Im Durchschnitt werden dort Beteiligungen 4,9 Jahre gehalten, wobei insbesondere die sich positiv entwickelnden Investitionen signifikant länger im Portfolio von Wagniskapitalgebern verbleiben.[313]

---

[307] Vgl. *British Venture Capital Association (BVCA)* 2003, S. 40.
[308] Vgl. *Akerlof* 2000.
[309] Vgl. *Kaplan/Strömberg* 2003b.
[310] Vgl. *Weiss* 2005.
[311] Vgl. *Amit/Brander/Zott* 1998, S. 455.
[312] Vgl. *Gorman/Sahlman* 1989, S. 233.
[313] Vgl. *Sahlman* 1990, S. 487.

Ähnlich wie die direkte Beteiligung führt die Aufnahme eines atypisch stillen Gesellschafters[314] genauso zur Bildung von bilanziellem Eigenkapital. Eine atypisch stille Beteiligung ist gekennzeichnet durch Mitunternehmerinitiative und -risiko. Mitunternehmerinitiative wird immer dann angenommen, wenn der Gesellschafter zumindest Informations- und Kontrollrechte entsprechend der Stellung eines Kommanditisten ausüben kann. Mitunternehmerrisiko hingegen ist gegeben, wenn ein stiller Gesellschafter nicht nur am laufenden Gewinn und Verlust der Unternehmung, sondern auch schuldrechtlich an den stillen Reserven und am Geschäftswert beteiligt ist. Streben beide Parteien während der Beteiligungsverhandlung ein weitgehend frei vereinbartes Gesellschaftsverhältnis an, so ist die typische stille Beteiligung eine weitere mögliche Variante. Diese Form des Engagements kann anonym bleiben; der Wagniskapitalgeber wird in der Öffentlichkeit folglich nicht als Investor wahrgenommen. Keine Form der stillen Beteiligung darf jedoch als Substitut für echtes Eigenkapital gewertet werden. Die stark eingeschränkten Verfügungsrechte der Kapitalgeber halten diese vielfach davon ab, derartige Engagements einzugehen.[315]

Ebenso steht in der Beteiligungsstrukturierung die Frage der Syndizierung,[316] also des gleichzeitigen Investierens mit anderen Wagniskapitalgebern zur Klärung an. Syndizierung kann informationelle Unsicherheiten reduzieren. Dies geschieht einerseits über die gemeinsame Evaluation von Investitionsvorschlägen, die in der Folge zu besseren Selektionsergebnissen führt. Informationelle Unsicherheiten werden aber auch dadurch abgebaut, dass Investoren aus früheren Finanzierungsrunden in folgenden Runden weiter investiert bleiben, um dadurch Late-Stage-Investoren zu signalisieren, dass eine Investition sinnvoll ist.[317] Darüber hinaus zeigt sich,[318] dass Syndizierung ebenfalls signifikant zur Wertsteigerung von Beteiligungen beiträgt; d.h. die unterschiedlichen Kompetenzen einer Vielzahl von Investoren tragen dazu bei, dem Beteiligungsunternehmen einen Wettbewerbsvorteil zu verschaffen. Gleichzeitig werden durch gemeinsames Investieren auch mehr Investitionen bei größerer Diversifizierung[319] und Risikostreuung möglich.

Die konkrete Ausgestaltung des Vertragswerkes einer Wagniskapitalfinanzierung beinhaltet eine Reihe möglicher Vertragsklauseln (so genannte Covenants). Während die Ratio hinter vielen Regelungen stark durch US-amerikanische Verhältnisse bestimmt ist – so bspw. durch

[314] Vgl. *Breuninger/Krüger* 2004, S. 90ff.
[315] Vgl. *Gerke/Bank* 1999, S. 12.
[316] Vgl. *Lerner* 1994, S. 16ff.
[317] Vgl. *Admati/Pfleiderer* 1994.
[318] Vgl. *Brander/Amit/Antweiler* 2002, S. 449ff.
[319] Für die Anwendung der Portfoliotheorie auf den Themenbereich der Wagniskapitalfinanzierung vgl. exemplarisch *Lossen* 2004 sowie Abschnitt 2.3.

die vielen Anwendungen der Agency-Theorie auf die Wagniskapitalfinanzierung – erlauben es jedoch die rechtlichen Rahmenbedingungen bspw. in Deutschland nicht, Vertragswerke unverändert zu übertragen. Üblicherweise besteht das Gesamtvertragswerk einer Wagniskapitalfinanzierung in Deutschland aus der Satzung und den schuldrechtlichen Nebenabreden in Form des Beteiligungsvertrages und der Gesellschaftervereinbarung.

Zu den wichtigen Bestimmungen der Gesellschaftervereinbarung zählen Mitverwaltungsrechte, Veräußerungsbeschränkungen, Vesting-Regeln, einseitige Bezugsrechte und Exitklauseln.[320] Die Mitverwaltungsrechte spezifizieren dabei all diejenigen Maßnahmen, die zu ihrer Umsetzung der Zustimmung des Investors bedürfen, während Veräußerungsbeschränkungen sicherstellen sollen, dass die personelle Struktur des Unternehmens auf absehbare Zeit erhalten bleibt. In eine ähnliche Richtung zielen Vesting-Regelungen. Diese stellen die Mitarbeit wichtiger Personen im Gründerteam sicher. Danach geht das Eigentum an vertraglich zugesicherten Unternehmensteilen erst nach einer Übergangsfrist auf den Gründer über, was zur Folge hat, dass vorzeitiges Ausscheiden weitgehend verhindert wird. Zieht sich dennoch eine wichtige Person aus dem Unternehmen unerwartet zurück, so sind durch die Vesting-Regelungen immer noch ausreichend Anteile vorhanden, um neu hinzukommende Teammitglieder zu incentivieren.[321] Einseitige Bezugsrechte schließlich können beiden Vertragsparteien gewährt werden und dienen dazu, die außerordentliche Unsicherheit der Unternehmensbewertung in frühen Phasen der Unternehmensentwicklung zu mildern. D.h. die Inhaber eines einseitigen Bezugsrechtes können gegebenenfalls eine Kapitalerhöhung zu ihren Gunsten verlange, wodurch sich die Beteiligungsquote verschiebt und vorangegangene Fehlbewertungen relativiert werden. Vereinbarungen, die es dem Wagniskapitalgeber ermöglichen, den Verkauf der Anteile zu einem ihm geeignet erscheinenden Zeitpunkt einzuleiten, finden sich schließlich mit den Exitklauseln der Gesellschaftervereinbarung.

Gegenüber der Gesellschaftervereinbarung kann der Beteiligungsvertrag[322] Absprachen zur Meilensteinfinanzierung, zur Gewährleistung und auch Kostentragungsregeln beinhalten. Die Kapitalzufuhr wird im Beteiligungsvertrag i.d.R. gestaffelt vereinbart, sodass dem Unternehmen neues Kapital erst nach dem Erreichen bestimmter Meilensteine zugeführt wird. Diese so genannte Phasenfinanzierung (auch Staging)[323] hat zur Folge, dass es dem Investor möglich ist, bei negativen Unternehmensentwicklungen gegenzusteuern und das Projekt gegebenen-

---

[320] Vgl. *Winkler* 2004, S. 106ff.
[321] Vgl. *Lerner/Hardymon* 2002, S. 270f.
[322] Vgl. *Winkler* 2004, S. 238ff.
[323] Vgl. *Gompers* 1995 sowie für eine empirische Untersuchung aus der Perspektive der finanzierten Unternehmen *Brachtendorf* 2004.

falls abzubrechen. Darüber hinaus kontrolliert die Phasenfinanzierung potenzielle Fehlanreize der Wagniskapitalfinanzierung.[324] Unternehmer könnten versucht sein, auch unwirtschaftliche Projekte fortzuführen, da sie selbst nur wenige, eigene Mittel eingebracht haben. Über Garantieversprechen (Gewährleistung) wird weiterhin bspw. sichergestellt, dass die Einzahlung der Stammeinlagen vollständig erfolgt oder auch dass bestimmte gewerbliche Schutzrechte vorliegen. Kostentragungsregeln als letzte zentrale Komponente des Beteiligungsvertrages bestimmen schließlich, wie die Transaktionskosten der Wagniskapitalfinanzierung unter den Vertragsparteien verteilt werden. Mit Abschluss dieser verschiedenen Verträge kann die Vor-Investment-Phase als beendet betrachtet werden und der Übergang in die Post-Investment-Phase wird vollzogen.

2.5.2 Die Post-Investment-Phase

Im Hinblick auf das generelle Erkenntnisinteresse dieser Arbeit, das nach den Charakteristika der Selektions- und Entscheidungsprozesse von Wagniskapitalgebern fragt (vgl. Abschnitt 1.4), kann die Post-Investment-Phase nicht Schwerpunkt[325] dieser Arbeit sein. Sie soll dennoch in Grundzügen angerissen werden, um ein basales Verständnis über den Wagniskapitalprozess als Ganzes zu schaffen. Subjektiv beginnt die Post-Investment-Phase, wenn sich die beiden Vertragsparteien zur Zusammenarbeit entschließen,[326] objektiv kann dies festgemacht werden am Abschluss des Beteiligungsvertrages. Aufgrund des extrem spezifischen Wissens von Investor und Unternehmer muss eine funktionierende Zusammenarbeit in dieser Phase als außerordentlich erfolgskritisch gewertet werden. Keiner von beiden Vertragspartnern kann im Falle einer fehlgeschlagenen Zusammenarbeit *zügig* über den Markt ersetzt werden; ein Misserfolg gefährdet folglich die bislang erbrachten Aufwendungen beider Seiten.

Wagniskapitalgeber verwenden daher mehr als die Hälfte[327] ihrer Zeit (ca. 60%), die sie Portfoliounternehmen einräumen, in der Phase nach dem Vertragsabschluss. Es wäre dabei zu kurz gegriffen, wenn man diesen Abschnitt der Zusammenarbeit lediglich aus Perspektive der Agency-Theorie betrachtete und nur auf die Kontrollaktivitäten von Investoren in der Rolle von Prinzipalen einginge. *Cable* und *Shane* zeigen,[328] dass Wagniskapitalgeber aus theoretischer Perspektive sowohl die Rolle des Prinzipals als auch die des Agenten einnehmen kön-

---

[324] Vgl. *Bigus* 2003a sowie *Bigus* 2003b.
[325] Vgl. *Welpe* 2004 für einen Überblick hinsichtlich der Post-Investment-Phase.
[326] Vgl. *Cable/Shane* 1997, S. 143.
[327] Vgl. *Gorman/Sahlman* 1989, S. 235.
[328] Vgl. *Cable/Shane* 1997, S. 142ff.

nen. Im Gegensatz zu einem großen Teil der (einseitigen) Literatur erweitern sie das Wissen über die Post-Investment-Phase, indem sie die Beziehung Unternehmer/Investor spieltheoretisch als ein Gefangenendilemma[329] modellieren. Die Ursachen für kurzfristig orientiertes Handeln, das den Gesamterfolg der Zusammenarbeit gefährdet, werden dabei in Opportunitätskosten und Informationsasymmetrien gesehen. Interessant sind gerade die kurzfristig defekten Verhaltensweisen von Wagniskapitalgebern, welche das Kooperationsziel konterkarieren: Wagniskapitalgeber könnten zu wenig investieren, um ihr Portfolio breiter zu streuen, sie könnten vorschnell desinvestieren, um ihren Fondsinvestoren gegenüber schnell Erfolge vorweisen zu können; außerdem könnten sie letztlich dem einzelnen Investment zuwenig Engagement gegenüber aufbringen – wiederum um ihr Portfolio breiter streuen zu können. *Cable* und *Shane* stellen aber auch ausdrücklich diejenigen Aspekte heraus, die dafür verantwortlich sind, dass Kooperation überhaupt zustande kommen kann. Zu diesen Faktoren zählen der zeitliche Druck, der erwartete Nutzen aus der Kooperation, die von beiden Parteien bereitgestellten Informationen,[330] die Ähnlichkeit zwischen den beteiligten Personen und das Verhalten der am Investitionsprozess beteiligten Personen.

Erkenntnisse zur Bedeutung der Post-Investment-Phase liegen auch aus dem deutschsprachigen Raum vor – so hat sich gezeigt, dass gerade die Zusammenarbeit von Wagniskapitalgebern und Unternehmern über die Gremienarbeit hinaus bspw. durch zusätzliche Beratungsaktivitäten einen positiven Einfluss auf die Rendite der einzelnen Beteiligung haben kann.[331] Funktioniert die Zusammenarbeit, so erbringen Wagniskapitalgeber in der Post-Investment-Phase üblicherweise zwei Arten von Leistungen. Sie sichern die Beteiligung durch Kontrolle ab und schaffen gleichzeitig Wert durch Unterstützung des Managements.

2.5.2.1 Sicherung der Beteiligung durch Kontrolle – Monitoring

Die Methoden, Institutionen und Prozesse, mittels derer Kapitalgeber eines Unternehmens versuchen sicherzustellen, dass ihre Beteiligungen eine angemessene Rendite erreichen, lassen sich unter dem Stichwort Corporate Governance[332] subsumieren. Ursprünglich schwerpunktmäßig im Zusammenhang mit börsennotierten Aktiengesellschaften diskutiert, erstreckt

---

[329] Vgl. *Axelrod* 1984.

[330] Vgl. *Kollmann* 2005a. Der Abbau des Wissensvorsprungs seitens des Unternehmers ist ein prägender Aspekt der Zusammenarbeit, weshalb Wagniskapitalgeber auch in der Post-Investment-Phase besonders umfangreiche Informationsbedürfnisse haben. Je besser diese bedient werden, desto erfolgreicher entwickelt sich tendenziell die Beteiligung. Vgl. *Sapienza* 1992.

[331] Vgl. *Schefczyk* 1999, S. 1141.

[332] Vgl. *Shleifer/Vishny* 1997.

sich die Corporate Governance-Literatur inzwischen auch auf die besondere Situation[333] junger Unternehmen. Um dem Konfliktpotenzial zwischen Eignern und Managern etablierter Unternehmen entgegenzutreten, sind zahlreiche Methoden entwickelt worden. Dieses Konfliktpotenzial reduziert sich jedoch zu einem gewissen Teil, wenn die Situation nicht börsennotierter junger Unternehmen betrachtet wird, da der Gründer i.d.R. immer noch mit einem signifikanten Anteil am Unternehmen beteiligt ist. Die Zieldivergenzen zwischen Wagniskapitalgeber und Unternehmer sind folglich bei weitem nicht so eklatant wie im Falle von Unternehmungen mit angestellten Managern und einem großen Aktionärsstamm.[334] Dennoch müssen diese potenziellen Probleme durch den Wagniskapitalgeber in der Post-Investment-Phase angegangen werden.

Wagniskapitalgeber erreichen die angestrebte Kontrolle primär über das Einnehmen von Sitzen im Aufsichtsrat bzw. Beirat des Unternehmens.[335] Die Aufgaben des Aufsichtsrates sind nach §§ 111, 84, 171 AktG festgeschrieben und beinhalten die Überwachung der Geschäftsführung, die Bestellung und Anstellung des Vorstandes, die Vergabe und Konkretisierung des Prüfungsauftrages sowie die Prüfung bzw. Feststellung des Jahresabschlusses, des Lageberichts und der Gewinnverwendung. Wird strikt zwischen dem Management von Entscheidungen und der Kontrolle von Entscheidungen unterschieden, so ist es evident, das die Tätigkeit des Wagniskapitalgebers im Aufsichtsrat primär der Kontrolle[336] der Geschäftsführung dient, wohingegen es dem Beirat eher obliegt, das Unternehmen in Fragen der Unternehmensführung zu beraten.[337]

Negative Kontrollergebnisse können zwei grundsätzliche Arten von Konsequenzen nach sich ziehen.[338] Entstehen über den ursprünglich ermittelten Kapitalbedarf hinaus weitere Kapitalbedürfnisse, so haben diese unweigerlich eine Verwässerung des Gründeranteils zur Folge. Diese Verwässerung wird der Gründer vermeiden wollen. Darüber hinaus sorgt die übliche Phasenfinanzierung für die wirksame Drohung des jederzeit möglichen Abbruchs des Gründungsprojektes. Im Extremfall können Gründer auch jeglichen Einfluss auf die weitere Unternehmensentwicklung verlieren. Üblicherweise wird in den Vertragsverhandlungen dem Wagniskapitalgeber das Recht eingeräumt, das Top-Management des Unternehmens bei Ein-

333 Vgl. *Bassen* 2002 sowie *Talaulicar/Grundei/Werder* 2001.
334 Vgl. *Bassen* 2002, S. 151.
335 Vgl. *Wright/Robbie* 1998, S. 547.
336 Vgl. *Williamson* 1988, S. 571.
337 Vgl. *Weitnauer/Guth* 2001, S. 283.
338 Vgl. *Sahlman* 1990, S. 507.

tritt bestimmter negativer Ereignisse in seinem Sinne auszutauschen.[339] Während derartige Sanktionen in Deutschland noch verhältnismäßig wenig verbreitet scheinen, hat der durchschnittliche US-amerikanische Wagniskapitalgeber im Laufe seiner Karriere bereits dreimal den Austausch des CEOs eines Portfoliounternehmens eingeleitet.[340] Allerdings zeigen auch deutsche Studien, dass die Fluktuation des Managements in Beteiligungsunternehmen mit dem Unternehmenserfolg korreliert.[341]

2.5.2.2 Entwicklung der Beteiligung durch Managementunterstützung – Value Adding

Jeglicher Vertrag ist notwendigerweise unvollständig – deshalb können auch die in der Beteiligungsstrukturierungsphase vereinbarten Verträge niemals für sämtliche Imponderabilien des Marktes vorsorgen. Wagniskapitalgeber engagieren sich daher aktiv in der Entwicklung ihrer Beteiligungen, um so Werte zu schaffen. Die Differenz von Kontrolle und Managementunterstützung ist jedoch fließend; an dieser Stelle ist von synergetischen Effekten auszugehen. So können als Nebenprodukt des aktiven Engagements im Beteiligungsunternehmen durchaus auch diejenigen Informationen anfallen, die nutzbringend für die Überwachung des Unternehmers sind.[342] Üblicherweise agiert der Wagniskapitalgeber als „Resonanzboden"[343] für die Pläne und Vorhaben des Unternehmers; im Zuge derartiger Beratungstätigkeiten wird i.d.R. das meiste Engagement erbracht. Wagniskapital ist folglich in der Praxis auch unter dem Begriff des „Smart Money" bekannt – die Begriffswahl deutet an, dass über die rein monetäre Leistung des Investors hinaus weitere Ressourcen und Kompetenzen für die Beteiligungsunternehmen bereitgestellt werden, welche den Erfolg sichern helfen. Diese Kompetenzen sind für Unternehmer nicht nur nach erfolgtem Abschluss einer Beteiligung relevant; es kann mit einigem Recht davon ausgegangen werden, dass geprüfte Unternehmen bereits von einer durchgeführten Due Diligence unabhängig vom Ausgang profitieren können. Selbst negative Prüfungsergebnisse können einen hohen Informationsgehalt für das evaluierte Unternehmen haben.[344] Allerdings zeigt sich in einigen Fällen, dass Wagniskapitalgeber ihre nichtmonetären Leistungen tendenziell besser einschätzen, als dies unternehmerseitig der Fall ist.[345]

---

339 Vgl. *Hellmann* 1998, S. 57ff.
340 Vgl. *Gorman/Sahlman* 1989, S. 241.
341 Vgl. *Schefczyk/Gerpott* 1998, S. 585.
342 Vgl. *Hartmann-Wendels* 1987, S. 26.
343 Vgl. *MacMillan/Kulow/Khoylian* 1988, S. 32.
344 Vgl. *Leopold* 1993, S. 355.
345 Vgl. *Kollmann/Kuckertz* 2003b, S. 163ff.

Die wertschaffenden Leistungen von Wagniskapitalgebern werden in der Literatur unter dem Stichwort des „Value Adding“ [346] diskutiert. Value Adding bezieht sich dort auf den Wert, der durch einen Wagniskapitalgeber im Beteiligungsunternehmen geschaffen wird, und zwar dadurch, dass er den Unternehmer unterstützt, Expertise einbringt und Rat bietet. Diese Sichtweise hat sich weitgehend durchgesetzt; eine weiter gefasste Perspektive auf die speziellen Leistungen in der Post-Investment-Phase könnte ebenfalls die größere Aufmerksamkeit berücksichtigen, die wagniskapitalfinanzierten Unternehmen in der Öffentlichkeit zu Teil wird, sowie die Legitimation, die ihnen durch die Beteiligung eines erfahrenen Investors zugesprochen wird. Einige Autoren erachten die Komponente der Reputation für derart wichtig, dass sie in der Konsequenz von so genanntem „Reputational Capital“[347] des Wagniskapitalgebers sprechen. Unternehmensgründer sind sich dessen durchaus bewusst: So sind Unternehmen vielfach bereit, im Zuge einer Wagniskapitalfinanzierung Finanzierungsangebote von unbekannten Investorengruppen zugunsten schlechterer monetärer Angebote zurückzuweisen, falls diese Angebote dafür von bekannten Investorengruppen unterbreitet worden sind (vgl. Abschnitt 2.5.1.2). Dies ist bspw. gegeben, da die Reputation der frühen Investoren bei einem geplanten IPO die Zusammenstellung eines hochkarätigen Emissionskonsortiums ermöglicht.

Zu den Gegenständen der Managementunterstützung innerhalb der Post-Investment-Phase zählen (in absteigender Reihenfolge der relativen Wichtigkeit)[348] die Hilfe bei der Beschaffung zusätzlicher finanzieller Mittel, die strategische Planung,[349] personalwirtschaftliche Unterstützungsleistungen, Planungshilfe auf der operativen Ebene, die Einführung des Unternehmers bei potenziellen Kunden und Lieferanten sowie die Lösung von Gehaltsfragen. Besonders bei Seed- und Start-up-Finanzierungen sind operative Technologiekompetenz und Hands-on-Management als wichtige Investorenimpulse einzuschätzen,[350] weshalb sich vielfach erfolgreiche Gründer und Unternehmer der Vergangenheit im Anschluss an diese Rolle als Wagniskapitalgeber betätigen.[351]

Viele dieser Unterstützungsleistungen können als Netzwerkleistungen verstanden werden: Wagniskapitalgeber spezialisieren sich darauf, potente Netzwerke zu bauen, um oben genannte Leistungen für ihre Beteiligungen erbringen zu können.[352] Dabei erfolgt die Netzwerkbildung nicht nur extern; auch intern werden Synergien erzielt, indem Portfoliounternehmen

---

[346] Vgl. *Wright/Sapienza/Busenitz* 2003, S. XXXVIII.
[347] Vgl. *Black/Gilson* 1998, S. 252ff.
[348] Vgl. *Gorman/Sahlman* 1989, S. 237.
[349] Vgl. *Erlich et al.* 1994, S. 68.
[350] Vgl. *Helmstaedter/Halem* 2003, S. 145.
[351] Vgl. *Nathusius* 2003c, S. 181.
[352] Vgl. *Cable/Shane* 1997, S. 144.

zusammengeführt werden und die Bildung strategischer Allianzen innerhalb des Portfolios forciert wird.[353] Wie viel Engagement seitens des Investors aufgebracht wird, ist i.d.R. abhängig vom wahrgenommenen Risiko der Beteiligung. Je nach Entwicklungsstand des Unternehmens, der Erfahrung der Gründungsmitglieder und dem Vertrauen in das Team scheint sich die Einflussnahme zu ändern.[354] Weiterhin werden gerade die bereits erfolgreichen Unternehmen am meisten unterstützt;[355] Opportunitätskosten der Zeit zwingen den Investor folglich dazu, sich auf die Aktivitäten zu konzentrieren, welche potenziell den meisten Wert im Portfolio schaffen.

Als Konsequenz ergibt sich, dass Wagniskapitalgeber durch ihre hohen Performance-Ziele in Verbindung mit direkter Managementunterstützung in stärkerem Maße eine Professionalisierung gerade von Gründern mit technischem Hintergrund bewirken, als dies bspw. bei informellen Investoren der Fall ist.[356] Der Professionalisierungsdruck ergibt sich zu einem großen Teil aus der Phasenfinanzierung: Vereinbarte Meilensteine, die mit Hilfe der Investoren erreicht werden sollen, adressieren bspw. die Formulierung von personalwirtschaftlichen Leitlinien, die Entwicklung von Aktienoptionsprogrammen oder auch die Etablierung einer leitenden Funktion im Marketing-/Vertriebsbereich.[357]

2.5.2.3 Desinvestition des Wagnisfinanzierers – Harvesting / Exit

Der Erfolg der Zusammenarbeit mit dem Unternehmer in der Post-Investment-Phase spiegelt sich wider im gelungenen Ausstieg (Exit) des Investors[358] und der Realisierung einer angemessenen, risikoadäquaten Rendite. Das üblicherweise verwendete Erfolgsmaß in diesem Zusammenhang ist die so genannte Internal Rate of Return (IRR). Diese ist definiert als die Bruttorendite eines Portfolios auf realisierte und bestehende Beteiligungen.[359] Die gesuchte IRR in Großbritannien liegt bei durchschnittlich 29%, wenngleich Studien aus dem US-amerikanischen Raum zeigen, dass die IRR i.d.R. unter 20% liegt, sich gelegentlich zwischen 20% und 30% findet und nur in seltenen Ausnahmefällen die 30% übersteigt.[360] Deutsche Verhältnisse unterscheiden sich hiervon nicht wesentlich.[361]

---

353 Vgl. *Hsu* 2004, S. 1809.
354 Vgl. *Gomez-Mejia/Balkin/Welbourne* 1990, S. 116.
355 Vgl. *Sapienza/Manigart/Vermeir* 1996, S. 440.
356 Vgl. *Erlich et al.* 1994, S. 68.
357 Vgl. *Hellmann/Puri* 2002, S. 178ff., sowie *Kawasaki* 2004, S. 16f., für weitere Meilensteine.
358 Für eine umfangreiche Diskussion der Desinvestitionsproblematik vgl. *Kollmann* 2004a, S. 367ff.
359 Vgl. *Schefczyk/Gerpott* 1998, S. 579.
360 Vgl. *Wright/Robbie* 1998, S. 553.
361 Vgl. *Weiss* 2005.

Ein gelungener Ausstieg aus der Beteiligung ist aus mehreren Gründen essentiell. Einerseits ist der Exit entscheidend, da nur durch Wertsteigerung und Verkauf das Risiko der Investition in ein junges Unternehmen kompensiert werden kann. Laufende Beteiligungserträge mögen zwar die Handlungs- und Investitonsfähigkeit des Investors fördern, können auf Dauer jedoch keine dem Risiko angemessene Vergütung bieten.[362] Daher findet sich die Abschöpfung[363] von Unternehmenserträgen eher im Bereich der informellen als der institutionellen Investoren von Wagniskapital. Genauso bedeutend ist der Umstand, dass nur durch erfolgreiche Exits der Investitionszyklus vollständig durchlaufen wird. D.h. der Wagniskapitalgeber kann prinzipiell nur dann zur Stufe des Fundraisings (vgl. Abschnitt 2.5.1.1) zurückkehren, wenn es gelingt, Kompetenz durch gelungene Desinvestitionen zu signalisieren. Anders als bspw. bei thesaurierenden Publikumsfonds fließen realisierte Profite i.d.R. sofort an die Fondsinvestoren zurück, um den Wagniskapitalgeber nicht dazu zu verleiten, auf Basis dieser Gewinne unangemessene Risiken bei Neuinvestitionen zu tragen.[364]

Grundformen des Ausstiegs aus einer Beteiligung finden sich in der negativen Variante mit der Liquidierung des Unternehmens sowie in der positiven Ausprägung mit dem Unternehmensverkauf. Verkäufe sind möglich an strategische Investoren (Trade Sale), andere Finanzinvestoren (Secondary Purchase), den Unternehmensgründer selbst (Buy Back) und an ein anonymes Börsenpublikum via IPO.[365] Von den verschiedenen Exitformen hat der IPO als renditeträchtigster Exitkanal zahlreiche akademische Studien inspiriert; realiter ist der Trade Sale jedoch als die häufigste Ausstiegsform anzusehen.

Der Ausstieg der Investoren über die Börseneinführung des Unternehmens wird vielfach bereits in der Vertragsgestaltung berücksichtigt.[366] Wagniskapitalgeber sichern sich dazu bspw. das Recht, einen Börsengang aufgrund ihrer eigenen Einschätzung unabhängig von den Wünschen des Unternehmers zu initiieren und auch das Emissionskonsortium zusammenzustellen. Primärer Erfolgsfaktor der Börseneinführung ist aufgrund der zyklischen Natur der öffentlichen Finanzmärkte unzweifelhaft der Zeitpunkt des Ausstiegs[367] – vergleichende Studien zeigen, dass es erfahrenen Wagniskapitalgebern meist besser als Neulingen gelingt, in den Boomphasen auszusteigen. Wenngleich ein solcher Zeitpunkt nicht immer auch zwangsläufig der bestgeeignete Zeitpunkt für das Unternehmen selbst sein muss, zeigt sich im Nachhinein

[362] Vgl. *Leopold* 1993, S. 357.
[363] Vgl. *Amis/Liechtenstein/Stevenson* 2003, S. 292.
[364] Vgl. *Sahlman* 1990, S. 499.
[365] Vgl. *Schefczyk* 2000b, S. 29ff.
[366] Vgl. *Berglöf* 1994, S. 266.
[367] Vgl. *Wright/Robbie* 1998, S. 549.

jedoch, dass wagniskapitalfinanzierte Unternehmen an der Börse tendenziell erfolgreicher sind als dies bei nicht wagniskapitalfinanzierten Unternehmen der Fall ist.[368]

2.6 Zwischenfazit und Eingrenzung des speziellen Erkenntnisinteresses

Die Diskussion der Ergebnisse empirischer und theoretischer Arbeiten zum Themenkomplex der Wagniskapitalfinanzierung und insbesondere zum Wagniskapitalprozess erfolgte vor dem Hintergrund des generellen Erkenntnisinteresses dieser Arbeit, das auf die Beantwortung der Frage gerichtet ist, wie sich der Selektions- und Entscheidungsprozess von Wagniskapitalgebern konkret gestaltet. Dazu wurden insbesondere in der Vor-Investment-Phase die relevanten Schritte im Hinblick auf die Investitionsentscheidung diskutiert. Besondere Bedeutung für die Entscheidungsfindung des Wagniskapitalgebers kommt dabei vor allem den in Abschnitt 2.5.1.4 vorgestellten Investitionskriterien zu (bspw. zu den Eigenschaften des Gründers, des Produktes oder auch des addressierten Marktes). In der Zusammenschau treten dabei nun drei Problemfelder hervor, die als Grundlage der weiteren Forschungsbemühungen dienen sollen.

a) Der Wagniskapitalprozess und die Investitionskriterien von Wagniskapitalgebern, die diese an potenzielle Beteiligungsunternehmen anlegen, werden in der Literatur regelmäßig isoliert voneinander betrachtet; d.h. Studien zum Wagniskapitalprozess berücksichtigen nicht die Kriterien, nach denen entschieden wird, und Studien zu den Investitionskriterien vernachlässigen den Prozessgedanken.

b) Die Literatur zu den Investitionskriterien vernachlässigt aus diesem Grund weiterhin häufig den Umstand, dass verschiedene Kriterien zu unterschiedlichen Zeitpunkten im Wagniskapitalprozess relevant werden können; d.h. es ist bislang unklar, welche Investitionskriterien wann im Prozess geprüft werden bzw. geprüft werden sollten.

c) Zusätzlich tendieren Studien zu beiden Themengebieten insbesondere aus dem angloamerikanischen Forschungsumfeld dazu, eher atheoretisch und deskriptiv angelegt zu sein.

Für die weitere Forschung ergeben sich daher drei Erfordernisse, welche die jeweiligen Problemfelder adressieren und in den folgenden Kapiteln in ihrer Gesamtheit angegangen werden sollen. Aus der Trennung von Prozess und Kriterien folgt die Erfordernis von *Integration* beider Aspekte, d.h. es sollte eine Perspektive eingenommen werden, die Investitionskriterien in Abhängigkeit vom Prozessfortschritt betrachtet, während die potenziell je unterschiedliche

---

[368] Vgl. *Brav/Gompers* 1997, S. 1818.

Relevanz der Kriterien im Zeitablauf die Erfordernis nach *Dynamisierung* der Betrachtungsweise zur Folge hat. Genauso bewirkt die weit verbreitete atheoretische Herangehensweise ein Erfordernis nach *theoretischer Fundierung* (vgl. Abbildung 13).

Abbildung 13
Zentrale Aspekte des speziellen Erkenntnisinteresses

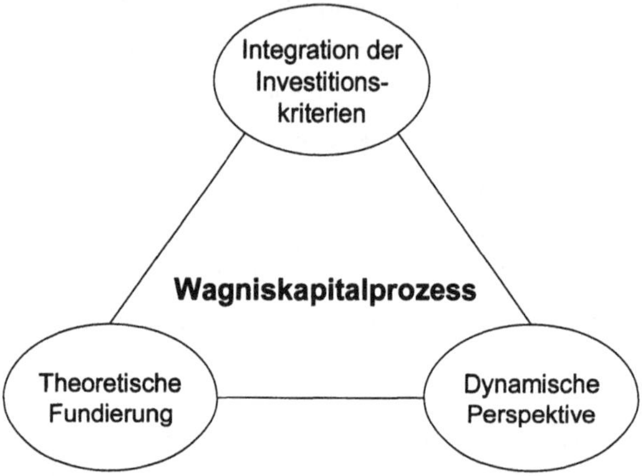

Ausgehend vom generellen Erkenntnisinteresse sei daher angesichts dieser drei Erfordernisse weiterhin das spezielle Erkenntnisinteresse der Arbeit konkretisiert.

> *Spezielles Erkenntnisinteresse*: Lassen sich Wagniskapitalprozess und Investitionskriterien in ein – theoretisch begründetes und empirisch abgesichertes – dynamisches Modell integrieren?

3 Relevante Ansätze der ökonomischen Theorie

3.1 Neoklassische Theorie und Kapitalmarktfragestellungen

Die vorangegangenen Ausführungen haben gezeigt, dass – wie die Bezeichnung Wagniskapital bereits impliziert – der Prozess der Finanzierung junger Unternehmen mit außerordentlichen Unsicherheiten sowohl für den Unternehmer als auch für den Investor belegt ist. Aus diesem Grund werden im Folgenden diejenigen theoretischen Ansätze diskutiert, deren Anwendung aufgrund dieses Sachverhaltes besonders viel versprechend erscheint. Dazu zählen insbesondere theoretische Konzepte, die es erlauben, Aussagen über das Investitionsobjekt eines Wagniskapitalgebers zu treffen; also bspw. Theorien zur Entscheidungsfindung oder Theorien mit Erklärungsmacht hinsichtlich der Unsicherheit über die Qualität des Investitionsobjektes.

Während die neoklassische Mikroökonomie den Tatbestand der Unsicherheit sowie der daraus resultierenden Informationsbedürfnisse der Marktteilnehmer in ihren Marktmodellen noch ignoriert, finden sich seit den 50er Jahren[369] mit verschiedenen Ansätzen der Neuen Mikroökonomie Versuche, diesen theoretischen Mangel zu beheben. Aus diesem Grund konzentrieren sich die folgenden Abschnitte insbesondere auf die Konzepte der Neuen Mikroökonomie. Die Etikettierung dieser Forschungsrichtung als neu sollte allerdings nicht dazu verleiten, sie als eine modische – und damit nur temporär gültige – Erscheinung zu betrachten. Zahlreiche Probleme der Neoklassik haben die Entfaltung der neuen mikroökonomischen Theorieansätze zwingend erforderlich gemacht; deren Vorschläge sind inzwischen innerhalb der Wirtschaftswissenschaften allgemein weitgehend anerkannt, wie auch die Verleihung des Nobelpreises für Wirtschaftswissenschaften an einige herausragende Vertreter spezieller Bereiche der Neuen Mikroökonomie – *George A. Akerlof*, *Michael Spence* und *Joseph E. Stiglitz* – im Jahr 2001 zeigt. Ihren Ursprung nimmt die Neue Mikroökonomie in der neoklassischen Theorie der Haushalte, deren wesentliche Prämissen wie folgt lauten:[370]

a) Die Präferenzordnungen der Marktteilnehmer sind exogen gegeben; sie sind stabil, vollständig, stetig und konsistent.

---

[369] *Marschak* 1954 ist als einer der Ausgangspunkte dieser Entwicklung zu sehen. Seine Erweiterung der ökonomischen Theorie „into the domain of uncertainty" (S. 187) erfolgt mittels der Modellierung von Wahrscheinlichkeiten für den Eintritt verschiedener Konstellationen in der Umwelt eines Unternehmens. Vgl. hierzu auch *Raff* 1998, S. 34f. Zieht man die „Theorie der Unternehmung" zusätzlich in Betracht, so ist der Ursprung wohl in *Coase* 1988(1937) zu sehen; auch frühe Schriften von *Hayek* deuten bereits auf Probleme der neoklassischen Perspektive. Vgl. hierzu *Hayek* 1945.

[370] Vgl. *Feess* 2000, S. 292.; *Adler* 1996, S. 4; *Schumann* 1999, S. 41ff.

b) Rationalität bestimmt das Handeln aller Marktteilnehmer, d. h. Maximierung des Nutzens ist oberstes handlungsleitendes Prinzip.

c) Die Marktteilnehmer verfügen im einfachsten Fall über vollkommene Information insbesondere hinsichtlich der Marktpreise sowie unbegrenzte Kapazität zur Verarbeitung dieser Informationen. Es kann also von vollständiger Markttransparenz ausgegangen werden. Selbst wenn nicht von vollkommener Information ausgegangen wird, so ist diese dennoch vorgegeben und unveränderlich.[371]

d) Viele Anbieter und viele Nachfrager bilden eine atomistische Konkurrenz.

e) Die Nachfrager bewerten alle angebotenen Güter als gleich; das Güterangebot ist homogen, da keinerlei räumliche, sachliche oder zeitliche Präferenzen auf Seiten der Nachfrager existieren.

f) Die Anpassungsprozesse verlaufen kostenlos und simultan; im Markt wirken keinerlei Friktionen, die dem sofortigen Wiederherstellen des Marktgleichgewichts bei Angebots- oder Nachfrageüberhängen entgegenwirken könnten.

g) Es existieren weder Markteintritts- noch Marktaustrittsbarrieren; von der Berücksichtigung externer Effekte oder von Transaktionskosten wird abgesehen.

h) Nachfrager werden weder durch andere Personen noch durch Erfahrungen aus vorangegangenen Käufen beeinflusst.

Diese Prämissen werden dazu verwendet, um auf ihnen aufbauend das Verhalten von Nachfragern zu erklären, die zwecks Konsums ihr Einkommen nutzenmaximal auf verschiedene Güter aufteilen. Die offensichtlich kontrafaktischen Modellannahmen der neoklassischen Mikroökonomie lassen jedoch vermuten, dass auf ihnen aufbauende Modelle nur eine begrenzte Erklärungsmacht bezüglich realer Transaktionsprozesse für sich in Anspruch nehmen können. *Stiglitz* weist in seiner Vorlesung anläßlich der Verleihung des Nobelpreises für Wirtschaftswissenschaften darauf hin, wie stark die Diskrepanz von Neoklassik und Realität insbesondere in den Entwicklungsländern zu Tage tritt:[372]

---

[371] Vgl. *Bössmann* 1988, S. 186.

[372] Vgl. *Stiglitz* 2002, S. 460. An gleicher Stelle (S. 466) hebt *Stiglitz* polemisch hervor, wie durch das neoklassische Paradigma die Wirtschaftswissenschaften in einen Teil der Ingenieurwissenschaften verwandelt werden, in denen die einzige Aufgabe von Marktteilnehmern in der Lösung von Maximierungsproblemen besteht. Dies würde – wiederum kontrafaktisch – implizieren, dass es in der Realität keinerlei Divergenzen hinsicht-

> „While many of the key assumptions that went into the competitive equilibrium model seemed not to fit these economies well, I was particulary struck by the imperfections of information, the absence of markets, and the pervasiveness and persistence of seemingly dysfunctional institutions."

Betrachtet man die Aussagen der Neoklassik gerade im Hinblick auf Finanzierungsfragen und Kapitalmarktphänomene, so werden auch hier die Folgen kontrafaktischer Annahmen schnell offenkundig. Das zentrale Thema der neoklassischen Finanzierungs- bzw. Kapitalmarkttheorie ist die rational begründete Bewertung von Wertpapieren. Um dieses Ziel zu erreichen, wird das Recht auf zukünftige, in der tatsächlichen Eintrittshöhe fragliche Zahlungen zum Gegenstand der Analyse.[373] Allerdings führen zahlreiche Analysen unter neoklassischen Annahmen zu Widersprüchen, wenn deren Ergebnisse mit der realen Erfahrung kontrastiert werden. Insbesondere Arbeiten zur optimalen Finanzierung von Unternehmen, aufbauend auf der Irrelevanzthese von *Modigliani* und *Miller*,[374] sind zwar durchaus von hohem formal-mathematischen Niveau, jedoch in aller Regel ohne direkte praktische Bedeutung.[375] Folgt man der Irrelevanzthese, so ist die Finanzierungsstruktur von Unternehmen belanglos – allerdings nur unter Modellannahmen, welche die Existenz von asymmetrischer Informationsverteilung und Agency-Kosten vernachlässigen.[376] Der jeweilige gegebene Verschuldungsgrad eines Unternehmens wird in der Praxis mit Recht oftmals als ein Indikator für die Möglichkeit weiterer Fremdkapitalaufnahme herangezogen. Zusammen mit Cashflow-Betrachtungen evaluieren Fremdkapitalgeber die Verschuldungsgrenze und regelmäßig steht ein zu hoher Verschuldungsgrad einer weiteren Aufnahme von Fremdkapital entgegen.[377]

Betrachtet man die besondere Situation der Finanzierung von innovativen Gründungsunternehmen, so steht die neoklassische Theorie bereits vor der Schwierigkeit, überhaupt die Existenz von auf die Wagniskapitalfinanzierung spezialisierten Institutionen begründen zu können. So ist einerseits die Präferenz für direkte Investitionen mittels Eigenkapital oder auch die Verwendung eigenkapitalähnlicher Finanzierungsinstrumente vor dem Hintergrund der Irrelevanzthese nicht nachvollziehbar. Genauso wenig lässt sich erklären, warum Wagniskapitalgeber sich durch Unterstützung des Managements bei ihren Beteiligungsunternehmen engagieren, wenn dies bspw. auch durch spezialisierte Berater geleistet werden könnte.[378] Das Phänomen der Wagniskapitalfinanzierung ist auch deswegen ein eigenständiges Forschungs-

---

lich der Zielsetzung von Unternehmen geben dürfte. Die umfangreiche Literatur bspw. zur Stakeholderproblematik deutet jedoch schon an, dass dem keinesfalls so ist.

373 Vgl. *Hartmann-Wendels* 1987, S. 17.

374 Vgl. *Modigliani/Miller* 1958.

375 Vgl. *Breuer/Kleefisch* 2003, S. 511.

376 Vgl. *Gompers/Lerner* 2000, S. 141.

377 Zur Problematik des optimalen Verschuldungsgrades vgl. *Süchting* 1995, S. 474ff.

378 Vgl. *Hartmann-Wendels* 1987, S. 18.

gebiet, weil sich die Marktgegebenheiten bei der Finanzierung junger Unternehmen in starkem Maße von der Situation etablierter Unternehmen abheben. Das Hauptunterscheidungsmerkmal im Hinblick auf die etablierte Finanzierungstheorie ist wie bereits eingeführt das Problem der asymmetrischen Informationsverteilung. Weitere Unterscheidungsmerkmale lauten wie folgt:[379]

a) Während sich die klassische Finanzierungstheorie auf börsennotierte Unternehmen konzentriert, sind Geschäftsanteile im vorbörslichen Umfeld i.d.R. nicht frei veräußerbar (fehlende Liquidisierbarkeit/Fungibilität).[380]

b) Wagniskapitalgeber engagieren sich in großem Umfang.

c) Der Markt spielt – ganz im Gegensatz zu öffentlichen Finanzmärkten – nur eine untergeordnete Rolle bei der Unternehmenskontrolle.

d) Der Zugang zu Kapital ist für Unternehmer – insbesondere im Frühphasenbereich – stark eingeschränkt.

e) Die Vermögensgegenstände junger (innovativer) Unternehmen sind hoch spezialisiert und nur selten in anderen unternehmerischen Kontexten verwertbar.

f) Klassische Unternehmensbewertungsmethoden sind aufgrund mangelnder Informationen und großer Unsicherheit nur begrenzt einsetzbar.

g) Die Investitionsentscheidung erfolgt in mehreren Schritten über einen zeitlich umfangreichen Prozess.

Die zahlreichen Probleme der Neoklassik in der Behandlung realer Märkte haben konsequenterweise zur theoretischen Weiterentwicklung geführt. Insbesondere zwei Kritikpunkte sind dabei für den Ausbau der mikroökonomischen Theorie ursächlich. Einerseits ist die Abstraktion der Neoklassik von verhaltensrelevanten Erklärungsgrößen als negativ zu betrachten. Zum anderen stellt die Negation des Unsicherheitsproblems und das Postulat der vollständigen Informiertheit der Marktteilnehmer die neoklassische Mikroökonomie vor unüberwindbare Erklärungshürden. Die verkürzten Prämissen und die geringe Reichweite hinsichtlich realer Austauschverhältnisse haben folglich zur „Neuen Mikroökonomie" geführt.

---

[379] Vgl. *Wright/Robbie* 1998, S. 524ff.
[380] Vgl. *Tyebjee/Bruno* 1981, S. 1051.

3.2 Der Übergang zur Neuen Mikroökonomie

In den letzten Dekaden zeichnet sich die wirtschaftswissenschaftliche Diskussion durch eine starke Fokussierung auf die „Neue Institutionenökonomie“ bzw. die „Neue Mikroökonomie“ aus.[381] Der neoklassischen Mikroökonomie wird dabei insbesondere ein zu hoher Abstraktionsgrad vorgeworfen, der sich auf die Vorbedingungen der klassischen Mikroökonomie bezieht, die vollständiges Wissen der Marktteilnehmer bei gleichzeitigem vollkommen rationalem Handeln der Individuen unterstellt. Den ökonomischen Theoretikern der Mikroökonomie alter Schule ist dabei selbstverständlich klar, dass die Informationsverhältnisse auf realen Märkten nicht perfekt sind; dieser Umstand wird jedoch in der Hoffnung ignoriert, dass Volkswirtschaften, in denen die Information nicht „zu sehr“ unvollständig verteilt ist, ökonomischen Modellen mit vollständigem Wissen auf Seiten der Wirtschaftssubjekte weitgehend entsprechen.[382] Es ist intuitiv eingängig, dass diese kontrafaktische Abstraktion allein zur besseren Handhabbarkeit[383] der Analyse erfolgt, während sich reale Marktverhältnisse weitaus komplexer darstellen.

Die weiterentwickelte Mikroökonomie verzichtet nun auf die genannten kritischen Prämissen und zieht zusätzlich in Betracht, dass Informationen für die Marktteilnehmer nicht kostenlos beschaffbar sind und folglich Suchkosten verursachen.[384] Der Fokus der neueren Theorieansätze liegt dabei insbesondere auf den Unsicherheitsproblemen der Transaktionspartner, der Existenz von asymmetrisch verteilter Information,[385] opportunistisch geprägtem Verhalten der jeweiligen Wirtschaftssubjekte und letztlich auch auf der konkreten Ausgestaltung von Verträgen. Die ebenfalls gängige Etikettierung neuerer mikroökonomischer Theorien als „Neue Institutionenökonomie“ deutet darüber hinaus an, dass Regeln und Arrangements, die menschliches Handeln beeinflussen (sogenannte Institutionen), ebenfalls ins Zentrum der Diskussion rücken. Zu den formellen Institutionen werden Verordnungen, Gesetze und auch

---

[381] Vgl. *Talkenberg* 1992, S.8. Weitere synonyme Bezeichnungen dieser Forschungsrichtung finden sich in der Literatur mit der „Neuen Institutionenlehre” oder auch der „Neuen Institutionellen Mikroökonomie“. Vgl. *Weiber/Adler* 1995a, S. 44.

[382] Vgl. *Stiglitz* 2002, S. 461.

[383] *Stiglitz* weist darauf hin, dass es nur eine Art geben kann, auf die Information perfekt ist, hingegen aber eine unendliche Anzahl von Varianten unvollständiger Informationskonstellationen im Markt. Vgl. *Stiglitz* 2002, S. 468.

[384] Dabei bleibt zu beachten, dass auch die Informationsökonomik nicht sämtliche der Mängel der Neoklassik angeht, wie sie sich in den Annahmen einer unveränderlichen Technologie, exogenen und unveränderlichen Präferenzen und der Vernachlässigung psychologischer Einflussfaktoren zeigt. Vgl. *Stiglitz* 2002, S. 486.

[385] Vgl. *Akerlof* 1970, S. 490ff.

Unternehmen gezählt. Traditionen, soziale Normen und unterschiedliche Mentalitäten werden als informelle Institutionen berücksichtigt.[386]

Ansätze zur Lösung dieser vielfältigen Probleme finden sich sowohl in der Theorie der Transaktionskosten, der Property-Rights-Theorie, der Agency-Theorie wie auch der Informationsökonomik. Sämtliche dieser Theorien lassen sich dem weiteren Feld der „Neuen Mikroökonomie" zuordnen. Diese sollen in den nächsten Abschnitten diskutiert und daran anschließend hinsichtlich ihres Potenzials zur Erklärung des Wagniskapitalprozesses evaluiert werden.

3.2.1 Ausgewählte Forschungsrichtungen der Neuen Mikroökonomie

3.2.1.1 Transaktionskostentheorie

Eine der ersten Entwicklungen im Rahmen des Forschungsprogramms der Neuen Mikroökonomie stellt die Formulierung der Transaktionskostentheorie dar. Die neoklassische Theorie vernachlässigt bei der Konzeption ihrer Modelle den grundlegenden Sachverhalt, dass die Hauptaufgabe von Märkten darin besteht, Austauschprozesse, also Transaktionen, zu ermöglichen. Unter einer Transaktion ist eine „Vereinbarung und Abwicklung eines Leistungsaustausches zwischen Wirtschaftssubjekten"[387] zu verstehen. In der Folge sind ökonomische Denkrichtungen entstanden, die diesem Umstand Rechnung tragen. Als Ausgangspunkt der Entwicklung ist der Aufsatz von *Coase* „The Nature of the Firm" zu sehen,[388] der die Existenz von Firmen begründet. Das klassische Ausgangsproblem der Transaktionskostentheorie stellt sich danach in den Worten von *Williamson* folgendermaßen dar: "When do firms produce to their own needs (integrate backward, forward, or laterally) and when do they procure in the market?"[389] Die *Coasesche* Antwort darauf lautet bekanntermaßen: "The main reason why it is profitable to establish a firm would seem to be that there is a cost of using the price mechanism."[390] Im Kern heißt das: Jede Transaktion verursacht Koordinationskosten, die sich in Organisationskosten und Transaktionskosten unterscheiden lassen. Organisationskosten be-

---

[386] Die Bedeutung von Institutionen im Kontext der Gründungsforschung wird deutlich, wenn man sich bspw. vor Augen führt, dass in Mosambik fünf Monate, 19 Schritte und die Hälfte des durchschnittlichen Jahreseinkommens von Nöten sind, um ein Gewerbe anzumelden, während derselbe Vorgang in einer entwickelten Volkswirtschaft wie Australien zwei Tage, zwei Schritte und zwei Prozent des durchschnittlichen Jahreseinkommens beansprucht. Vgl. *Storn* 2003, S. 30. Aus solchen Gründen wandert in armen Ländern ein Großteil der wirtschaftlichen Aktivitäten in die Illegalität, was in der Folge klassische Instrumente der Fiskalpolitik – wie sie die neoklassische Theorie anempfehlen würde (wie z.B. Steuersenkungen) – wirkungslos macht.

[387] Vgl. *Leipold* 1985, S. 31.

[388] Vgl. *Coase* 1988 (1937).

[389] Vgl. *Williamson* 1988, S. 568.

[390] Vgl. *Coase* 1988 (1937), S. 38.

ziehen sich dabei auf die durch eine Transaktion verursachten Kosten innerhalb des jeweiligen sozialen Systems der Transaktionspartner, wohingegen Transaktionskosten die Kosten für die Nutzung des Marktmechanismus bezeichnen. Wird nun das soziale System einer Unternehmung betrachtet, so liegt die Tatsache seiner Existenz darin begründet, dass es in einigen Fällen offensichtlich effizienter ist, Transaktionen intraorganisational abzuwickeln, anstatt sich allein des Marktmechanismus zu bedienen. Der Preismechanismus wird im Falle des Unternehmens also durch die interne Hierarchie abgelöst.

Der Begriff der Transaktionskosten ist in der Literatur allerdings nicht verbindlich definiert. Mit einigem Recht können Transaktionskosten jedoch als diejenigen Hindernisse verstanden werden, die dem problemlosen Funktionieren der Märkte entgegenstehen.[391] Dabei herrscht zumindest weitgehend Konsens darüber, dass Transaktionskosten sowohl

a) Kosten der Information über Güterpreise und Gütereigenschaften als auch

b) Kosten des Aushandelns und des Abschlusses von Tauschverträgen sowie

c) Kosten der Überwachung der Einhaltung von Verträgen umfassen.

Schon zu Beginn der Entwicklung der Neuen Mikroökonomie ist also klar, dass Informationen zur Erklärung von Marktprozessen eine entscheidende Rolle zukommt. Für die weiteren Ausführungen ist es jedoch wichtig zu beachten, dass selbst eine – so dies denn überhaupt möglich wäre – exakte Quantifizierung von Kosten der Informationsbeschaffung *nicht* dazu führte, dass die angenommene Gültigkeit der Modelle der Neoklassik aufrecht erhalten werden könnte.[392] Information ist ausdrücklich nicht allein als ein zusätzlicher Produktionsfaktor zu betrachten, dessen Integration in die neoklassischen mikroökonomische Modelle ohne weiteres möglich wäre. Vielmehr führen reale Informationsverhältnisse zu weit komplexeren Problemen, wie weiter unten deutlich werden wird.

3.2.1.2 Property-Rights-Theorie

Die Property-Rights-Theorie[393] greift den durch die Transaktionskostentheorie geprägten Begriff der Transaktionskosten wieder auf. Basis dieser Theorie ist die Analyse der Eigentumsformen (bspw. in unterschiedlichen Wirtschaftssystemen). Zentrale These der Property-

---

[391] Vgl. *Storn* 2003, S. 30.
[392] Vgl. *Stiglitz* 2002, S. 462.
[393] Vgl. *Thieme* 1992; *Weiber/Adler* 1995a, S. 45; *Adler* 1996 sowie für einen Überblick *Schüller* 1983 und *o.V.* 2000.

Rights-Theorie ist es, dass sich der Wert eines Gutes nicht an diesem selbst bemisst, sondern vielmehr abhängig ist von den Vermögens-, Handlungs- und Verfügungsrechten (so genannte Property-Rights / Eigentumsrechte), die sich auf dieses Gut beziehen und die damit von Volkswirtschaft zu Volkswirtschaft divergieren können. Die Beziehung von Gut und verbundenen Rechten ist bestimmt durch die konkrete Ausgestaltung und Organisation dieser Property-Rights.

Die zentrale These dieses theoretischen Ansatzes ist es also, dass nicht das Gut selbst, sondern die mit ihm verbundenen Verfügungsrechte ursächlich für das Zustandekommen eines Austauschs zwischen Marktteilnehmern sind. Eine Übertragung der Property-Rights von einem Marktteilnehmer auf den anderen verursacht notwendig Transaktionskosten (diese werden in der Theorie explizit berücksichtigt); daher sind Märkte zur Regelung von Austauschbeziehungen durch die Existenz von Kosten der Information, unvollständige Information sowie deren asymmetrische Verteilung beeinflusst. Handlungs- und Verfügungsrechte bilden jedoch den Kern einer jeden Transaktionsbeziehung. Die ökonomische Entwicklung wird durch die Theorie monokausal aus dem Spannungsverhältnis von Eigennutz der Wirtschaftssubjekte und Verteilung der Property-Rights erklärt.[394]

3.2.1.3 Agency-Theorie

Die Agency-Theorie oder auch Prinzipal-Agent-Theorie[395] – die sich ursprünglich mit dem Verhältnis von Eigentümer und Manager auseinandersetzt – untersucht alle diejenigen Verträge, in denen das Verhalten des Agenten (also des mit einer Aufgabe Beauftragten) negative Auswirkungen auf die Wohlfahrt des Prinzipals (Auftraggeber) haben könnte. Diese Problematik leitet sich her aus der Differenz von Anreizschema des Agenten und konkreten Zielen des Prinzipals, die nicht deckungsgleich miteinander sind bzw. nicht deckungsgleich sein müssen. Der Prinzipal akzeptiert folglich den Umstand, dass die vergleichbar beste Lösung („First-best"-Lösung), bei der der Agent aus freien Stücken den Zielen des Prinzipals konform handelt, aufgrund der unterschiedlichen Positionen realiter nicht erreichbar sein wird.

Kontrolle oder Setzung von bestimmten Anreizen soll diese Differenz auflösen; dies ist jedoch nur solange als sinnvoll zu betrachten, wie der Grenzerlös der zusätzlich getroffenen Maßnahmen deren Grenzkosten übersteigt. D.h. durch Anreizsetzung und Kontrolle wird zwar das ökonomische Ergebnis reduziert – im Vergleich zur Ausgangslage ergibt sich jedoch

[394] Vgl. *Thieme* 1992, S. 8.
[395] Vgl. *Piekenbrock* 2002, S. 327f.

eine Verbesserung („Second-best"-Lösung).[396] Die Agency-Theorie untersucht folglich dieses Verhältnis (deskriptive Komponente der Theorie) und gibt Empfehlungen zur effizienten Vertragsgestaltung (normative Komponente der Theorie). Sie geht dabei von folgenden Voraussetzungen aus:[397]

a) Zwei Individuen – ein Prinzipal und ein Agent – handeln unter Unsicherheit und verfolgen dabei eigennützige Ziele.

b) Es besteht (oder könnte bestehen) ein Interessenkonflikt zwischen Prinzipal und Agent.

c) Die Einstellung des Prinzipals ist risikoneutral, der Agent wird als risikoscheu definiert.

d) Der Agent kann über seine Handlungen frei entscheiden; diese Handlungen beeinflussen sowohl seine eigene Wohlfahrt wie auch die des Prinzipals.

e) Es besteht eine Informationsasymmetrie zuungunsten des Prinzipals, der Agent besitzt folglich einen Informationsvorsprung.

f) Exogene Faktoren bestimmen die Ergebnisse der Handlungen des Agenten mit, sodass seine Handlungen den Output nicht vollständig determinieren.

Aus diesen Prämissen folgt, dass das Verhalten des Agenten für den Prinzipal zu etlichen Problemen führen kann. So könnte der Agent dem Prinzipal einerseits Informationen über das Ausmaß seiner Handlungsoptionen sowie damit verbundene Risiken vorenthalten (Hidden Information) und andererseits bewusst solche Optionen wählen, bei denen sein Verhalten durch den Prinzipal nicht beobachtet werden kann (Hidden Action).[398] Weiterhin ist nicht klar, ob der Auftragnehmer nicht auf Kosten des Prinzipals eigene Zielsetzungen verfolgt (Moral Hazard), wie zum Beispiel durch Konsum am Arbeitsplatz (Consumption on the job) oder durch zurückhaltenden Arbeitseinsatz (Shirking).

Agency-Theoretiker haben daher Ansätze entwickelt, um zum einen durch Informations- und Kontrollsysteme mehr Sicherheit für den Prinzipal über das Verhalten des Agenten zu erreichen. Zum anderen basieren verschiedene Anreizsysteme auf der Agency-Theorie, welche die Ergebnisse des Agenten für den Prinzipal besser kalkulierbar machen sollen. In der Folge werden die – analog zu den Transaktionskosten formulierten – Agency-Kosten minimiert.

---

[396] Vgl. *Gerke/Bank* 1999, S. 16.
[397] Vgl. *Weiber/Adler* 1995a, S. 49, sowie *Arrow* 1985; *Elschen* 1991; *Neus* 1989 und *Ross* 1973.
[398] Vgl. *Elschen* 1991, S. 1005.

Prinzipiell sind dabei drei Arten[399] von Agency-Kosten denkbar, welchen dem Netto-Ressourcenverzehr[400] zur Ereichung der „Second-best"-Lösung entsprechen:

a) Die Überwachungskosten des Prinzipals (Monitoring Expenditures), d.h. die Aufwendungen, um die Handlungen des Agenten zu kontrollieren (direkt oder indirekt durch geeignete Kontrollmechanismen),

b) die Bindungskosten des Agenten (Bonding Expenditures), d.h. der Aufwand des Agenten, um ein vom Prinzipal nicht toleriertes Verhalten glaubwürdig auszuschließen sowie

c) der Residualverlust (Residual Loss), d.h. der aus der konfliktträchtigen Prinzipal-Agenten-Situation resultierende Verlust, der trotz Aufwendung von Überwachungs- und Bindungskosten akzeptiert werden muss.

3.2.2 Der Beitrag der Neuen Mikroökonomie zur Theorie der Wagniskapitalfinanzierung

Aussagen der Transaktionskostentheorie oder auch der Property-Rights-Theorie zum Phänomen der Wagniskapitalfinanzierung sind in der Literatur nur verhältnismäßig begrenzt vorhanden.[401] Anders verhält es sich mit der Agency-Theorie, die sich als außerordentlich erklärungsmächtig für die Beziehung von Investor und Unternehmer erwiesen hat.

Im Fall der durch Wagniskapital finanzierten Unternehmensgründung[402] existieren zwei grundlegende Arten von Agency-Kosten, die durch entsprechende Maßnahmen minimiert werden sollten. Zum einen können Unternehmer in Strategien, Forschungsvorhaben oder auch Projekte investieren, die zwar einen hohen persönlichen Nutzen versprechen, aber den Gesellschaftern des Unternehmens lediglich einen minderen monetären Ertrag verschaffen. Darüber hinaus besteht die Möglichkeit, dass der Gründer Informationen besitzt, die auf eine geringe Akzeptanz[403] des Produktes am Markt hinweisen, er diese Information aber nicht in Richtung der Mitgesellschafter kommuniziert, da bspw. aus dem Status als Unternehmer ein persönlicher Ertrag gezogen wird, der nicht aufgegeben werden soll. Aus diesen und ähnlichen Grün-

---

399 Vgl. *Jensen/Meckling* 1979, S. 308.
400 Vgl. *Gerke/Bank* 1999, S. 16.
401 Für eine Ausnahme hiervon vgl. *Hartmann-Wendels* 1987, der eine transaktionskostentheoretische Begründung für die Existenz von Wagniskapitalgebern vorlegt.
402 Vgl. *Gompers/Lerner* 2000, S. 142f.
403 Vgl. *Kollmann* 1998; Akzeptanzproblem können bspw. aus einem zu geringne „Evidenznutzen" resultieren; d.h. Potenzial und Vorteilhaftigkeit vieler innovativer Technologien werden erst mit der Verwendung durch den Kunden erkennbar. Vgl. *Weiber* 1992, S. 20ff.

den sind etliche Studien basierend auf der Agency-Theorie entstanden,[404] welche die Rolle der aktiven Überwachung und Beratung der Unternehmen behandeln, sich mit den Evaluationsmechanismen von jungen Unternehmen auseinandersetzen und insbesondere auf die Phasenfinanzierung und syndizierte Investitionen rekurrieren. Es ist evident, dass „agency costs increase as the tangibility of assets declines, the share of growth options in firm value rises, and asset specificity grows."[405] Im Zusammenhang mit der besonderen Situation, in der sich junge Unternehmen und ihre Investoren befinden, entsteht so folglich ein erhöhtes Konfliktpotenzial.

Ein weiterer herausragender Schwerpunkt der Agency-Theorie findet sich in der Auseinandersetzung mit der potenziellen Fehlauswahl von Arbeitnehmern, die sich möglicherweise als unfähig oder ungeeignet herausstellen. Um dies zu vermeiden, bietet die Theorie Vertragskonstruktionen an, die durch ihre Risikoverteilung dazu führen, dass nur fähige Auftragnehmer den Vertrag akzeptieren (Self Selection).[406] Im Wagniskapitalbereich hat dies bspw. dazu geführt, dass eine der zahlreichen Finanzierungsvoraussetzungen die Bereitschaft des Unternehmensgründers ist, *gemeinsam* mit dem Wagniskapitalgeber ins Unternehmen zu investieren, selbst wenn die aufgebrachten Mittel in Relation zum gesamten Finanzierungsbedarf marginal sind. Solange sie dies nicht im Verhältnis zum persönlichen Vermögen des Gründers sind, werden folglich nur Unternehmensgründer (selbst)selektiert, die vom Unternehmenskonzept überzeugt sind.

3.2.3 Kritik der vorgestellten Ansätze

Der außerordentlich geringe Einfluss der Transaktionskostentheorie auf die Gründungsforschung und insbesondere auf den Bereich der Gründungsfinanzierung liegt zumindest in Teilen im hohen Abstraktionsgrad der Theorie begründet. So ist die grundlegende Entscheidung, innerhalb eines „institutionellen Arrangements" Produkte oder Dienstleistungen zu erstellen, zwar über die Theorie sinnvoll zu erklären; dennoch ist diese Entscheidung realiter keine transaktionskostenanalytische Entscheidung. Selbst wenn die Gründung eines Unternehmens als Aufbau einer transaktionskostenminimierenden Institution beschrieben würde, wäre der Erkenntnisgewinn verhältnismäßig gering – insbesondere da die Theorie Gründungsmotivati-

[404] Vgl. bspw. *Brettel/Thust/Witt* 2002; *Kaplan/Strömberg* 2003a oder auch für den informellen Sektor der Wagniskapitalfinanzierung *Landström* 1992.
[405] Vgl. *Gompers/Lerner* 2000, S. 139.
[406] Vgl. *Elschen* 1991, S. 1006.

on und Persönlichkeitscharakteristika (so genannte „traits“) der Akteure nicht abbilden kann.[407]

Ähnlich wie für die Transaktionskostentheorie wird für die Agency-Theorie universelle Einsetzbarkeit behauptet. Die Reichweite der Theorie erstreckt sich jedoch nur auf die abgegebenen Leistungsversprechen im Zuge einer Transaktion – reine Austauschgüter sind hiervon ausgenommen.[408] Im Kontext der Wagniskapitalfinanzierung ist die Theorie jedoch als beachtenswert einzustufen. Dies, da sie gut dazu geeignet ist, Aussagen über nachvertraglich zu erbringende Leistungen zu machen, wie es bei einem Investment in junge Unternehmen der Fall ist. Es bleibt jedoch nur sehr schwer einsehbar, warum sich der Großteil der Literatur auf die Rollenverteilung von Wagniskapitalgeber als Prinzipal und Gründungsunternehmer als Agent fokussiert.

Ebenso berechtigt ist die Modellierung als dreistufige Prinzipal-Agent-Beziehung[409] vom Fondsinvestor über den Wagniskapitalgeber zum Unternehmer; ebenso ist die Modellierung als *umgekehrte* Prinzipal-Agent-Beziehung berechtigt, wenn der Unternehmer als Nachfrager von „Smart Money“ auftritt. Immer dann, wenn der Nachfrager eines Gutes durch das Einbringen bestimmter Leistungen das Ergebnis des Leistungserstellungsprozesses mitbestimmt, kann von einer bilateralen Agency-Beziehung ausgegangen werden.[410] Im Fall der Wagniskapitalfinanzierung wird der üblicherweise als Agent betrachtete Unternehmer in Teilen zum Prinzipal aufgrund des Umstands,[411] dass er eine bestimmte Dienstleistung – hier bspw. die Managementunterstützung des Wagniskapitalgebers – dadurch erwirbt, dass er einen Teil seines Unternehmens an den Investor abtritt. Die realen Verhältnisse sprengen also oftmals den simplifizierenden Rahmen der Theorie.

Spieltheoretische Ansätze, welche obendrein opportunistisches Verhalten des Wagnisfinanzierers mit einbeziehen, bieten einen Ausweg aus dieser theoretischen Problemlage.[412] Zusätzlich benötigt eine agency-theoretische Modellierung eine klare Zielsetzung, die im Fall der Wagniskapitalfinanzierung jedoch nicht immer eindeutig ist.[413] Die Vielzahl möglicher Klauseln für Beteiligungsverträge[414] macht dies deutlich. Weiterhin ist es der Agency-Theorie –

---

[407] Vgl. *Fallgatter* 2004, S. 38.
[408] Vgl. *Weiber/Adler* 1995a, S. 51.
[409] Zu den Folgen der vorgelagerten Informationsasymmetrie zwischen Fondsinvestor und Wagniskapitalgeber und potenziellen Lösungsansätzen vgl. bspw. aus praktischer Sicht *Deibert* 2003 sowie *Clausen* 2003.
[410] Vgl. *Kleinaltenkamp* 1992, S. 815.
[411] Vgl. *Gifford* 1997.
[412] Vgl. *Cable/Shane* 1997.
[413] Vgl. *Fallgatter* 2004, S. 38.
[414] Vgl. *Kaplan/Strömberg* 2003b, S. 281ff., für die unterschiedlichen Möglichkeiten.

gerade vor dem Hintergrund des Erkenntnisinteresses dieser Arbeit – unmöglich, Aussagen über Investitionskriterien oder die Selektionsentscheidungen von Investoren zu tätigen.

All diese Probleme haben in ihrer Gesamtheit dazu geführt, dass die anfänglich oft verwendete Agency-Theorie als analytisches Werkzeug in der Wagniskapitalforschung in letzter Zeit eher wenig Beachtung gefunden hat.[415] Folglich werden sich die weiteren Abschnitte dieser Arbeit weniger mit dem Aufbau von Kontrolle über den Unternehmer auseinandersetzen, sondern – da es in praktisch allen Fällen eine entscheidende Funktion des Wagniskapitalgebers ist, Informationen über Beteiligungsunternehmen zu generieren[416] – mit Theorien, die der Bedeutung von Information Rechnung tragen. Eine solche Theorie findet sich mit der Informationsökonomik.

3.3 Informationsökonomik

Innerhalb der Neuen Mikroökonomie sind prinzipiell zwei thematische Schwerpunkte zur Behandlung der individuellen Entscheidungsproblematik und von Gleichgewichtsfragen unter Unsicherheit entwickelt worden. Zum einen ist dies die so genannte Unsicherheitsökonomik und die sich aus dieser herleitende Informationsökonomik.[417] Im Zusammenhang mit diesen Weiterentwicklungen wird im Gegensatz zum „homo oeconomicus“[418] der Neoklassik auch ein neues Menschenbild in die Wirtschaftswissenschaften eingeführt, das die eingeschränkte Fähigkeit der Wirtschaftssubjekte zur Aufnahme von Informationen und zu deren Verarbeitung anerkennt. Zusammengefasst wird dies unter dem Stichwort der beschränkten Rationalität[419] des Individuums („bounded rationality“). Mit anderen Worten: Rationales Marktverhalten – oder genereller rationales menschliches Verhalten – wird zwar vom Individuum intendiert; faktisch jedoch ist rationales Verhalten limitiert.[420]

Als Ausgangspunkt der Informationsökonomik kann die so genannte Unsicherheitsökonomik[421] gelten. Die Ansätze der Unsicherheitsökonomik betrachten die Unsicherheit der Wirt-

---

[415] Vgl. *Welpe* 2004, S. 73; *Frederiksen/Olofsson/Wahlbin* 1997; *Landström* 1992; *Cable/Shane* 1997.

[416] Vgl. *Gompers/Lerner* 2000, S. 130.

[417] Vgl. *Hopf* 1983, S. 313.

[418] Vgl. hierzu auch *Starbatty* 1999, der sich besonders mit dem Verhältnis von Ethik und ökonomischem Prinzip auseinandersetzt und daran erinnert, dass die „heuristische Kunstfigur“ des „homo oeconomicus“ keinesfalls einem realen Menschen entspricht, sondern eine zu bestimmten Erklärungszwecken erzeugte Abstraktion darstellt, die auch nicht mit einer jegliche Handlung bestimmenden Norm verwechselt werden darf.

[419] Vgl. *Helm* 1999, S. 1618, sowie für den Ursprung des Konzeptes *Simon* 1947.

[420] Vgl. *Williamson* 1988, S. 569.

[421] Zum besseren Verständnis ist es wichtig zu unterstreichen, dass der Unsicherheitsbegriff der Unsicherheitsökonomik *nicht* mit *Knightscher* Unsicherheit gleichgesetzt werden darf – der Gegenstand der Unsicherheitsökonomik tendiert (nach der Terminologie der vorliegenden Arbeit) eher zum quantifizierbaren Risiko. Ähnliches gilt für Teile der im nächsten Abschnitt vorgestellten Informationsökonomik.

schaftssubjekte als exogen gegebenen Umweltzustand. Umweltunsicherheit (auch bezeichnet als technologische Unsicherheit) kann von den Marktteilnehmern nicht direkt beeinflusst werden. So zeigt bspw. das Modell von *Arrow* und *Debreu*, dass es auch unter den neoklassischen Annahmen vollkommener Märkte Pareto-optimale Gleichgewichte gibt, wenn die Prämissen um exogene Unsicherheit[422] erweitert werden.

Gerade die exogene Gegebenheit von Umweltzuständen ist jedoch als wesentlicher Nachteil dieser frühen Erweiterung der Neoklassik zu sehen. So werden Entscheidungen nur im Endzustand betrachtet, wohingegen der Prozess der Informationsakquise zur Verbesserung der Wahrscheinlichkeitsannahmen der Wirtschaftssubjekte außer Acht gelassen wird.[423] Dies leistet erst die Informationsökonomik.

3.3.1 Prämissen und Zielsetzung der Informationsökonomik

Die immer noch kontrafaktischen und stark simplifizierenden Prämissen der Unsicherheitsökonomik können als Vorbedingung der Informationsökonomik verstanden werden. Sobald die Annahme vollkommener und vollständiger Märkte zugunsten der realistischeren Annahme von unvollkommenen und unvollständigen Märkten aufgegeben wird, betritt die Analyse das Feld der Informationsökonomik.[424] Wesentliche Erweiterung gegenüber der Unsicherheitsökonomik ist die Verschiebung von exogen gegebener Unsicherheit hin zur endogenen Unsicherheit (Marktunsicherheit). D.h. die Unsicherheit im Markt liegt im Verhalten der Marktteilnehmer selbst sowohl auf der Anbieter- als auch auf der Nachfragerseite begründet.

Damit verschiebt sich die Analyse vom passiven Verhalten der Subjekte hin zu aktivem Handeln: anstatt zu versuchen, auf Grundlage des beschränkten Wissens rational zu agieren, werden aktiv Schritte eingeleitet, mit dem Ziel, die Unsicherheit im Markt und die Grenzen des Wissens zu überwinden.[425] Diese Unsicherheit spiegelt sich wesentlich in den Informationsasymmetrien am Markt wieder. Logisch deduziert lässt sich die Existenz dieser Informationsasymmetrien wie folgt begründen: Märkte sind gerade deswegen nicht informationseffizient, weil es sich bei gegebener Informationseffizienz aufgrund der anfallen-

---

[422] Vgl. *Hopf* 1983, S. 313.

[423] Vgl. *Hirshleifer/Riley* 1976, S. 2, die zur Verkürztheit der Unsicherheitsökonomie bemerken: "The economics of uncertainty is to the economics of information as the theory of statistical inference is to statistical decision theory."

[424] Überblickartige sowie grundlegende Literatur zur Forschung bezüglich der ökonomischen Rolle von Information stellen (exemplarisch) dar die Arbeiten von *Stigler* 1961; *Bössmann* 1988; *Hopf* 1983; *Kaas* 1995; *Marschak* 1954; *Stiglitz* 1975; *Stiglitz* 1985; *Stiglitz* 1987; *Stiglitz* 1988; *Stiglitz* 1992; *Stiglitz* 2000; *Riley* 2001; *Fudenberg/Tirole* 1991; *Hirshleifer/Riley* 1992; *Hart* 1995 sowie *Macho-Stadler/Pérez-Castrillo/Watt* 1997.

[425] Vgl. *Hirshleifer* 1989, S. 125.

den Suchkosten nicht lohnen würde, überhaupt zusätzliche Informationsbestände aufzubauen. Dies würde wiederum dazu führen, dass überhaupt keinerlei Information mehr im Markt vorhanden wäre. Genau aus diesem Grund können Märkte unvollkommen und unvollständig sein[426] und müssen es auch immer bleiben.

Bereits die Transaktionskostentheorie hat Informationskosten als Teil der Kosten des Transaktionsprozesses erkannt; die damit einhergehenden Probleme werden jedoch nicht weiter diskutiert. Spätestens jedoch mit *Stiglers* wegweisendem Aufsatz „The Economics of Information"[427] wird dagegen deutlich, dass gerade das Informationsproblem entsprechend vielschichtig ist und der besonderen Aufmerksamkeit bedarf. Es mag zwar etliche Bereiche innerhalb der Ökonomie geben, bei deren Analyse sich die Vernachlässigung des Informationsproblems als tolerabel oder sogar wünschenswert für den Analytiker herausstellen kann. Die vollständige Vernachlässigung von Fragestellungen in Zusammenhang mit durch asymmetrisch verteilten Informationen verursachten unvollkommenen und unvollständigen Märkten – also der Tatsache, dass unterschiedliche Marktteilnehmer unterschiedliche Wissensstände haben können – ist jedoch ein Mangel, dem die Ökonomie inzwischen zu begegnen sucht. In der Folge ist die Informationsökonomik neben der Transaktionskostentheorie als zusätzliche Forschungsrichtung innerhalb der Neuen Mikroökonomie entstanden.

Abstrakt verstehen (Informations-)Ökonomen unter einer Information eine Nachricht, deren Empfang beim Rezipienten die Veränderung von Wahrscheinlichkeitsurteilen hinsichtlich Daten oder Ereignissen mit Entscheidungsrelevanz im Rahmen seiner Aktivitäten als Wirtschaftssubjekt verursacht.[428] Primäre Funktion der Information ist die Verringerung bestehender Unsicherheit des Individuums im Entscheidungsprozess.[429] Allgemeiner lässt sich von Information auch als „zweckorientiertem Wissen" im Gegensatz zum Allgemeinwissen reden.[430] Letztere – breitere – Definition ist gerade vor dem Hintergrund der dieser Arbeit zugrunde liegenden *Knigthschen* Unsicherheit von Wagniskapitalinvestitionen als adäquatere Leitlinie zu bewerten.

Zum Umgang mit dem Informationsproblem sind die unterschiedlichsten Ansätze entstanden. Informationsökonomik im engeren Sinne bezeichnet die ökonomische Analyse der Informati-

---

[426] Vgl. *Stiglitz* 2002, S. 471.
[427] Vgl. *Stigler* 1961.
[428] Vgl. *Bössmann* 2000, S. 359.
[429] Vgl. *Hirshleifer* 1973.
[430] Vgl. *Bössmann* 1988, S. 1985.

onsbeschaffung (Screening),[431] wohingegen Informationsökonomik im weiteren Sinne alle Analysen umfasst, die sich mit den Folgen unterschiedlicher Informationsbedingungen in ökonomischen Systemen befassen.[432] Hierzu gehört auch die ökonomische Gestaltung der Übertragung von Informationen (Signaling). Diese ungleich verteilten (asymmetrischen) Informationen sind dabei nicht als ein nur temporär vorhandenes Friktionselement im Markt zu verstehen, sondern müssen als integraler Bestandteil eines jeden Marktes und jedes ökonomischen Prozesses begriffen werden. Screening adressiert dabei nachfragerseitige Aktivitäten, wohingegen Signaling Aktivitäten zum Abbau von Informationsasymmetrien auf der Angebotsseite bezeichnet.[433]

Eine allgemeine und einheitliche Theorie der Informationsökonomik existiert bislang gleichwohl nicht. Gemeinsam ist den verschiedenen informationsökonomischen Ansätzen jedoch der Grundgedanke, dass die Beschaffung von Information Kosten verursacht[434] und damit das Verhalten der Marktteilnehmer wesentlich von diesen Kosten bestimmt ist. Kosten der Informationssuche werden bezeichnet als Suchkosten, zu denen nicht nur die monetär exakt spezifizierbaren Kosten einer bestimmten Informationsquelle zählen, sondern ebenso die Kosten der nächstbesten entgangenen Gelegenheit – also Opportunitätskosten. Gerade aus dem Opportunitätskostenproblem leiten sich zahlreiche Suchmodelle der Informationsökonomik her.

Grundsätzlich lässt sich die Rolle von Informationen sowohl in einzelwirtschaftlichen Zusammenhängen, in der Partialanalyse einzelner Märkte wie auch in der Totalanalyse gesamter Volkswirtschaften thematisieren.[435] Vor dem Hintergrund des speziellen Erkenntnisinteresses dieser Arbeit sind allerdings besonders die Ergebnisse einzelwirtschaftlicher Analysen von Bedeutung. *Talkenberg*[436] unterteilt diese einerseits in Ansätze zur Bestimmung von Preisen und andererseits in Ansätze zur Bestimmung von Güterqualitäten. Diese Herangehensweisen werden in den folgenden Abschnitten eingehender betrachtet.

3.3.2 Informationsökonomische Ansätze unter Preisunsicherheit

Preissuchmodelle befassen sich mit der rationalen Informationssuche hinsichtlich des besten Preises bei homogenen Gütern (oder modellieren die Informationssuche unter Vernachlässi-

---

431 Vgl. *Kaas* 1990, S. 541.
432 Vgl. *Bössmann* 2000, S. 358.
433 Vgl. *Hirshleifer/Riley* 1992, S. 314.
434 Vgl. *Hayek* 1945 und für eine experimentelle Herangehensweise an das Problem der Kosten von Information *Kraemer/Nöth* 2005.
435 Vgl. *Bössmann* 1988, S. 184.
436 Vgl. *Talkenberg* 1992, S. 11ff.

gung des Qualitätsproblems bei heterogenen Gütern). *Stiglers* berühmtes Suchmodell[437] ist als Ausgangspunkt einer Gruppe von theoretischen Ansätzen zu sehen, die sich grob als „Preisunsicherheitsschule" innerhalb der Informationsökonomik etikettieren lässt. Der Suchaufwand für den niedrigsten Preis wird bei diesen Modellen in Relation zur Streuung der Preise im Markt (Preisdispersion) und den Kosten der Suche gesetzt. Die Preisverteilung kann dem Nachfrager entweder bekannt oder unbekannt (z. B. bei Eintritt in einen neuen Markt) sein; je nach Ausgangslage führt diese in der Konsequenz zu unterschiedlichen Suchstrategien der Marktteilnehmer. Während der Ansatz *Stiglers* vor Suchbeginn von einem festgelegten Suchumfang ausgeht, bestimmen später entwickelte sequentielle (und damit auf weit realistischeren Voraussetzungen basierende) Suchverfahren vor Beginn der Suche einen Reservationspreis des Nachfragers, bis zu dessen Erreichen die Suche fortgesetzt werden soll.

Der Suchumfang wird also selbst zur Zufallsvariable; ein optimales Ergebnis der Suche liegt dann vor, wenn der aufgefundene Preis kleiner oder gleich dem Reservationspreis ist und wenn gleichzeitig der Erwartungsnutzen des Suchprozesses durch die realisierten Preisunterschiede die Kosten der Suche abdeckt.[438] Interessanterweise ist bereits von Anbeginn der informationsökonomischen Diskussion klar, dass „the search for knowledge on the quality of goods [...] is perhaps no more important but, certainly, analytically more difficult."[439] Forschungsansätze, die sich dieser Aufgabe stellen, werden im nächsten Abschnitt diskutiert.

3.3.3 Informationsökonomische Ansätze unter Qualitätsunsicherheit

> „The difficulty of distinguishing good quality from bad is inherent in the business world; this may indeed explain many economic institutions and may in fact be one of the more important aspects of uncertainty."
>
> *George A. Akerlof*[440]

Gegenüber den sich auf Preisunsicherheiten fokussierenden informationsökonomischen Modellen existiert innerhalb der Informationsökonomik eine Forschungsrichtung, die sich primär mit der Unsicherheit der Marktteilnehmer im Hinblick auf die Qualität der Güter auseinandersetzt und somit unter dem Stichwort der „Qualitätsunsicherheitsschule" zusammengefasst werden kann. Die Vorgehensweise dieser Forschungsrichtung entspricht zwar nicht unbedingt der mathematischen Exaktheit der Preistheoretiker, setzt sich dafür aber mit dem komplexen

[437] Vgl. *Stigler* 1961.
[438] Vgl. *Hopf* 1983, S. 314.
[439] Vgl. *Stigler* 1961, S. 224.
[440] Vgl. *Akerlof* 1970, S. 500.

Gegenstand der Güterqualität eingehend auseinander und erzielt derart beachtliche Erkenntnisgewinne. *Nelson* bemerkt dazu:

> „Not only do consumers lack full information about the prices of goods, but their information is probably even poorer about the quality variation of products simply because the latter information is more difficult to obtain."[441]

Die Schwierigkeit in der Handhabung des Forschungsobjektes, auf die so oft hingewiesen wird, liegt in der Tatsache begründet, dass die Qualität eines Gutes stets mehrdimensional beschrieben werden muss, während der Preis im Gegensatz dazu eine eindimensionale Größe darstellt.[442] Handlungen zur Reduktion der Unsicherheit im Zusammenhang mit der Qualität eines Gutes sind insbesondere davon abhängig, ob der nachfragende Transaktionspartner vor oder nach der Transaktion die für ihn entscheidenden Qualitäten bewerten kann. Ist eine solche Einschätzung erst nach Abschluss der Transaktion machbar, so werden die Aussagen der Agency-Theorie relevant. Aussagen zur Bewertungsmöglichkeit des nachfragenden Transaktionspartners vor *und* nach Vertragsabschluss macht gerade die Informationsökonomik. Dazu bedient sie sich der Systematisierung von Gütereigenschaften in Such-, Erfahrungs- und Vertrauenseigenschaften, die nachstehend vorgestellt werden.

3.3.3.1 Die Klassifikation von Gütern nach Nelson und Darby/Karny

Grundlage der Differenzierung von Gütereigenschaften in Such-, Erfahrungs- (manchmal auch Inspektions-)[443] und Vertrauenseigenschaften ist die Beobachtung *Nelsons*, dass die Kosten der Informationssuche zu sich fundamental unterscheidendem Nachfragerverhalten führen können, je nachdem ob Informationen über Qualitätseigenschaften oder reine Preisinformationen über ein Gut beschafft werden sollen.[444] Im Gegensatz zu *Stigler* (vgl. Abschnitt 3.3.2) befasst *Nelson* sich mit Informationen bezüglich der Qualität von Gütern und geht dabei davon aus, dass der Nachfrager für jedes denkbare Gut die Wahl hat, seine Qualitätsbewertung über Suche oder Erfahrung zu bewerkstelligen.[445] In beiden Fällen ist es dann und nur dann sinnvoll, weitere Informationen zu beschaffen, wenn die Grenzkosten des nächsten Suchschritts bzw. einer weiteren direkten Qualitätserfahrung unterhalb des Grenzerlöses der zusätzlich gewonnenen Information liegen.

---

[441] Vgl. *Nelson* 1970, S. 311. Wie sich zeigen wird, ist der ursprüngliche Fokus auf Konsumenten leicht auszuweiten auf jegliches Wirtschaftssubjekt, das sich mit den Eigenschaften eines Gutes auseinandersetzt.
[442] Vgl. *Talkenberg* 1992, S. 16.
[443] Vgl. *Kaas/Busch* 1996.
[444] Vgl. *Nelson* 1970.
[445] Vgl. *Nelson* 1970, S. 317.

Erfahrung als Informationsbeschaffungsmaßnahme wird genau dann der Suche vorgezogen, wenn die Kosten der Suche im Vergleich prohibitiv hoch eingeschätzt werden. So kann Erfahrung im Bereich einiger Konsumgüter tatsächlich die günstigere Informationsbeschaffungsvariante darstellen. Sie kann aber durchaus auch die einzige Möglichkeit der Informationsbeschaffung sein. In der Konsequenz bedeutet dies, dass grundsätzlich zwei Kategorien von Gütern denkbar sind: Such- und Erfahrungsgüter, die beide zusammen die Schwierigkeit eines Nachfragers widerspiegeln, vor der Transaktion Güterqualitäten einzuschätzen.[446] Dabei werden nach *Nelson* unter Suchgütern diejenigen Güter verstanden, deren Qualität vor dem Kauf abschätzbar ist, wohingegen der Terminus Erfahrungsgut andeutet, dass die Qualität des Gutes erst nach dem Kauf und mit seinem Gebrauch beurteilt wird bzw. beurteilt werden kann. Es ist davon auszugehen, dass gerade bei Erfahrungsgütern die Beschaffung von Informationen zur Qualität eines Gutes ungleich schwieriger ist als bei der Beschaffung von reinen Preisinformationen. Die an *Stigler* anschließenden Suchmodelle lassen sich zwar theoretisch auch auf die Qualitätssuche übertragen; es ist allerdings davon auszugehen, dass – da ein Kauf oder zumindest die probeweise Nutzung des betreffenden Gutes vorausgesetzt werden muss – die Anzahl der Suchschritte weit unter der möglichen Anzahl derer von Preissuchmodellen liegen wird.[447] Weiterhin ist die Qualität eines Gutes immer als eine mehrdimensionale Größe zu verstehen, was die Analyse im Vergleich zur eindimensionalen Größe des Preises im beträchtlichen Maße verkompliziert.[448]

Darby und *Karny* nehmen die von *Nelson* eingeführte Unterscheidung auf und führen schließlich eine dritte Kategorie ein, mit der nun jedes Gut umfassend beschrieben werden kann. Mit ihren Worten gesprochen: „We find that it is important to distinguish a third class of properties which we term ‚credence' qualities."[449] Diese Vertrauenseigenschaften eines Gutes werden für den Nachfrager auch nach Abschluss der Transaktion immer im Unklaren bleiben und sich der konkreten Bewertung entziehen. Dieser Umstand liegt begründet in der Tatsache, dass eine Bewertung auch nach der Transaktion für den Nachfrager nur unter großem, nicht tragbarem Aufwand (Kosten) zu realisieren ist:

---

[446] Vgl. *Arnthorsson/Berry/Urbany* 1991, S. 217.
[447] Vgl. *Hopf* 1983, S. 315f.
[448] Vgl. *Talkenberg* 1992, S. 16.
[449] Vgl. *Darby/Karni* 1973, S. 68.

> "We distinguish then three types of qualities associated with a particular purchase: search qualities which are known before purchase, experience qualities which are known costlessly only after purchase, and credence qualities which are expensive to judge even after purchase."[450]

Der Grund für die Existenz dieser unterschiedlichen Gütereigenschaften liegt also in den Kosten der Qualitätsmessung begründet.[451] Darüber hinaus wenden sie sich ab von der Annahme, dass die unterschiedlichen Qualitäten in alternativen Suchprozessen von Informationen begründet sind, sondern betrachten diese als jedem Gut immanente Eigenschaften. Damit ist die Qualität eines jeden Gutes umfassend charakterisiert, nämlich als dem Nachfrager entweder vor dem Kauf bekannt, nach dem Kauf bekannt oder niemals bekannt. Gleichzeitig erlaubt diese Systematik eine informationsökonomisch fundierte Charakterisierung des Verhaltens von Nachfragern. Während *Nelson* noch explizit von „Search Goods" und „Experience Goods" spricht, weisen bereits *Darby* und *Karny* darauf hin, dass jedem Gut Such-, Erfahrungs- und Vertrauenseigenschaften in unterschiedlichem Ausmaß immanent sind.[452] Die Rede von Güter*eigenschaften* ist deshalb der Verwendung der Termini „Such-, Erfahrungs- und Vertrauens*güter*" vorzuziehen. Einzig wenn Güter nach der jeweils dominierenden Eigenschaft als Such-, Erfahrungs- oder Vertrauensgüter bezeichnet werden, wäre eine solche Vorgehensweise statthaft.[453]

Im Nachgang zu den ersten Studien aus dem angloamerikanischen Raum ist das Konzept der Such-, Erfahrungs- und Vertrauenseigenschaften zwischenzeitlich auch im deutschsprachigen Umfeld empirisch geprüft und bestätigt worden.[454] Abbildung 14 gibt einen Überblick dieser Charakteristika und zeigt Such-, Erfahrungs- und Vertrauenseigenschaften von Gütern im Vergleich.[455] Grundlage dieser Systematik bildet einerseits die Unterscheidung „vor dem Kauf / nach dem Kauf" sowie andererseits „Qualität beobachtbar / Qualität nicht beobachtbar".

---

[450] Vgl. *Darby/Karni* 1973, S. 69.

[451] Vgl. *Fließ* 2004, S. 35. An *Darby* und *Karni* anschließende spätere Studien sehen teilweise auch Bedürfnisse des Nachfragers als seinerseits nicht eindeutig identifizierbar und daher mit Vertrauenseigenschaften verbunden, da Situationen denkbar sind, in denen Anbieter Nachfragern gegenüber bestimmen, welche Anforderungen an ein Gut diese haben sollten. Die Unsicherheit steigt entsprechend. Vgl. *Emons* 2001 sowie *Wolinsky* 1993.

[452] Mischformen von Gütern werden von Nelson erst später in *Nelson* 1981 diskutiert.

[453] Vgl. *Fließ* 2004, S. 33.

[454] Vgl. *Kaas/Busch* 1996, S. 245ff.

[455] Alternative, klassische Gütersystematiken sehen bspw. eine Trennung nach der Ausschließlichkeit in öffentliche und private Güter vor. Vgl. bspw. *Samuelson* 1998, S. 410f., sowie für eine Klassifikation nach der Knappheit *Siebert* 2000, S. 21.

Abbildung 14
Die Klassifikation von Güterqualitäten in Such-, Erfahrungs- und Vertrauenseigenschaften

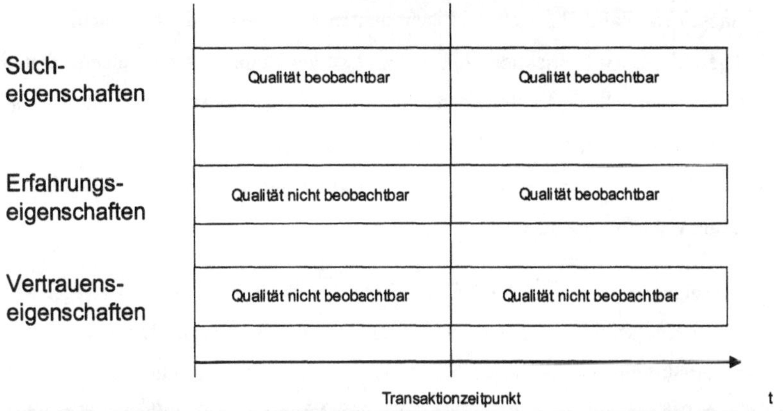

Vertrauenseigenschaften eines Gutes kommt innerhalb dieser Klassifikation eine besondere Bedeutung zu. Nachfragerseitig besteht bei Gütern, die von einer starken Vertrauenskomponente geprägt sind, die größte Gefahr betrogen zu werden und damit im Vergleich zu anderen Gütern eine außerordentliche Unsicherheit.[456] Während Nachfrager, die bei der Überprüfung einer Sucheigenschaft Qualitätsmängel feststellen, vom einer Transaktion Abstand nehmen können, oder aber im Fall der negativen Einschätzung einer Erfahrungseigenschaft zukünftige Wiederholungstransaktionen unterlassen können,[457] ist dies im Falle der Vertrauenseigenschaften nicht möglich. Theoretisch lässt sich zwar zeigen, dass der Marktmechanismus diese negativen Folgen von Vertrauenseigenschaften kontrollieren hilft,[458] empirische Studien zeigen aber auch, dass gerade eine geringe Nachfrage zu opportunistischem Verhalten der Anbieter führen kann. So tendieren in einer Schweizer Studie unter 8000 Allgemeinmedizinern die Ärzte mit geringer Patientenbasis eher dazu, höhere Beträge für dieselbe Leistung zu fakturieren als ihre gut ausgelasteten Kollegen.[459] Zusammenfassend lässt sich daher festhalten:

a) Sucheigenschaften bezeichnen Eigenschaften eines Gutes, die ein Nachfrager vor dem Abschluss der Transaktion vollständig bewerten kann. Erreicht wird dies durch Prüfung des Angebots oder Suche nach Informationen über das Angebot. Der Nachfrager bricht die Suche genau dann ab, wenn er ein für sich subjektiv als ausreichend empfundenes In-

---

[456] Zur Problematik von durch Vertrauenseigenschaften geprägten Expertendienstleistungen vgl. bspw. *Taylor* 1995, *Dulleck/Kerschbamer* 2001 und *Dulleck/Kerschbamer* 2003.
[457] Vgl. *Ford/Smith/Swasy* 1990, S. 434.
[458] Vgl. *Emons* 2001, S. 379.
[459] Vgl. *Marty* 1998.

formationsniveau erreicht hat oder wenn weitere Suchschritte aufgrund der Suchkosten als nicht tragbar empfunden werden.

b) Erfahrungseigenschaften bezeichnen Eigenschaften eines Gutes, die ein Nachfrager erst nach abgeschlossener Transaktion vollständig bewerten kann. Dies kann einerseits in der schlichten Unmöglichkeit der Bewertung vor dem Kauf begründet liegen, andererseits ist es jedoch auch denkbar, dass die Bewertung der Gütereigenschaften (bspw. aus Bequemlichkeit und aufgrund des geringen Preises) bewusst auf die Zeit nach Abschluss der Transaktion verschoben wird.

c) Vertrauenseigenschaften bezeichnen Eigenschaften eines Gutes, die ein Nachfrager weder vor noch nach Abschluss der Transaktion vollständig bewerten kann. Begründet liegt dieser Sachverhalt im mangelnden spezifischen Wissen des Nachfragers über das Gut, wobei sich dieses Wissen zu keinem Zeitpunkt unter vertretbaren Kosten aufbauen lässt oder aber die Kosten einer Bewertung als subjektiv zu groß betrachtet werden. Vertrauenseigenschaften müssen also nicht zwangsläufig unermittelbar sein; die Entscheidung, auf die Eigenschaften eines Gutes zu vertrauen, kann in einigen Fällen auch aktiv vom Nachfrager getroffen werden. Vertrauenseigenschaften sind insbesondere bei nicht standardisierten Leistungsversprechen[460] und so genannten Kontraktgütern[461] vorherrschend; die Unsicherheit des Nachfragers ist im Gegensatz zu den beiden ersten informationsökonomischen Eigenschaften am höchsten.

Talkenberg kritisiert diese Kategorisierung von Gütern als verhältnismäßig grobkörnig,[462] erkennt jedoch die Nützlichkeit der Systematisierung in Such-, Erfahrungs- und Vertrauenseigenschaften an, um einen Bezugsrahmen für die Strukturierung von aus Qualitätsproblemen abgeleiteten Informationsproblemen zu liefern. Dabei müssen sich bisherige Analysen des Qualitätsproblems dem Vorwurf stellen, das Problem der Preissuche ignoriert zu haben. Es ist allerdings nicht einsehbar, warum der Preis nicht selbst als eine Suchqualität des Gutes verstanden werden kann. Die abstrakte Rede von Gütereigenschaften kann also durchaus den Preis als Entscheidungskriterium mit einbeziehen.

---

[460] Vgl. *Fließ* 2004, S. 33.
[461] Vgl. *Schade/Schott* 1993.
[462] Vgl. *Talkenberg* 1992, S. 20.

3.3.3.2 Informationsökonomisches Dreieck und Bestimmung von Transaktionstypen

Betrachtet man nun ein bestimmtes Gut, das sich in der Gesamtheit seiner Qualitäten aus den drei durch Suche, Erfahrung und Vertrauen bestimmten Eigenschaften zusammensetzt, so wird deutlich, dass es sich um sich gegenseitig ergänzende – komplementäre – Eigenschaften handelt. Bei jeder Transaktion sind folglich alle drei Eigenschaftstypen in unterschiedlichen Ausprägungen vorhanden und ergänzen sich in summa zu 100 Prozent.[463] Abbildung 15 verdeutlicht diesen Zusammenhang. Je nach Eigenschaftsausprägung lässt sich eine Transaktion eindeutig im so genannten „Informationsökonomischen Dreieck" positionieren. Die Vereinfachung der Darstellung vom Dreidimensionalen ins Zweidimensionale ist ohne einen Verlust an Information möglich, wenn beachtet wird, dass jeder eine Transaktion charakterisierende Punkt ein Tripel aus den Anteilen von Such-, Erfahrungs- und Vertrauenseigenschaften darstellt.[464] Die Dominanz einer bestimmten Eigenschaft im Zusammenhang mit der Transaktion erlaubt es dann, von hauptsächlichen „Vertrauenstransaktionen", „Suchtransaktionen" oder auch „Erfahrungstransaktionen" zu sprechen.[465]

Abbildung 15
Komplementarität von Leistungseigenschaften und Positionierung von Transaktionen im informationsökonomischen Dreieck[466]

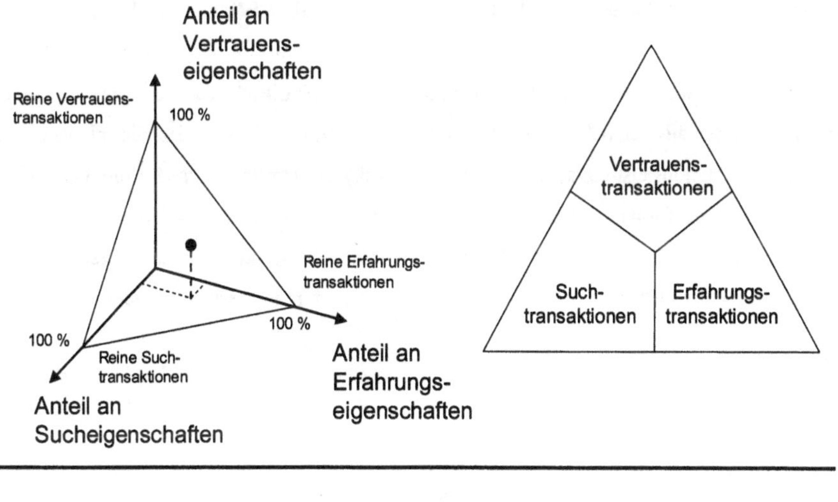

[463] Vgl. *Adler* 1998, S. 342.
[464] Vgl. *Weiber/Adler* 1995a, S. 60.
[465] *Weiber/Adler* 1995b, S. 99ff. sprechen explizit von „Such-, Erfahrungs- und Vertrauenskäufen". Da der Fokus dieser Arbeit auf dem Investitionsprozess von Wagniskapital liegt, soll im Folgenden jedoch zur besseren Verständlichkeit allgemeiner von Transaktionen gesprochen werden (wenngleich jede Investition selbstverständlich auch als „Kauf" eines Renditepotentials betrachtet werden kann).
[466] In Anlehnung an *Weiber/Adler* 1995b, S. 61f.

Während sowohl *Nelson* als auch *Darby* und *Karny* die jeweiligen Eigenschaften als dem Gut objektiv anhängig betrachten, ist es als das Verdienst von *Weiber* und *Adler* zu betrachten, den Nachfrager als subjektiven Bewerter eines Gutes nicht länger zu vernachlässigen und ihm explizit Platz in der Analyse einzuräumen.[467] D.h. die Charakterisierung von Gütern durch Such-, Erfahrungs- und Vertrauenseigenschaften „darf nicht auf der Basis objektiver Kriterien erfolgen, sondern wird durch die *subjektive Wahrnehmung* der Nachfrager determiniert."[468]

An diesem Punkt der Diskussion wird klar, dass es sich bei Such-, Erfahrungs- und Vertrauenseigenschaften nicht – wie noch in den 1970er Jahren von den Vätern der informationsökonomischen Qualitätsunsicherheitsschule angenommen – um objektive Eigenschaften von Gütern handelt, sondern vielmehr um Werturteile von Nachfragern[469] über diese Güter. Diese Werturteile variieren nicht nur zwischen einzelnen Nachfragern, sondern können sich auch je nach Zeitpunkt und situativem Kontext bei einem einzelnen Nachfrager verschieben.[470] In der Philosophie- und Geistesgeschichte findet sich eine lange wissenschaftstheoretische Tradition,[471] die sich der Unterscheidung von Tatsachen- und Werturteilen durchaus bewusst ist. Es kann also davon ausgegangen werden, dass die Subjektivität der Eigenschaftszuweisung an ein Gut nicht allein im Marketingbereich (wie von *Weiber* und *Adler* postuliert) Bestand hat, sondern darüber hinaus für jedes Gut in jedem Kontext Gültigkeit beanspruchen darf. Selbstredend dürfte die Anbieterseite in der Gestaltung eines Totalmodells nicht fehlen; die Beurteilung und Bewertung von Gütern kann jedoch *nur* nachfragerseitig erfolgen. Selbst wenn in empirischen Studien eine weitgehende Homogenität in der Einschätzung der jeweiligen Gütereigenschaften aus Perspektive der Nachfrager gefunden wird,[472] so ändert dies nichts daran, dass die Evaluationsleistung subjektiv erfolgt. Aus diesem Umstand folgt für die weitere Arbeit, dass eine informationsökonomische Analyse der Leistungseigenschaften von Gütern (hier die Beteiligung an einem Gründungsunternehmen) zwingend beim Nachfrager (Wagniskapitalgeber) ansetzen muss und dabei immer subjektiv geprägte Resultate liefern wird.

---

[467] Erste, indirekte Andeutung in der informationsökonomischen Literatur finden sich bspw. bei *Ford/Smith/Swasy* 1990 sowie *Arnthorsson/Berry/Urbany* 1991.

[468] Vgl. *Weiber/Adler* 1995a, S. 61 (Kursivsetzung im Original) sowie *Weiber/Adler* 1995b und *Adler* 1996.

[469] Vgl. *Fließ* 2004, S. 34.

[470] Vgl. *Arnthorsson/Berry/Urbany* 1991, S. 218.

[471] Die erstmalige Thematisierung der strikten Unterscheidung zwischen Tatsachen und Werten wird allgemein mit *Humes* Unterscheidung von „is" und „ought" im 1739/1740 erschienenem „Treatise of Human Nature" in Verbindung gebracht. Vgl. *Hume* 1992 sowie weiterführend zu dieser Problematik *Searle* 1997, S. 261ff.

[472] So bspw. bei *Kaas/Busch* 1996.

3.3.3.3 Informationsökonomische Strategien zur Reduktion von Unsicherheit

Die Unsicherheit eines Nachfragers über die Qualität eines Gutes lässt sich mit Hilfe der Informationsökonomik durch zwei grundsätzliche Strategien reduzieren.[473] Diese sind zu einem großen Teil abhängig von der jeweiligen Klassifizierung eines Gutes und gehen daher einher mit je unterschiedlichen Suchprozessen, die in der Folge unterschiedliche Kosten der Informationsbeschaffung und -bereitstellung für die nachfragende und die anbietende Partei nach sich ziehen.[474]

Als erstes bietet sich – insbesondere bei der Evaluation von Sucheigenschaften – die direkte Suche nach Informationen an (bspw. durch Inspektion des Gutes). Die informationsökonomische Theorie subsumiert diese Strategien unter dem Begriff des Screening.[475] Liegt ein solches Vorgehen nicht im Bereich des Möglichen, weil sich das einzuschätzende Gut in der Wahrnehmung des Nachfragers durch eine Vielzahl von Erfahrungs- und Vertrauenseigenschaften auszeichnet, so werden informationssubstituierende Strategien relevant. Immer dann, wenn direkte Informationen nicht verfügbar sind, kommen derartige Strategien der Informationssubstitution zum Tragen. Diese sind innerhalb der Informationsökonomik dem Feld des Signaling zuzuordnen.[476] In jeder Situation, in der eine Person (oder eine Institution) die Initiative ergreift „to identify himself as a more attractive contractual partner, then it is conventional to say he is signaling.“[477] Dabei kann es durchaus im Interesse desjenigen sein, der einen informationellen Vorteil gegenüber potenziellen Marktpartnern besitzt, diese Informationsasymmetrie abzubauen. Besonders wichtig in diesem Zusammenhang sind die Arbeiten von *Akerlof* geworden.[478] Das berühmte Beispiel vom Gebrauchtwarenmarkt zeigt, dass Märkten mit Erfahrungsgütern eine Tendenz zur stetigen Verschlechterung der Qualität inhärent ist, die bis zum Zusammenbruch des Marktes selbst führen kann, wenn keinerlei Maßnahmen zur Marktsicherung ergriffen werden. Der Informationsvorsprung des Anbieters über den Nachfrager kann sich folglich langfristig auch zum Negativen für den Anbieter selbst auswirken.

---

[473] Alternative Ansätze zur Reduktion von Unsicherheit bei Qualitäten von Gütern finden sich mit der Theorie des wahrgenommenen Risikos sowie der Theorie der Qualitätswahrnehmung und Beurteilung. Vgl. *Gemünden* 1985 bzw. *Olson/Jacoby* 1972.
[474] Vgl. *Bössmann* 1988, S. 192.
[475] Vgl. hierzu und zu den nachfolgenden Ausführungen *Adler* 1998, S. 343ff., sowie *Adler* 1996, S. 101ff.
[476] Vgl. *Spence* 1974.
[477] Vgl. *Stiglitz* 2002, S. 475.
[478] Vgl. *Akerlof* 1970, S. 489ff.

Der hier verwendete Terminus Informationssubstitut könnte zu der Annahme verleiten, Informationen über ein Gut seien durch wie auch immer geartete Alternativen ersetzbar. Dem ist selbstverständlich nicht so; substituiert wird die *direkte* Information durch *indirekte* Signale, die auf Umwegen Aufschluss über die Eigenschaften eines Gutes geben können und für den Nachfrager ebenfalls Information darstellen. Auch diese Signale verursachen beim Empfänger genau wie die direkte Information eine Veränderung seiner entscheidungsrelevanten Urteile über einen wirtschaftlichen Zusammenhang. Mit anderen Worten: Die erste Klasse der Strategien zur Unsicherheitsreduktion betrachtet die Informationsaktivitäten der Nachfrager (Screening), während die zweite strategische Klasse sich auf die Aktivitäten der Anbieter – als Hilfe zur Reduktion der nachfragerseitigen Unsicherheit – konzentriert (Signaling).[479]

Während die direkte Informationssuche immer auf konkrete Ausprägungen der Leistungseigenschaften eines Gutes gerichtet ist (leistungsbezogene Informationssuche), können Informationssubstitute weiterhin zweifach unterteilt werden. Signale können sich genauso wie direkte Information auf konkrete Eigenschaften des Austauschobjektes beziehen und damit „leistungsbezogen" genannt werden oder aber der Qualitätsbewertung globale Bezugsgrößen zugrunde legen und folglich „leistungsübergreifend" sein (leistungsbezogene versus leistungsübergreifende Informationssubstitute). Damit sind die drei essentiellen Klassen der Unsicherheitsreduktionsstrategien charakterisiert. Unsicherheitsreduktionsstrategien 1. Ordnung umfassen alle diejenigen Screeningaktivitäten von Nachfragern, die sich auf die direkte Informationssuche von konkreten Eigenschaften eines Austauschobjektes beziehen. Unsicherheitsreduktionsstrategien 2. Ordnung hingegen umfassen alle Signalingaktivitäten von Anbietern, die sich auf konkrete Eigenschaften des Austauschobjektes beziehen. Dem gegenüber beinhaltet die Klasse der Unsicherheitsreduktionsstrategien 3. Ordnung diejenigen Signalingaktivitäten von Anbietern, die sich nicht auf konkrete Eigenschaften des Austauschobjektes beziehen.

Weiterhin lässt sich – nach den gezogenen Differenzen von direkt/indirekt und leistungsbezogen/leistungsübergreifend – eine letzte Unterscheidung treffen: Unsicherheitsreduktionsstrategien können sowohl von einem wirksamen Reputationsmechanismus abhängig sein als auch ohne diesen Mechanismus auskommen. Wird kein Reputationsmechanismus vorausgesetzt, so lässt sich innerhalb der Klasse der Unsicherheitsreduktionsstrategien 2. Ordnung von leistungsbezogenen Informationssubstituten I sprechen (worunter bspw. alle vertraglichen Selbstbindungen fallen); wird jedoch Reputation zwingend zur Wirksamkeit der Strategie

---

479 Vgl. *Adler* 1996, S. 103.

vorausgesetzt, so handelt es sich um leistungsbezogene Informationssubstitute II (bspw. wenn die Höhe der Werbeausgaben zur Evaluation herangezogen wird). Abbildung 16 gibt abschließend einen Überblick über diesen Zusammenhang.

Es bleibt jedoch zu beachten, dass es sich bei der Einteilung der verschiedenen Unsicherheitsreduktionsstrategien um hypothetische Konstrukte handelt, die auf einer idealtypischen Unterscheidung beruhen. Die konkrete Zuordnung von in der Realität getroffenen Maßnahmen wird sich schwierig gestalten, nicht zuletzt deshalb, weil sich reale Strategien in der Regel über mehrere Klassen erstrecken werden. Ähnlich wie im Fall der Güterklassifikation, die es lediglich erlaubt von bspw. *überwiegend* durch Erfahrungseigenschaften charakterisierten Transaktionen zu sprechen, werden realiter kaum *reine* Unsicherheitsreduktionsstrategien vorfindbar sein.

Abbildung 16
Typologisierung von Unsicherheitsreduktionsstrategien[480]

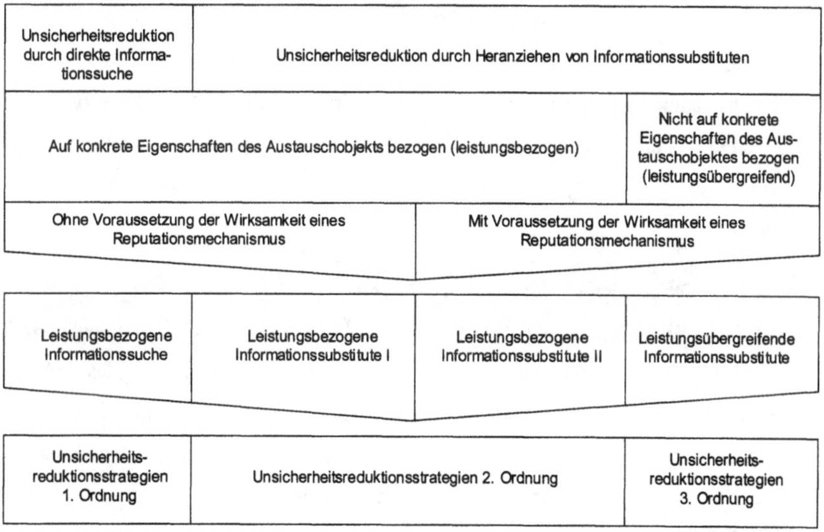

Adler zeigt weiterhin,[481] dass zwischen subjektiver Unsicherheitswahrnehmung und dem entsprechenden Strategieeinsatz ein kausaler Zusammenhang besteht. Die Entscheidung für eine konkrete Unsicherheitsreduktionsstrategie hängt dabei von der jeweils unterschiedlichen, subjektiven Kosten-Nutzen-Bewertung der Nachfrager ab. D.h. für Such-, Erfahrungs- und Ver-

[480] Vgl. *Adler* 1996, S. 106, sowie für eine verkürzte Darstellung *Adler* 1998.
[481] Vgl. *Adler* 1996, S. 129ff.

trauenseigenschaften von Gütern existieren genau passende – komplementäre – Strategien zum Umgang mit der wahrgenommenen Unsicherheit. Diese stellen sich im Einzelnen wie folgt dar:

a) Die Unsicherheitsreduktion von Sucheigenschaften ist in der Regel am einfachsten zu bewerkstelligen: Direkte Informationsbeschaffung über die Qualität des Gutes und die Einschätzung der entsprechenden Sucheigenschaft bergen das höchste Reduktionspotenzial hinsichtlich der subjektiven Unsicherheit in sich. Für den Nachfrager ist mit dieser Strategie daher gleichzeitig der höchste Nutzen gegeben. Der Nachfrager bedient sich einer Unsicherheitsreduktionsstrategie 1. Ordnung.

b) Wenn die Unsicherheit hinsichtlich der Erfahrungseigenschaften eines Gutes verringert werden soll, so muss die direkte Informationsbeschaffung wirkungslos bleiben. Folglich wechseln hier die Strategien vom Screening hin zum Signaling – der Anbieter ist in der Pflicht zu handeln (wenngleich der Nachfrager selbstverständlich diese Signale mit in seinen Suchprozess einbeziehen kann). Die Informationssubstitute, die anbieterseitig in Richtung des Nachfragers kommuniziert werden, bedienen sich entweder des Reputationsmechanismus oder verzichten hierauf. Wichtig ist, dass Signaling nur dann zur Reduktion von Unsicherheit beiträgt, wenn der Nachfrager die Möglichkeit hat, falsche Signale zu sanktionieren. Der Nachfrager bedient sich einer Unsicherheitsreduktionsstrategie 2. Ordnung.

c) Die Verminderung der Unsicherheit des Nachfragers über Vertrauenseigenschaften ist ebenfalls nur über Signale möglich. Diese Signale beziehen sich jedoch nicht mehr auf die Qualität des Austauschobjektes, sondern sollen die Vertrauenswürdigkeit des Anbieters unterstreichen. Der Nachfrager bildet sich derart ein Globalurteil sowohl über den Anbieter als auch über die Qualität seines Angebots, indem er ein subjektives Urteil über die Reputation des Anbieters fällt. Bereits gemachte Erfahrungen oder Urteile unabhängiger dritter Parteien über den Anbieter werden hier ebenfalls relevant. Der Nachfrager bedient sich einer Unsicherheitsreduktionsstrategie 3. Ordnung.

Die Unsicherheitsreduktionsstrategien 1., 2. und 3. Ordnung können als abwärtskompatibel bezeichnet werden. D.h. eine Strategie, deren Verwendung die Unsicherheit hinsichtlich einer Vertrauenseigenschaft reduziert, kann gleichzeitig Einfluss auf die wahrgenommene Unsicherheit der Such- und Erfahrungseigenschaften haben.[482] Es ist jedoch davon auszugehen, dass jede Klasse von Unsicherheitsreduktionsstrategien genau dann ihr größtes Potenzial entfaltet, wenn sie direkt auf die komplementäre Eigenschaft des Austauschobjektes zielt. Realiter wird ein Nachfrager einen Mix von Strategien der isolierten Verwendung einzelner Strategien vorziehen, weswegen die gesonderte Betrachtung an dieser Stelle nur als Hilfsmittel zur Veranschaulichung der grundlegenden Zusammenhänge verstanden werden sollte. Welcher Strategiemix im konkreten Falle Anwendung finden wird, ist einerseits bestimmt durch die jeweils subjektive wahrgenommene Position des Gutes im informationsökonomischen Dreieck, die zeigt, welche Eigenschaften in der Wahrnehmung des Nachfragers überwiegen. Daraus leitet sich die Präferenz für eine bestimmte Strategie ab. Andererseits wird der Strategiemix durch die jeweilige Wirkungsmacht einer Strategie bestimmt, die je nach Gut unterschiedlich sein kann.

3.3.4 Eignung der Informationsökonomik zur Erklärung des Phänomens der Wagniskapitalfinanzierung

> "[There are, A.K.] tremendous incentive and information problems that venture capitalists must overcome. Venture investors typically concentrate in industries with a great deal of uncertainty, where the information gaps among entrepreneurs and investors are commonplace."
>
> *Paul Gompers* und *Josh Lerner*[483]

Im Gegensatz zur Neoklassik, welche das Unternehmen als eine Black Box akzeptiert, die sich der Analyse entzieht,[484] bieten neue mikroökonomische Ansätze zahlreiche Anhaltspunkte, um Organisationen und die sie umgebenden anderen Institutionen in einer Volkswirtschaft zu verstehen. Erste informationsökonomisch fundierte Entrepreneurship-Studien zeigen darüber hinaus, dass gerade dieser theoretische Ansatz geeignete Möglichkeiten bietet, Untersuchungen des Investitionsprozesses von Wagniskapitalgebern mit einem soliden theoretischen Fundament zu verknüpfen.[485] Es kann also davon ausgegangen werden, dass insbesondere die „Neue Mikroökonomie" auch für die Betriebswirtschaftslehre von entsprechender Relevanz ist. Gerade dadurch, dass innerhalb der „Neuen Mikroökonomik" reale Zustände mit anderen

---

482 Vgl. *Weiber/Adler* 1995c, S. 71.
483 Vgl. *Gompers/Lerner* 2000, S. 3.
484 Vgl. *Storn* 2003, S. 31.
485 Vgl. bspw. *Grichnik/Schwärzel* 2005 sowie *Amit/Brander/Zott* 1998. Letztere gehen davon aus, dass die „raison d'être" von Wagniskapitalgebern in ihrer Fähigkeit besteht, die von Informationsasymmetrien verursachten Kosten zu reduzieren.

realen oder zumindest realisierbaren Zuständen verglichen werden, verspricht die Ökonomie zusätzlich an praktischer Bedeutung zuzunehmen. Dies ist als ein wesentlicher Vorteil der neueren theoretischen Entwicklungen gegenüber der Neoklassik zu werten.[486]

Informationsökonomische Preissuchmodelle beschränken sich auf die Annahme völliger Homogenität der Güter,[487] um derart Komplexität zu reduzieren und handhabbar zu machen. Auf das Investitionsobjekt eines Wagnisfinanziers – also ein neu gegründetes oder stark wachsendes Unternehmen – kann diese reduktionistische Annahme niemals zutreffen, weshalb der Erklärungsgehalt einer Anwendung solcher Modelle auf die Finanzierung mit Wagniskapital allenfalls begrenzt sein dürfte. Preissuchmodelle sollen daher zugunsten der Untersuchung des komplexen Begriffs der Qualität zurückgestellt werden. Sie könnten jedoch – was nicht Gegenstand dieser Arbeit sein kann – für den Unternehmer im Rahmen der Eigenkapitalakquise von Bedeutung werden, wenn der Aspekt der Managementleistung des Risikofinanzierers als Kriterium für die Auswahl eines bestimmten Investors vernachlässigt wird.[488] Dann wäre nur der Preis, zu dem Eigenkapital beschafft werden kann (zu verstehen als Kombination von erfolgter Unternehmensbewertung und abzutretenden Anteilen) und zu dem ein Investor bereit ist, eine Beteiligung einzugehen, von Interesse.

Diese Arbeit beschäftigt sich in ihrem weiteren Verlauf mit Ansätzen zur Untersuchung von Qualitätsunsicherheit. Wie die weite Literatur zum Thema Beteiligungswürdigkeitsprüfung und Due Diligence[489] vermuten lässt, entfaltet sich hier ein reiches Feld für die Analyse. Ein solides Verständnis der im Wagniskapitalmarkt vorhandenen Informationsasymmetrien und der Strategien zu deren Abbau ist von kritischer Bedeutung für die Gründungsfinanzierung. Ohne einen solchen Abbau von Informationsvorsprüngen einiger Marktteilnehmer müssten reale Märkte zusammenbrechen. D.h. ohne einen Ausgleich der asymmetrischen Verhältnisse muss davon ausgegangen werden, dass die Finanzierung junger Unternehmen mit Eigenkapital nicht oder nur zu extrem ungünstigen Konditionen realisiert werden könnte.[490]

Die Anwendung des Konzeptes von Such-, Erfahrungs- und Vertrauenseigenschaften auf die komplexen Verhältnisse eines potenziell zu finanzierenden, jungen Unternehmens birgt das Potenzial, solcherart den Wagniskapitalprozess besser verstehen zu können. Ebenso ist davon

---

486 Vgl. *Storn* 2003, S. 31.
487 Vgl. *Talkenberg* 1992.
488 Vgl. *Kollmann/Kuckertz* 2003b, S. 152.
489 Siehe bspw. *Barthel* 1999a; *Barthel* 1999b; *Berens/Brauner/Strauch* 2002; *Brauner/Lescher* 2002; *Kranebitter* 2002; *Scholz/Uthoff* 2002; *Schwager* 2002; *Smart* 1999 sowie *Tiedt* 2000 und die in Abschnitt 2.5.1.4 angegebene Literatur.
490 Vgl. *Hartmann-Wendels* 1987, S. 20.

auszugehen, dass die Erklärung des hoch komplexen Gutes „junges Unternehmen“ dazu beiträgt, die theoretische Reichweite der informationsökonomischen Güterklassifikation nach Gütereigenschaften auszuloten. Darüber hinaus kann die Anwendung der Unsicherheitsreduktionsstrategien 1., 2. und 3. Ordnung potenziell Hinweise für eine effiziente Gestaltung der Beteiligungswürdigkeitsprüfung junger Unternehmen mit sich bringen.

3.4 Zwischenfazit und Formulierung der Forschungsfrage

"Die Erkenntnis beginnt nicht mit der
Wahrnehmung oder Beobachtungen oder der
Sammlung von Daten oder von Tatsachen, sondern
sie beginnt mit *Problemen*."
Karl R. Popper[491]

Die vorangegangenen Ausführungen haben innerhalb der „Neuen Mikroökonomik“ die Informationsökonomik und darin insbesondere das theoretische Konzept der Such-, Erfahrungs- und Vertrauenseigenschaften als geeignetes Instrument zur weiteren Analyse des Wagniskapitalprozesses identifiziert. Vor diesem Hintergrund lässt sich das spezielle Erkenntnisinteresse dieser Arbeit zur expliziten Forschungsfrage konkretisieren. Das Ziel der theoretischen Begründung und empirischen Absicherung eines Modells des Wagniskapitalprozesses, welches sowohl den Investitionsprozess als auch die Investitionskriterien integriert, wird dazu führen, dass bei der Realisierung dieses Vorhabens folglich auf die Erkenntnisse der Informationsökonomik zurückgegriffen werden muss. Die den weiteren Forschungsprozess leitende Frage lautet vor diesem Hintergrund daher wie folgt:

> *Forschungsfrage*: Lassen sich Entscheidungskriterien von Wagniskapitalgebern an das informationsökonomische Konzept der Such-, Erfahrungs- und Vertrauenseigenschaften bei gleichzeitiger Berücksichtigung des Prozesscharakters einer Investitionsentscheidung anbinden?

Die nächsten Abschnitte werden sich dieser Frage stellen und als Basis für die empirische Prüfung des zu entwickelnden Modells weitere Subfragen[492] aus dieser Forschungsfrage entwickeln.

---

[491] Vgl. *Popper* 1972, S. 104 (Kursivsetzung im Original).
[492] Vgl. *Velde/Jansen/Anderson* 2004, S. 16.

4 Der Wagniskapitalprozess aus informationsökonomischer Perspektive

"One should hardly have to tell academicians that information is a valuable resource: knowledge *is* power."
George J. Stigler[493]

Dieser Abschnitt sucht auf dem in den vorangegangenen Kapiteln gelegten Fundament aufzubauen. Dazu werden die zahlreichen empirischen Ergebnisse vorangegangener Studien in Verbindung mit der informationsökonomischen Theorie gebracht, wodurch eine weitere Erklärung des Phänomens der Wagniskapitalfinanzierung möglich wird. Die generelle Eignung informationsökonomischer Ansätze zur Erklärung von Finanzierungsproblemen wurde bereits von *Stigler* in den frühen 60er Jahren des 20. Jahrhunderts im Rahmen der Entwicklung seines Preissuchmodells erkannt, demzufolge „similar problems exist in detection of profitable fields for investment."[494]

Zentrale These der vorliegenden Arbeit ist es allerdings, dass das informationsökonomische Instrumentarium nicht nur allein zur Analyse der Preis- und Bewertungsproblematik im Finanzierungsbereich dienlich sein kann, sondern ebenfalls erheblich zur Analyse der Qualität von Investitionsgelegenheiten und -entscheidungen gerade im Bereich der Finanzierung junger Unternehmen beitragen kann. Die Finanzierung junger Unternehmen mit Eigenkapital stellt die Theorie dabei vor eine besondere Herausforderung, denn die nötigen Informationen, um Vereinbarungen hinsichtlich der Finanzierung mit Eigenkapital zu treffen, sind ungleich umfangreicher als im Fall der Fremdfinanzierung.[495]

Um die Forschungsfrage dieser Arbeit zu adressieren, wird die Thematik innerhalb dieses Kapitels weiterentwickelt. Nach einleitenden Bemerkungen über Informationsasymmetrien im Prozess der Wagniskapitalfinanzierung und der Diskussion der Reduktionsmöglichkeiten von Unsicherheit folgt eine kurze Einführung in den Theoriebildungsprozess. Darauf aufbauend erfolgt die Erweiterung des informationsökonomischen Instrumentariums um eine dynamische Komponente, die es erlaubt, den komplexen Transaktionsprozesses von Wagniskapitalfinanzierungen in einem letzten Schritt aus informationsökonomischer Perspektive abzubilden.

---

493 Vgl. *Stigler* 1961, S. 213.
494 Vgl. *Stigler* 1961, S. 224.
495 Vgl. *Stiglitz* 2002, S. 480.

4.1 Informationsasymmetrien und Wagniskapitalfinanzierung

"Both adverse selection and moral hazard
may arise in any investment environment, but they
seem particularly acute in entrepreneurial finance."
Raphael Amit et al.[496]

Neben der Unsicherheit über unternehmensexterne Entwicklungen ist die Beziehung von Wagniskapitalgeber und Unternehmer stark durch Informationsasymmetrien geprägt, die in der Konsequenz für Unsicherheit bezüglich der Investitionsentscheidung sorgen können. Alle Informationsasymmetrien lassen sich prinzipiell in zwei Hauptformen unterscheiden. Einerseits existiert das Phänomen der „Hidden Information", andererseits das der „Hidden Action". Ist eine Vertragspartei über die Qualität des Vertragsgegenstandes besser informiert als die Gegenpartei, so wird von „Hidden Information" gesprochen. Bei der Wagniskapitalfinanzierung ist diese Informationsasymmetrie regelmäßig zuungunsten des Investors ausgeprägt, denn „the owner of a firm knows more about the firm than a potential investor."[497] Eine solche Informationsasymmetrie kann im Extremfall bis zum Versagen des Marktes führen, wenn aufgrund des Informationsvorsprungs der Anbieter es nur noch sinnvoll ist, minderwertige Projekte/Güter anzubieten.[498] In der Folge ist dann die Rede von der so genannten „Adverse Selection". Die zweite Hauptform der Informationsasymmetrien, die „Hidden Action", hat ihren Ursprung in dem Umstand, dass eine Vertragspartei die Handlungen der anderen Partei nicht in jedem Fall einsehen oder überwachen kann. Für Wagniskapitalgeber, die eine Reihe von Beteiligungsunternehmen zu betreuen haben, resultiert daraus das Problem, dass sie nicht in jedem Fall sichergehen können, dass der Gründer Ziele im Sinne des Gründungsunternehmens verfolgt. Ebenso ist es möglich, dass dieser eigenen Interessen nachgeht und investierte Gelder nicht für beide Parteien nutzenmaximal verwendet. Die Theorie etikettiert diesen Umstand als „Moral Hazard."[499]

Werden Märkte für Wagniskapital in zu starkem Maße durch „Hidden Information" und „Hidden Action" geprägt, so besteht die Gefahr, dass zahlreiche geeignete Gründungsprojekte nicht oder nicht in ausreichendem Maße finanziert werden können. Aus diesem Umstand lässt sich eine zusätzliche Begründung für die Existenz von Wagniskapitalgebern ableiten: Wagniskapitalgeber existieren genau deswegen, weil sie sich darauf spezialisieren, informations-

---

[496] Vgl. *Amit/Brander/Zott* 1998, S. 444.
[497] Vgl. Stiglitz 2002, S. 470.
[498] Vgl. *Akerlof* 1970.
[499] Vgl. *Spremann* 1990, S. 571.

basiertes Marktversagen durch angemessenes Selektieren und Überwachen zu reduzieren.[500] Je besser Investoren im Abbau von Informationsasymmetrien tatsächlich sind, desto effektiver wird der Markt für Wagniskapital in einem bestimmten Sektor funktionieren.

„Moral Hazard" ist prinzipiell ein Problem der Post-Investment-Phase und verhältnismäßig gut durch eine geeignete Gestaltung des Beteiligungsvertrages (vgl. Abschnitt 2.5.2) basierend auf den Erkenntnissen der Agency-Theorie zu kontrollieren. Diese spezifische Form der Informationsasymmetrie soll daher nicht weiter verfolgt werden. „Adverse Selection" hingegen ist für die Frage nach dem Selektionsverhalten von Wagniskapitalgebern entscheidend – das bereits geschilderte Phänomen der Konzentration von Wagniskapitalgebern auf Marktrisiken verdeutlicht dies. Um die Erfolgsaussichten eines Unternehmens adäquat einschätzen zu können, ist es für den Investor wichtig, sein Marktwissen und das Wissen des Unternehmers über die relative Position des Beteiligungsunternehmens auf dessen Märkten in Einklang zu bringen. Aus diesen Informationsasymmetrien lassen sich darüber hinaus erste Hinweise darauf ableiten, wie Gründungsunternehmen aus der Sicht von Wagniskapitalgebern im Sinne der Güterklassifikation von *Nelson* und *Darby/Karni* einzustufen sind. *Akerlof* zeigt,[501] dass auf Märkten mit tendenziellen Erfahrungsgütern bei weit verbreiteten Informationsasymmetrien eine stetige Tendenz zur fortlaufenden Verschlechterung des Angebotes besteht, die bis zum vollständigen Marktversagen reichen kann. Für den Fall funktionierender Wagniskapitalmärkte hieße dies, dass die dort kapitalsuchenden Unternehmen von Investoren als primär durch Sucheigenschaften geprägte Güter eingestuft würden. Andererseits liefern Informationsasymmetrien aber auch Hinweise darauf, warum Unternehmen oftmals nur einen geringen Teil ihres Kapitals in Form von Eigenkapital aufbringen.[502] Investoren klassifizieren auf diesen Märkten Investitionen primär als Erfahrungs- wenn nicht sogar als Vertrauenstransaktionen, was in der Folge zum Zusammenbruch des Marktes für Wagniskapital führen müsste. Dabei müssen realiter die Verhältnisse nicht in jedem Fall so extrem ausgeprägt sein, wie zu Beginn des 21. Jahrhunderts, als der Vertrauensverlust von Investoren junger Technologieunternehmen zur Eigenkapitalrationierung führte. So zeigt sich auch, dass Beteiligungsangebote mit dem *Akerlofschen* „Market for Lemons" in Verbindung gebracht werden können, da es vielfach nur dann sinnvoll und im Interesse der bisherigen Anteilseigner ist, weitere Investo-

---

[500] Vgl. *Amit/Brander/Zott* 1998.
[501] Vgl. *Akerlof* 1970.
[502] Vgl. *Mayer* 1990.

ren ins Unternehmen aufzunehmen, wenn diese eine Überbewertung des Unternehmens akzeptieren.[503]

Vorhandene Informationsasymmetrien lassen sich über konkrete Informationssuche reduzieren. Es ist dabei evident, dass nicht alle jeweils möglichen Informationen verarbeitet werden können; Wagniskapitalgeber lernen mit der Zeit, welche Informationen ignoriert, nicht wahrgenommen oder nicht akquiriert werden müssen.[504] Allerdings besteht ein Zusammenhang zwischen Informationsasymmetrien und der Suche nach Informationen. So kommt *Gemünden* in einer Metastudie[505] zum Verhältnis von wahrgenommenem Risiko und Ausmaß der Informationssuche zu dem Schluss, dass diese beiden Faktoren zumindest für den Fall der komplexen Entscheidungen stark miteinander korreliert sind. Je größer das Ausmaß des subjektiv wahrgenommen Risikos (und damit auch der Informationsasymmetrie) ist, desto stärker ist die Informationsnachfrage der Entscheider. Dieser Zusammenhang zeigt sich für den Fall der Wagniskapitalfinanzierung im Verhältnis von Entscheidungsprozess und allgemeiner wirtschaftlicher Lage. So gibt es Hinweise darauf,[506] dass mit der sich verschlechternden konjunkturellen Situation der Due-Diligence-Prozess durch die Investoren stärker betont wird und sich dementsprechend verlängert. Das Ausmaß der Informationsbeschaffung nimmt folglich angesichts der Unsicherheit über das Investitionsobjekt zu.

4.2 Reduktion von Unsicherheit im Wagniskapitalprozess

Grundsätzlich ist davon auszugehen, dass der gesamte Wagniskapitalprozess (vgl. Abschnitt 2.5) darauf ausgelegt ist, die Unsicherheit[507] über das Investitionsobjekt zu reduzieren. Wagniskapitalgeber verwenden dabei nur wenige der Techniken und Instrumente, die in anderen Teilen der „Financial Community" weit verbreitet sind[508] – wie dies z.B. bei den Werkzeugen des Portfoliomanagements der Fall ist. Es macht daher durchaus Sinn, dass sich die Wagniskapitalfinanzierung zu einem eigenständigen Forschungsgebiet entwickelt hat, da die Ergebnisse der klassischen Corporate-Finance-Forschung offensichtlich nicht direkt und nicht in jedem Fall übertragbar sind.

---

[503] Vgl. *Gompers/Lerner* 2000, S. 129, sowie eingehender *Greenwald/Stiglitz/Weiss* 1984 und *Myers/Majluf* 1984.
[504] Vgl. *Moesel/Fiet/Busenitz* 2001, S. 94.
[505] Vgl. *Gemünden* 1985.
[506] Vgl. *Kollmann/Kuckertz* 2003b, S. 64ff.
[507] Neben der Abgrenzung von Unsicherheit und Risiko hat bereits *Knight* Strategien eingeführt, um Unsicherheit handhabbar zu machen. Vgl. *Knight* 1921 sowie für eine eingehende Diskussion der Strategien im Hinblick auf die Wagniskapitalfinanzierung *Moesel/Fiet/Busenitz* 2001, S. 95ff.
[508] Vgl. *Murray* 1995, S. 1078.

Um das Ziel der Unsicherheitsreduktion zu erreichen, müssen Informationen im Wagniskapitalprozess verarbeitet werden. Derartige Informationen sind prinzipiell nicht kostenlos zu erhalten;[509] zusätzlich stellt sich die Schwierigkeit, dass das kapitalsuchende Unternehmen aufgrund limitierter Ressourcen seinerseits i.d.R. nicht alle benötigten Informationen bereitstellen kann: "The nascent ventures that approach VCs for possible funding often can only provide limited information to reduce uncertainty. Further information may be available but may be *costly* to locate and access."[510] Dennoch sind Unternehmer selbstverständlich in starkem Maße in der Informationsbeschaffung engagiert, um das Risiko und die Unsicherheit der Unternehmensgründung zu reduzieren.[511] Nicht zuletzt, da Wagniskapitalgeber im Sinne *Knights* (vgl. Abschnitt 2.3) per Definition ebenfalls unternehmerisches Risiko tragen, ist davon auszugehen, dass sie ähnlich wie Unternehmer handeln werden. Der Performancedruck, der von den Fondsinvestoren in Richtung der einzelnen Wagniskapitalgesellschaften ausgeübt wird, ist mit ein weiteres Indiz hierfür. Allerdings werden Wagniskapitalgeber nur dann in Unternehmen investieren, bei denen sich die Investitionssituation durch extreme Informationsasymmetrie auszeichnet,[512] wenn Informationssammlung und nachvertragliche Kontrolle tatsächlich wertschaffend sind. Dabei wird die im Einzelfall gegebene Unsicherheit eher durch unternehmensspezifische und weniger durch generelle Information reduziert. D.h. die Bewertung des Charakters und der Integrität des Unternehmers oder aber auch das Erstellen unternehmensspezifischer Marktstudien, um das Potenzial eines Produktes zu ermitteln, sind bspw. in ihrer Wertigkeit über allgemeine wirtschaftliche Informationen zu stellen.

Die Reduktion von Unsicherheit stellt eine entscheidende Tätigkeit von Wagniskapitalgebern dar; dies nicht nur im Hinblick auf die eigene Investitionsentscheidung, sondern auch zur Vorbereitung des Ausstiegs aus einer Beteiligung. Letzteres erklärt sich wie folgt: Es lässt sich zeigen, dass die Unsicherheit eines Gründungsunternehmens im Zeitverlauf exponentiell sinkt; gleichzeitig sinkt damit auch das Aufwärtspotenzial einer Investition in Form der potenziellen Rendite.[513] Trotz Quantifizierungsproblemen schätzen Wagniskapitalgeber das Risiko und die Unsicherheit eines Unternehmens phasenabhängig ein. Diese sinken folglich im Zeitablauf: Frühe Phasen der Unternehmensentwicklung sind riskanter und unsicherer als

---

[509] Vgl. *Hayek* 1945.
[510] Vgl. *Moesel/Fiet/Busenitz* 2001, S. 92 (Kursivsetzung, A.K.).
[511] Vgl. *Fiet* 1996.
[512] Vgl. *Gompers/Lerner* 2000, S. 140.
[513] Vgl. *Bhidé* 2000, S. 26.

späte Phasen. Die in der Praxis geforderten phasenabhängigen Mindestverzinsungen, die entsprechende Wachstumsanforderungen widerspiegeln, reflektieren diesen Umstand.[514]

Während am Anfang die mit einer unternehmerischen Entscheidung verbundene Unsicherheit derart hoch ist, dass lediglich der Unternehmer selbst bereit sein kann, diese Unsicherheit zu tragen, kommen im Laufe der Unternehmensentwicklung aufgrund der gesunkenen Unsicherheit weitere Investoren in Frage – wie bspw. Business Angel[515] und Wagniskapitalgeber in frühen Phasen oder auch strategische Käufer in späteren Phasen. Wagniskapitalgeber tragen also tendenziell weniger Unsicherheit als Unternehmensgründer, dafür jedoch mehr Unsicherheit als bspw. Konzerne, die neben dem IPO ebenfalls eine geeignete Desinvestitionsmöglichkeit darstellen. Die Transformation des Unsicherheitsniveaus einer Unternehmensbeteiligung *nach* Vertragsabschluss auf ein vertretbares Maß für Later-Stage-Investoren und strategische Investoren kann folglich neben der Unsicherheitsreduktion *vor* Vertragsabschluss ebenfalls als Aufgabe des Wagniskapitalgebers begriffen werden.[516] So involvieren manche Wagniskapitalgeber von Anfang an Later-Stage-Investoren, um deren wahrgenommene Unsicherheit zu identifizieren und das Beteiligungsunternehmen entsprechend weiterentwickeln zu können.[517]

Sowohl in der praktischen als auch in der akademischen Wagniskapitalliteratur finden sich zahlreiche Methoden der Risiko- und Unsicherheitsreduktion.[518] Allerdings werden diese Methoden nur in den seltensten Fällen theoriegeleitet deduziert, sodass sich das Feld verhältnismäßig unsystematisch darstellt. So wird bspw. darauf verwiesen, dass Wagniskapitalgeber Businesspläne einfordern, finanzielle Mittel nur nach Erreichen bestimmter Meilensteine freigeben oder aber auch nach Branchen, Regionen und Entwicklungsphasen diversifiziert sind. Auch der Aufbau von Management- und Technikexpertise seitens des Wagniskapitalgebers wirkt potenziell unsicherheitsreduzierend. Prinzipiell lässt sich jedoch festhalten, dass in der Phase *vor* Transaktionsabschluss Investoren junger Unternehmen die Unsicherheit mittels vier verschiedener Instrumente reduzieren:[519]

a) Durchführung einer Due Diligence: Die eingehende Evaluierung eines Investitionsvorschlages kann zwei potenzielle Ergebnisse mit sich bringen: "The scrutiny and due diligence of the VCs weed out the highly uncertain projects that self-financed entrepre-

[514] Vgl. *Ruhnka/Young* 1991, S. 126.
[515] Vgl. *Kollmann* 2004b.
[516] Vgl. *Bhidé* 2000, S. 152.
[517] Vgl. *Sull* 2004, S. 76.
[518] Vgl. *Ruhnka/Young* 1991, S. 119f.
[519] Vgl. *Shane* 2003, S. 174ff.

neurs often undertake, or in some cases, reduce uncertainty by uncovering new facts."[520] Zu unsichere Investitionsvorschläge werden folglich konsequent abgelehnt und gleichzeitig wird die Unsicherheit von geeigneten Investitionsgelegenheiten weiter reduziert. Dabei konzentrieren sich Wagniskapitalgeber während der Due Diligence insbesondere auf die Reduktion von Unsicherheit über Marktverhältnisse; diese werden als besonders relevant empfunden, da Agency-Probleme zwar nicht unbedeutend sind, aber durch standardisierte Vertragsgestaltung gut handhabbar gemacht werden können.[521] Mehrfaches Investieren in junge Unternehmen generiert aus Perspektive der Wagniskapitalgeber folglich Skaleneffekte bei der Formulierung von Beteiligungsverträgen – in der Folge wird verstärkte Konzentration auf Marktunsicherheiten möglich. Im Kontext des Konzeptes der Such-, Erfahrungs- und Vertrauenseigenschaften ist gerade in der Phase der Due Diligence weiterhin davon auszugehen, dass sich Wagniskapitalgeber auf die Akquisition derjenigen Informationen fokussieren, die möglichst viele Erfahrungs- und Vertrauenseigenschaften des Investitionsvorschlages in Sucheigenschaften transformieren.

b) Spezialisierung auf Industrien bzw. Technologien: Spezialisierung ist eine geeignete Strategie, um mit der extremen Unsicherheit einer Wagniskapitalfinanzierung umgehen zu können.[522] Dies liegt in dem Umstand begründet, dass Spezialisierung mehr Kontakte zu Lieferanten, Kunden, Konkurrenten und technischen Experten ermöglicht, die helfen können, die Unsicherheit einer Investition zu reduzieren. Spezialisierte Wagniskapitalgeber finden sich bevorzugt in frühen Unternehmensphasen; dies ist wenig verwunderlich angesichts der großen Informationsasymmetrien, die diese Phase prägen.

c) Fokussierung auf eine bestimmte Region: Durch die Konzentration auf Investitionsvorschläge aus einer bestimmten geographischen Region erreichen Wagniskapitalgeber einen Grad der Informiertheit über ein bestimmtes Investitionsobjekt, der anderes nicht erreichbar wäre. Regionale Fokussierung verursacht redundante und sich überschneidende Informationen, die nicht als negativ zu betrachten sind, sondern aufgrund der daraus folgenden leichteren Validierbarkeit durchaus als wertschaffend eingeschätzt werden können. Auch die Überwachung der Beteiligung im Anschluß an die Transaktion wird so erleichtert. I.d.R. findet sich regionale Fokussierung besonders bei Frühphaseninvestoren – wenngleich nicht davon ausgegangen werden darf, dass interessante Investitionsgelegenheiten außerhalb des primären geographischen Fokusses immer zwingend abgelehnt wer-

[520] Vgl. *Bhidé* 2000, S. 198.
[521] Vgl. *Fiet* 1995, S. 564.
[522] Vgl. *Gupta/Sapienza* 1992 sowie *De Clercq et al.* 2001.

den. So zeigen qualitativ-empirische Arbeiten,[523] dass die geographische Lage als Negativkriterium meist eher aus Höflichkeitsgründen angeführt wird.

d) Syndizierung: Das gemeinsame Investieren mit anderen Wagniskapitalgebern ist ein weiteres Mittel, um rational mit Risiko und Unsicherheit umzugehen.[524] Syndiziert wird dabei nicht nur die Option auf potenzielle Wertsteigerungen des Unternehmens, sondern selbstverständlich auch die dem Investitionsobjekt inhärente Unsicherheit. Die subjektiv empfundene Unsicherheit treibt dabei die Neigung zur gemeinsamen Investition – je größer das Ausmaß an Unsicherheit ist, desto eher werden weitere Wagniskapitalgeber hinzu gebeten. Darüber hinaus ermöglicht die Syndizierungsstrategie das Teilen von Informationen[525] und die Validierung von Informationen durch Vergleich der unabhängigen Evaluationsergebnisse.

Zahlreiche unsicherheitsreduzierende Informationen leisten ihren Beitrag allerdings indirekt (vgl. auch die Diskussion der leistungsbezogenen bzw. leistungsübergreifenden Informationssubstitute in Abschnitt 3.3.3.3). Informationsasymmetrie wird also nicht direkt abgebaut, aber durch vertrauensbildende Maßnahmen in ihren potenziell negativen Auswirkungen relativiert. So beobachten Wagniskapitalgeber das Verhalten des Unternehmers und entnehmen daraus Informationen, die anderweitig nicht direkt beschaffbar sind. Die Bereitschaft des Unternehmers, Anteile an seinem Unternehmen zu einem bestimmten Preis abzutreten, kann bspw. Hinweise darauf liefern, welche Unternehmensbewertung[526] als angemessen empfunden wird. Auch Selbstfinanzierung der Gründer reduziert investorenseitige Unsicherheit[527] und fungiert als ein positives Signal. In manchen Fällen wird Selbstfinanzierung sogar explizit gefordert; d.h. Vorbedingung einer Investition durch den Wagniskapitalgeber kann es bspw. sein, das letzte Jahresgehalt aus einer vorangegangenen abhängigen Beschäftigung ins Unternehmen auch dann einzubringen, wenn dieser Betrag in Relation zum gesamten Finanzierungsbedarf des Unternehmens nur eine marginale Größe darstellt. Mit der Höhe des eingebrachten Kapitals erhöht sich in der Folge die Finanzierungswahrscheinlichkeit durch andere Investoren.[528] Weiterhin signalisiert das Bestreben des Unternehmers, einen möglichst großen Teil des Unternehmens unter eigener Kontrolle zu halten, Qualität des Investitionsobjektes und unterstreicht dessen Einschätzung, dass die zukünftige Unternehmensentwicklung positiv verlaufen

---

[523] Vgl. *Tyebjee/Bruno* 1984, S. 1062.
[524] Vgl. *Zider* 1998, S. 135.
[525] Vgl. *Bygrave* 1988.
[526] Vgl. *Stiglitz* 2002, S. 472.
[527] Vgl. *Shane* 2003, S. 168ff.
[528] Vgl. *Shane* 2003, S. 186.

wird. Dies kann unter Umständen zu der problematischen Situation führen, dass ein Unternehmer aufgrund des positiven Signaling-Effektes extrem unterdiversifiziert ist[529] und dadurch zu einem derart risikoaversen Verhalten gezwungen ist, dass die weitere Entwicklung des Unternehmens Schaden nimmt.

Neben vorvertraglichen Screening-Aktivitäten ist auch die Vertragsgestaltung selbst dazu geeignet, Unsicherheit des Wagniskapitalgebers abzubauen.[530] Vertragskomponenten mit Bezug zur Unsicherheitsreduktion finden sich mit der Bevorzugung von Eigenkapital über Fremdkapital, mit Vorkehrungen für den Fall des Verlustes und Verwässerungsschutzklauseln sowie mit der Verwendung von Wandelanleihen[531] (Convertibles). Nicht zuletzt die Vereinbarung von sehr restriktiven Klauseln baut Unsicherheit ab: Eine harsche Vertragsgestaltung führt i.d.R. zur Selbstauswahl von ungeeigneten Unternehmensgründern (Self Selection). Nur vom Erfolg überzeugte Unternehmer werden folglich den entsprechenden Beteiligungsvertrag akzeptieren.

Allerdings sind der Unsicherheitsreduktion durch Vertragsgestaltung gewisse Grenzen gesetzt. So sorgt die generelle Unsicherheit der Gründungssituation einerseits dafür, dass geschlossene Verträge immer unvollständig bleiben müssen. Verträge können daher niemals alle eventuell eintretenden zukünftigen Zustände beachten. Andererseits tendieren zahlreiche Unternehmensgründer zum unbegründeten Optimismus[532] – in diesem Fall verhindert Overconfidence die Selbstauswahl.

In der Post-Investment-Phase wird Unsicherheit primär durch Kontrolle[533] des Beteiligungsunternehmens verringert. Wagniskapitalgeber haben hier Instrumente zur Verfügung, die weit über die Möglichkeiten bspw. der bankenseitigen Kontrolle von Fremdkapitalfinanzierungen hinausgehen. Kontrolle wird dabei überwiegend in den frühen Phasen der Unternehmensentwicklung eingesetzt, in der Unternehmen hauptsächlich immaterielle Vermögensgegenstände bilden. In dieser Phase leistet Kontrolle den potenziell größten Beitrag – wenn sich mit der Unternehmensentwicklung die Relation von materiellen zu immateriellen Vermögensgegenständen zugunsten des materiellen Anlagevermögens verschiebt, wird Kontrolle weniger bedeutend, da sie bspw. durch die Stellung von Sicherheiten substituiert werden könnte und

---

[529] Vgl. *Stiglitz* 2002, S. 473.
[530] Vgl. *Shane* 2003, S. 171ff.
[531] Diese finden allerdings bevorzugt im angloamerikanischen Raum Verwendungen; deutsche Rahmenbedingungen führen eher dazu, dass atypisch stille Beteiligungen (vgl. Abschnitt) als sinnvoller angesehen werden. Vgl. *Ritzer-Angerer* 2005.
[532] Vgl. *Shane* 2003, S. 96ff.
[533] Vgl. *Gompers/Lerner* 2000, S. 132f.

Fremdkapitalfinanzierung möglich wird. Wagniskapitalfinanzierung und Kontrolle sind daher stark miteinander verknüpft: "Equity finance is thus reserved for projects where the needs for nuanced governance are great."[534]

Die Phasenfinanzierung stellt eines der wirksamsten Kontrollinstrumente von Wagniskapitalgebern dar.[535] Dabei ist zu beachten, dass nicht allein die Zuführung von Kapital gestaffelt erfolgen kann: Auch nicht-monetäre Leistungen des Wagniskapitalgebers wie Managementunterstützung oder das Gewähren von „Reputational Capital" lassen sich vom Erreichen bestimmter Meilensteine abhängig machen und können gegebenenfalls zurückgehalten und verweigert werden.[536] Jedes Erreichen eines Meilensteins reduziert die Unsicherheit des Gründungsprojektes sowohl für Investoren als auch für den Unternehmer selbst. Allerdings besteht aus Perspektive des Wagniskapitalgebers die Gefahr des „Window Dressing", d.h. Unternehmer könnten versuchen, ein Unternehmensprojekt fortzuführen, obwohl der Barwert der unternehmerischen Aktivitäten negativ ist.[537] Die vereinbarten Meilensteine, die als „Signale" dafür dienen sollen, ob ein Projekt weiterzuführen oder zu liquidieren ist, könnten dann vom Gründer in seinem Sinne manipuliert werden, um die Liquidation des Unternehmens zu verhindern. Phasenfinanzierung muss also immer mit der Generierung von Informationen einhergehen, um wirkungsvoll Unsicherheit aller beteiligten Parteien abbauen zu helfen.

4.3 Der Beitrag der Informationsökonomik zur Theorie der Wagniskapitalfinanzierung

4.3.1 Über Theoriebildung

"Science is facts, just as houses are made of stone... But a pile of stones is not a house, and a collection of facts is not necessarily science."
J. H. Poincare[538]

„Die Theorie ist das Netz, dass wir auswerfen, um ‚die Welt' einzufangen, – sie zu rationalisieren, zu erklären und zu beherrschen."[539] D.h., ein wesentlicher Bestandteil der Generierung wissenschaftlichen Wissens ist der Prozess der Theoriebildung. Für das Feld der Gründungsforschung kann festgehalten werden, dass sich diese immer noch in einem verhältnismäßig

---

[534] Vgl. *Williamson* 1988, S. 581.
[535] Vgl. *Gompers/Lerner* 2000, S. 139.
[536] Vgl. *Black/Gilson* 1998, S. 254.
[537] Vgl. *Cornelli/Yosha* 2003, S. 9ff.
[538] Zitiert nach *Whetten* 1989, S. 493.
[539] Vgl. *Popper* 1984, S. 32.

frühen Entwicklungsstadium befindet. Aus diesem Grund – und auch wegen des interdisziplinären Charakters dieses Forschungsfeldes – existiert bislang kein Konsens über ein herrschendes Paradigma. Infolgedessen werden vielfach Methoden und Theorien anderer Disziplinen übernommen und für die Gründungsforschung nutzbar gemacht.[540] Das Verwenden von etablierten Paradigmen anderer Disziplinen als Leitlinie für ein neues Feld ist dabei keine gründungsforschungsspezifische Einmaligkeit. Andere relativ junge Disziplinen wie bspw. das Marketing gehen im Prozess der eigenen Etablierung ähnlich vor.

Die Übernahme von Theorien aus verwandten Feldern erfolgt i.d.R. über die Abstraktion von den Forschungsgegenständen der Nachbardisziplin, um darauf aufbauend zu einer generellen theoretischen Aussage zu gelangen. Diese wird dann in einem zweiten Schritt wieder konkretisiert und für den Forschungsgegenstand der eigenen Disziplin neu formuliert.[541] Lediglich wenn Theorien von grundsätzlich größerer Reichweite angewendet werden sollen – wie es in dieser Arbeit mit dem Konzept der Such-, Erfahrungs- und Vertrauenseigenschaften von Gütern der Fall ist – kann vom ersten Abstraktionsschritt abgesehen werden. Die akademische Praxis hat dabei gezeigt,[542] dass der Transfer von Wissen aus anderen Disziplinen – gerade auch von innerhalb einer Disziplin *ungewohnten* Theorien – ein nicht zu unterschätzendes Potential in sich birgt, Anomalien aufzudecken und dadurch eine größere theoretische Reichweite zu schaffen.[543]

Wissenschaftliches Wissen entsteht allerdings dann und nur dann, wenn drei grundsätzliche Bedingungen erfüllt sind. Zum einen ist die Rede von wissenschaftlichem Wissen nur erlaubt, wenn es sich um im wissenschaftlichen Diskurs verhandelbare Aussagen handelt, die weiterhin mit einem begründeten Geltungsanspruch verbunden sind. Diese Begründung muss im letzten Schritt ein Prüfverfahren durchlaufen haben, dass innerhalb der wissenschaftlichen Gemeinschaft intersubjektiv akzeptiert ist.[544] Vielfach werden allerdings Bestandteile von Theorie mit eigentlicher Theorie verwechselt. So sind weder Bezüge zu Theorien noch Datensätze selbst Theorie, genauso wenig wie Listen von Variablen und Konstrukten, oder aber Diagramme und Hypothesen eine Theorie ausmachen.[545] Daten bspw. zeigen lediglich, welche Muster beobachtet wurden, wohingegen Theorie deutlich machen sollte, *warum* bestimm-

[540] Vgl. *Bygrave* 1989a.
[541] Vgl. *Swan/Martin* 1994, S. 8.
[542] Vgl. *Christensen/Carlile/Sundahl* 2004.
[543] Vgl. *Kuhn* 1962.
[544] Vgl. *Schreyögg/Geiger* 2003, S. 11.
[545] Vgl. *Sutton/Staw* 1995, S. 372ff.

te empirische Muster beobachtet wurden bzw. im Zuge einer geplanten Beobachtung erwartet werden.

In der einfachsten Form spezifiziert eine theoretische Aussage, dass eine Beziehung zwischen einer unabhängigen Variablen und einer abhängigen Variablen besteht.[546] Solche Beziehungen, nicht Aufzählungen von Variablen, sind Gegenstand von Theorie; diesen Umstand haben zahlreiche Arbeiten in der Gründungsforschung jedoch fatalerweise vernachlässigt.[547] Dabei ist das übergeordnete Erklärungsziel von Theorie ebenfalls nicht außer Acht zu lassen: Das Berichten einer Beziehung ohne Erklärung würde zwar bereits Wissen über eine empirische Regelmäßigkeit generieren; eine Erklärung für diese Regelmäßigkeit jedoch verschöbe die Grenzen des Wissens weitaus stärker. Wenn theoretische Arbeit geleistet wird, stellt sich darüber hinaus die Schwierigkeit, die Theorie angemessen im Spannungsfeld von Vollständigkeit und Redundanz zu positionieren. Die Theorie muss den Forschungsgegenstand einerseits vollständig erklären, andererseits jedoch alles dasjenige vermeiden, was keinen zusätzlichen Beitrag zur Erklärung des Phänomens leistet.[548]

In der Konsequenz erklärt eine Theorie ein Phänomen und macht Voraussagen über das Verhalten bestimmter theoretischer Komponenten unter bestimmten Bedingungen. Dabei ist klar, dass jegliche theoretische Aussage nur solange „Gültigkeit" für sich in Anspruch nehmen darf, bis sie falsifiziert wird.[549] Die vorliegende Arbeit sucht diesen Anforderungen Genüge zu tun und ein theoretisches Modell zu entwickeln, dass sich idealerweise durch drei Merkmale auszeichnet:[550] es sollte sowohl problem- als auch theorie- und empiriegeleitet sein. Das Modell bezieht sich folglich auf reale Herausforderungen, es berücksichtigt verschiedene theoretische Perspektiven zur Herleitung von Variablen und baut bei der Modellkonstruktion auf dem vorhandenen empirischen Wissen auf.

4.3.2 Dynamisierung der informationsökonomischen Güterklassifikation durch Einführung multipler Referenzpunkte

Bisher mit dem Ziel der informationsökonomischen Güterklassifikation durchgeführte empirische Studien tendieren dazu, verhältnismäßig einfache Güter – meist Konsumgüter – zu untersuchen. Da sich das Erkenntnisinteresse der vorliegenden Arbeit jedoch auf ein komplexes

---

546 Vgl. *Swan/Martin* 1994, S. 4ff.
547 Vgl. *Bull/Willard* 1993, S. 186.
548 Vgl. *Whetten* 1989, S. 490.
549 Vgl. *Popper* 1984, S. 47ff.
550 Vgl. *Welpe* 2004, S. 79.

Finanzgut („junges Unternehmen") richtet, ist davon auszugehen, dass das bislang verwendete Konzept zur Ermittlung der jeweiligen Verteilung von informationsökonomischen Gütereigenschaften die Realität zu stark simplifizieren würde.

Bislang wird der gesamte Transaktionsprozess auf den Zeitpunkt der Transaktion selbst verdichtet. *Nelsons* grundlegende Studie klassifiziert bspw. Juwelen, Fahrräder oder auch Möbel danach,[551] welcher „reinen" Güterform (Such- oder Erfahrungsgüter) diese zugeordnet werden können. Weitere Arbeiten beschäftigen sich mit dem jeweiligen Verhältnis von Such-, Erfahrungs- und Vertrauenseigenschaften beim Kauf von PKWs, Deosprays oder von Essen in Schnellrestaurants,[552] während wiederum andere Studien sich auf die Unterscheidung von Konsumgütern (Schuhe, Hose/Rock, Armbanduhr, Dosensuppe, Waschmaschine, Medikament) und Dienstleistungen (Friseur, Restaurant, Arzt, Rechtsanwalt) konzentrieren.[553] Es ist unmittelbar einsichtig, dass man mit einer solch verkürzten Sichtweise weder dem komplexen Gut einer Unternehmensbeteiligung noch dem inhaltlich stark ausdifferenzierten und lange Zeiträume umfassenden Wagniskapitalprozess gerecht wird. Um dem Forschungsobjekt dieser Arbeit dennoch Genüge zu tun, wird daher eine dynamische Perspektive auf den Transaktionsprozess angestrebt.

Vorhergehende Arbeiten haben dabei bereits einen solchen Bedarf nach Dynamisierung dieses informationsökonomischen Konzeptes erkannt. So ist bspw. davon auszugehen, dass innerhalb des informationsökonomischen Dreiecks bei Wiederholungskäufen Verschiebungen der Relation von Such-, Erfahrungs- und Vertrauenseigenschaften zueinander beobachtbar sein werden.[554] Eine solche Verschiebung ist insbesondere auf die mit dem Gut gemachten Erfahrungen[555] zurückzuführen; die Subjektivität der Eigenschaftszuschreibung hat möglicherweise sogar zur Folge, dass Nachfrager ursprüngliche Einschätzungen revidieren müssen. So ist bspw. an Aktienkäufer zu denken, die vor einer Transaktion subjektiv sicher waren, das Transaktionsrisiko korrekt einzuschätzen, nach einer gewissen Zeit jedoch realisieren müssen, dass sie das Gut „Aktie" hinsichtlich seines Risikos falsch beurteilt haben (Overconfidence). Weiterhin finden sich theoretische Erwägungen, die von einer Dynamisierung im Anschluss an die Transaktion ausgehen, wodurch es ermöglicht wird, die Vertrauenseigenschaften von

---

551 Vgl. *Nelson* 1970, S. 319.
552 Vgl. *Kaas/Busch* 1996, S. 245ff.
553 Vgl. *Adler* 1996, S. 215ff.
554 Vgl. *Adler* 1996, S. 201f.
555 Im Hinblick auf die spezifischen Gegebenheiten der Wagniskapitalfinanzierung ist allerdings davon auszugehen, dass Kauferfahrung nicht direkt deckungsleich mit Beteiligungserfahrung ist, da es sich – ausgenommen bei Anschlussfinanzierungen – bei wiederholten Beteiligungen immer um eine neues Investitionsobjekt handeln wird.

bspw. Dienstleistungen kontrolliert durch die Einführung von Messpunkten im Prozess der Leistungerstellung in Erfahrungseigenschaften zu transformieren.[556]

Abbildung 17
Statische und dynamische Klassifizierung der informationsökonomischen Gütereigenschaften im Vergleich

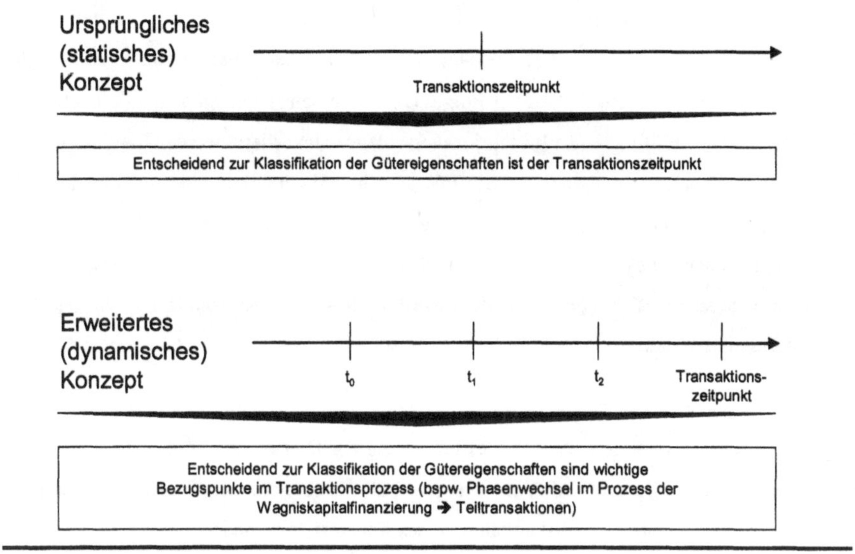

Es ist jedoch evident, dass sich all diese Hinweise auf eine möglich Dynamik der informationsökonomischen Gütereigenschaften auf die Phase *nach* dem Abschluss der Transaktion beziehen. Betrachtet man die verhältnismäßig einfachen bislang untersuchten Güter, so ist klar, dass diese i.d.R. mit wenig komplexen Transaktionsprozesen einhergehen und eine dynamische Perspektive auf diesen Prozess nur einen geringen Erkenntnisgewinn verspricht.

Rücken jedoch komplexe Transaktionsprozesse wie der Wagniskapitalprozess (der nur schwerlich mit dem Transaktionsprozess eines einfachen Konsumgutes gleichgesetzt werden kann) in das Zentrum des Interesses, so steht darüber hinaus zu vermuten, dass bereits *während* dieses Prozesses Verschiebungen beobachtbar sein werden. Für den weiteren Verlauf der Arbeit bedeutet dies, dass eine Dynamisierung des bislang statischen informationsökonomischen Konzeptes als eine notwendige Bedingung der Anwendung auf den Wagniskapitalbereich einzustufen ist.

---

[556] Vgl. *Fließ* 2004, S. 37.

Dies wird geleistet durch die Einführung multipler Referenzpunkte zur Klassifikation der Gütereigenschaften innerhalb des Transaktionsprozesses (vgl. Abbildung 17). Während klassisch der Zeitpunkt der Transaktion entscheidend zur Einschätzung der Gütereigenschaften ist, können bei komplexen Transaktionen wichtige Punkte innerhalb des Prozesses ebenso bedeutsam werden. Solche Punkte lassen sich auch als Teiltransaktionen charakterisieren; immer dann, wenn während des komplexen Transaktionsprozesses Ressourcen zur Bewertung des Gutes aufgewendet werden, hat dies eine Verschiebung der Relation von Such-, Erfahrungs- und Vertrauenseigenschaften zur Folge. Da von Wagniskapitalgebern in erheblichem Maße Mittel in die Prüfung eines Investitionsvorschlages „investiert" werden, darüber hinaus bspw. externe Expertisen eingeholt werden und ganz allgemein Opportunitätskosten der Prüfung akzeptiert werden müssen, kann davon ausgegangen werden, dass innerhalb des Wagniskapitalprozesses zusätzlich zum abschließenden Transaktionspunkt weitere Punkte existieren, welche angesichts des durch den Investor betriebenen Aufwands als Teiltransaktionen interpretierbar sind.

In der Konsequenz bedeutet dies, dass das statische Konzept in seiner grundsätzlichen Konzeption nur so weit verändert wird, wie es notwendig zur Dynamisierung de Perspektive ist; es wird mehrmals an Punkten im Prozess angewandt, die ebenfalls als Transaktion interpretierbar sind. Innerhalb des Wagniskapitalprozesses finden sich besonders geeignete Referenzpunkte mit dem Wechsel einzelner Phasen – also bspw. beim Übergang von der Deal-Origination-Phase zur ersten Prüfung oder aber beim Wechsel von der Beteiligungswürdigkeitsprüfung zur Vertragsstrukturierung. Bei jedem dieser Wechsel kann eine schlagartig erhöhte Verpflichtung des Wagniskapitalgebers im Hinblick auf die Gesamttransaktion festgestellt werden (Teiltransaktion).

Abbildung 18 visualisiert diese Zusammenhänge. Der *exemplarische* Verlauf einer Gütereinschätzung durch das informationsökonomische Dreieck beginnt zum Zeitpunkt t_0 mit einer gegebenen Relation von Such-, Erfahrungs- und Vertrauenseigenschaften (SEV_0), die zur Klassifikation des Gutes zu genau diesem Zeitpunkt als einem tendenziellen Vertrauensgut führen muss. Gegen Ende des Transaktionsprozesses (t_4) ist es dem Nachfrager jedoch gelungen, durch das Verarbeiten von Informationen der verschiedenen Unsicherheitsreduktionsstrategien diese Verteilung in Richtung einer überwiegenden Suchtransaktion zu transformieren.

Dieses theoretische Konzept soll im Folgenden weiter für die Wagniskapitalfinanzierung nutzbar gemacht werden. Einschränkend anzumerken ist allerdings schon jetzt, dass auch die Einführung multipler Referenzpunkte im Transaktionsprozess die tatsächlichen Gegebenheiten stark vereinfacht und eher als eine gut handhabbare Abstraktion zu weiteren Analysezwecken eingestuft werden sollte. Realiter ist davon auszugehen, dass sich die Eigenschaftsrelationen zu jedem Zeitpunkt im Prozess verändern können, sodass es zu einer konstanten Verschiebung innerhalb des informationsökonomischen Dreiecks kommt. Weiterhin ist von Sprüngen und auch von Rückschritten auszugehen, sodass nicht jeder Transaktionsprozess so idealtypisch, wie es Abbildung 18 suggeriert, verlaufen muss. Dennoch ist derart eine geeignete Approximation an reale Transaktionsverhältnisse erreicht.

Abbildung 18
Dynamisierung des informationsökonomischen Dreiecks

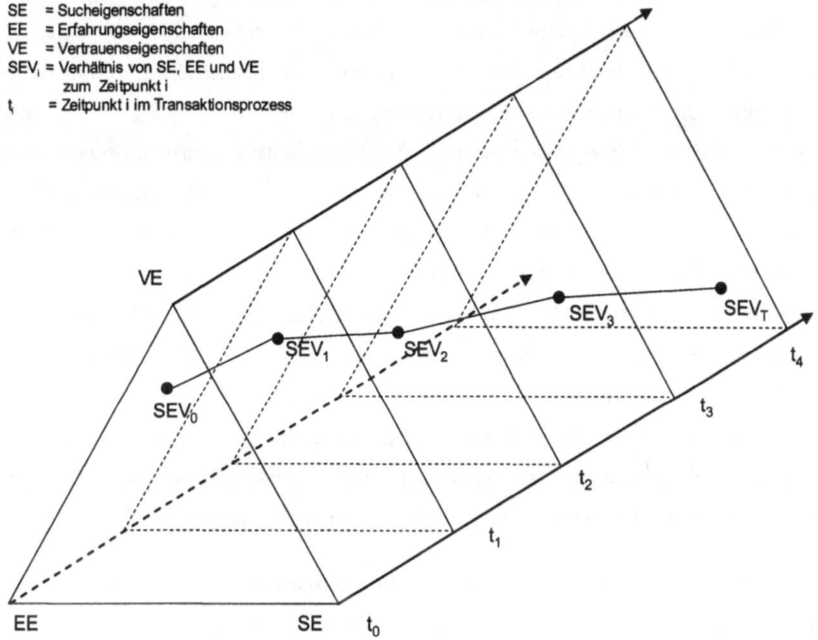

4.3.3 Modellierung des informationsökonomischen Wagniskapitalprozesses

Auf Basis des Literaturüberblicks in den vorangegangenen Kapiteln wird im folgenden Abschnitt ein Modell der Wagniskapitalfinanzierung vorgeschlagen, das seinen Ursprung im informationsökonomischen Konzept der Such-, Erfahrungs- und Vertrauenseigenschaften hat. Dabei wird sich zeigen, dass die Entscheidung eines Wagniskapitalgebers die Konsequenz eines informationsverarbeitenden Risiko- und Unsicherheitsreduktionsprozesses ist. Einschränkend muss vorweg jedoch angemerkt werden, dass mit der informationsökonomischen

Fundierung des Modells zwar potenziell ein weiterer Entwicklungsschritt in der Theorie der Wagniskapitalfinanzierung getan ist, die Informationsökonomik jedoch ebenfalls nicht alle kontrafaktischen Annahmen der Neoklassik beseitigt. So geht die Informationsökonomik in weiten Teilen immer noch von einer unveränderlichen Technologie sowie exogenen und unveränderlichen Präferenzen der Marktteilnehmer aus. Weiterhin vernachlässigt sie psychologische Einflussfaktoren.[557] Es leuchtet jedoch wenig ein, den Prozess der Unsicherheitsreduktion als einen rein rationalen Prozess zu betrachten – das Verhalten von Wagniskapitalgebern wird in seiner Rationalität nicht nur begrenzt, sondern realiter oftmals auch irrational sein.[558]

Der Abbau von Unsicherheit über das Investitionsobjekt wird innerhalb des Wagniskapitalprozesses primär über das Verarbeiten von Informationen hinsichtlich der Investitionskriterien geleistet. Die wahrgenommene Unsicherheit der möglichen Beteiligung ist dabei notwendig subjektiv;[559] dies genauso wie es die Zuschreibung der informationsökonomischen Eigenschaften an ein bestimmtes Gut ist. Dabei kann die Investitionsentscheidung nicht zu einem einzigen, bestimmten Zeitpunkt betrachtet werden – der Prozesscharakter der Entscheidung muss im Modell zwingend berücksichtigt werden. Die Verarbeitung der Investitionskriterien im Prozess spiegelt dies wider; so mag es zwar möglich sein, dass die Kriterien in jeder Stufe des Entscheidungsprozesses bedeutsam sind – ihre relative Wichtigkeit wird sich jedoch im Laufe des Prozesses verschieben.[560] Ob und in welchem Ausmaß Informationen hinsichtlich der Investitionskriterien beschafft werden, hängt allgemein davon ab, wie hoch die Kosten der Informationssuche sind, welche Position der Entscheidungsträger im Unternehmen einnimmt und welcher Charakter die zu beschaffende Information auszeichnet.[561]

Das Modell des informationsökonomischen Investitionsprozesses (vgl. Abbildung 19) basiert dabei auf einer Reihe grundlegender Annahmen. Zum einen wird davon ausgegangen, dass sich der Investitionsvorschlag eines Unternehmers genauso wie jedes andere Gut über das Konzept der Such-, Erfahrungs- und Vertrauenseigenschaften beschreiben lässt; d.h., dass neben der bislang in der Literatur vorherrschenden Konzentration auf Konsumgüter auch eine Beschreibung komplexer Investitionsgüter über die informationsökonomischen Eigenschaften möglich ist. Die zweite Annahme nimmt Bezug auf die Dynamik des Investitionsprozesses.

[557] Vgl. *Stiglitz* 2002, S. 486.
[558] Vgl. *Shepherd/Zacharakis/Baron* 2003 sowie *Zacharakis/Meyer* 1998.
[559] Vgl. *Moesel/Fiet/Busenitz* 2001, S. 95.
[560] Vgl. *Mason/Stark* 2002.
[561] Vgl. *Hirshleifer/Riley* 1976, S. 3.

Abbildung 19
Das informationsökonomische Modell der Wagniskapitalfinanzierung

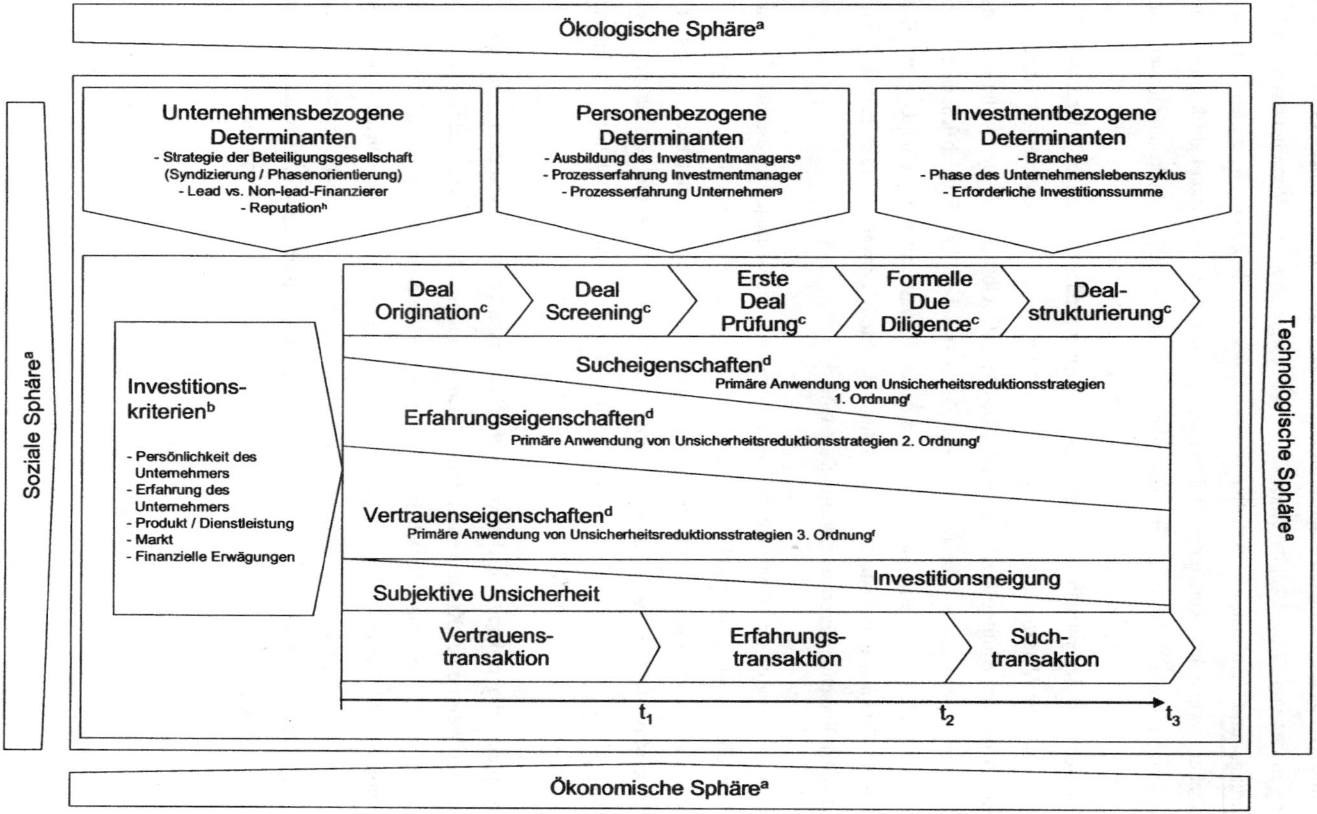

[a] *Ulrich* 1987; [b] bspw. *MacMillan et al.* 1985; [c] *Tyebjee/Bruno* 1984 sowie *Fried/Hisrich* 1994; [d] *Nelson* 1970 in Verbindung mit *Darby/Karni* 1973; [e] *Franke et al.* 2003; [f] *Adler* 1996; [g] *Wright/Robbie* 1998; [h] *Hsu* 2004.

Es wird davon ausgegangen, dass der Informations-Input im Laufe des Prozesses eine Veränderung in der vom Wagniskapitalgeber subjektiv wahrgenommenen Verteilung von Such-, Erfahrungs- und Vertrauenseigenschaften bewirkt. Das generelle Ziel des gesamten Prozesses ist dabei ein zweifaches: Zum einen ist davon auszugehen, dass Wagniskapitalgeber im Sinne der Agency-Theorie[562] darauf zielen, Kontrolle über das Investitionsobjekt aufzubauen, um derart insbesondere die Vertrauenskomponente der Transaktion abzusichern. Dies allein kann jedoch nicht ausreichend sein – von mindestens genauso großer Bedeutung ist innerhalb dieses Prozesses die Verarbeitung von Informationen über das Investitionsobjekt mit dem Ziel der Reduktion von *Knigthscher* Unsicherheit. Das Modell selbst ist als eine Synthese vorangegangener empirischer und theoretischer Forschung zu sehen. Es wird sich jedoch zeigen, dass das Modell weiter reicht als die Summe seiner Komponenten es vermuten lässt: Die Theorie der Wagniskapitalfinanzierung wird durch das Modell erweitert, indem kumulativ auf bestehenden Forschungsergebnissen aufgebaut wird.[563]

Das Modell verortet den Wagniskapitalprozess innerhalb eines größeren gesellschaftlichen und wirtschaftlichen Zusammenhangs. D.h. sämtliche Entscheidungen von Teilnehmern beliebiger Märkte – und damit auch die Entscheidungen von Wagniskapitalgebern – sind geprägt von Makrofaktoren ökologischer, technologischer, ökonomischer und sozialer Art.[564] So ist bspw. die in Abschnitt 2.1.1 diskutierte internationale Uneinigkeit über die Rolle und Funktion von Wagniskapitalgebern vor diesem Hintergrund zu sehen.

Auch ob eine Wagniskapitalgesellschaft in der Nähe eines Technologieclusters operiert oder in welcher Weise eine „Kultur des Unternehmertums" in einer bestimmten Gesellschaft vertreten ist, sind Fragen, die in Erwägung gezogen werden müssen, um die Komplexität einer Investitionsentscheidung in ihrer gesamten Tragweite nachvollziehen zu können. Weiterhin wird der Wagniskapitalprozess nicht nur von Makrofaktoren, sondern auch von Faktoren auf der Ebene der Wagniskapitalgesellschaft selbst (unternehmensbezogene Determinanten), auf der Ebene des einzelnen Entscheidungsträgers (personenbezogene Determinanten) und auf der Ebene des jeweiligen Investitionsvorschlages (investmentbezogene Determinanten) beeinflusst. Unternehmensbezogene Determinanten finden sich mit der grundsätzlichen Strategie der Wagniskapitalgesellschaft, die es bspw. vorziehen kann, sich eher als Lead-Investor denn als Co-Investor zu engagieren, oder mit der Reputation,[565] welche die Gesellschaft im Markt

---

[562] Vgl. *Jensen/Meckling* 1979.
[563] Vgl. *Christensen/Carlile/Sundahl* 2004.
[564] Vgl. *Ulrich* 1987.
[565] Vgl. *Hsu* 2004.

aufgebaut hat. Personenbezogene Determinanten des Entscheidungsprozesses stellen exemplarisch dar die Qualifikation[566] der Entscheidungsträger, die jeweilige Erfahrung innerhalb der Wagniskapitalbranche oder auch auf Seiten des Unternehmers dessen Erfahrungen in Bezug auf die Wagniskapitalfinanzierung aus möglichen früheren Transaktionen.[567] Und letztlich bestimmt auch das Investitionsobjekt selbst den Ausgang des Prozesses: Branchenzugehörigkeit, Alter des Unternehmens oder Phasenzugehörigkeit können den Erfolg bzw. das Scheitern einer Beteiligungsverhandlung mitbestimmen.

Der Wagniskapitalprozess vom Anfang bis zur finalen Entscheidung über einen Investitionsvorschlag besteht aus den in Abschnitt 2.5 diskutierten fünf grundsätzlichen Schritten (Deal Origination, Deal Screening, flüchtige Deal Prüfung, formelle Due Diligence und Dealstrukturierung). Während diese Schritte innerhalb der Vor-Investment-Phase abgearbeitet werden, ist es das Ziel des Wagniskapitalgebers, ein ausreichendes Informationsniveau hinsichtlich der bekannten Investitionskriterien[568] aufzubauen, das eine weitgehend rationale Entscheidung über das Für und Wider einer Transaktion rechtfertigt. Während *Fiet* davon ausgeht,[569] dass Wagniskapitalgeber im Laufe dieses Prozesses insbesondere diejenigen Informationen akquirieren, die das Risiko adressieren, welches als stärkste Bedrohung im Hinblick auf den zukünftigen Erfolg der Beteiligung wahrgenommen wird, geht das vorliegende Modell davon aus, dass insbesondere Informationen gesucht werden, die helfen, die wahrgenommene Verteilung von Such-, Erfahrungs- und Vertrauenseigenschaften in Richtung einer überwiegenden Suchtransaktion zu transformieren.

Da zu Beginn des Wagniskapitalprozesses verhältnismäßig wenig über den einzelnen Investitionsvorschlag und dessen Gesamtqualität bekannt ist, müsste eine hypothetische Investitionsentscheidung zu diesem Zeitpunkt aufgrund der subjektiv wahrgenommenen, überwiegenden Vertrauenskomponenten als Vertrauenstransaktion klassifiziert werden. Mit anderen Worten: An diesem Punkt des Prozesses wäre ein Wagniskapitalgeber dazu gezwungen, dem Unternehmer lediglich zu vertrauen, anstatt ausgehend von einer soliden Informationsbasis wissentlich über die Qualität einer Beteiligung entscheiden zu können. Allerdings ist gerade vor dem Hintergrund der Interessen der Fondsinvestoren einer Wagniskapitalgesellschaft eine Investitionsentscheidung zu diesem Zeitpunkt definitiv verfrüht; um durchgeführte Transaktionen

---

[566] Vgl. *Franke et al.* 2003.
[567] Vgl. *Wright/Robbie* 1998.
[568] Vgl. *MacMillan/Siegel/Narasimha* 1985.
[569] Vgl. *Fiet* 1995.

vor den Fondsinvestoren rechtfertigen zu können, wird darauf abgezielt, primär Suchtransaktionen durchzuführen.

Eine genaue Betrachtung der Investitionskriterien von Wagniskapitalgebern macht deutlich, dass diese hauptsächlich direkt verifizierbare Sucheigenschaften einer Beteiligung angehen. Es wird im Wagniskapitalprozess also vornehmlich Information beschafft, die zuallererst informationsökonomischen Unsicherheitsstrategien 1. Ordnung entspricht. Anwendungen der informationsökonomischen Theorie insbesondere im Marketingbereich haben das Qualitätsbeurteilungsproblem des Nachfragers bislang allerdings hauptsächlich als ein Problem der anbieterseitigen Signale und der Nutzbarmachung von Institutionen (bspw. Garantiegewährung[570] und Verweis auf Reputation) im Vorfeld der Leistungserbringung betrachtet.[571] Selbstredend ist die Bedeutung von Signaling-Aktivitäten des Unternehmers im Fall der Wagniskapitalfinanzierung nicht zu vernachlässigen. Allerdings müssen in diesem Fall auch die Screening-Bemühungen des Wagniskapitalgebers in starkem Maße mit einbezogen werden, wohingegen bspw. im Konsumgütermarketing nicht davon ausgegangen werden darf, dass der Kunde aufgrund eines beschränkten zeitlichen Budgets außerordentliche Screening-Aktivitäten in Gang setzen wird – in diesem Falle wird er über das Bereitstellen positiver Signale durch den Anbieter entlastet.

Anders verhält es sich im Falle professioneller Nachfrager wie bspw. bei Wagniskapitalgebern. Professionalisierungsgrad des Nachfragers und Ausmaß der Screening-Aktivitäten stehen in einem positiven Zusammenhang. Strategien 1. Ordnung umfassen dabei all diejenigen Investitionskriterien von Wagniskapitalgebern, die durch Screening sofort verifizierbar sind – wie bspw. ein funktionierender Prototyp einer neuen Technologie, das Vorhandensein von Patentschutz für Schlüsseltechnologien oder aber eine ausformulierte und kommunizierbare Unique Selling Proposition (USP).

Weiterhin beziehen sich Unsicherheitsreduktionsstrategien 2. Ordnung (d.h. Signaling-Aktivitäten des Unternehmers mit direktem Bezug auf das Beteiligungsunternehmen) auf Investitionskriterien, die primär die Erfahrungskomponente der Transaktion adressieren. Solche Kriterien können sein die Präsentation eines ausgearbeiteten Verkaufskonzeptes, das sich im Folgenden als erfolgreich oder nicht herausstellen mag, die Berechnung eines Marktpotentials oder des Marktwachstums, welches die Realität präzise abbilden mag oder aber auch nicht und andere vergleichbare Informationen, die der Unternehmer bereitstellt. Direkt auf die

---

[570] Vgl. *Tolle* 1994, S. 934.
[571] Vgl. *Fließ* 2004, S. 34.

Transaktion bezogene Signale finden sich aber auch mit der Bereitschaft des Unternehmers, harsche Vertragsklauseln zu akzeptieren, wie dies bspw. Vesting-Regelungen oder hohe Liquidationspräferenzen, welche die Unternehmensbewertung konterkarieren, oder aber auch Verwässerungsschutzklauseln sein können.

Die letzte Klasse der Unsicherheitsreduktionsstrategien umfasst alle Signaling-Aktivitäten des Unternehmers, die nicht in direktem Bezug zur Transaktion stehen. Diese Strategien 3. Ordnung sind stark auf den Unternehmer selbst bezogen; es handelt sich hierbei um Signale, welche die Einsatzbereitschaft des Unternehmers, seine Führungsfähigkeit oder Kreativität (die sämtlich nicht mit letzter Sicherheit verifiziert werden können) betreffen. Bereits *Akerlof* gibt in seinem richtungweisenden „Market for ‚Lemons'"[572] erste Hinweise darauf, wie die Unsicherheit hinsichtlich der Erfahrungseigenschaften (und damit auch der Vertrauenseigenschaften) von Gütern anbieterseitig verringert werden kann. Dazu zählt er besonders die Gewährung von Garantien, die Einführung von Marken und die Zertifizierung durch externe Instanzen. Gerade die Markenbildung wird als besonders bedeutsam eingestuft. Für den Fall der Wagniskapitalfinanzierung bedeutet dies, dass insbesondere Signale entscheidend werden, die auf die Reputation des Unternehmers abstellen. Vertrauenseigenschaften eines Gutes werden i.d.R. mit dem Leistungsergebnis in Zusammenhang gebracht,[573] d.h. ein Wagniskapitalgeber kann sich nicht sicher sein, dass das Unternehmen die Ziele tatsächlich erreicht, die Unternehmer und Investor sich gemeinsam gesetzt haben. Darüber hinaus besteht jedoch auch ein Vertrauensproblem hinsichtlich der Qualifikationen und der Fähigkeit des Unternehmers, da diese nicht direkt prüfbar sind (so genannte Veiled Characteristics), genauso wie über tatsächlichen Einsatz und Leistungswillen (Veiled Effort).[574] Diese Informationsasymmetrie ist letztlich nur über Reputation auflösbar – die Bevorzugung von Unternehmern mit mehrfacher Gründungserfahrung (Serial Entrepreneurs) verdeutlicht dies. Ein weiterer Grund für diese Präferenz mag allerdings auch in dem Umstand begründet sein, dass Serial Entrepreneurs dazu tendieren, eine größere Anzahl von unternehmerischen Gelegenheiten zu erkennen,[575] als dies unerfahrenen Unternehmern möglich ist, und folglich von einer erhöhten Erfolgswahrscheinlichkeit ausgegangen werden kann.

---

[572] Vgl. *Akerlof* 1970, S. 499f.
[573] Vgl. *Fließ* 2004, S. 33.
[574] Vgl. *Adler* 1996, S. 64.
[575] Vgl. *Ucbasaran et al.* 2003, S. 12.

Je weiter ein Investitionsvorschlag im Wagniskapitalprozess fortgeschritten ist, desto mehr Bewertungsunsicherheit wird ausgeräumt.[576] Im Umkehrschluss bedeutet dies, dass die Wahrscheinlichkeit des tatsächlichen Stattfindens einer Transaktion steigt und mit einer entsprechend immer positiveren Haltung des Investmentmanagers gegenüber einem Investitionsvorschlag einhergeht (steigende Investitionsneigung). Ab einem bestimmten Punkt im Prozess ist die subjektiv wahrgenommene Unsicherheit auf ein tolerierbares Ausmaß reduziert und die Investitionsentscheidung kann gefällt werden. Dabei wandelt sich die Transaktion aus Perspektive des Entscheiders von einer tendenziellen Vertrauenstransaktion zuerst in eine Erfahrungstransaktion (t_1), um am Ende des Prozesses, wenn die Phase der Beteiligungsstrukturierung erreicht ist, als Suchtransaktion wahrgenommen zu werden (t_2), die einen Abschluss erlaubt (t_3). Das informationsökonomische Dreieck verdeutlicht diesen Sachverhalt (vgl. Abbildung 18). Die Informationsbeschaffung im Zuge des Wagniskapitalprozesses hat zur Folge, dass sich ein Investitionsvorschlag im Idealfall durch das informationsökonomische Dreieck in Richtung überwiegender Sucheigenschaften bewegt.

Potenziell setzt sich die Verschiebung der Relation der informationsökonomischen Eigenschaften nach Abschluss der Transaktion fort. In der Post-Investmentphase, die nicht Gegenstand dieser Untersuchung ist, werden durch das Verwenden von Meilensteinen Vertrauenseigenschaften weiter in Erfahrungseigenschaften überführt. Der Unsicherheitsreduktionsprozess läuft folglich weit über den Transaktionszeitpunkt hinaus.

Trotzdem das vorgeschlagene informationsökonomische Modell der Wagniskapitalfinanzierung sowohl auf einer anerkannten, bewährten Theorie als auch auf empirisch geprüftem Wissen über den Finanzierungsprozess beruht, ist es in weiten Teilen – insbesondere was die Dynamik der relativen Verteilung von Such-, Erfahrungs- und Vertrauenseigenschaften betrifft – spekulativer Natur. Einmal vorgeschlagene wissenschaftliche Theorien oder Theoriekomponenten müssen sich generell der Überprüfung durch Beobachtung oder Experiment stellen,[577] um gegebenenfalls nach Falsifikation durch neue spekulative Annahmen ersetzt zu werden. Damit dies möglich wird, ist Eindeutigkeit der theoretischen Aussagen notwendig. Dazu werden in den folgenden Abschnitten zentrale Aussagen des informationsökonomischen Modells der Wagniskapitalfinanzierung in Form von Hypothesen über den Investitionsprozess spezifiziert.

---

[576] Vgl. *Gorman/Sahlman* 1989, S. 238.
[577] Vgl. *Chalmers* 2001, S. 52.

4.4 Hypothesenbildung

> **"Quite simply, the use of the model is to generate predictions or to make truth statements about the model in operation."**
> ***Robert Dubin***[578]

Ob das in Abschnitt 4.3.3 vorgeschlagene informationsökonomische Modell der Wagniskapitalfinanzierung tatsächlich Gültigkeit für sich beanspruchen kann, ist abhängig von einer empirischen Überprüfung, die in den folgenden Abschnitten unternommen werden soll. Die Voraussagen dieses Modells müssen sich folglich an der Realität messen lassen und bewähren, wenn sie nicht im spekulativen Raum verbleiben sollen. Aufgrund der theoretisch anzunehmenden relativen Wichtigkeit und der außerordentlichen Rolle der Vertrauenskomponente einer Wagniskapitaltransaktion ist insbesondere empirisches Wissen über die tatsächliche Bedeutung der Vertrauenseigenschaften einer Unternehmensbeteiligung interessant.

Das informationsökonomische Modell der Wagniskapitalfinanzierung wurde in den vorangegangenen Kapiteln vor allem deswegen entwickelt, um Voraussagen über die subjektive Wahrnehmung von Wagniskapitalgebern im Hinblick auf den Investitionsprozess generieren zu können. Derartige Voraussagen werden üblicherweise in Form von testbaren Hypothesen formuliert; d.h. auf Basis theoriegeleiteter Annahmen werden mögliche Beziehungen zwischen zwei oder mehr Variablen postuliert.[579] Hypothesen werden gerade deswegen formuliert, da Lösungsversuche für theoretische Probleme immer darin bestehen, etwas zu Erklärendes kausal oder zumindest sachlogisch mit anderen Tatsachen zu verknüpfen.[580] Potenziell zu beobachtende empirische Vorgänge werden folglich deduktiv aus theoretischen Gesetzmäßigkeiten oder Randbedingungen hergeleitet.

Dabei werden als Grundlage dieser empirischen Arbeit insbesondere solche Annahmen getroffen, deren Überprüfung an der Realität potenziell den größten Erkenntnisgewinn sowohl für die informationsökonomische Theorie als auch für die Praxis der Wagniskapitalfinanzierung verspricht. Die dafür notwendigen Variablen und die Beziehungen zwischen diesen Variablen werden dem informationsökonomischen Modell der Wagniskapitalfinanzierung entnommen.

---

[578] Vgl. *Dubin* 1978, S. 163.
[579] Vgl. *Bryman* 2004, S. 540.
[580] Vgl. *Popper* 1972, S. 117.

Prinzipiell sind drei Typen von Forschungshypothesen denkbar.[581] Dazu zählen Zusammenhangshypothesen, die eine Relation zwischen zwei oder mehr Variablen annehmen, Unterschiedshypothesen, die auf Differenzen zwischen bestimmten Phänomenen abstellen, sowie Veränderungshypothesen, die insbesondere den Prozesscharakter von Phänomenen widerspiegeln. Sämtliche dieser Idealtypen finden in der vorliegenden Untersuchung Verwendung, da das Modell

a) sowohl Zusammenhänge zwischen relativer Verteilung der informationsökonomischen Eigenschaften und subjektiver Unsicherheit bzw. Investitionsneigung voraussagt,

b) davon ausgeht, dass den Investitionskriterien eine je unterschiedliche Bedeutung im Investitionsprozess zukommt und

c) davon ausgeht, dass sich eine Verschiebung der relativen Verteilung der informationsökonomischen Eigenschaften im Zeitablauf beobachten lässt.

Von größter Bedeutung für die empirische Prüfung des Modells ist vor allem die generelle Anwendbarkeit der informationsökonomischen Güterklassifikation auf den speziellen Bereich der Wagniskapitalfinanzierung. Ob sich das Investitionsobjekt eines Wagniskapitalgebers in dessen subjektiver Wahrnehmung tatsächlich als ein Konglomerat aus Such-, Erfahrungs- und Vertrauenseigenschaften darstellt, ist sowohl entscheidend für die Anwendbarkeit der informationsökonomischen Unsicherheitsreduktionsstrategien auf das komplexe Gut einer Unternehmensbeteiligung als auch für die Möglichkeit, Aussagen über partielle Unsicherheiten im Investitionsprozess machen zu können. Die vorliegende Untersuchung betritt insofern Neuland, als vorangegangene Arbeiten tendenziell eher einfache Güter aus dem Konsumgüterbereich oder aber – vor allem im Hinblick auf Vertrauenseigenschaften – von Experten zu erbringende Dienstleistungen[582] betrachtet haben.

Die Beteiligung an einem Unternehmen, die als ein Leistungsbündel aus den verschiedensten Komponenten zu betrachten ist, stellt sicherlich eines der komplexesten und am schwierigsten zu fassenden Güter überhaupt dar. Zwar ist dieser Umstand nicht im strengen Sinne als Hypothese formulierbar; er soll jedoch dennoch an dieser Stelle explizit hervorgehoben werden, da sämtliche Hypothesen der vorliegenden Untersuchung auf eben dieser Annahme beruhen. Es ist die folgende Prämisse zu überprüfen:

---

[581] Vgl. *Bortz* 1984, S. 366.
[582] Vgl. bspw. *Wolinsky* 1993 oder auch *Emons* 1997.

Prämisse: Unternehmensbeteiligungen lassen sich genau wie jedes andere Gut über ihnen vom Nachfrager subjektiv zugeschriebene Such-, Erfahrungs- und Vertrauenseigenschaften klassifizieren.

4.4.1 Hypothesen zur Dynamik des Wagniskapitalprozesses

Während diese grundlegende Prämisse noch Bezug auf das klassische, statische Konzept der informationsökonomischen Güterklassifikation nimmt, zielt diese Arbeit vor allem darauf, die Dynamik des Investitionsprozesses zu berücksichtigen. Um der Komplexität dieses Entscheidungsprozesses entsprechend Rechnung zu tragen, ist das Konzept der Such-, Erfahrungs- und Vertrauenseigenschaften in den vorangegangenen Kapiteln daher um eine dynamische Komponente erweitert worden (vgl. Abschnitt 4.3.2). Ein Investitionsvorschlag „wandert" im Verlauf des Wagniskapitalprozesses durch das informationsökonomische Dreieck; d.h. die Position innerhalb des Dreiecks ist abhängig vom Fortschritt der Beteiligungswürdigkeitsprüfung. Je nach Prozessabschnitt ist von einer veränderten relativen Verteilung der wahrgenommenen Such-, Erfahrungs- und Vertrauenseigenschaften auszugehen, da es sich bei diesem Prozess primär um einen informationsverarbeitenden und Unsicherheit abbauenden Prozess handelt.

Die informationsökonomische Literatur mahnt eine solche dynamische Perspektive auf den Transaktionsprozess zwar an; ob sich realiter jedoch tatsächlich eine Verschiebung in der Relation der Gütereigenschaften beobachten lässt, bedarf noch empirischer Überprüfung. Es ist dabei davon auszugehen, dass diese Verschiebung bei jedem komplexen Transaktionsprozess (bspw. im Investitionsgüterbereich) beobachtbar ist; der Wagniskapitalprozess ist aufgrund seiner ausgedehnten zeitlichen und inhaltlichen Komplexität allerdings besonders dazu geeignet, diesen Umstand zu veranschaulichen. Da sich im Anschluss an den Zusammenbruch der Technologiemärkte zu Beginn des 21. Jahrhunderts vermehrt Beteiligungswürdigkeitsprüfungen in einer Länge von bis zu 12 Monaten beobachten lassen,[583] ist schwerlich ein umfangreicherer Transaktionsprozess in anderen wirtschaftlichen Zusammenhängen denkbar. Es ist daher folgende Hypothese zu überprüfen:

Hypothese 1 (H1): Im Verlauf des Wagniskapitalprozesses ist eine Verschiebung der subjektiv wahrgenommenen relativen Verteilung von Such-, Erfahrungs- und Vertrauenseigenschaften beobachtbar.

---

[583] Vgl. *Kollmann/Kuckertz* 2004.

H1 lässt sich aufbauend auf der informationsökonomischen Theorie weiter spezifizieren. Da es das Ziel des Wagniskapitalprozesses ist, eine weitestgehend rationale Investitionsentscheidung zu treffen und die anfängliche Unsicherheit über einen gegebenen Investitionsvorschlag abzubauen, muss in frühen Prozessabschnitten von vermehrter Unsicherheit und in späteren Abschnitten von reduzierter Unsicherheit ausgegangen werden. Die informationsökonomische Theorie wertet insbesondere die Vertrauenseigenschaften eines Gutes als besonders problematisch, da diese aufgrund ihrer schweren Überprüfbarkeit für ein besonders hohes Maß an Unsicherheit verantwortlich sind, welches im Extremfall transaktionsverhindernd wirken kann.[584]

Es ist daher davon auszugehen, dass die anfänglich im Übermaß wahrgenommenen Vertrauenseigenschaften einer Beteiligungsmöglichkeit im Laufe des Investitionsprozesses zugunsten von Such- und Erfahrungseigenschaften abgebaut werden. Ebenso ist anzunehmen, dass Erfahrungseigenschaften, die ein immer noch höheres Maß an Unsicherheit mit sich führen, im Verlauf des Prozesses in Sucheigenschaften transformiert werden. D.h., es existieren Zeitpunkte im Investitionsprozess, zu denen eine anfängliche Vertrauenstransaktion[585] erst in eine Erfahrungstransaktion und dann, zum Zeitpunkt des Vertragsabschlusses, in eine Suchtransaktion, welche die Investitionsentscheidung rechtfertigt, umschlägt. Die Hypothesen H1a und H1b reflektieren diesen Umstand. Es sind daher folgende Hypothesen zu überprüfen:

> *H1a*: Je weiter eine Investitionsmöglichkeit im Wagniskapitalprozess fortschreitet, desto weniger Erfahrungs- und Vertrauenseigenschaften werden wahrgenommen.

Im Umkehrschluss ergibt sich:

> *H1b*: Je weiter eine Investitionsmöglichkeit im Wagniskapitalprozess fortschreitet, desto mehr Sucheigenschaften werden wahrgenommen.

4.4.2 Hypothesen zur Beziehung von Investitionskriterien und Wagniskapitalprozess

Neben dem Ziel, den Wagniskapitalprozess auf ein solides theoretisches Fundament zu stellen, wird in dieser Arbeit weiterhin das Ziel verfolgt, den Wagniskapitalprozess in Beziehung zu den bekannten Investitionskriterien zu setzen und damit eine der anfänglich identifizierten

---

584 Vgl. *Ford/Smith/Swasy* 1990, S. 434.

585 Dies unter der Prämisse, dass eine Transaktion zu diesem hypothetischen Zeitpunkt stattfinden würde.

Forschungslücken zu schließen. Während H1 und ihre Konkretisierungen H1a und H1b als ausreichend betrachtet werden können, um das Ziel der theoretischen Fundierung zu erreichen und bspw. eine alternative theoretische Perspektive auf den Wagniskapitalprozess im Gegensatz zur Agency-Theorie bereitzustellen, wird es zur Erreichung des zweiten Zieles notwendig, die Quellen der Unsicherheit im Wagniskapitalprozess zu identifizieren. Es ist dabei davon auszugehen, dass unterschiedliche Kriterien zu unterschiedlichen Zeitpunkten mit unterschiedlicher Unsicherheit behaftet sind. Kann dies gezeigt werden, so wäre eine Verbindung von Prozess und Kriterien geschaffen. Es steht daher folgende Hypothese zu prüfen:

> *H2*: Investitionskriterien spiegeln in unterschiedlichem Maße die informationsökonomischen Eigenschaften in Abhängigkeit vom Prozessfortschritt wider.

Zahlreiche wissenschaftliche Studien haben insbesondere für Investitionskriterien mit Bezug zur Unternehmerpersönlichkeit und zu den Qualifikationen von kapitalsuchenden Unternehmern eine herausragende Bedeutung für die Investitionsentscheidung ermittelt. „Die Kompetenz des Managements ist für Eigenkapitalfinanziers das Kernkriterium schlechthin beim Entscheidungsprozess über Beteiligungen und Mezzanine-Finanzierungen."[586] Sprichwörtliche Redewendungen von Praktikern wie “I invest in people, not in ideas” reflektieren diese Erkenntnis gleichermaßen.

Eine mögliche Erklärung für die hervorgehobene Bedeutung der Unternehmerkriterien liegt in der Schwierigkeit der Bewertung dieser Kriterien begründet. D.h., da diese Kriterien mit einem Übermaß an Bewertungsunsicherheit einhergehen und da es gleichzeitig immer noch an geeigneten Methoden zur Evaluation mangelt,[587] werden diese im Gegensatz zu anderen Kriterien als besonders erfolgskritisch von Wagniskapitalgebern eingeschätzt. Aus informationsökonomischer Perspektive ist daher davon auszugehen, dass die Unsicherheit im Zusammenhang mit der Einschätzung des Managements mit einem überproportionalen Ausmaß an wahrgenommenen Vertrauenseigenschaften einhergeht. Sollte sich eine solche Annahme bestätigen, so würde damit die Verbindung zu den informationsökonomisch begründeten Unsicherheitsreduktionsstrategien möglich und die Entwicklung eines theoretisch abgesicherten Managementevaluationsinstruments wäre in greifbare Nähe gerückt. Es ist daher folgende Hypothese zu prüfen:

---

[586] Vgl. *Nathusius* 2003c, S. 163.
[587] Vgl. *Smart* 1999.

H2a: Investitionskriterien mit Bezug zum Unternehmer gehen mit einem überproportionalen Ausmaß an Vertrauenseigenschaften einher.

4.4.3 Hypothesen zum Einfluss der informationsökonomischen Gütereigenschaften auf die Investitionsneigung

Das informationsökonomische Modell der Wagniskapitalfinanzierung geht von der Annahme aus, dass das Hauptziel des Wagniskapitalprozesses weniger im Aufbau von Kontrolle über den Unternehmer zu sehen ist (Agency-Perspektive), als vielmehr darin, ausreichend Informationen innerhalb des Prozesses über einen Investitionsvorschlag zu generieren und zu verarbeiten, um derart die mit einer Investition verbundene Unsicherheit zu reduzieren. Während des Investitionsprozesses wird die subjektiv empfundene Unsicherheit des einzelnen Entscheiders auf ein tragbares Niveau reduziert – im Umkehrschluss steigt die Neigung, einen Investitionsvorschlag tatsächlich zu akzeptieren. Auch wenn der einzelne Wagniskapitalgeber verhältnismäßig unabhängig von seinen Fondsinvestoren agieren kann (vgl. Abschnitt 2.5.1.1), so ist dennoch nicht davon auszugehen, dass unter professionellen Bedingungen tatsächlich Transaktionen getätigt werden, die sich durch ein Übermaß an Vertrauenseigenschaften auszeichnen (Vertrauenstransaktionen).

Die wahrgenommene Unsicherheit einer Transaktionsmöglichkeit kann bei entsprechendem Ausmaß potenziell transaktionsverhindernd sein.[588] Im Folgenden wird daher die Investitionsneigung eines Wagniskapitalgebers als Spiegelbild der mit einem Investitionsvorschlag verbundenen Unsicherheit verstanden. Da das Ziel des Wagniskapitalprozesses wann immer möglich eine tatsächliche Transaktion darstellt, ist weiterhin davon auszugehen, dass die Neigung, eine solche Transaktion durchzuführen, im Verlauf des Prozesses zunimmt. D.h. je weiter eine Investitionsmöglichkeit im Wagniskapitalprozess fortschreitet, desto höher wird die Investitionsneigung des einzelnen Investmentmanagers sein.

Das informationsökonomische Modell der Wagniskapitalfinanzierung ist als ein dynamisches Modell konzipiert worden, weshalb neben der bereits explizierten Verschiebung der Eigenschaftsrelation weiter davon auszugehen ist, dass die wahrgenommenen Gütereigenschaften zu unterschiedlichen Zeitpunkten im Prozess von unterschiedlicher Bedeutung für die Investitionsneigung sind. Die je unterschiedlichen Ausprägungen der informationsökonomischen

---

[588] Vgl. *Kollmann* 2004b für das Beispiel der Business Angels; bei professionellen Wagniskapitalinvestoren ist davon auszugehen, dass sich dieser Sachverhalt verstärken wird.

Gütereigenschaften beeinflussen folglich in unterschiedlichen Prozessabschnitten die Investitionsneigung in unterschiedlichem Maße. Es ist daher folgende Hypothese zu überprüfen:

> *H3*: Die relative Verteilung von Such-, Erfahrungs- und Vertrauenseigenschaften beeinflusst die Investitionsneigung des einzelnen Investmentmanagers.

Diese Hypothese kann weiter spezifiziert werden. Die implizite Hierarchie der informationsökonomischen Gütereigenschaften, die mit einem je unterschiedlichen Ausmaß an Unsicherheit einhergehen, legt nahe, dass insbesondere Sucheigenschaften einen positiven Einfluss auf die Investitionsneigung haben werden. Vertrauenseigenschaften dagegen sind aufgrund ihrer Nichtprüfbarkeit bzw. der mit einer Prüfung einhergehenden hohen Kosten, genau der Teil des Eigenschaftsbündels eines Investitionsvorschlages, der hohe Unsicherheit verursacht und entsprechend negativ auf die Investitionsneigung wirken wird. Da im Verlauf des Prozesses Investitionssicherheit aufgebaut wird und Unsicherheit – insbesondere über Vertrauenseigenschaften – abgebaut wird, ist anzunehmen, dass sich die Einflussstärke phasenabhängig verschiebt. Es sind daher die folgenden Hypothesen zu überprüfen:

> *H3a*: Wahrgenommene Sucheigenschaften haben einen positiven Einfluss auf die Investitionsneigung. Dieser Einfluss nimmt im Laufe des Wagniskapitalprozesses zu.

> *H3b*: Wahrgenommene Vertrauenseigenschaften haben einen negativen Einfluss auf die Investitionsneigung. Dieser Einfluss nimmt im Laufe des Wagniskapitalprozesses ab.

In Hinblick auf die mit einer informationsökonomischen Eigenschaft verbundene Unsicherheit sind Erfahrungseigenschaften genau zwischen den relativ sicheren Sucheigenschaften und den eher unsicheren Vertrauenseigenschaften angesiedelt. Der Einfluss von Erfahrungseigenschaften auf die Investitionsneigung ist dabei allerdings unklar; aus der Theorie lässt sich nicht eindeutig entnehmen, zu welchem Ende des Unsicherheitskontinuums Erfahrungseigenschaften tatsächlich tendieren. Da Erfahrungseigenschaften *vor* der Durchführung der Transaktion mit Unsicherheit verbunden sind und da das informationsökonomische Modell der Wagniskapitalfinanzierung genau diesen Zeitraum betrachtet, ist jedoch tendenziell davon auszugehen, dass dieser Eigenschaftstypus einen negativen Einfluss auf die Investitionsneigung haben wird. Dieser muss jedoch schwächer sein als im Falle der Vertrauenseigenschaften, die mit nur schwer auflösbarer Unsicherheit einhergehen. Auch Erfahrungseigenschaften werden im Sinne einer weitgehend rationalen Investitionsentscheidung im Prozessverlauf in Sucheigenschaften transformiert. Es ist daher als Letztes die folgende Hypothese zu überprüfen:

> *H3c*: Wahrgenommene Erfahrungseigenschaften haben einen negativen Einfluss auf die Investitionsneigung. Dieser Einfluss nimmt im Laufe des Wagniskapitalprozesses ab; er ist schwächer ausgeprägt als im Falle der Vertrauenseigenschaften.

5 Empirische Überprüfung des informationsökonomischen Modells der Wagniskapitalfinanzierung

5.1 Durchführung der empirischen Untersuchung

5.1.1 Untersuchungsdesign

Aufbauend auf den aus dem informationsökonomischen Modell der Wagniskapitalfinanzierung deduzierten Hypothesen wird nun ein Untersuchungsdesign vorgestellt, dass darauf abzielt, diese Hypothesen empirisch überprüfbar zu machen. Allgemein gesprochen soll an dieser Stelle die „validitätsorientierte Struktur“[589] der getroffenen Entscheidungen über den Einsatz von Erhebungsinstrumenten diskutiert werden. Da es aufgrund der Neuartigkeit der Fragestellung unmöglich ist, bereits bestehende Datensätze im Zuge einer Sekundäranalyse für die Modellprüfung nutzbar zu machen, ist die Erhebung einer eigenen Datenbasis für eine Primäranalyse zwingend notwendig.

Um die Verbindung von Investitionskriterien und Investitionsprozess zu schaffen, muss das Erhebungsinstrument als Erstes eine möglichst vollständige Gruppe von Investitionskriterien auf ihre Einschätzbarkeit im Hinblick auf die informationsökonomischen Gütereigenschaften messbar machen. Diese Kriterien sollten sich sowohl aus der umfangreichen Literatur zu den Investitionskriterien von Wagniskapitalgebern herleiten (vgl. Abschnitt 2.5.1.4) als auch auf der Literatur zur Vertragsgestaltung von Wagniskapitalfinanzierungen beruhen, um derart eine möglichst vollständige Charakterisierung einer typischen Investitionsgelegenheit zu leisten.

Weiterhin wäre es zur Abbildung der Prozessdynamik idealerweise notwendig, diese Dynamik mittels einer Längsschnittstudie zu erfassen, um die Einschätzbarkeit eines Investitionsvorschlages zu verschiedenen Zeitpunkten und deren eventuelle Veränderung aufzudecken. Die Schwierigkeit einer solchen Vorgehensweise ist evident; das vorliegende Untersuchungsdesign behilft sich mit einer „doppelt unechten“ Längsschnittstudie. D.h. die Prozessdynamik wird über Messungen der Eigenschaftsverteilung zu mehreren rein hypothetischen Zeitpunkten dargestellt.

Zusätzlich zu den Urteilen über die Einschätzbarkeit einzelner Investitionskriterien werden weiterhin verschiedene Globalurteile über einen Investitionsvorschlag wiederum zu verschie-

589 Vgl. *Merten/Teipen* 1991, S. 80.

denen hypothetischen Zeitpunkten erhoben. Diese Globalurteile können dazu dienen, die Beziehung von Such-, Erfahrungs- und Vertrauenseigenschaften mit der Investitionsneigung als latenter Variable im Rahmen eines Strukturgleichungsmodells in Verbindung zu setzen. Während auch diese Globalurteile dazu dienen können, die Prozessdynamik zu verdeutlichen, leistet das Strukturgleichungsmodell darüber hinaus den Brückenschlag zur entscheidenden Aussage der Theorie über die subjektiv wahrgenommene Unsicherheit von Wagniskapitalgebern in Abhängigkeit vom Fortschritt des Finanzierungsprozesses.

Das Erhebungsinstrument adressiert damit sämtliche formulierten Hypothesen. Insbesondere die Haupthypothese H1 dieser Arbeit, die einer Verschiebung der wahrgenommenen Relation von Such-, Erfahrungs- und Vertrauenseigenschaften behauptet und damit die Basis sämtlicher weiterer Hypothesen ausmacht, wird durch dieses Untersuchungsdesign einer rigiden Bewährungsprobe durch mehrfache Testung ausgesetzt. Bewährt sich H1 in diesen verschiedenen Tests, so darf von einer entsprechenden Robustheit des informationsökonomischen Modells der Wagniskapitalfinanzierung ausgegangen werden.

5.1.1.1 Entwicklung des Messinstrumentes

Im Folgenden wird das Intra-Untersuchungsdesign,[590] d.h. der Aufbau des Erhebungsinstrumentes zur Datengenerierung, vorgestellt. Für die vorliegende Untersuchung wurde eine standardisierte, schriftliche Befragung entwickelt, da ein solches Erhebungsinstrument sich besonders für die Messung von Meinungen, Einstellungen, Wissen oder auch Werten eignet.[591] Die schriftliche Befragung ist damit ein geeignetes Instrument zur Erfassung der subjektiven Wahrnehmung des Wagniskapitalprozesses durch den einzelnen Investmentmanager.

Nachteilig[592] an einer schriftlichen Befragung wirkt sich vor allen Dingen aus, dass die Befragungssituation nicht durch einen Interviewer kontrollierbar ist, dieser Interviewer keinen positiven „Druck" ausüben kann, um Antworten tatsächlich einzufordern, und dass darüber hinaus den Befragten keine Hilfestellung bei schwierigen Fragen gegeben werden kann. Diese typischen Eigenschaften eines jeden Fragebogens haben besonders bei postalischem Versand eine tendenziell eher negative Wirkung auf den Rücklauf der Untersuchung. Von Vorteil ist jedoch, dass sich durch schriftliche Befragungen generell besser durchdachte Antworten als in direkten Befragungen erheben lassen, die Befragung schnell und kosteneffizient durchgeführt

---

590 Vgl. *Merten/Teipen* 1991, S. 80. Das Intra-Untersuchungsdesign steht im Gegensatz zum Inter-Untersuchungsdesign, dessen Konzeption vor allem bei einer Kombination mehrerer Erhebungsinstrumente relevant wird.

591 Vgl. *Merten/Teipen* 1991, S. 110.

592 Vgl. *Richter* 1970, S. 29f.

werden kann und aufgrund der größeren Anonymität auch für die Befragten heikle Themen zum Gegenstand der Forschung gemacht werden können.

Der für diese Studie entwickelte Fragebogen misst die Einschätzbarkeit eines *idealtypischen* Investitionsvorschlages aus verschiedenen Blickwinkeln. Im Gegensatz zu Fragen nach einem oder mehreren *tatsächlichen* Investitionsvorschlägen werden durch diese Vorgehensweise die Nachteile retrospektiver Berichterstattung[593] durch die Befragten vermieden. Daher ist nicht davon auszugehen, dass die Antworten aufgrund fehlerhafter Erinnerung der Befragten übermäßig verzerrt sind. Da Befragte sich insbesondere an herausragende und wichtige Ereignisse ihres Lebens außerordentlich gut erinnern,[594] kann zusätzlich davon ausgegangen werden, dass Fragen mit Bezug zu einem idealtypischen Investitionsvorschlag, d.h. Fragen nach der *Summe* der Erfahrungen eines Befragten, entsprechend valide sind.

Die Einschätzbarkeit des idealtypischen Investitionsvorschlages wird durch den Fragebogen zu verschiedenen hypothetischen Zeitpunkten im Wagniskapitalprozess ermittelt. Während das informationsökonomische Modell der Wagniskapitalfinanzierung fünf wesentliche Prozessschritte von der Generierung potenzieller Investitionsmöglichkeiten bis hin zum faktischen Vertragsabschluss kennt (vgl. Abschnitt 4.3.3), wird in der vorliegenden Untersuchung aus pragmatischen Gründen darauf verzichtet, Einschätzungen zu diesen fünf Zeitpunkten zu erheben, um Teilnehmer der Studie nicht zu überfordern. Befragte werden darum gebeten, sich mental an lediglich drei verschiedene Zeitpunkte zu versetzen: Als frühester Zeitpunkt im Prozess wird die Businessplanprüfung berücksichtigt, aus der Mitte des Prozesses wird die Due Diligence in das Untersuchungsdesign mit einbezogen und als Letztes findet der Zeitpunkt des Vertragsabschlusses Eingang in den Fragebogen. Diese drei hypothetischen Zeitpunkte sind trotz des reduzierten Untersuchungsdesigns dennoch als ausreichend zu betrachten, um die Dynamik des Wagniskapitalprozesses erfassen zu können. Sie erlauben nicht nur den Vergleich von Anfang und Ende des Investitionsprozesses, sondern bergen auch das Potenzial, erste Aussagen darüber treffen zu können, welche Eigenschaften eines Investitionsvorschlages sich in frühen Abschnitten des Investitionsprozesses als wichtig bzw. unwichtig herausstellen und bei welchen Eigenschaften dies eher im späteren Teil des Prozesses der Fall ist.

Zu jedem hypothetischen Zeitpunkt werden von den Befragten Globalurteile eingefordert sowie Fragen nach der Einschätzbarkeit von 15 aus der Literatur als relevant bekannten Investi-

[593] Vgl. *Sandberg/Schweiger/Hofer* 1988.
[594] Vgl. *Neisser* 1982.

tionskriterien und deren relativer Bedeutung für eine Investition gestellt. Die Fragen mit Bezug zum Wagniskapitalprozess sind dabei als entscheidend für die Testung der entwickelten Hypothesen einzustufen. Ferner wurde in den Fragebogen ein Abschnitt mit Fragen zur Person des Antwortenden und der dahinter stehenden Wagniskapitalgesellschaft eingefügt, um entsprechende Kontrollvariablen zu erheben sowie eine Datenbasis für weitere explorative Arbeit zu schaffen. Darüber hinaus ist es entscheidend für den Erfolg einer empirischen Untersuchung, die so genannten „Key Informants“[595] ansprechen; d.h. diejenigen Individuen, die tatsächlich aussagekräftige Daten im Hinblick auf den Forschungsgegenstand liefen können. Aus diesem Grund erfolgt im deskriptiven Teil des Fragebogens auch die Abfrage der eingenommen Position im Unternehmen sowie Selbsteinschätzungen zur jeweiligen Prozesserfahrung und –verantwortung.

5.1.1.2 Operationalisierung der informationsökonomischen Gütereigenschaften

Um Such-, Erfahrungs- und Vertrauenseigenschaften messbar zu machen, wird in der Literatur eine Reihe von Operationalisierungsmöglichkeiten angeboten.[596] Üblich ist bspw. die Frage nach dem Zeitpunkt der Einschätzbarkeit eines bestimmten Gutes verbunden mit den Items „before purchase“ (Sucheigenschaften), „after purchase“ (Erfahrungseigenschaften), „only an expert could tell“ sowie „no one could tell“ (Vertrauenseigenschaften).[597] Die beiden letztgenannten Items können aggregiert werden und berücksichtigen über die Einführung eines potenziellen Expertenurteils den Umstand, dass Vertrauenseigenschaften zwar nicht zwangsläufig uneinschätzbar sind, die Einschätzung für den Nachfrager aber i.d.R. mit prohibitiv hohen Kosten verbunden ist.

In der vorliegenden Untersuchung wird darauf verzichtet, Vertrauenseigenschaften über die Kombination eines „Unmöglichkeits-Items“ mit einem „Experten-Item“ zu messen, da ja gerade Expertenurteile über den Investitionsprozess erhoben werden sollen. Weiterhin ist zu berücksichtigen, dass auch Sucheigenschaften „after purchase“ einschätzbar sind, was dazu führt, dass derartige Operationalisierungen zur Erhebung von Erfahrungseigenschaften dazu tendieren können, ebenfalls Sucheigenschaften abzubilden. Aus diesem Grund werden für die Zwecke dieser Untersuchung Such-, Erfahrungs- und Vertrauenseigenschaften entsprechend strenger gefasst und über die Items „bereits vorher“, „*erst* nachher“ und „auch nachher nicht“ (bzw. „vor“, „erst nach“, „selbst nach … nicht“) erhoben, die jeweils eindeutig einer informa-

---

[595] Vgl. *Kumar/Stern/Anderson* 1993.

[596] Für einen Überblick hinsichtlich der in der Literatur zu findenden Operationalisierungen von Such- Erfahrungs- und Vertrauenseigenschaften vgl. *Adler* 1996, S. 140ff.

[597] Vgl. *Ford/Smith/Swasy* 1990, S. 436.

tionsökonomischen Gütereigenschaft zuzuordnen sind. Darüber hinaus erfordert es die Dynamisierung des Modells, als Referenzpunkt zur Einschätzung nicht den eigentlichen Transaktionspunkt zu verwenden, sondern vielmehr multiple Referenzpunkte innerhalb des Prozesses mit den Items in Verbindung zu setzen. Dies geschieht über die Konzentration auf die Referenzpunkte (Teiltransaktionen) Businessplanprüfung, Due Diligence und Vertragsabschluss anstelle des klassischen Transaktionspunktes („purchase").

Aus wagniskapitaltheoretischer Sicht ist die Verbindung von Investitionskriterien und Investitionsprozess als zu schließende Forschungslücke identifiziert worden (vgl. Abschnitt 2.6). Um dieses Ziel zu erreichen, werden einzelne Investitionskriterien nach ihrer Einschätzbarkeit im Hinblick auf die informationsökonomischen Gütereigenschaften in Abhängigkeit vom Prozessfortschritt erhoben. Eine solche Vorgehensweise wird – genereller formuliert – auch in der allgemeinen informationsökonomischen Literatur bereits angemahnt. Während frühere empirische Studien eher Globalurteile über bestimmte Güter erheben und so zwangsläufig und unnötigerweise die Komplexität realer Transaktionsprozesse verkürzen, sollten sich darauf aufbauende Studien eher auf die Ebene der einzelnen Leistungseigenschaften eines Gutes fokussieren. *Adler* weist allerdings darauf hin, dass eine solche Form der Erhebung „einen möglichst vollständigen Katalog relevanter Beurteilungskriterien bei dem betreffenden Austauschobjekt [voraussetzt, A.K.], der für alle Befragten Gültigkeit besitzt."[598] Ein derartiger Katalog ist für die Wagniskapitalfinanzierung mit den bekannten Investitionskriterien sowie den einzelnen Vertragsklauseln durchaus gegeben und auch mehrfacher empirischer Prüfung in nationalen und internationalen Studien ausgesetzt worden – der Investitionsprozess von Wagniskapitalgebern kann folglich einmal mehr als ein geeignetes Forschungsobjekt für die Anwendung der Informationsökonomik eingestuft werden.

Die Aufsplittung des Gutes „Unternehmensbeteiligung" nach den einzelnen Investitionskriterien ist gerade aufgrund der Komplexität eines jeden Unternehmens nicht nur möglich, sondern unabdingbar – genauso wie Investitionsgüter immer Leistungsbündel aus materiellen und immateriellen Komponenten darstellen,[599] handelt es sich bei einem Beteiligungsangebot um ein Bündel verschiedenartigster Eigenschaften, die üblicherweise eben über die Investitionskriterien von Wagniskapitalgebern evaluiert werden. Die Vielzahl der bekannten Kriterien erfordert allerdings aus forschungspraktischen Gründen eine Beschränkung auf wesentliche Investitionskriterien. So sind in Abschnitt 2.5.1.4 dieser Arbeit 46 Kriterien aus der Literatur

---

[598] Vgl. *Adler* 1996, S. 202.
[599] Vgl. *Kleinaltenkamp* 1992, S. 809.

identifiziert worden; eine deutsche Praxisstudie[600] entwickelt ein Bewertungsmodell auf Basis von 41 Kriterien und in der Praxis verwendete Due-Diligence-Checklisten können weit über 400 Kriterien enthalten. Die Einschätzbarkeit derartig umfangreicher Kriterienkataloge zu verschiedenen Zeitpunkten im Prozess messen zu wollen, muss als unmöglich eingestuft werden.

Tabelle 7
Aufsplittung des Gutes „Unternehmensbeteiligung" – im Untersuchungsdesign verwendete Investitionskriterien

Faktor	Investitionskriterium
Unternehmerpersönlichkeit	– Unternehmer ist ein „Wagniskapital-Typ" – Einsatzbereitschaft Unternehmer/-team – Führungserfahrung Unternehmer/-team
Unternehmerqualifikation	– Background/Track Record des Unternehmers – Technische Qualifikationen – Kaufmännische Qualifikationen
Produkt/Service	– Innovationsgrad des Angebotes – Patentierbares/schützbares Angebot – Marktakzeptanz des Angebotes
Marktcharakteristika	– Marktvolumen – Signifikantes Marktwachstum – Alleinstellungsmerkmale des Unternehmens
Finanzen	– Übereinstimmung mit Investitionsstrategie – Investitionsrendite (ROI) – Exitmöglichkeiten

Diese Studie beschränkt sich daher auf 15 Investitionskriterien (vgl. Tabelle 7). Um dennoch einen möglichst vollständigen Katalog der Testung unterziehen zu können, werden den in der Studie von *MacMillan et al.* identifizierten Faktoren der Entscheidungsfindung[601] jeweils drei Investitionskriterien zugeordnet. D.h. es werden Kriterien sowohl zur Einschätzung der Gründerpersönlichkeit und der Gründerqualifikation berücksichtigt, genauso wie Kriterien zum Produkt bzw. zum angebotenen Service, zum Zielmarkt des potenziellen Portfoliounternehmens und den finanziellen Aspekten der Investitionsgelegenheit. Eine Approximation an den vollständigen Kriterienkatalog wird jedoch nicht nur über die Berücksichtigung dieser Faktoren geschaffen, sondern auch dadurch, dass nur Kriterien Eingang in den Fragebogen finden, die in mindestens zwei Vorläuferstudien zum Entscheidungsverhalten von Wagniskapitalgebern als signifikant identifiziert werden.[602] Zusätzlich zur Einschätzbarkeit der Kriterien misst der Fragebogen auch die relative Wichtigkeit eines jeden Aspektes im Hinblick auf die Investitionsentscheidung zum gegebenen hypothetischen Zeitpunkt.

---

[600] Vgl. *Süchting/Kill/Neitzel* 1999.
[601] Vgl. *MacMillan/Siegel/Narasimha* 1985.
[602] Vgl. bspw. *MacMillan et al.* 1985, *Mason/Stark* 2002 sowie *Muzyka et al.* 1996.

Neben den Messungen auf Kriterienebene erfolgen im Fragebogen Abfragen von Globalurteilen. Diese Globalurteile werden zur Konstruktion des Messmodells des auf der Hypothese H3 und ihren Konkretisierungen aufsetzenden Strukturgleichungsmodells benötigt. Dabei werden auf Seiten der unabhängigen Variablen in Anlehnung an *Adler* Globalurteile nach der Wahrscheinlichkeit und der Sicherheit[603] im Hinblick auf die Einschätzbarkeit eines Investitionsvorschlages berücksichtigt. Zusätzlich wird die Schwierigkeit der Einschätzbarkeit der informationsökonomischen Gütereigenschaften gemessen. Tabelle 8 zeigt eine exemplarische Operationalisierung der informationsökonomischen Gütereigenschaften in Abhängigkeit vom Prozessfortschritt.

Tabelle 8
Exemplarische Messung von Such-, Erfahrungs- und Vertrauenseigenschaften eines idealtypischen Investitionsvorschlages – Erhebung eines Globalurteils zur Phase der Businessplanprüfung

Sucheigenschaften	***Vor*** der eingehenden Prüfung des Businessplans halte ich es für sehr wahrscheinlich, die für mich wichtigen Aspekte ***vollständig*** beurteilen zu können.
Erfahrungseigenschaften	Erst ***nach*** der eingehenden Prüfung des Businessplans halte ich es für sehr wahrscheinlich, die für mich wichtigen Aspekte ***vollständig*** beurteilen zu können.
Vertrauenseigenschaften	***Selbst nach*** der eingehenden Prüfung des Businessplans halte ich es für sehr wahrscheinlich, die für mich wichtigen Aspekte ***nicht vollständig*** beurteilen zu können.

Auf Seite der abhängigen Variable wird weiterhin die zum jeweiligen Referenzpunkt im Prozess bestehende Investitionsneigung des Investmentmanagers als Gegensatz der von den Such-, Erfahrungs- und Vertrauenseigenschaften verursachten Unsicherheit abgefragt. Beide Seiten des Strukturgleichungsmodells werden mit reflektiven Indikatoren[604] gemessen. Etliche Kontrollvariablen zu unternehmens-, personen- und investmentbezogenen Aspekten finden ebenfalls Eingang in den Fragebogen. Diese werden den äußeren Schichten des informationsökonomischen Modells der Wagniskapitalfinanzierung entnommen (vgl. Abbildung 19).

5.1.1.3 Skalierung

Um die operationalisierten informationsökonomischen Gütereigenschaften messbar zu machen, müssen im Hinblick auf die quantitative Untersuchung Antwortschemata entwickelt werden, mittels derer Fragen nach der jeweiligen Einschätzung graduiert beantwortet werden

---

[603] Vgl. *Adler* 1996, S. 150.
[604] Vgl. *Eggert/Fassot* 2003.

können. Derartige Antwortschemata werden in der sozialwissenschaftlichen Forschung üblicherweise Urteilsskalen, Antwortskalen oder schlicht Skalen genannt,[605] d.h. durch die Zuordnung der operationalisierten informationsökonomischen Gütereigenschaften zu Skalen werden Wertausprägungen dieser Eigenschaften messbar gemacht.[606]

Abbildung 20
Im Untersuchungsdesign verwendete Skalentypen

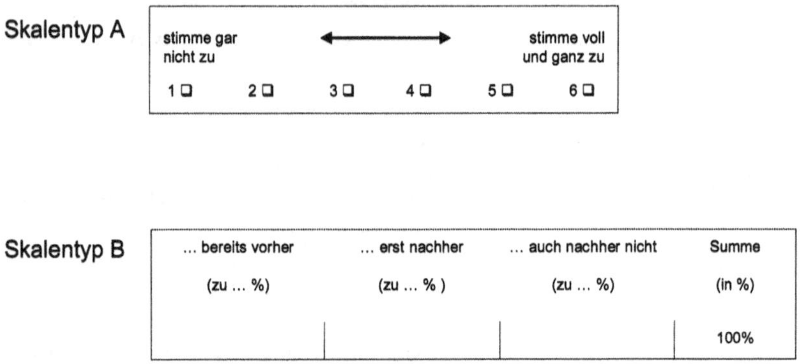

Mindestanforderung an eine Skala ist es, möglichst äquidistant zu messen, dem Beantworter hinreichende Differenzierungsmöglichkeiten anzubieten und inhaltlich bzw. grafisch derart gestaltet zu sein, dass die Befragten die Skala einfach handhaben können. Erfahrungsgemäß tendieren die meisten Befragten zur verbalen Auseinandersetzung mit einer Fragestellung. Dies allein ist jedoch nicht ausreichend, da aus dem verbalen Teil der Skala niemals auf Äquidistanz geschlossen werden kann, die eine zwingende Voraussetzung für viele statistische Auswertungsverfahren ist. Aus diesem Grund muss eine jede Skala durch numerisch bezeichnete Abstufungen ergänzt werden.

Je nach Art der Fragestellung unterscheiden sich die Verbalisierungen. D.h. es sollte bei der Konzeption einer Skala von vornherein bedacht werden, ob Aussagen über Häufigkeiten, Intensitäten, Wahrscheinlichkeiten oder Bewertungen erhoben werden sollen.[607] Die Bedeutung des verbalen Teils der Skala muss in jedem Fall denotativ prägnant bei gleichzeitiger konnotativer Armut sein, um von den Befragten möglichst gleich wahrgenommen zu werden. Im Hinblick auf die Abstufungen einer Skala ist der bestmögliche Kompromiss zwischen höchster Messgenauigkeit und den tatsächlichen Differenzierungswünschen der Befragten zu ermit-

[605] Vgl. *Rohrmann* 1978, S. 222.
[606] Vgl. *Martin* 1989, S. 46ff., für eine messtheoretische Einführung.
[607] Für jeweils am besten geeignete Begriffe vgl. *Rohrmann* 1979, S. 222ff.

teln.[608] Stark ausdifferenzierte Skalen mögen zwar dem Bedürfnis des Forschers entgegenkommen, möglichst exakte Messungen vorzunehmen, können die kognitiven Kapazitäten der Befragten jedoch schnell übersteigen. In der methodischen Literatur finden sich aus diesem Grund üblicherweise Empfehlungen für fünfstufige Skalen (Likert-Skala),[609] die in manchen Fällen bis hin zu neun Stufen erweitert werden können.

In dieser Untersuchung finden zwei grundlegende Skalentypen Verwendung (vgl. Abbildung 20). Skalentyp A beruht auf sechs Abstufungen und ist verbunden mit wiederum zwei Formen der Verbalisierung, um einerseits Aussagen zu bewerten („stimme gar nicht zu" bis „stimme voll und ganz zu") und andererseits Intensitätsaussagen zu ermöglichen („weniger wichtig" bis „extrem wichtig"). Die Entscheidung für die Verwendung einer geradzahligen Skala erfolgt vor dem Hintergrund der Vermeidung des Urteilsfehlers der „zentralen Tendenz".[610] D.h., im Gegensatz zu bspw. einer fünfstufigen Likert-Skala wird von den Befragten ein Urteil erzwungen, dass zumindest tendenziell in eine Richtung weist und kein Ausweichverhalten ermöglicht. Zwar ist ein derartiges Ausweichverhalten i.d.R. lediglich bei Befragten zu beobachten, die sich durch eine verhältnismäßig geringe Vertrautheit mit dem Untersuchungsgegenstand auszeichnen. Im Rahmen einer Umfrage unter Wagniskapitalgebern mit dem Investitionsprozess als zentralem Forschungsobjekt ist zwar nicht von einem solch schlechten Informationsstand der Untersuchungsteilnehmer auszugehen, dass mit einer zentralen Antworttendenz gerechnet werden muss. Allerdings ist es durch die Anwendung der informationsökonomischen Theorie auf den Prozess und die Investitionskriterien möglich, dass einige der Fragen von den Teilnehmern als verhältnismäßig ungewöhnlich eingeschätzt werden. Aus diesem Grund wird dennoch für die Verwendung eines erzwungenen Urteils beim Skalentyp A entschieden.

Skalentyp B wurde entwickelt, um die gleichzeitige Messung von Such-, Erfahrungs- und Vertrauenseigenschaften möglich zu machen. Befragte verteilen dazu prozentuale Einschätzungen auf drei Kategorien, die mit den informationsökonomischen Gütereigenschaften korrespondieren („bereits vorher", „erst nachher", „auch nachher nicht") und immer zu jeweils 100% aufsummiert werden können. Diese prozentuale Verteilung hat den Vorteil, auf drei separate Skalen vom Typ A verzichten zu können und derart schnell eine größere Datenbasis zu schaffen. Zwar erfordert die verhältnismäßig ungewöhnliche Skalierung einen gewissen Lernaufwand seitens der Befragten, hat sich jedoch im Zuge der Pretests (vgl. Abschnitt

---

608 Vgl. *Rohrmann* 1979, S. 230.
609 Vgl. *Bryman* 2004, S. 139.
610 Vgl. *Bortz* 1984, S. 123.

5.1.1.4) als außerordentlich praktikabel herausgestellt. Die Verwendung dieses Skalentyps erhält gleichzeitig dadurch ihrer Berechtigung,[611] dass erfahrungsgemäß die Unmöglichkeit der Ablehnung einer Hypothese im Zuge einer empirischen Untersuchung Beleg ist für die Richtigkeit der Annahmen, die zur Skalenentscheidung geführt haben.

Aussagen zur Reliabilität der Messung, also dem Grad der Stabilität der Messung eines Konzepts,[612] sind im Zuge einer (schriftlichen) Befragung allerdings nur schwer zu treffen, da aufgrund des Übungs- und Lerneffektes ein und dieselbe Befragung nicht mehrfach mit denselben Teilnehmern durchgeführt werden kann.[613] Üblicherweise werden daher Skalen verwendet, die in anderen empirischen Studien ihre Reliabilität und Validität bereits unter Beweis gestellt haben.[614] Dies sichert zusätzlich die Vergleichbarkeit von Forschungsergebnissen, kann aber in dieser Untersuchung keine Option sein. Da also neuartige Skalen Verwendung finden, kommt den Pretests des Erhebungsinstruments eine umso größere Bedeutung zu.

Dennoch lassen sich zumindest für den Skalentyp A Reliabilitätseinschätzungen formulieren. Bei der Messung der Konstrukte eines Strukturgleichungsmodells ist insbesondere die interne Konsistenz entscheidend. Diese wird üblicherweise über Cronbachs Alpha gemessen.[615] Cronbachs Alpha kann Ausprägungen zwischen 0 und +1 annehmen und zeigt, inwiefern einzelne Items das gleiche Konstrukt messen. 0,7 (besser 0,8) ist i.d.R. als ein ausreichender Wert für eine reliable Messung anzusehen, zumindest wenn sich eine empirische Untersuchung in frühen Phasen der Entwicklung eines Forschungsfeldes bewegt.[616] Alle in dieser Untersuchung verwendeten Skalen genügen diesem Kriterium (vgl. eingehender Abschnitt 5.1.1.3). Darüber hinaus sollten alle Items einer Skala positiv miteinander korrelieren.[617] Dies ist ebenfalls gegeben.

5.1.1.4 Pretests des Messinstrumentes

Im Anschluss an die Entwicklung einer ersten Fragebogenvariante wurden im Vorfeld der eigentlichen Untersuchung eine Reihe von Pretests (Pilot Tests) des Messinstrumentes durchgeführt. Diese Pretests wurden als iterativer Prozess gestaltet. D.h., die versuchsweise Beant-

---

[611] Vgl. *Welpe* 2004, S. 113.
[612] Vgl. *Bryman* 2004, S. 543.
[613] Vgl. *Merten/Teipen* 1991, S. 117.
[614] Vgl. *Velde/Jansen/Anderson* 2004, S. 46ff.
[615] Vgl. *Homburg/Giering* 1996, S. 8.
[616] Vgl. *Nunnally* 1978.
[617] Vgl. *Welpe* 2004, S. 117.

wortung des Fragebogens wurde nicht nahezu zeitgleich mit mehreren Befragten durchgeführt; vielmehr flossen die Erkenntnisse jedes Pretests in eine neue, verbesserte Variante des Fragebogens ein, die wiederum einem erneuten Test unterzogen wurde.

Im Gegensatz zur eigentlichen Erhebung mittels eines postalisch versandten Fragebogens oder auch einer Online-Befragung ist der Forscher im Zuge eines Pretests persönlich bei der Beantwortung zugegen, um den Befragten während der Arbeit am Fragebogen beobachten zu können und derart auch marginale Probleme des Messinstrumentes bspw. über nonverbale Signale der Befragten identifizieren zu können. Insbesondere bei Studien mit einer verhältnismäßig kleinen und überschaubaren Grundgesamtheit – wie es definitiv der Fall ist bei einer Erhebung unter deutschsprachigen Wagniskapitalgebern – kommt dem Pretest entscheidende Bedeutung zu. Funktion eines Pretests ist es nicht allein, im Vorfeld der späteren Erhebung ein möglichst hohes Maß an Validität sicherzustellen und sich zu vergewissern, dass das Messinstrument tatsächlich die zur Messung intendierten Phänomene angeht und abbildet, sondern auch, Vorsorge dafür zu treffen, dass der Fragebogen ein größtmögliches Maß an Professionalität signalisiert und in Duktus und Diktion der Lebenswelt des Befragten weitgehend entspricht. Andernfalls besteht die Gefahr, mittelfristig die Unterstützung der Praxis für die betriebswirtschaftliche Forschung in diesem spezifischen Bereich zu verlieren.

In der Literatur wird aus diesem Grund vielfach empfohlen,[618] vor der eigentlichen quantitativen Untersuchung nicht nur Pretests durchzuführen, sondern auch qualitative Vorstudien zu unternehmen, um bspw. im Kontext der Wagniskapitalfinanzierung die Sprache der Investoren verstehen zu lernen. Derartige qualitative Arbeiten mit dem Ziel, den Investitionsprozess von Wagniskapital eingehend in seiner vollen Komplexität zu verstehen, wurden im Jahr 2003 durchgeführt. Die ausführliche Analyse von zehn unterschiedlichen Investitionsprozessen aus den verschiedensten Perspektiven erleichterte entsprechend die Entwicklung eines Fragebogens mit dem Ziel der Erhebung quantitativer Daten.[619]

Der Fragebogen wurde im Januar 2005 insgesamt sechs Pretests unterzogen. Neben zwei Gründungsexperten aus dem akademischen Feld nahmen auch vier Wagniskapitalgeber aus dem Hamburger Raum an diesen probeweisen Befragungen teil. Nach einer kurzen Einführung in die Zielsetzung eines Pretests wurde der Fragebogen beantwortet, um im Anschluss daran eingehend diskutiert zu werden. Die Pretests nahmen jeweils zwischen 60 und 120 Minuten der Zeit der Teilnehmer in Anspruch. Die Auswahl der Vortester erfolgte mit dem Ziel,

---

[618] Vgl. bspw. *Muzyka/Birley/Leleux* 1996.
[619] Vgl. *Kollmann/Kuckertz* 2003b; *Kollmann/Kuckertz* 2003c; *Kollmann/Kuckertz* 2004.

eine möglichst diverse Gruppe zusammenzustellen,[620] um den Fragebogen von den unterschiedlichsten Standpunkten her auszuleuchten. So nahmen auf Praxisseite sowohl Frühphasenfinanzierer als auch Investoren mit Fokus auf die Wachstumsphase teil; unabhängige Beteiligungsgesellschaften waren genauso vertreten wie Beteiligungsgesellschaften mit enger Anbindung an eine Muttergesellschaft.

Die Ziele von Pretests sind mannigfaltig: Dazu zählen das Erreichen von Vollständigkeit, Widerspruchsfreiheit, Eindeutigkeit und Einsatzfähigkeit des Messinstrumentes[621] genauso wie die Verbesserung der Anordnung der Fragen. Im Verlauf der Gespräche wurde weiterhin auf die Verständlichkeit der Fragestellungen, die Vermeidung von Redundanz und eine korrekte, der Erfahrung eines Wagniskapitalgebers entsprechende Wortwahl Wert gelegt. Daneben wurden verschiedene Frageformate getestet und generell versucht, den Aufwand für Antwortende zu minimieren bei gleichzeitiger maximaler Datengenerierung.

In der Konsequenz reduzierte sich die durchschnittliche Antwortzeit im Laufe der Pretests von durchschnittlich 60 Minuten auf unter eine halbe Stunde ohne einen nennenswerten Informationsverlust akzeptieren zu müssen. Mit jeder Iteration wurden ungeeignete Frageformate eliminiert und durch neue Formate ersetzt sowie ein zusätzliches Kriterium zur Einschätzung von kapitalsuchenden Unternehmen über die aus der Literatur bekannten Kriterien hinaus eingeführt („Unternehmer ist ein Wagniskapitaltyp"). Erfahrungsgemäß nimmt die Anzahl der Fehler einer Messung exponentiell mit der Anzahl der Pretests ab.[622] So lag auch in diesem Fall bereits nach vier von sechs Durchgängen ein Messinstrument vor (der vollständige Fragebogen findet sich im Anhang dieser Arbeit), das hinreichend stabil war, um die eigentliche Datenerhebung einleiten zu können.

5.1.2 Erhebung

5.1.2.1 Stichprobengenerierung

Die Konsolidierung der Aktienmärkte nach der Boom-Phase der späten 1990er Jahre hat sich ebenfalls auf vorgelagerte Finanzmärkte ausgewirkt und in Deutschland einen Rückgang aktiver Wagniskapitalgesellschaften insbesondere in der Frühphase verursacht. Zwar zeigt der Wagniskapitalmarkt in Deutschland erste Anzeichen einer Stabilisierung oder gar Erho-

---

620 Die Auswahl der Teilnehmer eines Pretests zu einer quantitativen Erhebung verläuft damit analog zum theoretischen Sampling qualitativer Forschungsprojekte. Für einen Überblick hierzu vgl. *Vivekarajah/Harrison/Gregson* 2005.

621 Vgl. *Merten/Teipen* 1991, S. 123f.

622 Vgl. *Merten/Teipen* 1991, S. 124.

lung,[623] dennoch sind weit weniger Gesellschaften mit der Unternehmensfinanzierung befasst als noch vor wenigen Jahren.

Dieser Umstand beeinflusst die Herangehensweise an die Erhebung wesentlich. Zum einen ist aufgrund zahlreicher ungewohnter Fragestellungen im Erhebungsinstrument von vornherein mit einer geringeren Akzeptanz seitens der Befragten und den daraus folgenden Auswirkungen auf den Rücklauf zu rechnen. Dem gegenüber erfordert das formulierte Strukturgleichungsmodell eine Auswertung entweder im Zuge einer Kovarianzstrukturanalyse oder aber mittels eines varianzbasierten Verfahrens (Partial Least Squares – PLS). Zumindest die Kovarianzstrukturanalyse benötigt zur sinnvollen Verwendung der meisten Parameterschätzer eine minimale Stichprobengröße über 100; von verlässlicheren Ergebnissen ist ab einer Stichprobe von 200 auszugehen.[624] Aus diesen Gründen erübrigen sich die bekannten Verfahren der Stichprobenziehung;[625] diese werden immer dann sinnlos, wenn die für eine Untersuchung interessierende Population schlicht zu klein ist.[626] Zur Schaffung einer soliden Datenbasis ist es folglich notwendig, eine Vollerhebung, wenn schon nicht durchzuführen, so doch zumindest anzustreben.

Die Identifizierung potenzieller Untersuchungsteilnehmer erfolgt in zwei Schritten: Zuerst werden im deutschsprachigen Raum angesiedelte Firmen ermittelt, deren primärer Geschäftsgegenstand die Finanzierung junger Unternehmen mit Wagniskapital ist; in einem zweiten Schritt werden innerhalb der Gesellschaften diejenigen Individuen identifiziert, die ausreichend mit dem Prozess der Finanzierung vertraut sind, um gültige Angaben machen zu können. Dazu zählen insbesondere die einzelnen Investmentmanager. Da im deutschsprachigen Raum keine zentralen Datenbanken über den Markt für Wagniskapital verfügbar sind, wie dies bspw. für die Vereinigten Staaten mit der Datenbank „Venture Economics“ von Thomson Financial gegeben ist, werden die Firmen über die Mitgliederverzeichnisse dreier nationaler Verbände von Beteiligungskapitalgebern ermittelt: Für Deutschland ist dies der Bundesverband deutscher Kapitalbeteiligungsgesellschaften (BVK), für Österreich die Austrian Private Equity and Venture Capital Organization (AVCO) und für die Schweiz die Swiss Private Equity & Corporate Finance Association (SECA).

---

623 Vgl *Mackewicz* 2005.

624 Vgl. *Backhaus et al.* 2003, S. 364. Absolutes Minimalkriterium ist n-q > 50, wobei q der Anzahl der zu schätzenden Parameter entspricht. Dies kann bei wenig komplexen Strukturgleichungsmodellen zu erforderlichen Stichprobengrößen unter 100 führen.

625 Für einen Überblick der verschiedenen Verfahren vgl. *Bortz* 1984, S. 239ff.

626 Vgl. *Bortz* 1984, S. 241.

Da nicht jede Wagniskapitalgesellschaft zwangsläufig Mitglied in diesen Verbänden ist, erfolgt weiterhin ein Abgleich der aufgefundenen Unternehmen mit dem „Start-up-Monitor" des Lehrstuhls für Electronic Business der Universität Kiel / Multimedia Campus Kiel,[627] aus dem sich jede Investition von Wagniskapitalgebern in Unternehmen der digitalen Wirtschaft seit 2001 entnehmen lässt. Im zweiten Schritt werden – wo immer möglich – den Internetauftritten der einzelnen Wagniskapitalgesellschaften die Kontaktinformationen von Investmentmanagern entnommen; in Fällen ohne direkt auffindbares Investmentteam werden die Mitglieder der Geschäftsführung als Ansprechpartner festgehalten. Im Ergebnis liegt eine Datenbank mit exakt 1200 Kontakten in die Wagniskapitalbranche vor.

Eine solche Vorgehensweise verursacht tendenziell zwei Verzerrungen. Zum einen sind große Gesellschaften, die zahlreiche Investmentmanager beschäftigen, in der Ausgangsdatenbank überrepräsentiert; zum anderen sind ebenfalls diejenigen Firmen überrepräsentiert, die sich durch wenig Scheu vor der Öffentlichkeit auszeichnen und die Kontaktinformationen der einzelnen Teammitglieder öffentlich verfügbar machen. Allerdings ist der Schwerpunkt dieser Untersuchung auf die Individualebene und weniger auf die Firmenebene gerichtet, weshalb diese Verzerrungen als verhältnismäßig unproblematisch eingestuft werden können. Konsequenzen für die Repräsentativität[628] der Untersuchung, also die Frage, ob die Verhältnisse in einer Stichprobe den Verhältnissen der Grundgesamtheit entsprechen, hat jedoch der Umstand, dass nicht alle Einheiten der Grundgesamtheit wirklich bekannt sind.[629] Zwar sind annähernd alle aktiven Wagniskapitalgesellschaften ermittelt worden; für die Individualebene jedoch kann hiervon nicht ausgegangen werden.

5.1.2.2 Datensammlung und Rücklauf

Die Erhebungsphase wurde Anfang März 2005 eingeleitet und endete am 13. Mai 2005. Idealtypisch verläuft jede Erhebung in vier Schritten: Nach der Versendung des Fragebogens zusammen mit einem Begleitschreiben folgt eine Erinnerung per Postkarte, im dritten Schritt wird an Nichtantworter ein weiteres Anschreiben zusammen mit einem Ersatzfragebogen versendet, und gegen Ende der Erhebungsphase folgt ein weiterer Ersatzfragebogen per Einschreiben.[630] Ebenfalls möglich ist die Vorankündigung der Untersuchung, die Aufmerksamkeit für den wenige Tage später eintreffenden Fragebogen wecken soll.[631] In dieser Unter-

[627] Die Datenbank ist öffentlich zugänglich unter www.e-entrepreneurship.com.
[628] Vgl. *Müller-Böling/Klandt* 1993, S. 76.
[629] Vgl. *Merten/Teipen* 1991, S. 127.
[630] Vgl. *Dillmann* 1987.
[631] Vgl. *Welpe* 2004, S. 221.

suchung wurden die identifizierten Investmentmanager der Ausgangsdatenbank zuerst per Post kontaktiert; zwei Nachfassaktionen per E-Mail folgten, wo immer dies möglich war. Nachfassaktionen erfolgen üblicherweise sofort mit dem Stagnieren des Rücklaufs,[632] im vorliegenden Fall wurde jeweils im Vier-Wochen-Takt zur Teilnahme an der Befragung aufgefordert.

Der Fragebogen wurde zusammen mit einem Begleitbrief[633] versandt, dessen wesentliche Inhalte[634] den Zweck der Untersuchung deutlich machen und die Untersuchungsverantwortlichen eindeutig kennzeichnet. Weiterhin sichert das Begleitschreiben den Befragten absolute Anonymität zu, um zwei potentiellen Verzerrungen im Antwortverhalten vorzubeugen. Zu diesen Verzerrungen zählt einerseits ein Antwortverhalten, das sich durch die Tendenz auszeichnet, nur Antworten zu liefern, die konform gehen mit den subjektiv angenommenen Vorstellungen der sozialen Bezugsgruppe des Befragten (Phänomen der sozialen Erwünschtheit) und andererseits das Phänomen der Aquieszenz (Tendenz zum Ja-Sagen).[635] Je homogener und prägnanter das Selbstverständnis einer sozialen Gruppe ist, desto eher treten derartige Antwortmuster auf. In gleichem Maße wächst die Bedeutung der Zusicherung von Anonymität, um auch abweichende Meinungen zu ermöglichen.[636]

Das entwickelte Erhebungsinstrument fragt lediglich nach Sachverhalten und stellt keine Suggestivfragen; es ist durch eindeutige Items und ausreichend differenzierte Skalen gekennzeichnet. Aus diesem Grund kann Aquieszenz als Verzerrungsfaktor weitestgehend ausgeschlossen werden. Möglicherweise problematischer sind jedoch vom Befragten als sozial erwünscht eingeschätzte Antworten. Da der Fragebogen eine Reihe von Fragen enthält, die sich auf die subjektive Einschätzbarkeit von Investitionskriterien beziehen, könnten Befragte dazu tendieren, sämtliche Aspekte als gut einschätzbar anzugeben, um sich nicht als inkompetent darzustellen. Der Fragebogen enthält daher keine Items, die direkt Unsicherheit thematisieren, sondern fragt bspw. lediglich nach der subjektiv empfundenen *Sicherheit* einer Einschätzung. Weiterhin wird im Begleitschreiben neben der Zusicherung von Anonymität expressis verbis darauf hingewiesen, dass keine richtigen und falschen Antworten existieren, um die Empfindung einer Prüfungssituation zu vermeiden. Aufgrund dieser getroffenen Maß-

---

632 Vgl. *Richter* 1970, S. 239.

633 Zentrale Funktion des Begleitschreibens ist die Verringerung der sozialen Distanz von Forscher und Untersuchungsteilnehmer. Bei korrekter Formulierung erhöht sich die Antwortbereitschaft entsprechend, allerdings nicht zwingend die Antwortquote. Vgl. *Richter* 1970, S. 77.

634 Für weitere zentrale Komponenten eines Begleitschreibens vgl. *Richter* 1970, S. 148f.

635 Vgl. *Bortz* 1984, S. 160ff.

636 Vgl. *Richter* 1970, S. 166ff.

nahmen ist nicht davon auszugehen, dass die Antworten durch das Phänomen der „sozialen Erwünschtheit" geprägt sind.

Weiterhin wurde versuchsweise ein Snowballsampling[637] initiiert. D.h., Teilnehmer der Studie wurden dazu aufgefordert, weitere potenzielle Befragungsteilnehmer auf einem separaten Blatt zu benennen, um derart die Stichprobe zu erweitern. Üblicherweise findet Snowballsampling seine Verwendung im Zuge qualitativer Forschungsprojekte, kann jedoch auch quantitative Forschungsvorhaben unterstützen.[638] Der Erfolg spricht jedoch nicht für diese Vorgehensweise – lediglich zwei weitere Ansprechpartner wurden durch Untersuchungsteilnehmer benannt und auch diese genannten Kontakte waren bereits Teil der Ausgangsdatenbank.

Zum Ende der Erhebung lagen 81 auswertbare Fragebögen vor, die nach Abzug der Ausfälle einer Nettorücklaufquote[639] von 8,54% entsprechen. Zwar werden in der Literatur zur Sicherstellung von Repräsentativität mancherorts höhere Rücklaufquoten gefordert,[640] in absoluten Zahlen entspricht der Rücklauf jedoch vergleichbaren Studien.[641] Generell zeigen längere Fragebögen einen tendenziell geringeren Rücklauf. Die hier erzielte Rücklaufquote ist gleichzeitig ein Beispiel für die Unvermeidbarkeit von Kompromissen[642] im Zuge jedes Forschungsprojektes. Die verhältnismäßig kleine Grundgesamtheit einer Studie unter deutschsprachigen Wagniskapitalgebern, verbunden mit der zwar generell hohen Bereitschaft auf *Firmenebene*, an akademischen Studien teilzunehmen,[643] stellt den Forscher vor die Entscheidung, entweder eine kleine Stichprobe bei großem Rücklauf anzustreben (Firmenebene) oder aber eine eher große Stichprobe bei verhältnismäßig kleinem Rücklauf zu akzeptieren (Individualebene). Letzteres liegt in dem Umstand begründet, dass viele Firmen lediglich dazu bereit sind, einen einzigen ausgefüllten Fragebogen bereitzustellen. Da das informationsökonomische Modell der Wagniskapitalfinanzierung Subjektivität als wesentliche Komponente beinhaltet, ist eine Erhebung auf Individualebene jedoch unumgänglich.

---

637 Vgl. *Babbie* 1990.
638 Vgl. *Bryman* 2004, S. 334.
639 Vgl. *Müller-Böling/Klandt* 1993, S. 77.
640 Vgl. *Bryman* 2004, S. 135.
641 Vgl. bspw. *MacMillan/Siegel/Narasimha* 1985 oder *Muzyka/Birley/Leleux* 1996 mit 100 bzw. 73 teilnehmenden Wagniskapitalgebern.
642 Vgl. *Low/Macmillan* 1988, S. 157.
643 Vgl. *Kollmann/Kuckertz* 2005a mit 25,1% oder *Brettel* 2002 für eine ähnliche hohe Rücklaufquote auf Firmenebene.

Einige empirische Forscher[644] sehen weiterhin in der Konzeption neuartiger Fragebögen und der Verwendung von ungewöhnlichen Analysemethoden eine Möglichkeit, die Akzeptanz für betriebswirtschaftliche Forschungsprojekte auf der Praxisseite zu erhöhen. Dies spiegelt sich allerdings nicht zwangsläufig in höheren Rückläufen bei Befragungen wieder – im Verlauf dieser Erhebung stellte sich bspw. heraus, dass vielfach die Sinnhaftigkeit der Güterklassifikation nach Such-, Erfahrungs- und Vertrauenseigenschaften und die darauf aufbauende praxisrelevante Verbindung zu Unsicherheitsreduktionsstrategien nur schwer vermittelbar ist. Dies wird umso schwieriger, als es selbstredend nicht möglich ist, im Vorfeld einer theorieprüfenden Studie das volle Potenzial der zu testenden Hypothesen herauszustreichen. Allein dass sich Befragte in jeder empirischen Studie der Messsituation bewusst sind und diese reflektieren birgt bereits Verzerrungspotenzial[645] – die Erläuterung der Theorie über das Notwendige hinaus würde diesen Effekt zusätzlich verstärken.

Vor diesem Hintergrund gewinnt die Frage an Bedeutung, ob die erhobene Stichprobe möglicherweise durch Nichtantworter verzerrt ist; d.h., ob sich die Nichtantworter signifikant von den Teilnehmern der Studie unterscheiden.[646] Die Verzerrung durch Nichtantworter ist besonders in Stichproben mit heterogener Grundgesamtheit problematisch für die Repräsentativität der Befragung, da bspw. Personen mit größerer Intelligenz, besserer Schulbildung oder aber höherem beruflichen Status eher dazu tendieren, an Befragungen teilzunehmen.[647] In der Forschungspraxis üblich ist daher die Identifikation einer eventuellen Verzerrung durch Nichtbeantwortung mittels des Vergleiches von Früh- und Spätantwortern.[648] Zwar wird die Analyse der Rücksendedauer zum Rückschluss auf die Nichtantworter in der methodischen Literatur teilweise skeptisch gesehen;[649] die ideale Vorgehensweise ist sicherlich in der Ermittlung von Verzerrungen über eine direkte Nachbefragung der Nichtantworter zu sehen. Dies ist jedoch i.d.R. undurchführbar.

Der Vergleich von Früh- und Spätantwortern beruht auf der Annahme, dass zwischen den Antwortern und den Nichtantwortern nicht wirklich trennscharf unterschieden werden kann. Vielmehr lassen sich alle Befragten auf einem Motivationskontinuum aufreihen, was dazu führt, dass sich Spätantworter nur wenig von Nichtantwortern unterscheiden. Ergibt der Vergleich von Früh- und Spätantwortern signifikante Unterschiede, so ist davon auszugehen, dass

[644] Vgl. *Muzyka/Birley/Leleux* 1996, S. 280.
[645] Vgl. *Müller-Böling/Klandt* 1993, S. 27.
[646] Vgl. *Hudson et al.* 2004, S. 237.
[647] Vgl. *Binder/Sieber/Angst* 1979, S. 53.
[648] Vgl. *Holm* 1975a, S. 193f.
[649] Vgl. *Binder/Sieber/Angst* 1979, S. 67ff.

sich dieser Trend bei den Nichtantwortern fortsetzt und verstärkt. Eventuelle Unterschiede sind dann in der Ergebnisinterpretation zu berücksichtigen.

Der Vergleich von 38 Frühantwortern dieser Studie mit 43 Spätantwortern durch den U-Test nach Mann-Whitney (nonparametrischer Test zum Vergleich zweier unabhängiger Stichproben hinsichtlich ihrer zentralen Tendenz) für 36 exemplarische Globalurteile zur Einschätzung der informationsökonomischen Eigenschaften und der Investitionsneigung ergab lediglich einen einzigen signifikanten Unterschied auf dem 10%-Niveau und einen weiteren auf dem 5%-Niveau. Angesichts von 36 Vergleichen sind diese Unterschiede als zufällig einzustufen; es ist daher nicht davon auszugehen, dass die Ergebnisse dieser Untersuchung durch Nichtantworter verzerrt sind.

5.1.2.3 Datenaufbereitung

Als doppelte identifizierte Fragebögen sollten aus der Stichprobe ausgeschlossen werden;[650] dies ist bei keinem der erhobenen Fälle gegeben. Es gehen daher alle 81 Fragebögen in die weitere Analyse ein. Die Erfassung der Daten erfolgt über das Statistikpaket SPSS in der Version 11.0; für die Auswertung wird zusätzlich auf SPSS 13.0, Wynne W. Chins PLS-Graph 3.0 sowie das vom Institut für Industriebetriebslehre und Organisation an der Universität Hamburg entwickelte SmartPLS 1.01[651] zurückgegriffen.

Im Zuge der Erfassung der Daten stellt sich die Frage nach dem adäquaten Umgang mit unvollständig ausgefüllten Fragebögen. Fehlende Daten (Missing Values) sind ein in der empirischen Forschung häufig auftretendes Phänomen. Gründe für fehlende Daten im Zuge einer schriftlichen Befragung, die potenziell relevant für die vorliegende Studie sein können,[652] sind bspw. (1) in einem fehlerhaften Untersuchungsdesign zu suchen (d.h. es werden mglw. nicht zu beantwortende Fragen gestellt) oder (2) in zu indiskreten Fragen, welche eine Antwortverweigerung induzieren. Weiterhin kann (3) mangelndes Wissen oder (4) mangelnde Motivation der Befragten zu fehlenden Daten führen, genauso wie Codierungs- und Übertragungsfehler. Keiner dieser Gründe ist als zutreffend einzuschätzen, da die ersten beiden Ursachen durch umfangreiche Pretests im Vorfeld der Erhebung und durch die Zusicherung von Anonymität ausgeschlossen sind. Auch die beiden letzten Ursachen können nicht Anlass zur Antwortverweigerung sein, da die Teilnahme an der Befragung freiwillig ist und – wie die deskriptive Analyse auf der Individualebene noch zeigen wird – ausreichende Kompe-

650 Vgl. *Kroiß* 2003, S. 88.
651 Das Programm ist frei verfügbar unter www.smartpls.de. Vgl. *Hansmann/Ringle* 2004.
652 Vgl. *Bankhofer/Praxmarer* 1998, S. 109f., für weitere Gründe in anderen Untersuchungszusammenhängen.

tenz unter den Befragten gegeben ist, um sich mit den Fragestellungen der Untersuchung auseinanderzusetzen.

Entscheidend für den weiteren Umgang mit den fehlenden Daten ist weiterhin, ob Daten als unsystematisch fehlend, d.h. zufällig fehlend, oder aber als systematisch fehlend, d.h. nicht zufällig fehlend, einzuschätzen sind. Idealtypisch existieren drei verschiedene Ausfallmechanismen. Dazu zählen[653]

a) fehlende Daten, deren Antwortrate unabhängig von der Ausprägung des Merkmals selbst ist (Missing at Random – MAR),

b) fehlende Daten, die unabhängig von den Ausprägungen anderer Merkmale sind (Observed at Random – OAR) sowie

c) fehlende Daten, die sowohl unabhängig von der Ausprägung des Merkmals selbst sind, als auch unabhängig von den Ausprägungen anderer Merkmale (Missing Completely at Random – MCAR).

Fatalerweise existiert kein statistischer Test, der mehr als notwendige Kriterien für die tatsächliche Existenz eines unsystematischen Ausfallmechanismus bereitstellen kann.[654] Die Entscheidung über den vorliegenden Ausfallmechanismus ist folglich interpretationsabhängig. Da im hier gegebenen Datensatz allerdings keine Variable mehr als 8,6% fehlende Daten beinhaltet, kann nicht zuletzt vor dem Hintergrund der spezifischen Fragestellung dieser Untersuchung davon ausgegangen werden, dass die fehlenden Werte zufällig im Datensatz verteilt sind und ein unsystematischer Ausfallmechanismus gegeben ist (MCAR).

Die bekanntesten Methoden zum Umgang mit fehlenden Daten sind sicherlich mit den Eliminierungsverfahren gegeben; d.h., Fragebögen mit fehlenden Daten werden vollständig aus der Stichprobe entfernt (complete-case-analysis) oder aber es werden je nach Fragestellung lediglich diejenigen Fälle untersucht, bei denen Merkmale verfügbar sind (available-case-analysis).[655] Als nachteilig bei ersterem Verfahren ist das Streichen existierender Werte einzuschätzen, das selbst schon zu Verzerrungen in der Auswertung führen kann. Die Analyse lediglich der verfügbaren Merkmale führt dazu, dass innerhalb der Auswertung keine direkte Vergleichbarkeit der Ergebnisse mehr gegeben ist, da sich diese auf unterschiedliche Stichprobengrößen beziehen. Aus diesen Gründen sind Imputationsverfahren, welche die fehlen-

---

[653] Vgl. *Schwab* 1991, S. 7.
[654] Vgl. *Runte* 1999, S. 5.
[655] Vgl. *Runte* 1999, S. 10.

den Werte schätzen und die Datenmatrix vervollständigen, immer den Eliminierungsverfahren vorzuziehen.[656] Derartige Verfahren zur Vervollständigung des Datensatzes werden allerdings spätestens dann fragwürdig, wenn mehr als 30% des Datensatzes aus fehlenden Werten besteht.[657] Der vorliegenden Datensatz ist mit insgesamt 3,51% fehlenden Werten weit von dieser Grenze entfernt. Die verfügbaren Imputationsverfahren reichen von einfachen Imputationsschätzern wie der Verwendung des Mittelwertes, des Medians oder des Modus zur Schließung der Matrix bis hin zu komplexen, multivariaten Imputationstechniken. Logisch bestechend und argumentativ leicht nachvollziehbar sind die so genannten Hot-Deck-Verfahren.[658] Diese stellen jeden Fall mit fehlenden Werten allen vollständigen Fällen gegenüber und verwenden die Informationen des jeweils ähnlichsten vollständigen Falls zur Vervollständigung der Datenmatrix.

Da der erhobene Datensatz alle Voraussetzungen zur Verwendung von Imputationsverfahren erfüllt und Eliminierungsverfahren aufgrund der angesprochenen Nachteile unpassend scheinen, wird die Datenmatrix entsprechend vervollständigt. Auf die Verwendung komplexerer Imputationsverfahren, wie sie bspw. das SPSS-Modul Missing Value Analysis bereitstellt,[659] wird allerdings verzichtet, da diese Verfahren insbesondere für den Skalentyp B inkonsistente Werte liefern. Auch wenn aufgrund der zugrunde liegenden Logik Hot-Deck-Verfahren im vorliegenden Fall zu präferieren wären, so werden aus forschungsökonomischen Erwägungen fehlende Werte über Mittelwertsubstitution[660] geschlossen. Hot-Deck-Verfahren sind lediglich Teil einiger weniger spezieller, nicht verfügbarer Statistikpakete;[661] das angewandte Verfahren der Mittelwertsubstitution ist jedoch als eher konservativ und wenig riskant im Hinblick auf Verzerrungen der Analyseergebnisse einzuschätzen.[662]

5.2 Deskriptive Ergebnisse der empirischen Untersuchung

Der besondere Fokus dieser Arbeit, der auf die Individualebene zielt, hat zur Folge, dass sich im besonderen Maße die Frage stellt, ob die erhobenen Daten tatsächlich ein valides, verkleinertes Abbild der Grundgesamtheit bieten. Da aufgrund der verwandten Samplingtechnik davon auszugehen ist, dass teilweise mehrere Informanten pro Unternehmen an der

656 Vgl. *Bankhofer* 1995, S. 104ff.
657 Vgl. *Haenlein* 2004, S. 86.
658 Vgl. *Little/Rubin* 2002, S. 67ff.
659 Hierzu zählen der Expectation-Maximization Algorithmus und die Imputation mittels Regressionsanalyse. Vgl. *o.V.* 2005, S. 6.
660 Vgl. *Schnell* 1986, S. 95ff.
661 So bspw. von Solas for Missing Value Analysis (www.statsol.ie).
662 Vgl. *Holm* 1975b, S. 25 sowie *Hox* 1999, S. 131f., der herausstreicht, "[that, A.K.] mean imputation is unbiased when the data are MCAR."

Untersuchung teilgenommen haben, ergeben sich möglicherweise Konsequenzen für die Repräsentativität der Daten auf Unternehmensebene. Insbesondere große Wagniskapitalgesellschaften sind in der Stichprobe tendenziell überrepräsentiert; vor dem Hintergrund der Forschungsfrage, die sich auf die *subjektive* Wahrnehmung des Wagniskapitalprozesses durch den einzelnen Entscheider und nicht auf Firmenpolitik bezieht, wäre dieser Umstand jedoch weitestgehend zu vernachlässigen. Die genaue Betrachtung der Untersuchungsteilnehmer und der Unternehmen, welche diese repräsentieren, kann im Zuge der univariaten Analyse weiter dabei helfen, die Validität der später zu diskutierenden Befunde der Hypothesentestung besser einzuschätzen. Daher werden im Folgenden Häufigkeitsauszählungen und Mittelwertberechnungen unter Angabe der Streuungsmaße vorgenommen – insbesondere um sicherzustellen, dass die Befragten tatsächlich in Unternehmen arbeiten, auf die das Erkenntnisinteresse dieser Arbeit gerichtet ist und gleichzeitig kompetent genug sind, um ausreichend gute Informationen über den Investitionsprozess zu liefern.

5.2.1 Merkmale der befragten Wagniskapitalgeber

In den Tabellen 9 und 10 werden die Ergebnisse der univariaten Analyse der Stichprobe auf Individualebene wiedergegeben. So zeigt sich, dass die befragten Wagniskapitalgeber einen eher kaufmännischen als technischen Ausbildungshintergrund haben (72,8%) und sich durch eine moderate Risikoaffinität auszeichnen, da sie sich auf einer sechsstufigen Skala im Mittel bei 3,81 einordnen.

Tabelle 9
Charakteristika der Stichprobe auf Individualebene I

Kriterium	Min.	Max.	Mittelwert	Median	s
Risikobereitschaft*	2	5	3,81	4	0,91
Aufsichtsratssitze	0	8	1,7	1	2,06
Berufserfahrung (Jahre)	2	43	13,16	11	8,39
Berufserfahrung Wagniskapital (Jahre)	1	21	6,55	5	4,87

* auf einer Skala von 1 = sehr niedrig bis 6 = sehr hoch n=81

Für eine Studie zum Entscheidungsverhalten von Wagniskapitalgebern ist weiterhin bedeutsam, dass da, wo Repräsentativität nicht gesichert werden kann, so doch zumindest die Auseinandersetzung mit erfahrenen Wagniskapitalgebern gesucht wird.[663] Die Wagniskapitalgeber

[663] So bspw. *McNally* 1994, S. 280.

dieser Stichprobe sind in der Tat als erfahrene Investoren einzustufen – im Mittel können sie auf mehr als 13 Jahre Berufserfahrung (davon 6,5 Jahre im Wagniskapitalbereich) verweisen. Darüber hinaus ergibt die Betrachtung der im Unternehmen eingenommenen Position, dass 42% der Befragten den Top-Entscheidern zugeordnet werden können (ableitbar aus Positionsbezeichnungen wie CEO, Geschäftsführer oder Partner).

Tabelle 10
Charakteristika der Stichprobe auf Individualebene II

Kriterium	Ausprägung	%	n
Ausbildung	Eher kaufmännisch	72,8	59
	Eher technisch	9,9	8
	Sowohl als auch	17,3	14
Prozessvertrautheit*	Gesamtprozess	75,3	61
	Businessplanprüfung	90,1	73
	Due Diligence	90,1	73
	Vertragsabschluss	85,2	69
Hierarchische Position	Top-Entscheider	42,0	34
	Investmentmanager	58,0	47

* Mehrfachantworten möglich n=81

Die restlichen 58% der Befragten sind als Investmentmanager klassifizierbar (bspw. bezeichnet als Analysten, Beteiligungsmanager oder Investmentmanager); von allen Befragten tragen jedoch mehr als drei Viertel Verantwortung für den Gesamtprozess, sodass in summa entsprechende Erfahrung konstatiert werden kann. Die vorliegenden Daten bestätigen weiterhin die Erkenntnis, dass deutsche Wagniskapitalgeber traditionell eher weniger Aufsichtsratssitze einnehmen, als dies bspw. in US-amerikanischen Gesellschaften der Fall ist.[664] Während der Mittelwert für die Anzahl der eingenommen Aufsichtsratssitze zwecks Beteiligungsmonitoring in der grundlegenden Studie von *Gorman* und *Sahlman* bei 5,1 für den US-Markt liegt,[665] nehmen die Wagniskapitalgeber hier im Schnitt lediglich 1,7 Sitze ein; bei Betrachtung des Medians reduziert sich diese Zahl auf lediglich einen Aufsichtsratssitz. Zwar ist die Stichprobe der vorliegenden Studie tendenziell nicht direkt mit der von *Gorman/Sahlman* vergleichbar. Dennoch zeigt sich die Neigung deutschsprachiger Wagniskapitalgeber, ihre Beteiligungsunternehmen auf anderem Wege als über eine Position im Aufsichtsrat zu kontrollieren.

---

[664] Vgl. *Jeng/Wells* 2000, S. 248.
[665] Vgl. *Gorman/Sahlman* 1989, S. 234.

5.2.2 Merkmale der befragten Unternehmen

Die univariate Analyse auf Unternehmensebene (vgl. Tabellen 11 und 12) zeigt, dass die Mittelwerte der Stichprobe tendenziell durch einige sehr große Wagniskapitalgesellschaften (bspw. 3i) verzerrt werden, weshalb die Betrachtung des Medians notwendig ist, um verlässlichere Aussagen über die Stichprobencharakteristika zu ermöglichen.

Tabelle 11
Charakteristika der Stichprobe auf Unternehmensebene I

Kriterium	Min.	Max.	Mittelwert	Median	s
Gründungsjahr	1969	2003	1993	1997	8,64
Fondsvolumen (Mio. EUR)	4,8	4000	287,45	80	676,84
Minimale Investition (Mio. EUR)	0,03	50	2,14	1	6,41
Maximale Investition (Mio. EUR)	0,75	500	15,99	5	57,19
Beschäftigte Investmentmanager	0	50	7,94	5	9,17
Angestrebte Neubeteiligungen p.a.	0	80	6,52	4	11,17
Angestrebte Haltedauer (Jahre)	3	10	6,42	6	1,709

n=81

Die Befragten arbeiten zu 79% in deutschen Unternehmen, die im Jahr 1997 gegründet wurden; die verbleibenden Unternehmen haben ihren Firmensitz in Österreich und der Schweiz. Diese Wagniskapitalgesellschaften verwalten durchschnittlich EUR 80 Millionen und entsprechen damit bekannten Größenordnungen.[666] Auch die Bandbreite von minimaler zu maximaler Investition deckt sich mit oftmals berichteten Volumina – es werden Mindestinvestments in Höhe von EUR 1 Million gesucht und maximale Engagements von EUR 5 Millionen eingegangen. Die Gesellschaften beschäftigen je fünf Investmentmanager, die jährlich vier Neubeteiligungen anstreben, aus denen innerhalb von sechs Jahren ein Exit vollzogen werden soll.

[666] Vgl. *Mackewicz* 2005, S. 37, der eine durchschnittliche Fondsgröße von EUR 100 Mio. für Wagniskapitalgeber ermittelt.

Die Analyse der bevorzugten Investitionsbranchen[667] zeigt weiterhin (vgl. Abbildung 21), dass auch in Post-Euphorie-Zeiten Investitionen in Unternehmen der digitalen Wirtschaft gesucht sind („Kommunikationstechnologien" sowie „Computer related" jeweils weit mehr als 50%). Innovationsarme Branchen mit gesättigten Märkten hingegen, wie es bspw. beim Handel der Fall ist, werden erwartungsgemäß weitestgehend ignoriert. Dass Wagniskapitalgeber Risiken eher über Spezialisierung auf Branchen und Phasen als über Diversifikation auffangen,[668] zeigt sich auch in dieser Stichprobe, da weniger als 10% der Unternehmen keinerlei Präferenz für eine bestimmte Branche angeben.

Abbildung 21
Bevorzugte Investitionsbranchen der Investoren im Überblick

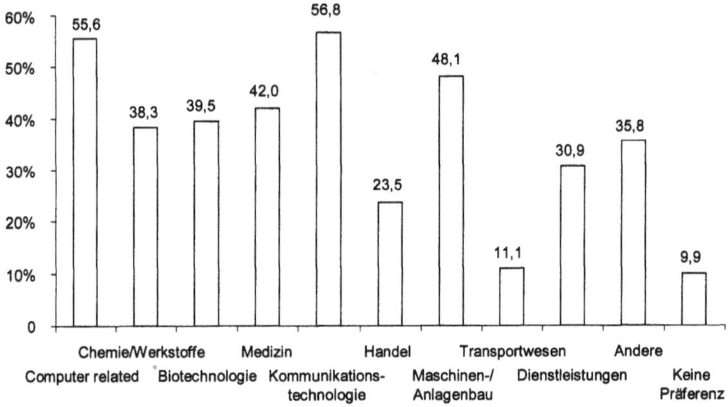

Mehrfachantworten möglich n=81

Die Phasenpräferenz (vgl. Tabelle 12) ist annähernd normalverteilt über den Unternehmenslebenszyklus; es findet sich wenig Konzentration auf sehr frühe Phasen, genauso wie tendenziell eher weniger in sehr späten Phasen investiert wird. Die Stichprobe sollte folglich weniger reine Private-Equity-Gesellschaften als vielmehr eher typische Wagniskapitalgeber enthalten und entspricht damit dem Erkenntnisinteresse dieser Arbeit. Es finden sich in der Stichprobe darüber hinaus kaum spezialisierte Non-Lead-Investoren; entweder bezeichnen sich die Gesellschaften dezidiert als Lead-Investoren (49,4%) oder aber zeigen keinerlei Präferenz (40,7%) für eine bestimmte Position in syndizierten Beteiligungen.

---

[667] Die Unterteilung der Investitionsbranchen erfolgt in Anlehnung an die vom BVK verwendete Klassifikation. Vgl. hierzu *Bundesverband Deutscher Kapitalbeteiligungsgesellschaften e.V. (BVK)* 1994-2005.

[668] Vgl. *Norton/Tenenbaum* 1993, S. 432f.

Wie weiterhin aus der Literatur bekannt,[669] engagieren sich die Wagniskapitalgeber in dieser Untersuchung ebenfalls bevorzugt als Minderheitsgesellschafter bei ihren Portfoliounternehmen (71,6%). Sie können dies zum größten Teil (64,2%) unabhängig von einer übergeordneten Gesellschaft tun; lediglich rund ein Drittel sind als captive oder semi-captive[670] Gesellschaften einzuschätzen, bei denen eine Verbindung zu einem übergeordneten Konzern oder einer Bankengesellschaft besteht.

Tabelle 12
Charakteristika der Stichprobe auf Unternehmensebene II

Kriterium	Ausprägung	%	n
Ursprungsland	Deutschland	79,0	64
	Österreich	14,8	12
	Schweiz	6,2	5
Abhängigkeit	Unabhängig	64,2	52
	Captive	28,4	23
	Semi-captive	7,4	6
Bevorzugte Investorenposition	Lead-Investor	49,4	40
	Non-Lead-Investor	9,9	8
	Keine Präferenz	40,7	33
Bevorzugter Gesellschaftertyp	Mehrheitsgesellschafter	9,9	8
	Minderheitsgesellschafter	71,6	58
	Keine Präferenz	18,5	15
Bevorzugte Investitionsphase*	Seed-Phase	17,3	14
	Start-up-Phase	43,2	35
	Expansions-Phase	63,0	51
	Later Stage	45,7	37
	Keine Präferenz	7,4	6

* Mehrfachantworten möglich n=81

[669] Vgl. Abschnitt 2.1.1 oder aber auch *Schefczyk* 2000a, S. 18f.

[670] Wagniskapitalfonds werden international üblicherweise genau dann als captive bezeichnet, wenn mehr als 80% der Fondsmittel aus einer einzigen Quelle stammen. In Deutschland wird eine engere Sichtweise vertreten; hierzulande ist bereits dann von einer abhängigen Wagniskapitalgesellschaft die Rede, wenn ein Gesellschafter mehr als 50% der Anteile hält und von einer halbabhängigen Gesellschaft, wenn ein Gesellschafter zwischen 20% und 50% der Anteile hält. Nur dann, wenn kein Gesellschafter mehr als 20% hält, ist eine Gesellschaft als unabhängig einzustufen. Vgl. hierzu *Bundesverband Deutscher Kapitalbeteiligungsgesellschaften e.V. (BVK)* 1994-2005 sowie *Jeng/Wells* 2000, S. 248.

5.3 *Ergebnisse der Hypothesenprüfung*

"One should not let one's discipline
determine the choice of method; rather, one should
fit the method to the problem."
J.L. Simon[671]

Die Überprüfung der aus dem informationsökonomischen Modell der Wagniskapitalfinanzierung deduzierten Hypothesen erfolgt in drei Schritten. Zuerst werden die grundlegenden Hypothesen zur Dynamik der subjektiven Wahrnehmung von informationsökonomischen Gütereigenschaften getestet (H1 und Spezifikationen), da sämtliche weiteren gemachten Aussagen auf deren Bewährung beruhen. Wenn sich die globalen Hypothesen bewähren, so sind im zweiten Schritt die Hypothesen zur unterschiedlichen Einschätzbarkeit einzelner Investitionskriterien zu testen (H2 und Spezifikationen), während als drittes der angenommene Einfluss der relativen Verteilung von Such-, Erfahrungs- und Vertrauenseigenschaften auf die Investitionsneigung eines Wagniskapitalgebers untersucht wird (H3 und Spezifikationen).

Zur Hypothesentestung ist aus der Vielzahl der vorhandenen statistischen Methoden der jeweils geeignete analytische Test zu ermitteln. Die Entscheidung für einen bestimmten statistischen Test ist einerseits abhängig vom Skalenniveau und anderseits von der vorliegenden Verteilungsform. Alle erhobenen Variablen dieser Untersuchung sind bis auf wenige Ausnahmen intervallskaliert. Um parametrische Tests zu verwenden, ist weiterhin Normalverteilung der zu prüfenden Variablen notwendig. Zur Ermittlung einer eventuell vorliegenden Normalverteilung steht eine Reihe von Methoden zur Verfügung, wozu die visuelle Inspektion im Histogramm, der Chiquadrat-Test für größere Stichproben und der Kolmogorov-Smirnov-Test zählen. Letzterer Test hat den Vorteil, auch bei kleineren Fallzahlen aussagekräftig zu sein und findet hier bevorzugt Anwendung.[672]

Die Inspektion im Histogramm legt die Vermutung nahe, dass insbesondere in späten Abschnitten des Wagniskapitalprozesses nicht von Normalverteilung der Einschätzungen der Güterqualitäten durch die Befragten ausgegangen werden kann. Die Überprüfung dieser Annahme mittels Kolmogorov-Smirnov-Test bestätigt diese Einschätzung. Aus diesem Grund werden in der weiteren Analyse auch bei teilweise gegebener Normalverteilung durchgängig parameterfreie Tests gerechnet, um die Vergleichbarkeit der gemachten Aussagen sicherzustellen. Derartige parameterfreie Tests arbeiten bei vorliegender Normalverteilung mit einer

---

[671] Vgl. *Simon* 1969.
[672] Vgl. *Brosius* 2004, S. 404; lediglich bei Fallzahlen unter 50 wird zum Shapiro-Wilks-Test geraten.

Effizienz von 95% der parametrischen Tests;[673] die Ergebnisse solcher Tests sind also insbesondere im sehr signifikanten ($p<0,01$) bis höchst signifikanten Bereich ($p<0,001$) als hinreichend aussagekräftig einzuschätzen.[674]

5.3.1 Zur Dynamik der relativen Verteilung von Such-, Erfahrungs- und Vertrauenseigenschaften

Im Hinblick auf die Frage, ob sich die informationsökonomischen Güterqualitäten tatsächlich gemäß der theoretischen Vorhersage im Verlauf des Investitionsprozesses verschieben, werden im Folgenden zwei verschiedene globale Einschätzungen phasenweise betrachtet. Erstens werden die einzelnen Einschätzungen zu den Investitionskriterien phasenweise zu einem Globalurteil verdichtet, und zweitens werden die abgefragten Globalurteile ebenfalls phasenweise auf ein vergleichbares Maß umgerechnet.[675] Tabelle 13 stellt die Ergebnisse einander gegenüber.

Tabelle 13
Relative Verteilung informationsökonomischer Gütereigenschaften nach Abschnitten im Investitionsprozess

		Businessplanprüfung		Due Diligence		Vertragsabschluss	
		%	S	%	s	%	s
Sucheigenschaften	$\%_{aggr}$	18,67	14,73	48,69	20,94	81,13	16,94
	$\%_{glo}$	16,78	17,77	24,31	19,31	67,87	24,48
Erfahrungseigenschaften	$\%_{aggr}$	49,46	13,28	39,93	17,89	9,51	14,65
	$\%_{glo}$	40,70	16,12	53,51	19,32	18,59	16,31
Vertrauenseigenschaften	$\%_{aggr}$	31,78	14,53	11,24	7,27	9,27	6,54
	$\%_{glo}$	42,52	24,09	22,17	20,06	13,52	16,11

n=81

Für das aus den Einzelkriterien aggregierte Globalurteil ($\%_{aggr}$) ergibt sich im frühesten Prozessabschnitt eine Verteilung der Gütereigenschaften, die sich aus einem relativ kleinen Anteil Sucheigenschaften (18,67%) mit rund der Hälfte Erfahrungseigenschaften (49,46%) und etwa einem Drittel Vertrauenseigenschaften (31,78%) zusammensetzt. Diese Vertrauensei-

[673] Vgl. *Zöfel* 2003, S. 128f.

[674] Aussagen über die Signifikanz sind bedingte Wahrscheinlichkeitsaussagen bezüglich der Wahrscheinlichkeit eines durch einen statistischen Kennwerts beschriebenen Stichprobenergebnisses unter der Annahme, die Nullhypothese sei richtig. Je kleiner diese (Irrtums-)Wahrscheinlichkeit, desto unwahrscheinlicher ist die fälschliche Ablehnung der Nullhypothese. Vgl. *Bortz* 1984, S. 370.

[675] Die Abfrage der Globalurteile erfolgt über eine sechsstufige Skala, deren jeweilige Ratings zu den drei Gütereigenschaften insgesamt 100% ausmachen. Dies erlaubt in der Folge eine einzelne Globaleinschätzung, bspw. zu den Sucheigenschaften eines Investitionsvorschlages, prozentual in Relation zu den verbleibenden Gütereigenschaften zu setzen.

genschaften werden dann in der Due Diligence stark reduziert (11,24%), um bis gegen Ende des Investitionsprozesses relativ stabil auf einem Niveau zu verharren (9,27%). Der Abbau von Erfahrungseigenschaften erfolgt demgegenüber eher in späten Prozessabschnitten (39,93% in der Due Diligence gegenüber 9,51% zum Vertragsabschluss). Gegen Ende des Investitionsprozesses ist durch Informationsverarbeitung und Unsicherheitsabbau ein Investment möglich geworden, das als primäre Suchtransaktion klassifizierbar ist (81,13% Sucheigenschaften).

Abbildung 22
Aggregiertes Globalurteil zur Einschätzung eines Investitionsvorschlages in der Phase der Businessplanprüfung

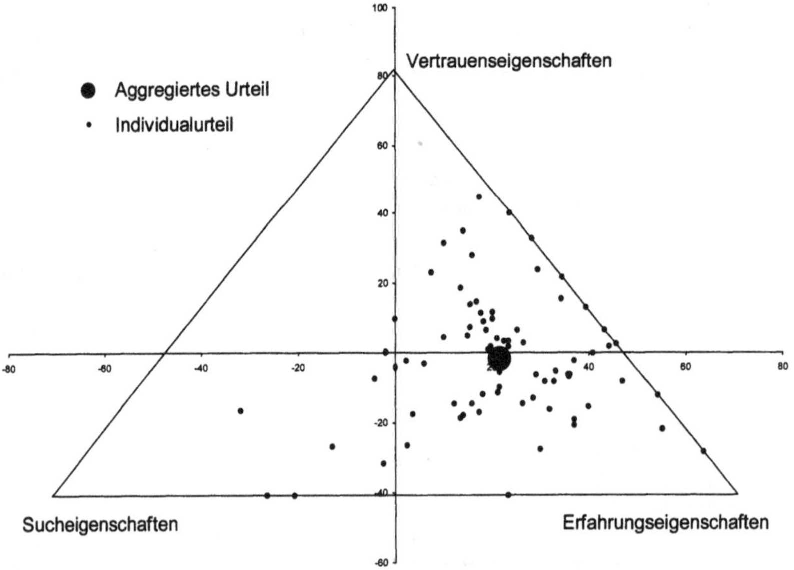

n=81

Ein leicht anderes Bild ergibt sich jedoch bei der Betrachtung der reinen Globalurteile ($\%_{glo}$) im Vergleich mit den aggregierten Einschätzungen. In der informationsökonomischen Literatur ist bereits die Frage formuliert worden, inwieweit Globalurteile über einzelne Güter die informationsökonomischen Eigenschaften angemessen abbilden.[676] Zumindest für hochkomplexe Transaktionsprozesse wie eine Wagniskapitalfinanzierung muss davon ausgegangen werden, dass Globalurteile kein adäquates Bild liefern, da sie sich entscheidend von der aggregierten Einschätzung mit Hilfe eines umfassenden Kriterienkatalogs unterscheiden.

[676] Vgl. *Adler* 1996, S. 202.

Reine Globalurteile zeigen durchgängig ein höheres Maß an Unsicherheit hinsichtlich des Gutes, da entsprechend weniger Sucheigenschaften und teilweise mehr als doppelt so hohe Vertrauenseigenschaften wahrgenommen werden. Die Ursache hierfür ist angesichts der gut erforschten Investitionskriterien von Wagniskapitalgebern sicherlich weniger in einem unvollständigen Kriterienkatalog zu suchen, als vielmehr in dem Umstand, dass Pauschalurteile immer die Realität verkürzend sein müssen und damit nicht die wirklichen Verhältnisse widerspiegeln können. Die Überprüfung der Signifikanz der veränderten Wahrnehmung eines idealtypischen Investitionsvorschlages von einer Phase zur sich anschließenden Phase erfolgt mittels Wilcoxon-Test (Vergleich zweier abhängiger Stichproben hinsichtlich ihrer zentralen Tendenz).[677] Der Test zeigt, dass diese Veränderungen für alle drei informationsökonomischen Eigenschaften unabhängig vom jeweils verwandten Maß in der Tat höchst signifikant sind ($p<0{,}001$).

Abbildung 23
Aggregiertes Globalurteil zur Einschätzung eines Investitionsvorschlages in der Phase der Due Diligence

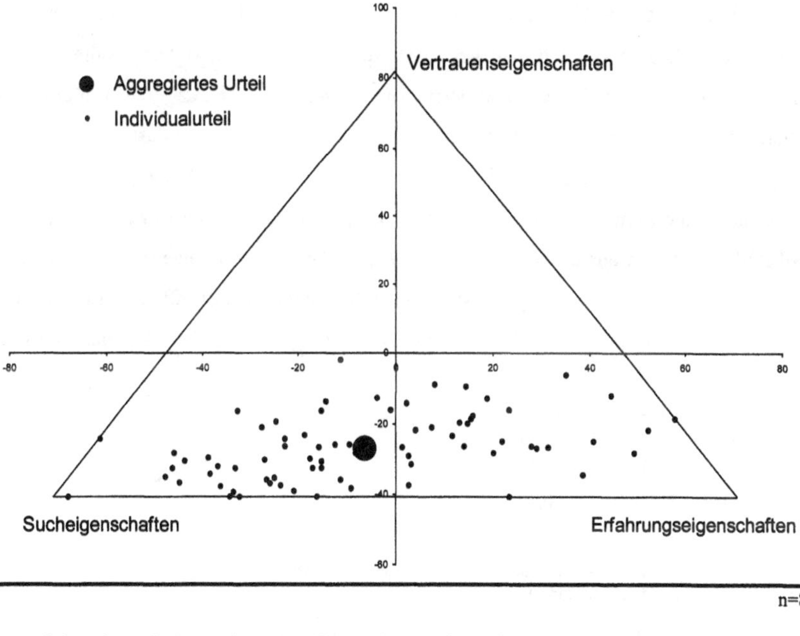

n=81

Daraus folgt, dass die Hypothese H1 (Veränderungshypothese) und ihre Spezifikationen H1a und H1b nicht zurückgewiesen werden können. Die Relation von wahrgenommenen Such-, Erfahrungs- und Vertrauenseigenschaften ist im Transaktionsprozess nicht fest gegeben, son-

[677] Vgl. *Bortz* 2004, S. 153ff.

dern verändert sich mit dem Prozessfortschritt. Je weiter eine Investitionsmöglichkeit im Wagniskapitalprozess fortschreitet, desto weniger Erfahrungs- und Vertrauenseigenschaften werden wahrgenommen; diese werden zugunsten der stetig zunehmenden Sucheigenschaften abgebaut.

Die Abbildungen 22 bis 24 verdeutlichen diese Aussagen visuell. In diesen Abbildungen ist jede einzelne Einschätzung ($\%_{aggr}$) der Stichprobe im informationsökonomischen Dreieck abgetragen; die jeweils phasenweise hervorgehobenen Punkte geben die durchschnittliche Einschätzung eines Investitionsvorschlages wieder. Aufgrund der Tatsache, dass jede Einschätzung zur Verteilung der informationsökonomischen Gütereigenschaften eines einzelnen Investitionsvorschlages *immer* zu 100% aufsummiert werden kann, wird diese eindeutige Positionierung der drei Dimensionen von Güterqualitäten im zweidimensionalen Raum möglich. Jede Einschätzung muss im dreidimensionalen Raum zwangsläufig auf einer Ebene verortet werden, die wiederum selbstverständlich zweidimensional dargestellt werden kann (vgl. Abbildung 15).

Um eine Reduktion vom Drei- ins Zweidimensionale zu erreichen, ist es jedoch notwendig, ein neues Koordinatensystem festzulegen, diese Basis zu rotieren und letztlich die Ebene auf den Ursprung des neuen Koordinatensystems zu verschieben.[678] Die dadurch ermöglichte Visualisierung im informationsökonomischen Dreieck macht deutlich, dass Investitionsvorschläge tatsächlich durch das Dreieck „wandern". Ausgangspunkt der Verschiebung ist jedoch nicht eine reine Vertrauenstransaktion, sondern vielmehr eine Einschätzung, die sowohl stark durch Vertrauenseigenschaften als auch durch Erfahrungseigenschaften geprägt ist (vgl. Abbildung 22). Die anfänglich gegebenen Vertrauenseigenschaften werden dann im zweiten Schritt fast vollständig abgebaut (vgl. Abbildung 23), um dann letztlich zur Trans-

---

[678] Unter der Annahme der Ausgangsvektoren

$$y_1 = \begin{bmatrix} 1 \\ 1 \\ 1 \end{bmatrix}, y_2 = \begin{bmatrix} -1 \\ 1 \\ 0 \end{bmatrix}, y_3 = \begin{bmatrix} -0,5 \\ -0,5 \\ 1 \end{bmatrix},$$

welche das dreidimensionale Koordinatensystem aufspannen, lassen sich die Koordinatenwerte im zweidimensionalen Raum formal bestimmen über

$$\begin{bmatrix} 0 \\ x \\ y \end{bmatrix} = \underline{w}^{-1} * a - \frac{1}{\sqrt{6}} \begin{bmatrix} \sqrt{2} \\ 0 \\ 0 \end{bmatrix}$$

mit x = Koordinatenwert 1, y = Koordinatenwert 2, w^{-1} = Inverse der neuen Orthonormalbasis und a = dem Vektor der Anteilswerte für die informationsökonomischen Gütereigenschaften. Für eine detaillierte Erläuterung der Transformation vgl. *Adler* 1996, S. 161f.

formation von Erfahrungs- in Sucheigenschaften gegen Ende des Prozesses zu führen (vgl. Abbildung 24).

Die abschließende Kontrolle auf Berufserfahrung zeigt, dass keinerlei Korrelation zwischen der Einschätzung eines Investitionsvorschlages und der gesamten Berufserfahrung bzw. der Erfahrung mit Wagniskapitalfinanzierung besteht. Genauso besteht hinsichtlich der hierarchischen Position der Befragten im Unternehmen kein signifikanter Unterschied zwischen Top-Entscheidern und Investmentmanagern in der Einschätzung eines Investitionsvorschlages. Zykluserfahrung mag zwar das Investitionsverhalten eines Wagniskapitalgebers verändern; sie führt aber scheinbar nicht zwangsläufig zu einer sichereren Einschätzung oder sogar zu Overconfidence, wie sie sich bspw. durch eine verstärkte Wahrnehmung von Sucheigenschaften darstellen würde.

Abbildung 24
Aggregiertes Globalurteil zur Einschätzung eines Investitionsvorschlages in der Phase des Vertragsabschlusses

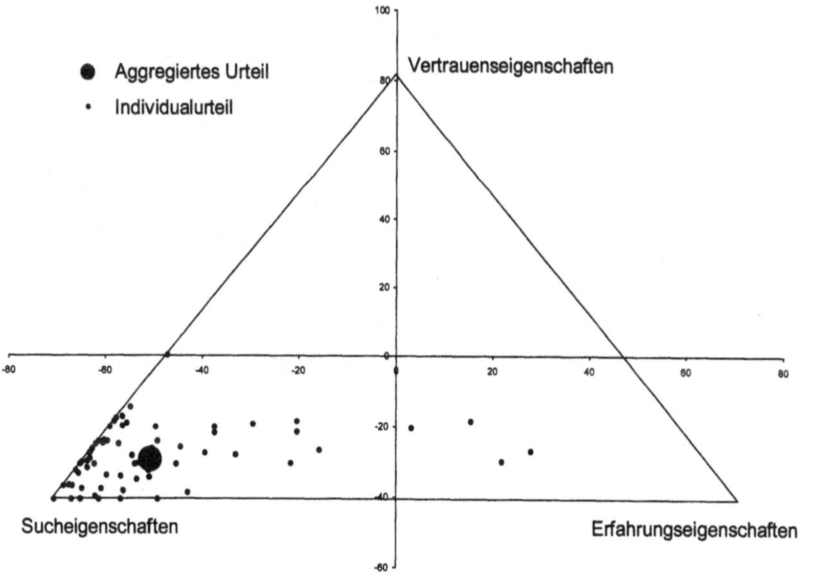

n=81

5.3.2 Zur Einschätzbarkeit einzelner Investitionskriterien

Nachdem die vorangegangenen Abschnitte die prinzipielle Anwendbarkeit der informationsökonomischen Theorie – auch in ihrer dynamisierten Form – auf das Investitionsobjekt eines Wagniskapitalgebers belegt haben, soll nun durch die genaue Betrachtung der Einschätzbarkeit einzelner Investitionskriterien in Abhängigkeit vom Prozessfortschritt die angestrebte Verbindung von Wagniskapitalprozess, Investitionskriterien und informationsökonomischer Theorie geleistet werden. Um zu zeigen, dass die Investitionskriterien in unterschiedlichem Maße die informationsökonomischen Gütereigenschaften reflektieren, werden die Hypothese H2 und ihre Konkretisierung H2a getestet.

D.h., neben der Überprüfung der allgemeinen Anwendbarkeit der Theorie auf Kriterienebene sollen weiterhin gerade die Managementkriterien auf ihre Bedeutung im Finanzierungsprozess geprüft werden, um ihre sprichwörtliche Bedeutung gegebenenfalls theoretisch und empirisch untermauern zu können. Tabelle 14 zeigt die prozentuale Verteilung der informationsökonomischen Gütereigenschaften eines idealtypischen Investitionsvorschlages aufgeschlüsselt nach den 15 im Untersuchungsdesign berücksichtigten Investitionskriterien. Um nun die relative Bedeutung eines einzelnen Kriteriums ermitteln zu können, werden die jeweiligen Einschätzungen im Folgenden mit dem aggregierten Globalurteil auf signifikante Abweichungen verglichen.

Diese Vorgehensweise erlaubt es, genau diejenigen Kriterien mit einer Verteilung von Such-, Erfahrungs- und Vertrauenseigenschaften zu identifizieren, die sich entscheidend von der globalen Verteilung absetzen und damit eine differenziertere Aussage über die mit dem Kriterium verbundene Unsicherheit erlauben. Es werden hierdurch genau zwei Aussagetypen möglich: Zum einen können Investitionskriterien ausfindig gemacht werden, die aufgrund ihrer schlechteren bzw. besseren Einschätzbarkeit mit einem höheren bzw. niedrigeren Ausmaß von Unsicherheit verbunden. Zum anderen können Aussagen über die wechselnde Bedeutung eines Kriteriums, basierend auf dem sich verändernden Unsicherheitsausmaß im Prozessverlauf, gemacht werden. Der Vergleich eines Kriteriums mit dem aggregierten Globalurteil erfolgt analog der Überprüfung auf Dynamik des Prozesses (vgl. Abschnitt 5.3.1) wiederum mittels Wilcoxon-Test.[679]

Tabelle 15 fasst die Ergebnisse dieses Tests zusammen und zeigt die prozentuale Abweichung einzelner Investitionskriterien von der aggregierten Einschätzung der Such-, Erfahrungs- und Vertrauenseigenschaften eines Investitionsvorschlages zu drei ausgewählten Zeitpunkten innerhalb des Finanzierungsprozesses (Businessplanprüfung / Due Diligence / Vertragsabschluss). Die Resultate können wie folgt interpretiert werden:

---

[679] Vgl. *Bortz* 2004, S. 153ff.

Tabelle 14
Relative prozentuale Verteilung der Einschätzungen der Such-, Erfahrungs- und Vertrauenseigenschaften eines idealtypischen Investitionsvorschlages – Betrachtung nach einzelnen Investitionskriterien

Faktor	Kriterium	Businessplanphase (in %)			Due Diligence Phase (in %)			Vertragsabschlussphase (in %)		
		SE	*EE*	*VE*	*SE*	*EE*	*VE*	*SE*	*EE*	*VE*
Unternehmerpersönlichkeit	– Wagniskapitaltyp	20,58	43,33	36,09	51,12	38,81	8,94	81,70	10,59	7,75
	– Führungserfahrung	13,93	48,06	38,01	48,19	41,06	10,75	81,28	9,69	8,65
	– Einsatzbereitschaft	12,90	40,70	46,40	42,78	41,69	14,75	77,38	12,26	10,43
Unternehmerqualifikation	– Track Record	20,04	56,00	23,72	52,81	41,04	6,78	86,38	9,59	4,02
	– Techn. Qualifikation	16,00	50,94	33,06	45,57	44,88	9,43	83,53	9,21	7,26
	– Kaufm. Qualifikation	15,19	52,77	31,56	51,06	40,63	8,31	82,62	9,85	7,58
Produkt oder Dienstleistung	– Innovationsgrad	21,89	55,67	22,20	51,78	40,16	7,81	83,27	8,54	8,19
	– Schützbarkeit Angebot	12,74	51,47	35,79	43,16	47,85	9,11	84,99	8,80	5,72
	– Alleinstellungsmerkmale	17,23	53,91	28,85	49,19	39,00	11,38	82,07	8,59	9,33
Markt	– Marktvolumen	24,28	50,00	25,72	49,57	41,25	8,94	81,77	7,26	9,94
	– Marktwachstum	21,02	50,12	28,98	48,31	40,31	11,06	83,23	7,30	10,21
	– Marktakzeptanz	13,60	45,53	40,37	37,88	39,37	22,75	69,88	10,73	19,21
Finanzen	– Investitionsstrategie	39,43	50,01	10,56	70,75	26,42	2,83	91,65	6,54	1,86
	– Investitionsrendite	10,22	44,44	45,30	40,31	38,43	20,69	71,35	12,01	16,64
	– Exitmöglichkeiten	20,94	48,89	30,17	47,91	37,07	15,01	75,83	11,73	12,20

n=81

Tabelle 15
Prozentuale Abweichung einzelner Investitionskriterien von der aggregierten Einschätzung der Such-, Erfahrungs- und Vertrauenseigenschaften eines Investitionsvorschlages – Ergebnisse des Wilcoxon-Test

Faktor		Kriterium	Businessplanphase (in %)			Due Diligence Phase (in %)			Vertragsabschlussphase (in %)		
			SE	*EE*	*VE*	*SE*	*EE*	*VE*	*SE*	*EE*	*VE*
Unterneh-merpersön-lichkeit	–	Wagniskapitaltyp	1,91	-6,12*	4,31	2,43	-0,12	-2,29*	-0,57	1,08	-1,52
	–	Führungserfahrung	**-4,74******	-1,39	**6,23******	-0,50	1,13	-0,49	0,15	0,18	-0,62*
	–	Einsatzbereitschaft	**-5,77******	**-8,76******	**14,62******	-5,91**	1,76	3,51*	-3,75*	2,75**	1,16
Unterneh-merqualifika-tion	–	Track Record	1,37	6,54**	-8,06***	4,12	1,12	-4,46***	**5,25******	0,08	**-5,25******
	–	Techn. Qualifikation	-2,67**	1,48	1,28	-3,12	4,95**	-1,81**	2,40**	-0,30	-2,001***
	–	Kaufm. Qualifikation	-3,48***	3,31**	-0,22	2,37	0,69	-2,93***	1,49	0,34	-1,69**
Produkt oder Dienstleis-tung	–	Innovationsgrad	3,22*	**6,21******	**-9,58******	3,09	0,23	-3,43***	2,14**	-0.97**	-1,08**
	–	Schützbarkeit Angebot	-5,93***	2,01	4,01	-5,53*	**7,92******	**-2,13******	**3,86******	-0,71*	**-3,55******
	–	Alleinstellungsmerkmale	-1,44	4,45*	-2,93	0,49	-0,93	0,14	0,94	-0,92	0,06
Markt	–	Marktvolumen	5,61**	0,54	-6,06***	0,88	1,32	-2,29***	0,64**	-2,25***	0,67
	–	Marktwachstum	2,35	0,66	-2,81*	-0,38	0,38	-0,18	2,10*	-2,21**	0,94
	–	Marktakzeptanz	**-5,07******	-3,93*	**8,59******	**-10,81******	-0,56	**11,51******	**-11,25******	1,22	**9,94******
Finanzen	–	Investitionsstrategie	**20,76******	0,55	**-21,28******	**22,06******	**-13,51******	**-8,41******	**10,52******	**-2,97******	**-7,41******
	–	Investitionsrendite	**-8,45******	-5,02	**13,52******	**-8,38******	-1,50	**9,45******	**-9,78******	2,49	**7,37******
	–	Exitmöglichkeiten	2,27	-0,57	-1,61	-0,78	-2,86*	3,77*	-5,29***	2,22	2,93*

*** $p \leq .0{,}001$, ** $p \leq 0{,}01$, * $p \leq 0{,}05$ n=81

a) Ein Investitionskriterium, das ein signifikant höheres Ausmaß an Vertrauenseigenschaften bei gleichzeitig signifikant niedrigeren Such- oder Erfahrungseigenschaften zeigt, wird von Wagniskapitalgebern als unsicherer als der Durchschnitt empfunden.

b) Ein Investitionskriterium, das ein signifikant niedrigeres Ausmaß an Vertrauenseigenschaften bei gleichzeitig signifikant höheren Such- oder Erfahrungseigenschaften zeigt, wird von Wagniskapitalgebern als sicherer als der Durchschnitt empfunden.

D.h., entscheidend für eine Aussage über die Unsicherheit eines Investitionskriteriums ist nicht allein, dass höhere Vertrauenseigenschaften zu einem bestimmten Zeitpunkt im Prozess wahrgenommen werden. Um sich eines eventuellen Unterschieds sicher zu sein, wird gleichzeitig gefordert, dass zumindest eine der beiden verbleibenden, sichereren informationsökonomischen Gütereigenschaften *signifikant* besser einschätzbar ist.

In eine ähnliche Richtung zielt die Wahl des geeigneten Signifikanzniveaus zur Ergebnisinterpretation. Soll auf statistische Signifikanz geschlossen werden, so können zwei potenzielle Fehler relevant werden.[680] Der so genannte Fehler 1. Art tritt genau dann auf, wenn die Nullhypothese fälschlicherweise zurückgewiesen wird; d.h., wenn entgegen tatsächlicher Verhältnisse von einem Zusammenhang in der Stichprobe auf das Vorliegen dieses Zusammenhangs in der Grundgesamtheit geschlossen wird. Das Auftreten dieses Fehlers wird bei enger gefassten Signifikanzniveaus unwahrscheinlicher. Gleichzeitig steigt demgegenüber jedoch die Gefahr, einen Fehler 2. Art zu begehen und die Nullhypothese zu akzeptieren, obwohl diese realiter zu verwerfen wäre. Üblicherweise wird in konfirmatorischen Analysen der Fokus auf die Vermeidung eines Fehlers 1. Art gerichtet.

Die Gefahr, einen Fehler 1. Art zu begehen, steigt mit der Anzahl der unternommenen Signifikanztests (Problem der so genannten Alpha-Inflation).[681] Für die hier unternommene Auswertung bedeutet dies, dass bei einem vorgegebenen Signifikanzniveau von 5% unter 135 vorgenommenen Vergleichen zwangsläufig mit 6,75 rein zufälligen Signifikanzen zu rechnen ist. Bei einer Signifikanzschranke von 1% reduzieren sich diese auf 1,35 zufällige Signifikanzen, bei einem geforderten Signifikanzniveau von 0,1% sind lediglich 0,135 zufällig signifikante Unterschiede zu erwarten. Aus diesem Grund werden zur Vermeidung eines Fehlers 1. Art im Folgenden nur Aussagen über höchst signifikante Unterschiede ($p \leq 0{,}001$) gemacht, da diese bei 41 aufgefundenen Unterschieden innerhalb der Stichprobe mit entsprechender

680 Vgl. *Bryman* 2004, S. 237f.
681 Vgl. *Zöfel* 2004, S. 99ff.

Sicherheit einhergehen. Signifikanzen auf dem 5%-Niveau sind demgegenüber cum grano salis zu nehmen und werden nachstehend nicht weiter diskutiert.

Im Ergebnis ist festzustellen, dass zwei Kriterien in der *Businessplanphase* überdurchschnittlich gut bewertbar sind. Es ist dies einerseits der Innovationsgrad des Produktes bzw. der Dienstleistung, des potenziellen Portfoliounternehmens, der gut 10% weniger Vertrauenseigenschaften und mehr als 6% Erfahrungseigenschaften auf sich vereinigt. D.h., die befragten Wagniskapitalgeber sind sich bereits zu Anfang des Investitionsprozesses sehr sicher, ermitteln zu können, ob der Innovationsgrad ihren Erfordernissen entspricht. Noch besser einzuschätzen ist der Umstand, ob ein Investitionsvorschlag der Investitionsstrategie der Wagniskapitalgesellschaft tatsächlich entspricht – die Vertrauenseigenschaften dieses Kriteriums liegen nicht nur um mehr als 20% unter der globalen Einschätzung, sondern zeigen darüber hinaus in demselben Maße erhöhte Sucheigenschaften. Für die Sicherheit der Einschätzung spricht folglich nicht nur die höchste positive Abweichung, sondern auch die schwerpunktmäßig wahrgenommenen Sucheigenschaften sprechen hierfür.

Diesen beiden Kriterien stehen vier Kriterien gegenüber, die zu Anfang des Investitionsprozesses mit überdurchschnittlicher Unsicherheit belegt sind. Als außerordentlich problematisch ist dabei die Einsatzbereitschaft des Unternehmers zu beurteilen, die sich einer sicheren Einschätzung entzieht. Deren Vertrauenseigenschaften weichen um mehr als 14% von der Globaleinschätzung ab. Diese abweichenden Vertrauenseigenschaften sind sowohl durch signifikant niedrigere Such- als auch niedrigere Erfahrungseigenschaften begründet (-5,77% bzw. -8,76% Abweichung). Die Führungserfahrung des Unternehmers kann ebenfalls als ein über die Maßen schlecht evaluierbares Kriterium ausgemacht werden, wenngleich diese nicht so stark von der Globaleinschätzung abweicht wie es bei der unternehmerischen Einsatzbereitschaft der Fall ist (-4,74% Sucheigenschaften bei +6,23% Vertrauenseigenschaften). Noch deutlicher setzt sich die Marktakzeptanz im Hinblick auf die mit ihr verbundene Unsicherheit ab, da sie mit rund 5% weniger Sucheigenschaften bei um annähernd 9% erhöhten Vertrauenseigenschaften einhergeht. Die Einschätzung der Investitionsrendite letztlich wird durch mehr als 13% höhere Vertrauenseigenschaften verkompliziert.

In der *Due-Diligence-Phase* verschieben sich die Abweichungen entscheidend. Waren im vorhergehenden Prozessabschnitt noch einige der Persönlichkeitskriterien des Unternehmers ausgesprochen problematisch, so gleichen diese sich jetzt an die Gesamtunsicherheit an. Marktakzeptanz und Investitionsrendite bleiben weiterhin problematische Kriterien, wohingegen der Fit zur Investitionsstrategie der Wagniskapitalgesellschaft weiter signifikant besser einschätzbar bleibt. Lediglich ein neues Kriterium stellt sich als marginal besser zu evaluieren heraus – dies ist die Schützbarkeit des Angebotes (bspw. durch Patentierung), die sich durch leicht niedrigere Vertrauenseigenschaften (-2%) und höhere Erfahrungseigenschaften auszeichnet (ca. +8%).

Beim Übergang zur *Vertragsabschlussphase* verändert sich das Bild der Due-Diligence-Phase nur unwesentlich. Die als kritisch identifizierten Investitionskriterien verharren weiter im unsicheren Bereich (Marktakzeptanz / Investitionsrendite), und auch die bereits in der Mitte des Investitionsprozesses als besser einschätzbar identifizierten Kriterien (Schützbarkeit des Angebotes / Fit zur Investitionsstrategie) werden durch lediglich ein neues, gut zu bewertendes Kriterium ergänzt. Dies ist der Track Record des Unternehmers, der durch gut 5% höhere Sucheigenschaften bei gleichzeitig um 5% reduzierte Vertrauenseigenschaften charakterisiert wird.

Tabelle 16
Investitionskriterien nach ihrer relativen Unsicherheit im Phasenvergleich – Ausmaß der Vertrauenseigenschaften

Businessplanphase	Due Diligence	Vertragsabschluss
1. Einsatzbereitschaft	1. Marktakzeptanz	1. Marktakzeptanz
2. Investitionsrendite	2. Investitionsrendite	2. Investitionsrendite
3. Marktakzeptanz	3. Exitmöglichkeiten	3. Exitmöglichkeiten
4. Führungserfahrung	4. Einsatzbereitschaft	4. Einsatzbereitschaft
5. Wagniskapitaltyp	5. Alleinstellungsmerkmale	5. Marktwachstum
6. Schützbarkeit Angebot	6. Marktwachstum	6. Marktvolumen
7. Tech. Qualifikation	7. Führungserfahrung	7. Alleinstellungsmerkmale
8. Kaufm. Qualifikation	8. Techn. Qualifikation	8. Führungserfahrung
9. Exitmöglichkeiten	9. Schützbarkeit Angebot	9. Innovationsgrad
10. Marktwachstum	10. Wagniskapitaltyp	10. Wagniskapitaltyp
11. Alleinstellungsmerkmale	11. Marktvolumen	11. Kaufm. Qualifikation
12. Marktvolumen	12. Kaufm. Qualifikation	12. Techn. Qualifikation
13. Track Record	13. Innovationsgrad	13. Schützbarkeit Angebot
14. Innovationsgrad	14. Track Record	14. Track Record
15. Investitionsstrategie	15. Investitionsstrategie	15. Investitionsstrategie

Im Hinblick auf die Hypothesen der Gruppe 2 kann daher Folgendes festgehalten werden. Da sich die Einschätzbarkeit einzelner Investitionskriterien in der Tat vom aggregierten Globalurteil abhebt, kann H2 nicht verworfen werden und muss als bewährt akzeptiert werden (Investitionskriterien spiegeln in unterschiedlichem Maße die informationsökonomischen Eigenschaften in Abhängigkeit vom Prozessfortschritt wider). H2a muss dem gegenüber jedoch zumindest in Teilen verworfen werden. Zwar gehen einige der Investitionskriterien mit Unternehmerbezug tatsächlich mit einem überproportionalen Ausmaß an Vertrauenseigenschaften einher; dies gilt jedoch nur für Kriterien, welche die Persönlichkeit des kapitalsuchenden Unternehmers betreffen. Ebenso ist diese extreme Unsicherheit über den Unternehmer und seine Motive lediglich in frühen Prozessabschnitten von Relevanz.

Tabelle 16 bereitet diese Erkenntnisse in einem einfachen Ranking auf, welches handlungsleitend im Investitionsprozess sein kann. Die Investitionskriterien werden dort phasenweise nach dem Ausmaß der kritischsten informationsökonomischen Gütereigenschaft geordnet (Vertrauenseigenschaften). Es zeigt sich, dass in der Businessplanphase drei der fünf Topkriterien die Unsicherheit über die Unternehmerpersönlichkeit reflektieren (Einsatzbereitschaft / Führungserfahrung / Wagniskapitaltyp). Schreitet der Investitionsprozess allerdings fort, so verbleiben als größte Unsicherheitsfaktoren die Marktakzeptanz und ein möglicher Ausstieg aus der Beteiligung verbunden mit der Investitionsrendite.

Wird also ein Wechsel in der Perspektive vollzogen und die Betrachtung der Investitionskriterien nicht mehr per se als gleichbedeutend über den gesamten Prozess angenommen, so kann festgehalten werden, dass die Kriterienrelevanz immer im Hinblick auf den Prozessfortschritt zu sehen ist. D.h., Wagniskapitalgeber sollten entgegen sprichwörtlicher Branchenweisheiten lediglich in frühen Phasen die Managementkriterien reflektieren, wohingegen späterhin eher an das Ausräumen von Unsicherheit über die Marktakzeptanz eines innovativen Produktes zu denken ist.

5.3.3 Der Einfluss von Such-, Erfahrungs- und Vertrauenseigenschaften auf die Investitionsneigung

Die nachstehenden Abschnitte unterziehen die Hypothesen zum Zusammenhang von informationsökonomischen Gütereigenschaften und Investitionsneigung von Wagniskapitalgebern (d.h. H3 und Spezifikationen) empirischer Überprüfung. Dazu wird ein Pfadmodell basierend auf der Partial-Least-Squares-Methodik (PLS-Methodik) analysiert. Die Ergebnisse dieser Analyse werden vorgestellt, nachdem die grundlegende Entscheidung für die Anwendung der PLS-Methodik diskutiert worden ist.

5.3.3.1 Strukturgleichungsmodelle in der empirischen Wirtschaftsforschung

Es ist evident, dass die informationsökonomischen Gütereigenschaften unabhängig von der konkreten Transaktion schon allein aufgrund ihrer subjektiven Natur niemals *direkt* beobachtbar sein können. Soll deren Einfluss auf eine abhängige Variable – hier bspw. die Investitionsneigung von Wagniskapitalgebern – quantifiziert werden, so ist eine statistische Methodik zu nutzen, die diese Zusammenhänge messbar machen kann. Derartiges leistende Methoden finden sich mit den unterschiedlichen Verfahren zum Test von Strukturgleichungsmodellen.

Strukturgleichungsmodelle sind in den letzten Jahren innerhalb der betriebswirtschaftlichen Forschung immer bedeutender geworden. So hat sich deren Verwendungshäufigkeit gerade in herausragenden wissenschaftlichen Journalen von den 1980er zu den 1990er Jahren mehr als verdoppelt.[682] Lediglich die omnipräsente Gruppe der regressionsanalytischen Verfahren wird häufiger zur Beantwortung wirtschaftswissenschaftlicher Fragestellungen eingesetzt. Der Terminus Strukturgleichungsmodell (auch Structural Equation Model – SEM) kann dabei als ein Überbegriff für all diejenigen Modelle verstanden werden, die bspw. latente Variablen, Messfehler in der abhängigen und der unabhängigen Variable sowie multiple Indikatoren beinhalten können.[683] Alternativ wird vielerorts auch der Begriff der Kausalanalyse verwandt, da diese Methoden auf gegebener Datenbasis die Prüfung von Kausalzusammenhängen möglich machen. Das Aufdecken solcher Zusammenhänge kann als eine Hauptaufgabe wissenschaftlichen Arbeitens verstanden werden[684] – erst das Aufzeigen einer Veränderung der abhängigen Variable nach einer Veränderung der unabhängigen Variable erlaubt die Rede von Kausalität und ermöglicht potenziell normative Aussagen.

An dieser Stelle ist es wichtig herauszustreichen, dass Strukturgleichungsmodelle allein lediglich Kausalität prüfen können, diese jedoch nicht entdecken können. Die Methode stellt ein gegebenes Hypothesensystem in seiner Gesamtheit[685] auf den Prüfstand; d.h., die Analyse erfolgt theoriegeleitet und hat damit „konfirmatorischen Charakter."[686] Ohne theoretische Vorhersagen ist Kausalität statistisch schlicht nicht nachweisbar. Realiter sind *rein* konfirmatorische Analysen jedoch verhältnismäßig selten in der wirtschaftswissenschaftlichen Literatur aufzufinden; der eher geringe theoretische Reifegrad vieler betriebswirtschaftlicher

---

682 Vgl. *Scandura/Williams* 2000, S. 1261.
683 Vgl. *Marcoulides/Schumacker* 1996, S. 1.
684 Vgl. *Homburg/Hildebrandt 1998*, S. 17; *Ringle* 2004a, S. 7.
685 Vgl. *Backhaus et al.* 2003, S. 337.
686 Vgl. *Backhaus et al.* 2003, S. 334; *Byrne* 2001, S. 3.

Unterdisziplinen[687] führt dazu, dass zumindest in Teilen explorativ gearbeitet werden muss – was den Forscher im Prinzip allerdings nicht davon entbindet, diese explorativen Erkenntnisse möglichst umgehend wieder der empirischen Prüfung an einem *neuen* Datensatz auszusetzen.[688]

Wie bereits angedeutet, unterscheiden Strukturgleichungsmodelle eindeutig zwischen direkt beobachteten (manifesten) und theoretischen (latenten) Variablen. Die Methode geht also mit dem Vorteil einher, nicht allein manifeste Variablen im Hinblick auf ihre Beziehungen zueinander zu überprüfen (wie es bspw. eine Regressionsanalyse erlaubt), sondern auch latente Variablen für die empirische Forschung zugänglich zu machen. Diese nicht direkt messbaren Größen können auch als hypothetische Konstrukte bezeichnet werden. Klassische Beispiele für latente Variablen in wirtschaftlichen Zusammenhängen sind Konstrukte wie „Kapitalismus", „soziale Klasse"[689] oder aber auch Einstellungsvariablen (bspw. zur Kaufmotivation). Je nach theoretisch postuliertem Kausalzusammenhang werden Konstrukte in Strukturgleichungsmodellen als latent endogene Variable η (d.h. als abhängige Variable) oder aber als latent exogene Variable ξ (d.h. als unabhängige Variable) bezeichnet.

Aus der Kombination von Beobachtbarem und Unbeobachtbarem innerhalb eines Modells folgt eine Trennung in die Ebene der Beobachtungsvariablen und die Ebene der Konstrukte. D.h., ein Teil des Modells wird über empirische Sprache beschreibbar; ein anderer Teil ist hingegen allein über theoretische Sprache zu fassen (Zwei-Sprachen-Theorie).[690] Die empirische Komponente des Strukturgleichungsmodells dient dabei dazu, die theoretische Rede zu ermöglichen. Diese zwei grundsätzlichen Ebenen werden in einem Strukturgleichungsmodell über zwei Typen von Teilmodellen reflektiert. Das vollständige Modell besteht aus einem Strukturmodell, das die Beziehungen der latenten Variablen zueinander abbildet (theoretische Ebene), und – im einfachsten Fall zwei – Messmodellen,[691] welche η und ξ zugeordnet werden (empirische Ebene). Lassen sich die manifesten und latenten Variablen in einen Zusammenhang bringen, so wird eine Verbindung zwischen den beiden Ebenen und damit eine empirisch gehaltvolle Theorie geschaffen.[692]

---

687 Vgl. *Homburg/Hildebrandt* 1998, S. 30.
688 Vgl. *Backhaus et al.* 2003, S. 380.
689 Vgl. *Byrne* 2001, S. 4.
690 Vgl. *Bagozzi* 1998, S. 49.
691 Vgl. *Adler* 2005, S. 10f.
692 Vg. *Fassot/Eggert* 2005, S. 34.

Latente Variablen werden demzufolge über manifeste Indikatoren erfassbar gemacht.[693] Da diese Indikatoren die nicht direkt beobachtbaren Phänomen i.d.R. nur unzulänglich wiedergeben, werden üblicherweise mehrere Indikatoren zur Messung verwendet, um die fehlerhafte Einzelmessung zu kompensieren.[694] In der Konsequenz besteht Sicherheit über die Validität der Indikatoren, wenn ein geeignetes Messmodell gefunden worden ist; Sicherheit über die Theorie besteht hingegen erst im zweiten Schritt, wenn sich aufbauend auf akzeptierten Messmodellen die postulierten Kausalhypothesen bewähren.[695]

Abbildung 25
Strukturmodell zur Wirkung von Such-, Erfahrungs- und Vertrauenseigenschaften auf die Investitionsneigung

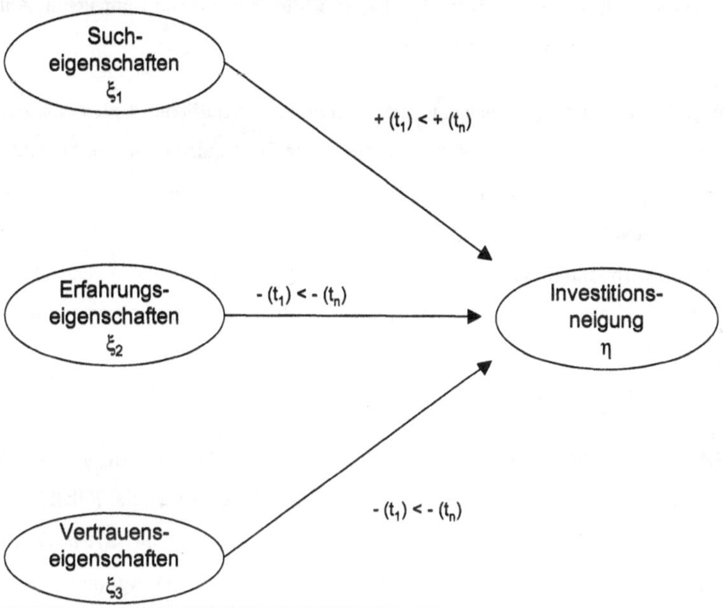

Innerhalb von Strukturgleichungsmodellen werden die theoretischen Kausalbeziehungen durch eine Reihe von Strukturgleichungen (d.h. Regressionsgleichungen) repräsentiert. Diese Strukturgleichungen können visuell modelliert werden, um eine klarere Konzeptualisierung der zu testenden Theorie zu ermöglichen.[696] Üblicherweise geschieht diese Visualisierung mit Hilfe eine Pfaddiagramms, das die Wirkungshypothesen über die Konstrukte sowie die Hypothesen im Hinblick auf die anzuwendende Schätzprozedur (d.h. die Beziehung von manifesten

---

693 Vgl. *Adler* 2005, S. 4.
694 Vgl. *Ringle* 2004a, S. 8.
695 Vgl. *Homburg/Hildebrandt* 1998, S. 24.
696 Vgl. *Byrne* 2001, S. 3 sowie *Homburg/Hildebrandt* 1998, S. 18.

und latenten Variablen) beinhaltet. Vor der Erstellung eines solchen Pfaddiagramms ist basierend auf theoretischen Überlegungen über die Anzahl der latenten Variablen und die Richtung bzw. die Stärke der Beziehungen zwischen diesen zu entscheiden.[697]

Abbildung 25 gibt das den weiteren Analysen zugrunde liegende Strukturmodell ohne Messmodelle wieder. Den Konventionen folgend, sind die hypothetischen Konstrukte der informationsökonomischen Gütereigenschaften sowie der Investitionsneigung über Ellipsen kenntlich gemacht.[698] Das Pfadmodell reflektiert die in Abschnitt 4.4 formulierten Hypothesen über den Einfluss der informationsökonomischen Gütereigenschaften auf die Investitionsneigung; der Einfluss der exogenen Variablen ξ_1 bis ξ_3 auf η wird dabei durch die je nach Beziehung unterschiedlichen Vorzeichen verdeutlicht (+/-). Dieser Einfluss wiederum kann sich in Abhängigkeit vom Prozessfortschritt verändern (t_1 vs. t_n).

Zur Analyse von Strukturgleichungsmodellen sind zwei grundsätzliche methodische Herangehensweisen verfügbar.[699] Dazu zählt einerseits die in Deutschland stark verbreitete Kovarianzstrukturanalyse[700] und die mittlerweile zumindest international verstärkt angewandte Partial Least Squares-Analyse.[701] Es ist wichtig, sich zu vergegenwärtigen, dass die ungleichmäßige Verbreitung der beiden Verfahren weniger in methodischen Aspekten oder gar der Überlegenheit einer Methode über die andere zu sehen ist. Vielmehr spricht einiges dafür, eine Ursache für die Dominanz der Kovarianzstrukturanalyse schlicht in forschungspraktischen Sachverhalten zu sehen.

Während kovarianzstrukturbasierte Algorithmen weite Verbreitung in unterschiedlichen Softwarepakten gefunden haben (wie bspw. in LISREL – Linear Structural Relationships oder auch AMOS – Analysis of Moment Structures), ist der PLS-Methodik erst in jüngerer Zeit mit der Entwicklung von PLS-Graph 3.0 oder SmartPLS verstärkt Aufmerksamkeit zuteil geworden. Tabelle 17 stellt einen überblicksartigen Vergleich der beiden Methoden bereit.

---

[697] Vgl. *Adler* 2005, S. 7.
[698] Vgl. *Byrne* 2001, S. 8; manifeste Variablen werden demgegenüber durch Rechtecke gekennzeichnet.
[699] Vgl. *Ringle* 2004a, S. 6.
[700] Vgl. bspw. *Homburg/Hildebrandt* 1998, S. 20ff. für eine Einführung in die Kovarianzstrukturanalyse.
[701] Für exemplarische Anwendungen im internationalen Bereich vgl. bspw. *Cool/Dierickx/Jemison* 1989, *Birkinshaw/Morrison/Hulland* 1995, *Venaik/Midgley/Devinney* 2001 oder auch *Haenlein* 2004; für den deutschsprachigen Raum vgl. *Paul* 1988 und die zahlreichen PLS-Studien in *Bliemel et al.* 2005; für PLS-Analysen in der Entrepreneurship-Forschung *Lee/Tsang* 2001 oder *Fornell/Lorange/Roos* 1990.

Tabelle 17
Partial Least Squares-Analyse und Kovarianzstrukturanalyse – Methodenvergleich[702]

Kriterium	Partial Least Squares-Analyse	Kovarianzstrukturanalyse
Hauptziel	Prognoseorientiert: Erklärung latenter und / oder Indikatorvariablen	Parameterorientiert: Erklärung empirischer Datenstrukturen
Methodenansatz	Varianzbasiert	Kovarianzbasiert
Annahmen	Prädikatorspezifikation	Multinormalverteilung und unabhängige Beobachtungen
Parameterschätzer	Konsistent, wenn Fallzahl und Indikatorzahl hoch („consistency at large")	Konsistent
Latente Variable	Werte werden explizit geschätzt	Werte nicht determiniert
Messmodell	Reflektiv und / oder formativ	Reflektiv[703]
Theorieanforderungen	Flexibel	Hoch
Modellkomplexität	Hochkomplexe Modelle analysierbar (z.B. 100 latente Variablen, 1000 Indikatoren)	Begrenzt
Stichprobengröße	Auch für kleine Stichproben geeignet	Hoch (200 plus)
Implikation	Optimal für Prognosegenauigkeit	Optimal für Parametergenauigkeit

Die bekannten kovarianzstrukturbasierten Verfahren erlauben es, basierend auf empirisch ermittelten Varianzen und Kovarianzen von Indikatorvariablen Aussagen zu treffen über die Beziehungen der latenten Variablen zueinander.[704] D.h., die Assoziationen zwischen manifesten Variablen werden aus der Kovarianzmatrix ersichtlich und auf eine kleinere Anzahl Konstrukte zurückgeführt. Voraussetzung für die Anwendung der Kovarianzstrukturanalyse ist Multinormalverteilung der manifesten Variablen – dies zumindest dann, wenn die präzisesten Parameterschätzverfahren Verwendung finden sollen.[705] Damit ist Multinormalverteilung im Prinzip als conditio sine qua non der Anwendung dieser Methodik zu betrachten. Weiterhin stellt die Kovarianzstrukturanalyse relativ starke Anforderungen an die Größe der zu analysierenden Stichprobe und ist damit ungeeignet für viele Fragestellungen, die verhältnismäßig kleine Populationen zum Gegenstand haben. So werden i.d.R. minimale Stichprobenumfänge von n > 100 (besser n > 200) gefordert.[706]

Die Kovarianzstrukturanalyse ist für die Auswertung der vorliegenden Stichprobe damit denkbar ungeeignet. Zwar ist das vorliegende Modell (vgl. Abbildung 25) wenig komplex,

---

[702] Vgl. *Bliemel et al.* 2005, S. 11; sowie *Chin/Newstead* 1999, S. 314.
[703] Unter bestimmten Bedingungen ist auch in Kovarianzstrukturanalysen die Verarbeitung formativer Messmodelle möglich. Vgl. *Scholderer/Balderjahn* 2005, S. 93.
[704] Vgl. *Homburg/Pflesser* 1999, S. 635.
[705] Vgl. *Backhaus et al.* 2003, S. 364ff.
[706] Vgl. *Adler* 2005, S. 5.

sodass über andere, mancherorts formulierte Minimalkriterien dennoch für eine Anwendung argumentiert werden könnte.[707] In Kombination mit der gleichzeitig fehlenden Multinormalverteilung der manifesten Variablen spricht jedoch einiges dafür, von vornherein eine Methode mit weniger rigiden Grundvoraussetzungen zur Anwendung zu bringen, die dennoch für die zur Diskussion stehenden Fragestellungen hinreichend aussagekräftig ist. Eine solche Methode ist mit der PLS-Analyse gegeben – die nachstehenden Abschnitte gehen daher ausführlich auf dieses Verfahren ein.

5.3.3.2 Zur Partial-Least-Squares-Analyse

Die auf *Wold*[708] zurückgehende Methode der Partial Least Squares (PLS) kombiniert genau wie andere Verfahren der Strukturgleichungsmodellierung auch, latente Variablen mit der Pfadmodellierung. Die Methode steht damit sowohl in der Tradition der empirischen psychologischen Forschung, welche die Messung hypothetischer Konstrukte möglich gemacht hat, als auch in einer ökonometrischen Tradition, die verantwortlich zeichnet für die Pfadmodellierung mit manifesten Variablen.[709] Ursprünglich unter dem Akronym NIPALS (Nonlinear Iterative Partial Least Squares) eingeführt, steht der PLS-Algorithmus seit den späten 1970er Jahren nicht nur für die sozial- und wirtschaftswissenschaftliche Forschung zur Verfügung.[710] Es ist zu erwarten, dass die PLS-Pfadmodellierung mit der Entwicklung von PLS-Graph oder auch der deutschen Entwicklung SmartPLS in nächster Zeit weitere Verbreitung finden wird, da bisher vorhandene Softwaretools (bspw. Latent Variables Path Analysis with Partial-Least-Squares Estimation – LVPLS[711]) weit von der Benutzerfreundlichkeit konkurrierender, zur Schätzung von kovarianzbasierten Strukturgleichungsmodellen entwickelter, Software entfernt waren.[712]

Softwarebenutzerfreundlichkeit kann allerdings kein ausreichendes Argument für die Nutzung einer wissenschaftlichen Methodik sein. Die Entwicklung von PLS erfolgte vielmehr zwecks Ausgleichs der Nachteile der Kovarianzstrukturanalyse. Im Vergleich zur Kovarianzstrukturanalyse beruht die Anwendung von PLS auf weniger realitätsfremden und restriktiven Prämissen, denen in der alltäglichen Forschungspraxis oftmals ohnehin nicht Genüge getan

---

[707] Stichprobengröße abzüglich Anzahl der zu schätzenden Parameter größer 50 ($n - q > 50$). Vgl. *Bagozzi* 1981, S. 380.
[708] Vgl. *Wold* 1966 sowie darauf folgende Publikationen zur Weiterentwicklung des Ansatzes.
[709] Vgl. *Wold* 1982, S. 325.
[710] Vgl. *Chin* 1998, S. 297f.
[711] Vgl. *Lohmöller* 1989, S. 241ff.
[712] Vgl. *Temme/Kreis* 2005 für einen Überblick über vorhandene Softwaretools zur PLS-Pfadmodellierung.

werden kann.[713] PLS-Modellierung ist daher auch unter dem Terminus „Soft Modeling" bekannt – eine Begriffswahl, die jedoch keinesfalls andeuten soll, es handele sich um ein „weiches" Konzept, sondern die vielmehr herausstreichen will, dass die Verteilungsannahmen als weniger streng und daher als „soft" anzusehen sind.[714]

Dieser offensichtliche Vorteil muss im Gegenzug bezahlt werden mit einer statistisch weniger anspruchsvollen und exakten Auswertung als dies im Fall der Kovarianzstrukturanalyse möglich ist. Da der PLS-Algorithmus das Strukturgleichungsmodell partiell schätzt ist bspw. keine Ermittlung globaler Gütekriterien möglich. D.h., die im Zuge einer Kovarianzstrukturanalyse möglichen Vergleiche der empirischen Kovarianzmatrix und der durch das Modell reproduzierten Kovarianzmatrix sind für PLS-Modelle nicht in ähnlicher Weise möglich.[715] Daher haben die bekannten globalen Gütekriterien wie bspw. RMSEA, GFI, χ^2/df oder AGFI in PLS-Modellen kein Pendant. Stehen – wie in der vorliegenden Studie – allerdings primär Einzelbeziehungen von latenten Variablen im Zentrum des Interesses, so sind globale Gütemaße ohnehin von nachrangiger Bedeutung.[716] Dennoch steht selbstverständlich eine Reihe von noch vorzustellenden partiellen Gütemaßen zur Verfügung, die in Ermangelung eines globalen Gütekriteriums in summa ausreichend gut erfüllt sein sollten.[717] Die PLS-Pfadmodellierung sollte der Kovarianzstrukturanalyse immer dann vorgezogen werden, wenn eine der nachstehenden Bedingungen erfüllt ist:[718]

a) Es ist keine Multinormalverteilung der Daten gegeben (da PLS wie angedeutet auf strikte Verteilungsannahmen verzichtet),

b) es sind Voraussagen zu treffen,

c) es stehen neuartige Phänomene ohne bewährte Messansätze zur Untersuchung an,

d) das zu schätzende Modell ist außerordentlich komplex[719] und die hypothetischen Konstrukte werden mit sehr vielen Indikatoren erfasst,

e) es liegen keine unabhängigen Beobachtungswerte vor,

---

[713] Vgl. *Hulland* 1999, S. 195 sowie *Henseler* 2005, S. 70.
[714] Vgl. *Chin* 1998, S. 315.
[715] Vgl. *Homburg/Pflesser* 1999, S. 647.
[716] Vgl. *Fassot* 2005, S. 29.
[717] Vgl. *Ringle* 2004b, S. 23.
[718] Vgl. *Bliemel* et al. 2005, S. 10.
[719] Vgl. *Homburg/Hildebrandt* 1998, S. 18 sowie Adler 2005, S. 22. Im Gegensatz zur Kovarianzstrukturanalyse ist die Modellgröße und die Anzahl der zu schätzenden Parameter praktisch unbegrenzt. Vgl. *Wold* 1982, S. 343.

f) es liegt eine relativ kleine Stichprobe vor,

g) es werden hypothetische Konstrukte mit formativen Messmodellen operationalisiert.

Die geringen Anforderungen an die Stichprobengröße sind sicherlich eines der Hauptargumente für die vermehrte Anwendung von PLS. Die Methode macht damit Populationen für Strukturgleichungsmodellierung zugänglich, die bei Fokussierung auf die Kovarianzstrukturanalyse zwangsläufig vernachlässigt werden müssen. Zwar sind alle in der Literatur aufzufindenden Hinweise zum Stichprobenumfang lediglich heuristischer Natur und ermangeln einer wirklich nachvollziehbaren Fundierung; erfahrungsgemäß ergeben sich jedoch ausreichend gute Schätzungen auch bei Modellen mit lediglich 20 erhobenen Fällen.[720] Die Anforderungen an die Stichprobengröße sind derart gering, dass im Extremfall die Schätzung eines PLS-Pfadmodells sogar dann möglich wird, wenn die Anzahl der Fälle innerhalb der Stichprobe die Anzahl der Variablen des Modells unterschreitet.[721]

Dieser Umstand liegt in der Natur des PLS-Algorithmus begründet. Da die Berechnung der einzelnen Komponenten des Modells partiell erfolgt, wird üblicherweise als minimale Stichprobengröße zehnmal die Anzahl der Indikatoren des komplexesten formativen Konstruktes gefordert oder aber zehnmal die größte Anzahl der exogenen Konstrukte, die auf ein endogenes Konstrukt wirken.[722] Für das hier zu prüfende Strukturgleichungsmodell ist demnach eine minimale Stichprobe von 30 Fällen erforderlich (drei exogene Konstrukte, die auf ein endogenes Konstrukt wirken). Damit sind angesichts einer Stichprobe von 81 Fällen die Bedingungen der Anwendung von PLS weit übererfüllt, während die Erfordernisse der Kovarianzstrukturanalyse leicht untererfüllt bleiben.

Die Modellstruktur eines PLS-Pfadmodells setzt sich – ähnlich wie bei anderen Strukturgleichungsmodellen auch – formal aus einem äußeren und einem inneren linearen Gleichungssystem zusammen. Während das innere Modell (Strukturmodell) die Beziehung zwischen den latenten Variablen wiedergibt, erfasst das äußere Modell die Beziehung zwischen den latenten Variablen und den ihnen zugeordneten manifesten Variablen. Dabei sind innerhalb des Strukturmodells keine kausalen Schleifen möglich (Erfordernis der Rekursivität).[723] Vorteilhaft an PLS ist nun, dass innerhalb des äußeren Modells sowohl formative als auch reflektive Indikatoren verarbeitet werden können; dies ist auch innerhalb eines einzigen Modells möglich.

---

[720] Vgl. *Ringle* 2004a, S. 26.
[721] Vgl. *Fornell/Bookstein* 1982, S. 449.
[722] Vgl. *Adler* 2005, S. 21.
[723] Vgl. *Henseler* 2005, S. 71; *Wold* 1982, S. 328.

Der fundamentale Unterschied zwischen formativen und reflektiven Messmodellen ist im jeweiligen kausalen Zusammenhang zwischen einem Indikator und seiner latenten Variable zu sehen. Werden die Beobachtungswerte von Indikatoren durch eine latente Variable verursacht, so spricht man üblicherweise von reflektiven Indikatoren. D.h., die Indikatoren müssen als fehlerbehaftete Messungen des jeweiligen Konstruktes gesehen werden; in reflektiven äußeren Modellen werden demnach die manifesten Variablen dem Verständnis der Faktoranalyse folgend durch die übergeordnete latente Variable bestimmt (d.h. reflektiert).[724] Da Indikatoren lediglich fehlerbehaftete Messungen eines Konstruktes sind, ist es – trotz teilweiser anderer Aussagen in der methodischen Literatur – unerlässliche Bedingung der korrekten Spezifikation eines Strukturgleichungsmodells mit reflektiven äußeren Messmodellen, dass jedem Konstrukt mindestens zwei Indikatoren zugeordnet werden, um derart Messfehler zu reduzieren (Konzept multipler Items).[725]

Kehrt sich die kausale Beziehung zwischen einem Indikator und seinem Konstrukt um und bestimmt nun die Indikatorvariable eine latente Variable, so ist die Rede von formativen Messmodellen (vgl. Tabelle 18). Im Gegensatz zu reflektiven Indikatoren ist es hier eine unerlässliche Bedingung der Modellierung, dass alle denkbaren Indikatoren eines Konstruktes Beachtung finden – Vollständigkeit ist zwingend notwendig und das lediglich Berücksichtigen einer „Stichprobe" aus der Gesamtheit aller Indikatoren führt zwangsläufig zur Fehlspezifikation des Messmodells.[726]

Tabelle 18
Zentrale Unterschiede zwischen formativen und reflektiven Messmodellen[727]

Reflektive Messmodelle	Formative Messmodelle
Kausale Wirkung verläuft vom Konstrukt zum Indikator	Kausale Wirkung verläuft vom Indikator zum Konstrukt
Indikatoren sollten miteinander korrelieren	Keine Korrelation zwischen den Indikatoren zwingend zu erwarten
Ausschluss eines Indikators ist ohne Einfluss auf die Bedeutung des Konstruktes	Ausschluss eines Indikators verändert potenziell die Bedeutung des Konstruktes
Berücksichtigt Messfehler auf Ebene der Indikatoren	Berücksichtigt Messfehler auf Ebene der Konstrukte

[724] Vgl. *Backhaus et al.* 2003, S. 346; *Homburg/Giering* 1996, S. 6; *Ringle* 2004a, S. 19 sowie Vgl. *Adler* 2005, S. 12. Reflektive Indikatoren werden auch als „effects" bzw. „eliciting" bezeichnet, während formative Indikatoren eines Konstruktes bspw. „causes" oder „formed" genannte werden. Vgl. *Eberl* 2004, S. 3 bzw. S. 6.
[725] Vgl. *Hulland* 1999, S. 198; *Adler* 2005, S. 13.
[726] Vgl. *Hulland* 1999, S. 201.
[727] Angelehnt an *Jarvis/MacKenzie/Podsakoff* 2003, S. 201.

Welche Indikatorart innerhalb eines PLS-Modells konkret Anwendung findet, wird im Pfaddiagramm durch die Pfeilrichtung angezeigt, die analog zu der kausalen Wirkungsbeziehung zwischen manifestem Indikator und der latenten Variable verläuft. Ob ein bestimmtes Konstrukt dabei über reflektive oder aber formative Indikatoren zu operationalisieren ist, orientiert sich prinzipiell an theoretischen Überlegungen – gelegentlich ist die Indikatorenart allerdings frei wählbar.[728] In der Literatur finden sich zahlreiche Beispiele für eine fehlerhafte Operationalisierung von Konstrukten.[729] Dies ist zumindest in Teilen auf die Dominanz der Kovarianzstrukturanalyse zurückzuführen, die mit Methoden zur Prüfung der Konstruktreliabilität einhergeht, die eine Fokussierung auf reflektive Messmodelle nach sich ziehen. Dies führt dazu, dass trotz der Erhebung von formativen Indikatoren diese in reflektiven Messmodellen behandelt werden. In der Konsequenz kann dies bewirken, dass derartig operationalisierte Konstrukte aufgrund fehlender Konstruktreliabilität zurückgewiesen werden und in der empirischen Forschung bislang nicht die ihnen zustehende Beachtung gefunden haben.

Je nachdem, welche Indikatoren die latenten Variablen eines PLS-Pfadmodells bestimmen, wird von Modus-A-Modellen (nur reflektive Indikatoren), Modus-B-Modellen (nur formative Indikatoren) oder aber Modus-C-Modellen (gleichzeitige Verwendung von formativen und reflektiven Indikatoren) gesprochen. Modus-C-Modelle bestehen üblicherweise aus exogenen Konstrukten, die im Modus A modelliert wurden und endogenen Konstrukten im Modus B.[730] Da insbesondere bei Theorietests eine Modellierung im Modus A angezeigt ist, werden in dieser Untersuchung nur reflektive Messmodelle[731] angewendet.

Unabhängig von den jeweils verwendeten Messmodellen erfolgt die Modellschätzung durch den PLS-Algorithmus iterativ bei gleichzeitiger Minimierung des Fehleranteils.[732] Im Gegensatz zur Untersuchung der Kovarianzmatrix wird in PLS-Pfadmodellen die Rohdatenmatrix analysiert.[733] Dazu werden die gegebenen Modellparameter in „subsets" aufgeteilt, die mittels einer einfachen multiplen Regression geschätzt werden, die dabei die Werte anderer Parameter aus den verbleibenden Subsets berücksichtigt. Die Schätzungen (d.h. die Ladungen und die Pfadkoeffizienten) werden also iterativ Modellteil für Modellteil approximiert.[734] Dazu

[728] Vgl. *Ringle* 2004a, S. 21f., für ein Beispiel sowie *Chin* 1998, S. 305, und *Eggert/Fassot* 2003, S. 12.
[729] Vgl. *Jarvis/MacKenzie/Podsakoff* 2003, die 28% fehlspezifizierte Modelle in herausragenden Marketingjournalen identifizieren.
[730] Vgl. *Chin* 1998, S. 305ff.
[731] Die Messmodelle zeigen alle Charakteristika eines reflektiven Modells, wie sie in den Entscheidungsregeln zur Bestimmung des Konstruktcharakters sowohl in *Fassot/Eggert* 2005, S. 43, als auch bei *Jarvis/MacKenzie/Podsakoff* 2003, S. 203 gefordert werden.
[732] Vgl. *Ringle* 2004a, S. 28f.
[733] Vgl. *Henseler* 2005, S. 70.
[734] Vgl. *Fornell/Bookstein* 1982, S. 441.

durchläuft der Alogrithmus drei Schritte. Zuerst werden die Werte der latenten Variablen geschätzt, daran anschließend werden Faktorladungen und Pfadkoeffizienten mittels einer Kleinste-Quadrate-Regression bestimmt und im dritten Schritt Mittelwerte und das konstante Glied für die linearen Regressionsfunktionen geschätzt.[735] Dieser Prozess durchläuft so viele Iterationen, bis ein vorher spezifiziertes Abbruchkriterium erfüllt ist. Dieses Abbruchkriterium ist genau dann erfüllt, wenn die prozentuale Veränderung von einer Iteration zur nächsten einen vorgegeben Wert unterschreitet und damit ausreichend stabile Schätzwerte vorliegen.[736]

5.3.3.3 Ergebnisse der Partial-Least-Squares-Analyse

Um die Hypothesen der Gruppe 3 (Einflusshypothesen) zu überprüfen, wird dasselbe Pfadmodell mit exakt den gleichen Indikatoren zu den drei unterschiedlichen hypothetischen Zeitpunkten innerhalb des Wagniskapitalprozesses geschätzt. Derart wird ein Vergleich des je unterschiedlichen Einflusses der informationsökonomischen Gütereigenschaften auf die Investitionsneigung möglich. Die Schätzung der Parameter des PLS-Pfadmodells erfolgt unter Rückgriff auf das Softwaretool SmartPLS 1.01.[737]

Zur *Schätzung* der inneren Gewichte eines PLS-Modells stehen grundsätzlich drei verschiedene Schemata zur Verfügung. Es sind dies das Zentroidschema, das Faktorgewichtungsschema und das Pfadgewichtungsschema.[738] Zwar unterscheiden sich diese nur marginal in den bereitgestellten Ergebnissen; allerdings ist das Pfadgewichtungsschema das einzige Schema, das explizit die Wirkungsrichtungen der postulierten Zusammenhänge zwischen exogenen und endogenen Variablen berücksichtigt.[739] Aus diesem Grund findet dieses Schema hier Anwendung. Als Abbruchkriterium des iterativen Schätzprozesses wird das Auftreten einer prozentualen Veränderung der Schätzwerte von nur noch 10^{-5} bestimmt.

Um die geschätzten Parameter auf Signifikanz zu prüfen, ist es notwendig, auf *Resampling-Techniken* (d.h., Stichprobengenerierungsverfahren) zurückzugreifen. Für die Zwecke dieser Analyse wird aus den möglichen Resampling-Verfahren das Bootstrap-Verfahren angewendet.[740] Darunter ist ein statistisches Verfahren zu verstehen, das *zufällige* Substichproben (so genannte Pseudostichproben) aus einer Ausgangsstichprobe zieht und danach verschiedene

---

[735] Für eine umfassende Diskussion des PLS-Algorithmus und der formalen Aspekte des Schätzverfahrens vgl. bspw. *Ringle* 2004a, S. 24f. bzw. *Henseler* 2005 oder *Götz/Liehr-Gobbers* 2004, S. 722ff.
[736] Vgl. *Chin* 1998, S. 302.
[737] Vgl. *Maes et al.* 2005 für eine exemplarische Anwendung von SmartPLS.
[738] Vgl. *Henseler* 2005, S. 73.
[739] Vgl. *Chin* 1998, S. 309; *Lohmöller* 1989, S. 42.
[740] Vgl. *Marcoulides/Schumacker* 1996, S. 4 sowie *Yung/Bentler* 1996.

Parameter der Substichprobe schätzt, um Aussagen über deren Verteilung zu ermöglichen. Mit anderen Worten: Innerhalb der Ausgangsstichprobe werden beim Bootstrap-Verfahren zufällig Fälle unterdrückt, um mit den verbleibenden Fällen das Modell neu zu schätzen.[741] Alternativ dazu existiert das Jackknife-Verfahren zur Generierung von Stichproben;[742] da dieses jedoch lediglich als eine Approximation an das Bootstrap-Verfahren zu sehen ist, hat es nur in frühen PLS-Studien Verwendung gefunden. Da die Erhebung der Pseudostichprobe beim Jackknife-Verfahren eher systematisch erfolgt (traditionell wird je ein Fall unterdrückt), ist diese Resampling-Technik gegenüber dem Bootstrap-Verfahren im Nachteil, welches die Realität besser durch konsequent zufällige Stichprobengenerierung approximiert.[743]

Aus dem Quotienten von Mittelwert der jeweiligen Schätzungen und den Standardfehlern ergibt sich beim Bootstrap-Verfahren ein t-Wert, der die Ableitung von Signifikanzaussagen erlaubt.[744] Um die t-Werte für die einzuschätzenden Modelle zu ermitteln, wurden im vorliegenden Fall je 200 Resamples mit der gleichen Anzahl von Fällen der Originalstichprobe generiert.[745] Während des Resamplings sollten potenzielle Vorzeichenwechsel berücksichtigt werden.[746] SmartPLS stellt dazu u. a. die Option „Individual Sign Changes" zur Vorab-Behandlung der Daten bereit, deren Anwendung zur Folge hat, dass die Vorzeichen einer generierten Stichprobe in Übereinstimmung mit den Vorzeichen der Ausgangsstichprobe gebracht werden. Dies führt tendenziell zu einer Reduzierung der t-Werte und ist deshalb als ein eher konservativer Test auf Signifikanz der geschätzten Parameter einzustufen.[747] Bei der Interpretation der generierten t-Werte ist allerdings zu beachten, dass t-Werte, die lediglich marginal größer als 1 sind, zwar keinerlei Signifikanz für sich beanspruchen können; die ihnen zugeordneten Indikatoren oder auch Konstrukte sollten in zukünftigen Studien dennoch berücksichtigt werden, um dem Auftreten eines eventuellen Fehlers zweiter Art vorzubeugen.[748]

---

[741] Vgl. *Ringle* 2004b, S. 18.
[742] Vgl. *Wold* 1982, S. 341 bzw. Fenwick 1979.
[743] Vgl. *Schüte* 2001, S. 27.
[744] Es ist wichtig zu beachten, dass die im Bootstrap-Verfahren generierten t-Werte lediglich annähernd t-verteilt sind und somit nur eine Approximation an eine unbekannte Verteilungsform darstellen. Analog zu *Helm* 2005, S. 249, werden die t-Werte unter der Annahme unendlich vieler Freiheitsgrade interpretiert. D.h., da die t-Verteilung für df $\rightarrow \infty$ in die Standardnormalverteilung übergeht, können die t-Werte wie z-Werte der Standardnormalverteilung interpretiert werden. Für den einseitigen Test ergeben sich damit kritische Werte von 2,33 für Signifikanzen auf dem 1%-Niveau, 1,65 für Signifikanzen auf dem 5%-Niveau sowie 1,282 auf dem 10%-Niveau. Vgl. *Bortz* 2005, S. 81 bzw. S. 118.
[745] Vgl. *Chin* 2001, S. 14.
[746] Vgl. *Chatelin/Esposito Vinzi/Tenenhaus* 2002, S. 18.
[747] Vgl. *Chin* 2001, S. 15.
[748] Vgl. *Dau* 2003, S. 95; bzw. *Haenlein* 2004, S. 99ff.

Tabelle 19
Indikator- und Konstruktreliabilität – interne Konsistenz der Konstrukte und Kreuzladungen

Businessplanphase	SEBP / IK: 0,940 Cronbachs α: 0,875	EEBP / IK: 0,802 Cronbachs α: 0,760	VEBP / IK: 0,942 Cronbachs α: 0,816	INBP / IK: 0,914 Cronbachs α: 0,760
S1bp	**0,899**	0,093	-0,490	0,255
S2bp	**0,907**	0,195	-0,447	0,221
S3bp	**0,943**	0,265	-0,564	0,287
E1bp	-0,067	**0,506**	-0,327	-0,089
E2bp	0,060	**0,944**	-0,315	0,192
E3bp	0,050	**0,786**	-0,200	0,114
V1bp	-0,642	-0,582	**0,892**	-0,326
V2bp	-0,636	-0,512	**0,928**	-0,292
V3bp	-0,584	-0,596	**0,935**	-0,373
In1bp	0,316	0,393	-0,336	**0,871**
In2bp	0,356	0,414	-0,274	**0,908**
In3bp	0,505	0,557	-0,376	**0,869**
Due Diligence Phase	SEDD / IK: 0,942 Cronbachs α: 0,883	EEDD / IK: 0,918 Cronbachs α: 0,847	VEDD / IK: 0,960 Cronbachs α: 0,927	INDD / IK: 0,911 Cronbachs α: 0,816
S1dd	**0,913**	-0,144	-0,377	0,192
S2dd	**0,944**	-0,278	-0,363	0,225
S3dd	**0,899**	-0,260	-0,372	0,102
E1dd	-0,242	**0,865**	-0,155	0,187
E2dd	-0,138	**0,921**	-0,377	0,166
E3dd	-0,177	**0,877**	-0,217	0,116
V1dd	-0,341	-0,266	**0,937**	-0,440
V2dd	-0,342	-0,283	**0,942**	-0,360
V3dd	-0,468	-0,303	**0,949**	-0,290
In1dd	0,036	0,113	-0,301	**0,887**
In2dd	0,229	0,113	-0,326	**0,898**
In3dd	0,112	0,112	-0,213	**0,855**
Vertragsabschluss-phase	SEVA / IK: 0,960 Cronbachs α: 0,914	EEVA / IK: 0,928 Cronbachs α: 0,773	VEVA / IK: 0,961 Cronbachs α: 0,873	INVA / IK: 0,958 Cronbachs α: 0,836
S1va	**0.943**	-0.327	-0.340	0.163
S2va	**0.937**	-0.265	-0.305	0.170
S3va	**0.949**	-0.288	-0.327	0.156
E1va	-0.391	**0.834**	0.406	0.008
E2va	-0.345	**0.958**	0.238	0.103
E3va	-0.392	**0.905**	0.297	0.053
V1va	-0.362	0.286	**0.939**	-0.099
V2va	-0.353	0.237	**0.951**	-0.053
V3va	-0.444	0.232	**0.944**	-0.095
In1va	0.119	0.002	-0.060	**0.961**
In2va	0.152	0.100	-0.018	**0.899**
In3va	0.176	0.035	-0.218	**0.960**

$p \leq 0{,}01$ für alle Konstruktladungen, ausgenommen e1bp ($p \leq 0{,}1$)

Die geschätzten Parameter und ihre Signifikanzen dienen dazu, das PLS-Modell auf seine Gültigkeit hin zu evaluieren. Allgemein beinhaltet die Überprüfung eines jeden Strukturgleichungsmodells sowohl theoretische, als auch methodische und statistische Erwägungen.[749] Zu den wichtigsten statistischen Evaluationskriterien zählen das Bestimmtheitsmaß (R^2) und die durchschnittlich erfasste Varianz zwecks Überprüfung der Vorhersagekraft des Modells in Kombination mit den Ergebnissen des Resamplings, um die Stabilität der Schätzungen zu bewerten.[750] Im Folgenden werden zuerst die äußeren Modelle (Messmodelle) des vollständigen Strukturgleichungsmodells diskutiert, um eine Bewertung der Reliabilität sowie der Validität der Messung zu ermöglichen, woran sich in einem zweiten Schritt die Diskussion des inneren Modells (Strukturmodell) zwecks Einschätzung des Modellerklärungsgehaltes anschließt. Die Evaluation der Messmodelle vollzieht sich in drei Schritten. Als erstes wird die Reliabilität der einzelnen Indikatoren untersucht, daran schließt sich die Einschätzung der Konstruktreliabilität an und letztlich wird das Ausmaß des Messfehlers auf Konstruktebene begutachtet (Diskriminanzvalidität).

Zur Prüfung der Indikatorreliabilität wird jeder Indikator separat betrachtet (vgl. die fett hervorgehobenen Werte in Tabelle 19). Die Ladungen der Indikatoren auf ein Konstrukt entsprechen dabei einem einfachen Korrelationskoeffizienten eines Indikators und seiner latenten Variable. D.h., die Ladungen der manifesten Variablen geben die Größe der gemeinsamen Varianz mit der latenten Variable an,[751] und zeigen folglich, wie gut die Indikatoren die latente Variable reflektieren. Prinzipiell sollten mehr als 50% der Varianz eines Indikators auf das Konstrukt zurückzuführen sein, was einer Ladung größer 0,7 entspricht.[752] Lediglich in frühen Phasen der Skalenentwicklung können auch Ladungen größer 0,5 akzeptabel sein.[753] Die Ergebnisse zeigen, dass die Ladungen aller manifesten Variablen mit lediglich einer Ausnahme weit größer als 0,786 sind ($p < 0,01$) und damit von ausreichender Indikatorreliabilität ausgegangen werden kann.

Lediglich der erste Indikator zur Messung von wahrgenommenen Erfahrungseigenschaften in der Businessplanphase (E1bp) lädt mit 0,506 ($p < 0,1$) verhältnismäßig schwach auf das ihm zugeordnete Konstrukt. I.d.R. kann ein solcher Indikator in reflektiven Messmodellen problemlos entfernt werden, da dies im Gegensatz zu formativen Messmodellen zu keiner inhaltli-

[749] Vgl. *Bagozzi* 1981, S. 375.
[750] Vgl. *Chin* 1998, S. 316.
[751] Vgl. *Henseler* 2005, S. 74, *Chin* 1998, S. 299.
[752] Vgl. *Götz/Liehr-Gobbers* 2004, S. 727.
[753] Vgl. *Venaik/Midgley/Devinney* 2001, S. 20 sowie *Hulland* 1999, S. 198.

chen Veränderung des Konstruktes führt.[754] Diese Möglichkeit zur Steigerung der Güte des Messmodells ex post wird jedoch aus zwei Gründen nicht in Anspruch genommen.

Zum einen erfolgt die Messung von Erfahrungseigenschaften in dieser Arbeit nicht absolut konform zu Messungen vorangegangener Studien. Vielmehr wurde eine modifizierte Skala mit dem Ziel verwendet, die akkurate Messung von Erfahrungseigenschaften weiterzuentwickeln (vgl. Abschnitt 5.1.1.3). Daher kann auch dieser Indikator mit einer Ladung von größer 0,5 aufgrund der Neuheit der Skala als ausreichend betrachtet werden. Zum anderen zeigt der Vergleich mit demselben Indikator in den beiden späteren Prozessabschnitten (E1dd bzw. E1va), dass der Indikator durchaus zur Erklärung der latenten Variable beiträgt. Um die Vergleichbarkeit der PLS-Pfadmodelle über die Phasen hinweg beizubehalten, wird E1bp daher nicht gestrichen, sondern findet weiterhin Berücksichtigung im Modell.

Darüber hinaus ist es eine wesentliche Erfordernis für das Vorliegen von Indikatorreliabilität, dass ein Indikator höher auf das Konstrukt lädt, das er messen soll, als auf andere Konstrukte (Kreuzladungen).[755] Die zeilenweise Inspektion der Ladungen in Tabelle 19 zeigt, dass auch diese Anforderungen erfüllt sind. Auch sollte jeder Indikator mehr zur Erklärung des ihm zugeordneten Konstruktes beitragen, als dies Indikatoren anderer Konstrukte tun (spaltenweise Inspektion in Tabelle 19). Auch dieses Kriterium ist erfüllt; lediglich der Indikator E1bp, der zur Wahrung der Modellvergleichbarkeit beibehalten werden muss, konfligiert leicht mit dem 3. Indikator zur Messung der Investitionsneigung in der Businessplanphase.

Inwiefern ein Konstrukt über die ihm zugeordneten *reflektiven* Indikatorvariablen gemessen wird, zeigt die interne Konsistenz (IK) an, die ein Maß für die Konstruktreliabilität ist und damit den Erklärungsgrad eines Konstruktes widerspiegelt (Reliabilität additiver Items). Die interne Konsistenz (alternativ in der Literatur auch als Konvergenzvalidität, Faktorreliabilität oder Composite Reliability bezeichnet) ist vergleichbar mit Cronbachs Alpha und kann wie dieses Werte zwischen 0 und 1 annehmen, wobei auch hier Werte über 0,7 als akzeptabel zu betrachten sind.[756] Im Unterschied zur internen Konsistenz nimmt Cronbachs Alpha jedoch a priori an, dass alle Indikatoren gleichermaßen zur Messung eines Konstruktes beitragen.

---

[754] Vgl. *Ringle* 2004a, S. 32.

[755] Vgl. *Chin* 1998, S. 321.

[756] Vgl. *Krafft/Götz/Liehr-Gobbers* 2005, S. 74f. Die interne Konsistenz (IK) bestimmt sich formal wie folgt:

$$IK = \frac{\left(\sum_i \lambda_{ij}\right)^2}{\left(\sum_i \lambda_{ij}\right)^2 + \sum_i \operatorname{var}\left(\varepsilon_{ij}\right)}$$

Die interne Konsistenz unterscheidet sich insofern, als sie die individuelle Ladung eines jeden einem Konstrukt zugeordneten Indikators berücksichtigt. Sie stellt damit eindeutig ein besseres Maß zur Einschätzung der Konstruktreliabilität dar.[757] Im vorliegenden Fall sind alle Werte sowohl für Cronbachs Alpha als auch für die interne Konsistenz größer als 0,7; für die interne Konsistenz sind sogar durchgängig Werte größer 0,8 gegeben. Es ist daher von ausreichend guter Konstruktreliabilität auszugehen.

Tabelle 20
Diskriminanzvalidität – quadrierte Konstruktkorrelationen (durchschnittlich erfasste Varianz in der Diagonalen)

Businessplanphase	SEBP	EEBP	VEBP	INBP
SEBP	**0,840**			
EEBP	0,071	**0,589**		
VEBP	0,428	0,209	**0,843**	
INBP	0,146	0,115	0,088	**0,780**
Due Diligence Phase	SEDD	EEDD	VEDD	INDD
SEDD	**0,845**			
EEDD	0,055	**0,789**		
VEDD	0,128	0,066	**0,888**	
INDD	0,029	0,019	0,122	**0,774**
Vertrags-abschlussphase	SEVA	EEVA	VEVA	INVA
SEVA	**0,889**			
EEVA	0,194	**0,811**		
VEVA	0,326	0,116	**0,892**	
INVA	0,126	0,012	0,022	**0,885**

Die Einschätzung des Ausmaßes des Messfehlers auf Ebene der Konstrukte wird im Falle reflektiver Messmodelle über den Vergleich der durchschnittlich erfassten Varianz (DEV – auch Average Variance Extracted) mit den quadrierten Korrelationen der latenten Variablen möglich (alternativ dazu kann auch die Quadratwurzel der durchschnittlich erfassten Varianz in Beziehung zu den Konstruktrelationen gesetzt werden). Werte größer 0,5 für die durchschnittlich erfasste Varianz zeigen an, dass mehr als 50% der Varianz erfasst werden.[758]

wobei λ_i die Ladung der Indikatorvariablen i eines Konstrukts, ε_i den Messfehler der Indikatorvariable i und j den Laufindex über alle reflektiven Messmodelle darstellen.

757 Vgl. *Venaik/Midgley/Devinney* 2001, S. 20.

758 Vgl. *Krafft/Götz/Liehr-Gobbers* 2005, S. 75. Die durchschnittlich erfasste Varianz (DEV) bestimmt sich formal wie folgt:

$$DEV = \sum_i \frac{\lambda_i^2}{\sum_i \lambda_i^2 + \sum_i \mathrm{var}(\varepsilon_i)}$$

Übersteigt die durchschnittlich erfasste Varianz die Konstruktkorrelationen,[759] so ist dies ein Hinweis darauf, dass die gemeinsame Varianz zweier Konstrukte geringer ist als die gemeinsame Varianz eines Konstruktes und seiner Indikatoren.[760] In diesem Fall wäre die Unterschiedlichkeit der Messung verschiedener Konstrukte durch ein Messinstrument belegt (so genannte Diskriminanzvalidität).[761] Tabelle 20 zeigt, dass hinsichtlich der informationsökonomischen Gütereigenschaften von ausreichender Diskriminanzvalidität der Konstrukte ausgegangen werden kann. Zusätzlich deuten die teilweise extrem niedrigen quadrierten Korrelationen an, dass die Konstrukte des Modells mit ausreichender Genauigkeit gemessen werden. Zusammenfassend lässt sich folglich konstatieren, dass die Güte der äußeren Modelle ausreichend ist, um eine sinnvolle Diskussion des inneren Modells (Strukturmodells) zu ermöglichen.

Neben der Einschätzung der einzelnen Pfade zum Zusammenhang von informationsökonomischen Gütereigenschaften und Investitionsneigung stehen dabei insbesondere zwei Schlüsselfragen zur Klärung an. Einerseits stellt sich die Frage, wie signifikant eventuelle Konstruktbeziehungen sind und darüber hinaus ist zu bewerten, wie gut die endogene Variable durch das Modell erklärt wird (ermittelt über das Bestimmtheitsmaß R^2).[762] Tabelle 21 beinhaltet dazu neben den postulierten Wirkungszusammenhängen die tatsächlichen ermittelten Pfadkoeffizienten, deren t-Werte und das daraus abgeleitete Signifikanzniveau der Pfade. Zusätzlich wird die Effektgröße f^2 angegeben. Diese zeigt an, wie groß der Einfluss einer exogenen latenten Variable auf eine endogene latente Variable tatsächlich ist. f^2-Werte einer exogenen Variable leiten sich her aus den beobachteten R^2-Veränderungen bei Ausschluss der zu bewertenden latenten Variable aus dem Modell und sind substantiell ab einer Größenordnung von 0,02.[763]

---

wobei λ_i wiederum die Ladung der Indikatorvariablen i eines Konstrukts und ε_i den Messfehler der Indikatorvariable i darstellen.

[759] Vgl. *Chin* 1998, S. 327.

[760] Vgl. *Cool/Dietrickx/Jemison* 1989, S. 514.

[761] Vgl. *Krafft/Götz/Liehr-Gobbers* 2005, S. 74.

[762] Vgl. *Cool/Dietrickx/Jemison* 1989, S. 514.

[763] Vgl. *Chin* 1998, S. 316f. f^2-Werte über 0,02 zeigen einen schwachen Effekt an und Werte größer 0,15 einen Effekt mittlerer Stärke. Werden Werte über 0,35 erreicht, so kann von einem starken Effekt der exogenen auf die endogene Variable ausgegangen werden. Die Effektgröße f^2 bestimmt sich formal wie folgt:

$$f^2 = \frac{R^2_{inkl} - R^2_{exkl}}{1 - R^2_{inkl}}$$

wobei das Modell sowohl inklusive (R^2_{inkl}) als auch exklusive der exogenen Variable geschätzt wird (R^2_{exkl}).

Tabelle 21
Strukturmodelle – Ergebnisse

Beziehung	Angenommene Wirkung	Pfadkoeffizient	f^2	t-Wert	Signifikanz-niveau
SEBP → INBP	+	0,345	0,09	2,598	**
EEBP → INBP	-	0,272	0,07	1,237	n.s.
VEBP → INBP	-	0,054	0,001	0,354	n.s.
SEDD → INDD	+	0,082	0,006	0,433	n.s.
EEDD → INDD	-	0,079	0,006	0,437	n.s.
VEDD → INDD	-	-0,300	0,05	2,169	*
SEVA → INVA	+	0,520	0,208	2,018	*
EEVA → INVA	-	0,328	0,107	2,475	**
VEVA → INVA	-	0,036	0,001	0,291	n.s.

*** $p \leq .0{,}001$, ** $p \leq 0{,}01$, * $p \leq 0{,}05$, n.s.: nicht signifikant (einseitig getestet)

Tabelle 21 gibt die sich je nach Phase verschiebenden Einflüsse der informationsökonomischen Gütereigenschaften auf die Investitionsneigung wieder und bietet damit weitere Unterstützung für die bereits in Abschnitt 5.3.1 getesteten Hypothesen zur Dynamik dieser Verteilung (H1 und Spezifikationen).

Darüber hinaus postuliert Hypothese 3 einen deutlichen Zusammenhang zwischen der relativen Verteilung der Gütereigenschaften und der jeweiligen Investitionsneigung eines einzelnen Investmentmanagers. Auch diese Hypothese kann nicht zurückgewiesen werden, wie die Werte des Bestimmtheitsmaßes (R^2) für die einzelnen Prozessabschnitte zeigen. In Ermangelung eines globalen Gütekriteriums wird in der Interpretation von PLS-Modellen dem Bestimmtheitsmaß als Maß für die Güte der Erklärung der abhängigen Variable durch das Modell eine herausragende Stellung eingeräumt. Die Auslegung von R^2 sowie die Interpretation der Pfadkoeffizienten erfolgt im Prinzip analog zur Interpretation einer gewöhnlichen Regression.[764] I.d.R. sind die R^2-Werte verschiedener Modelle zwar nicht direkt vergleichbar;[765] unter bestimmten Bedingungen lassen sich lediglich Teilmodelle einer übergeordneten theoretischen Struktur vergleichen. Im vorliegenden Fall sind die Werte jedoch aufgrund der absolut parallelen Messung und Konzeption des Modells für die drei hypothetischen Zeitpunkte im Investitionsprozess durchaus direkt vergleichbar.

Es zeigen sich beim Modellvergleich durchgängig verhältnismäßig niedrige R^2-Werte. So wird in der Businessplanphase etwa ein Fünftel der Gesamtvarianz der Investitionsneigung durch die wahrgenommene Verteilung der Gütereigenschaften bestimmt ($R^2 = 0{,}208$); in der

[764] Vgl. *Henseler* 2005, S. 74.
[765] Vgl. *Hulland* 1999, S. 196.

Due Diligence-Phase verschlechtern sich diese Modellwerte etwas ($R^2 = 0,13$), um abschließend wiederum mehr als ein Fünftel der Gesamtvarianz zu erklären ($R^2 = 0,216$). Diese Werte entsprechen in der Größenordnung jedoch durchaus den Ergebnissen anderer, in der Literatur zu findender PLS-Studien.[766]

Zur Interpretation des Bestimmtheitsmaßes existieren darüber hinaus keine allgemein verbindlichen Werte; die Auslegung ist vielmehr abhängig von den grundlegenden Zielen, zu deren Erreichung das Strukturgleichungsmodell spezifiziert wurde. Sollen lediglich Beziehungen zwischen latenten Variablen geprüft werden, so lautet die Empfehlung in der Literatur oftmals, die R^2-Werte schlicht „zur Kenntnis zu nehmen".[767] Demgegenüber ist nach möglichst hohen R^2-Werten zu streben, wenn es Ziel der Modellbildung ist, eine möglichst vollständige Erklärung der endogenen Variable zu bieten. Im letzteren Fall wären verhältnismäßig hohe R^2-Werte erforderlich (>0,4).

Das Erkenntnisinteresse dieser Arbeit ist primär auf das Verständnis der exogenen Variablen gerichtet und weniger auf die möglichst vollständige Erklärung der Investitionsneigung, sodass die vorliegenden Werte des Bestimmtheitsmaßes als immer noch akzeptabel eingestuft werden können. Dass die informationsökonomischen Gütereigenschaften die Investitionsneigung nicht vollständig erklären können, ist darüber hinaus a priori evident: Zwar beschreiben Such-, Erfahrungs- und Vertrauenseigenschaften jedes Gut hinsichtlich seiner *Bewertbarkeit* vollständig; es ist jedoch nicht davon auszugehen, dass sie dies hinsichtlich aller Einflüsse auf die Investitionsneigung tun. So ist es für eine hohe Investitionsneigung nicht nur entscheidend, in welchem Ausmaß Teilaspekte eines Investitionsvorschlages prinzipiell bewertbar sind; von mindestens genauso großer Bedeutung ist selbstverständlich das konkrete Ergebnis der Einschätzung, d.h. bspw. nicht nur ob das Marktwachstum einschätzbar ist, sondern auch, ob der Markt entsprechend stark wächst.

Im Ergebnis kann H3 nicht zurückgewiesen werden, da die informationsökonomischen Gütereigenschaften eines Investitionsvorschlages ganz offensichtlich die Investitionsneigung eines Wagniskapitalgebers prägen. Vor diesem Hintergrund stellt sich nun die Frage, wie sich dieser Einfluss konkret gestaltet. Die Ergebnisse dazu werden in Abbildung 26 in einem Pfadmodell abschließend zusammengefasst.

---

[766] Vgl. bspw. *Birkinshaw/Morrison/Hulland* 1995, die R^2-Werte von 0,12 berichten; auch *Lee/Tsang* 2001 bewegen sich in vergleichbaren Dimensionen.

[767] Vgl. *Fassot* 2005, S. 28.

Im Hinblick auf die Sucheigenschaften eines idealtypischen Investitionsvorschlages nimmt H3a einen sich stetig im Laufe des Investitionsprozesses verstärkenden Einfluss auf die Investitionsneigung an. Diese Hypothese muss zumindest in Teilen aufgrund mangelnder Stetigkeit zurückgewiesen werden. Zwar findet sich mit der Betrachtung von Anfang und Ende des Investitionsprozesses Unterstützung für diese Hypothese, da sowohl die Pfadkoeffizienten zunehmen (0,345 auf 0,520) als auch die Effektstärke an Bedeutung gewinnt. Während in der Businessplanphase Sucheigenschaften einen zumindest schwachen Effekt auf die Investitionsneigung haben (f^2=0,09), intensiviert sich dies zu einem Effekt mittlerer Stärke gegen Prozessende (f^2=0,208). Allerdings ist in der Due Diligence-Phase kein (signifikanter) Einfluss von Sucheigenschaften auf die Investitionsneigung zu entdecken (0,082 / f^2=0,006).

Abbildung 26
PLS-Pfadmodelle zum Einfluss der informationsökonomischen Gütereigenschaften auf die Investitionsneigung für Businessplan-, Due Diligence- und Vertragsabschlussphase

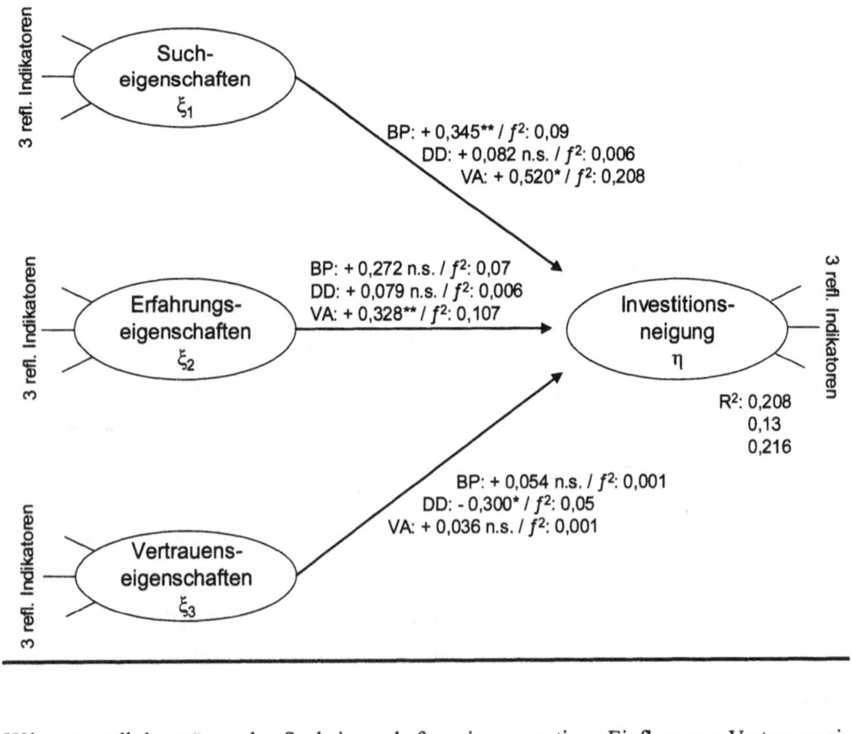

H3b unterstellt konträr zu den Sucheigenschaften einen negativen Einfluss von Vertrauenseigenschaften auf die Investitionsneigung. Zu Anfang und zu Ende des Investitionsprozesses findet sich jedoch kein signifikanter Einfluss auf die endogene Variable; lediglich in der Due-Diligence-Phase zeigen Vertrauenseigenschaften einen hypothesenkonformen Einfluss und prägen die Investitionsneigung signifikant negativ (-0,3 / f^2=0,05). Aus diesem Grund muss auch H3b teilweise zurückgewiesen werden. Vollständig abzulehnen ist demgegenüber H3c. Der angenommene negative Einfluss von Erfahrungseigenschaften existiert nicht. Alle Pfadkoeffizienten sind als durchweg positiv bzw. neutral einzustufen; gegen Ende des Investitionsprozesses findet sich sogar ein sehr signifikant positiver Einfluss (0,328 / f^2=0,107). Allerdings bleibt dieser Einfluss in seiner Stärke wie theoretisch vorhergesagt weit hinter dem positiven Einfluss von Sucheigenschaften in dieser Phase zurück.

6 Modellbewertung und Implikationen für Forschung und Praxis

6.1 Zusammenfassung der Ergebnisse

Die vorliegende Arbeit hat in fünf Schritten (bzw. Kapiteln) ein informationsökonomisches Modell der Wagniskapitalfinanzierung entwickelt und empirischer Überprüfung ausgesetzt. Das erste Kapital hat dazu die Bedeutung der Wagniskapitalfinanzierung für junge und innovative Unternehmen herausgestrichen und hervorgehoben, dass ein tieferes Verständnis der Selektions- und Entscheidungsprozesse von Wagniskapitalgebern hilfreich sein kann, um die Finanzierungsprobleme dieser jungen Unternehmen lösen zu können (generelles Erkenntnisinteresse). Im zweiten Kapitel hat die Literatursichtung zum Themenkomplex der Wagniskapitalfinanzierung ergeben, dass aufgrund der bislang vorwiegend getrennten – und darüber hinaus vielfach theorielosen – Untersuchung von Finanzierungsprozess und Investitionskriterien Bedarf an einem *theoretisch fundierten* Modell besteht, welches Prozess und Investitionskriterien integriert (spezielles Erkenntnisinteresse). Die Entscheidung für eine informationsökonomische Perspektive auf die Wagniskapitalfinanzierung wurde dann in Kapitel drei begründet und mündete in der zentralen Forschungsfrage dieser Arbeit.

> *Forschungsfrage*: Lassen sich Entscheidungskriterien von Wagniskapitalgebern an das informationsökonomische Konzept der Such-, Erfahrungs- und Vertrauenseigenschaften bei gleichzeitiger Berücksichtigung des Prozesscharakters einer Investitionsentscheidung anbinden?

Das vierte Kapitel adressiert diese Forschungsfrage und entwickelt das informationsökonomische Modell der Wagniskapitalfinanzierung, welches Investitionsprozess, Investitionskriterien und informationsökonomische Theorie gleichermaßen berücksichtigt. Ausgehend von der Prämisse, dass sich Investitionsmöglichkeiten in junge Unternehmen – genauso wie jedes andere Gut auch – über die ihnen vom Nachfrager subjektiv zugeschriebenen informationsökonomischen Gütereigenschaften klassifizieren lassen, wurden dann im fünften Kapitel auf Basis des entwickelten Modells neun Hypothesen in drei zentralen Kategorien formuliert und an einer neu erhobenen Stichprobe überprüft.

Tabelle 22 fasst die Ergebnisse dieser Hypothesenprüfung zusammen. Prinzipiell bewährt haben sich alle drei Haupthypothesen (H1, H2 und H3). Bewährt haben sich auch die theoretischen Voraussagen zur Prozessdynamik (H1 bzw. H1a und H1b), die sich in einer Verschiebung der wahrgenommenen Relation von Such-, Erfahrungs- und Vertrauenseigenschaften widerspiegelt. Der Investitionsprozess zielt auf einen Abbau von ursprünglich wahrgenommenen unsicheren Gütereigenschaften (Erfahrungs- und Vertrauenseigenschaften) und kommt nur dann zum Ende, wenn überwiegend als sicher empfundene Sucheigenschaften wahrgenommen werden.

Tabelle 22
Ergebnisse der Hypothesentestung im Überblick

Nr.	Hypothese	Ergebnis
H1	Im Verlauf des Wagniskapitalprozesses ist eine Verschiebung der subjektiv wahrgenommenen relativen Verteilung von Such-, Erfahrungs- und Vertrauenseigenschaften beobachtbar.	Bewährt
H1a	Je weiter eine Investitionsmöglichkeit im Wagniskapitalprozess fortschreitet, desto weniger Erfahrungs- und Vertrauenseigenschaften werden wahrgenommen.	Bewährt
H1b	Je weiter eine Investitionsmöglichkeit im Wagniskapitalprozess fortschreitet, desto mehr Sucheigenschaften werden wahrgenommen.	Bewährt
H2	Investitionskriterien spiegeln in unterschiedlichem Maße die informationsökonomischen Eigenschaften in Abhängigkeit vom Prozessfortschritt wider.	Bewährt
H2a	Investitionskriterien mit Bezug zum Unternehmer gehen mit einem überproportionalen Ausmaß an Vertrauenseigenschaften einher.	Teilweise bewährt
H3	Die relative Verteilung von Such-, Erfahrungs- und Vertrauenseigenschaften beeinflusst die Investitionsneigung des einzelnen Investmentmanagers.	Bewährt
H3a	Wahrgenommene Sucheigenschaften haben einen positiven Einfluss auf die Investitionsneigung. Dieser Einfluss nimmt im Laufe des Wagniskapitalprozesses zu.	Teilweise bewährt
H3b	Wahrgenommene Vertrauenseigenschaften haben einen negativen Einfluss auf die Investitionsneigung. Dieser Einfluss nimmt im Laufe des Wagniskapitalprozesses ab.	Teilweise bewährt
H3c	Wahrgenommene Erfahrungseigenschaften haben einen negativen Einfluss auf die Investitionsneigung. Dieser Einfluss nimmt im Laufe des Wagniskapitalprozesses ab; er ist schwächer ausgeprägt als im Falle der Vertrauenseigenschaften.	Zurückgewiesen

Ebenfalls hat sich gezeigt, dass es sinnvoll ist, Investitionskriterien innerhalb des Prozesses einzeln zu betrachten (H2 und H2a), da diese die Such-, Erfahrungs- und Vertrauenseigenschaften eines Investitionsvorschlages in unterschiedlichem Maße je nach Prozessabschnitt reflektieren. Dieser Sachverhalt erlaubt die Identifikation von besonderes schwierig einzuschätzenden Investitionskriterien, die sich durch ein Übermaß an Bewertungsunsicherheit auszeichnen. Im Gegensatz zu vorangegangenen Studien hat diese Untersuchung jedoch gezeigt, dass Investitionskriterien mit Bezug zum Unternehmer sich zwar tatsächlich durch eine hohe Unsicherheit auszeichnen und damit von entsprechender Bedeutung sind, dass diese Kriterien aber lediglich in frühen Prozessabschnitten und auch nur, wenn sie Bezug auf die Persönlichkeit des Unternehmers nehmen, außerordentlich unsicher sind.

Ein weniger klares Bild ergibt sich in der Betrachtung zu den Hypothesen der Gruppe 3, die Aussagen über den Zusammenhang von informationsökonomischen Gütereigenschaften und Investitionsneigung machen. So ist zwar tatsächlich ein Zusammenhang zwischen informationsökonomischen Gütereigenschaften und der Investitionsneigung eines Wagniskapitalgebers auffindbar; die formulierten Hypothesen zum konkreten Einfluss einzelner Gütereigenschaften werden jedoch alle zumindest teilweise abgelehnt oder sogar vollständig zurückgewiesen. Diese Ergebnisse erklären sich vor den impliziten Annahmen, die in die Hypothesenformulierung eingegangen sind. Sämtliche Einflusshypothesen wurden vor dem Hintergrund der impliziten Annahme formuliert, dass das Ausmaß der jeweils wahrgenommenen Gütereigenschaft ihre Bedeutung für die endogene Variable bestimmt. Diese Prämisse muss als grob simplifizierend und größtenteils falsch eingestuft werden.

Das PLS-Pfadmodell zeigt, dass Sucheigenschaften zu Beginn und zum Ende des Prozesses einen signifikant positiven Einfluss auf die Investitionsneigung haben, und dass Vertrauenseigenschaften nicht *per se* problematisch sind, sondern nur dann signifikant negativ wirken, wenn sie während der Due Diligence zu Tage treten. D.h., das Auftreten unsicherer Gütereigenschaften in frühen Prozessabschnitten wirkt nicht transaktionsverhindernd, selbst wenn diese Eigenschaften gerade in diesem Prozessabschnitt verstärkt auftreten. Zukünftige Forschungen sollten folglich berücksichtigen, dass die Bedeutung einer informationsökonomischen Gütereigenschaft für das Verhalten eines Nachfragers (hier eines Wagniskapitalgebers) offensichtlich weniger vom jeweils wahrgenommenen Ausmaß abhängig ist, als vielmehr vom Fortschritt des Transaktionsprozesses und darüber hinaus möglicherweise von weiteren Rahmenbedingungen.

6.2 Evaluation des Beitrags des informationsökonomischen Modells zur Forschungsliteratur

Aufbauend auf den Ergebnissen der Hypothesenprüfung lässt sich der Beitrag des informationsökonomischen Modells der Wagniskapitalfinanzierung zur wirtschaftswissenschaftlichen Literatur genauer spezifizieren. Dieser Beitrag ist prinzipiell zweifach: Zum einen wird die informationsökonomische Literatur um das dynamische Konzept der Such-, Erfahrungs- und Vertrauenseigenschaften erweitert, zum anderen wird die Wagniskapitalliteratur in wesentlichen Zügen ergänzt.

6.2.1 Beitrag zur informationsökonomischen Literatur

Der überwiegende Teil der verfügbaren Arbeiten zum Konzept der Such-, Erfahrungs- und Vertrauenseigenschaften hat seinen Ursprung in der Marketingforschung. Dabei wird zwar die Nachfragerseite durchaus berücksichtigt; Schlussfolgerungen laufen jedoch regelmäßig auf das Management des Transaktionsprozesses durch die Anbieterseite hinaus, da deren effizientes und effektives Handeln zentraler Gegenstand der Marketingtheorie ist.[768] Durch die Konzentration auf den Wagniskapitalgeber als professionellen Nachfrager von Investitionsgelegenheiten wird das Erkenntnisinteresse in dieser Arbeit erstmals von der Anbieter- auf die Nachfragerseite gelenkt und derart gezeigt, dass die Theorie eine sinnvolle Basis für die Analyse beider einen Markt konstituierenden Kräfte sein kann.

Weiterhin ist die theoretische Reichweite der informationsökonomischen Güterklassifikation durch die Einführung einer dynamischen Betrachtungsweite ausgedehnt worden. Vorhergehende Arbeiten haben gezeigt, wie Such-, Erfahrungs- und Vertrauenstransaktionen abgewickelt werden, haben dies jedoch vorwiegend statisch getan. Durch die Betrachtung des vollständigen Investitionsprozesses vom ersten Kontakt bis zur letztlichen Entscheidung des Wagniskapitalgebers wird hier erstmals am Exempel der Wagniskapitalfinanzierung gezeigt, wie eine dynamische Komponente die informationsökonomische Güterklassifikation beeinflusst. Das Konzept erlaubt nun aufgrund seiner Dynamisierung die Analyse des vollständigen Transaktionsprozesses sowohl in der Vorbereitungsphase der Transaktion als auch potenziell in der Nachtransaktionsphase.

Darüber hinaus hat die Analyse des Einflusses der informationsökonomischen Gütereigenschaften auf die Investitionsneigung gezeigt, dass das anfänglich verhältnismäßig simple Konzept trotz der Weiterentwicklung der letzten Jahre weiterer Ausdifferenzierung bedarf. War es in den späten 1970er Jahren ausreichend, von bspw. reinen Such*gütern* zu sprechen, so wurde dies späterhin ausdifferenziert zur Rede von Güter*eigenschaften*, die jedem Gut in je unterschiedlichem Maße vom Nachfrager subjektiv zugeschrieben werden. Die vorliegende Arbeit hat gezeigt, dass diese Zuschreibung aufgrund ihrer subjektiven Natur weniger starr ist und durchaus als abhängig vom Fortschritt des Transaktionsprozesses gesehen werden kann. Darüber hinaus wurden Hinweise explorativer Natur gegeben, die es nahe legen, dass auch die Bedeutung einer informationsökonomischen Gütereigenschaft nicht aus sich allein heraus erklärbar ist. D.h., da offensichtlich ein Unterschied zwischen konkreter Ausprägung einer

[768] Vgl. bspw. *Fließ* 2004, die Strategien und Instrumente zur Qualitätsgestaltung, -steuerung und -entwicklung aus Anbietersicht vorstellt.

Verteilung der Gütereigenschaften und ihrer faktischen Bedeutung besteht, kann alleine aus der Klassifikation eines Gutes als tendenzielles Such-, Erfahrungs- oder auch Vertrauensgut nicht zwingend auf das Verhalten des Nachfragers geschlossen werden. Solche Schlüsse haben immer den Fortschritt des Transaktionsprozesses zu berücksichtigen.

6.2.2 Beitrag zur Literatur der Wagniskapitalfinanzierung

Ähnlich wie in der Informationsökonomik ist in der klassischen Wagniskapitalliteratur eine statische Perspektive vorherrschend. Die Vernachlässigung der dynamischen Natur des Investitionsprozesses ist bereits als Mangel identifiziert worden,[769] genauso wie die implizite Annahme der meisten Arbeiten, dass die Möglichkeit bestehe, die Entscheidungsfindung von Wagniskapitalgebern lediglich zu einem einzigen bestimmten Zeitpunkt zu betrachten.[770] So wird bspw. von der Tatsache abstrahiert, dass unterschiedliche Entscheidungskriterien zu unterschiedlichen Zeitpunkten im Investitionsprozess in unterschiedlichem Ausmaß relevant sind und dass sowohl ein Verständnis vom Entscheidungsprozess als auch Klarheit über die Investitionskriterien gleichermaßen notwendig sind. Das vorliegende Modell berücksichtigt diesen Umstand und schließt die identifizierten Lücken. Weiterhin berücksichtigt das informationsökonomische Modell der Wagniskapitalfinanzierung frühere empirische Ergebnisse aus der empirischen Wagniskapitalforschung genauso wie theoretische Konzepte der Informationsökonomik. Viele empirische Arbeiten zur Entscheidungsfindung von Wagniskapitalgebern tendieren hingegen dazu, vorwiegend atheoretisch und rein deskriptiv zu sein.[771] Das vorliegende Modell vermeidet dies durch eine konsequente informationsökonomische Orientierung.

In der Konsequenz werden widersprüchliche Ergebnisse vorangegangener Studien durch die Anwendung der Informationsökonomik verständlicher. So wird über das informationsökonomische Modell bspw. ein vermeintliches Paradoxon erklär- und auflösbar, das in den letzten Jahren die Forschungen zum Entscheidungsverhalten von Wagniskapitalgebern beschäftigt hat und danach fragt, wie sich der Widerspruch erklärt, dass zahlreiche empirische Studien die Kompetenzen und Eigenschaften des Unternehmers als Schlüsselkriterium der Entscheidung über eine Beteiligung ermitteln,[772] während andere Arbeiten[773] zeigen können, dass Wagniskapitalgeber faktisch nicht so entscheiden, wie sie es in direkten Befragungen berichten. Mit

---

[769] Vgl. *Wright/Robbie* 1998, S. 534.
[770] Vgl. *Gailly/Taylor* 2004.
[771] Vgl. *Wright/Robbie* 1998, S. 538 sowie bspw. *Tyebjee/Bruno* 1984, S. 1065, die dies als Nachteil ihrer eigenen Studie sehen.
[772] So bspw. die Arbeiten von *MacMillan/Siegel/Narasimha* 1985; *Muzyka/Birley/Leleux* 1996 und *Brettel* 2002.
[773] Vgl. *Shepherd* 1997; *Shepherd* 1999b; *Shepherd/Zacharakis/Baron* 2003 oder auch *Zacharakis/Meyer* 1998.

anderen Worten: "VCs say or believe one thing about the centrality of the entrepreneur in the decision process but in actual practice they look at a variety of other factors that actually become quite important."[774]

Berücksichtigt man die empirischen Ergebnisse der vorliegenden Arbeit, so wird deutlich, dass gerade die Qualität des Managements und dessen Persönlichkeit ein Faktor ist, der innerhalb des Wagniskapitalprozesses niemals mit letzter Sicherheit überprüft werden kann (Vertrauenskomponente der Transaktion). Es ist daher nicht erstaunlich, dass dieser Faktor aufgrund der schwierigen Prüfbarkeit bei Befragungen von Wagniskapitalgebern immer wieder als entscheidender Punkt angeführt wird. Im Gegenzug wird klar, dass im operativen Geschäft eine Konzentration auf tatsächlich *prüfbare* Investitionskriterien erfolgt – dies nicht zuletzt vor dem Hintergrund der potenziell notwendigen Rechtfertigung von Investitionsentscheidungen gegenüber den Investoren eines Wagniskapitalfonds.

6.3 Implikationen für die Praxis der Wagniskapitalfinanzierung

Eine Realwissenschaft, wie es die Wirtschaftswissenschaften sind, muss sich weiterhin in ihrem Tun nicht nur daran messen lassen, wie gut es ihr gelingt, ein solides Verständnis von ihrem Forschungsgegenstand zu schaffen, sondern darüber hinaus auch, wie stark sich Rückkopplungen der theoretischen Arbeit potenziell auf die alltägliche Praxis auswirken. Das höchste Potenzial hierzu birgt die in Kapital 5.5.2 unternommene Analyse der einzelnen Investitionskriterien nach dem Ausmaß ihrer relativen Unsicherheit in Abhängigkeit vom Prozessfortschritt (vgl. auch Tabelle 16).

Investoren sollten sich demzufolge darauf konzentrieren, zu Beginn des Prozesses zügig Unsicherheit über das Managementteam und seine Persönlichkeit abzubauen und daher bspw. weniger stark auf das Geschäftskonzept und dessen Marktfähigkeit abstellen. Dies sollte späteren Prozessabschnitten vorbehalten bleiben. Wenn Persönlichkeitskriterien zu den kritischsten Punkten im Kriterienbündel zählen, so ist es schwer nachvollziehbar, warum gerade deren Bewertung in der Praxis oftmals rein intuitiv vorgenommen wird. Potenziell geeignete Instrumente hierzu sind nicht nur in der psychologischen Literatur zu finden, sondern liegen auch als Ergebnisse der Gründungsforschung vor.[775] Im Anschluss an die frühen Abschnitte des Investitionsprozesses kann dann das bekannte betriebswirtschaftliche Instrumentarium

[774] Vgl. *Wright/Sapienza/Busenitz* 2003, S. XXX.
[775] Vgl. bspw. *Schuler/Rolfs* 2000.

genutzt werden, um Unsicherheit über die besonders kritischen Investitionskriterien (Marktakzeptanz, Investitionsrendite und Exitmöglichkeiten) abzubauen.

Unternehmerseitig kann die Zusammenarbeit mit Wagniskapitalgebern verbessert werden, indem kapitalsuchende Gründer sich darum bemühen, zum richtigen Zeitpunkt im Prozess genau diejenige Information bereitzustellen, welche die Unsicherheit des Investors am nachhaltigsten reduziert. Auch hier kann die Orientierung an der Hierarchisierung der Investitionskriterien nach informationsökonomischen Prinzipien wertvolle Hinweise liefern – eine solche Vorgehensweise birgt entsprechendes Potenzial, die Kapitalakquise zu vereinfachen.

6.4 Thesen zukünftiger informationsökonomischer Forschung zum Wagniskapitalprozess und Ausblick

"Eine sehr gute Theorie ist eine Theorie,
die umfassend Aussagen über die Welt macht, die
folglich in hohem Maße falsifizierbar ist und die
stets einer Falsifizierung standhält."
Alan F. Chalmers[776]

Um den eingangs von Chalmers geforderten Status einer sehr guten Theorie auch für das informationsökonomische Modell der Wagniskapitalfinanzierung zu erreichen, ist weitere empirische Forschung notwendig. Insbesondere müssen die explorativen Ergebnisse, die aus den teilweise zurückgewiesenen Hypothesen abgeleitet wurden, einer erneuten Theorieprüfung unterzogen werden. Darüber hinaus erlaubt das informationsökonomische Modell der Wagniskapitalfinanzierung weitere Aussagen, die als Grundlage zukünftiger Forschungen dienen können und entsprechend empirisch zu überprüfen sind. Diese theoretischen Aussagen werden zum Abschluss dieser Arbeit im Folgenden thesenhaft dargelegt.

Es hat sich gezeigt, dass die Verteilung der wahrgenommen Such-, Erfahrungs- und Vertrauenseigenschaften in direktem Zusammenhang mit der subjektiven Unsicherheit des Entscheiders steht. Es ist aber davon auszugehen, dass aufgrund der starken Unsicherheit, die eine tendenzielle Vertrauenstransaktion bestimmt, generell ein maximales Ausmaß von wahrgenommenen Vertrauenseigenschaften existiert, das gerade noch eine positive Investitionsentscheidung erlaubt. These 1 fasst diese Überlegungen zusammen.

---

[776] Vgl. *Chalmers* 2001, S. 56 (Kursivsetzung, A.K.).

These 1 (T1): Es existiert ein Schwellenwert wahrgenommener Vertrauenseigenschaften, dessen Unterschreiten (Überschreiten) aus Sicht des Wagniskapitalgebers eine positive Investitionsentscheidung erlaubt (verhindert).

Weiterhin besagt die informationsökonomische Theorie, dass Such-, Erfahrungs- und Vertrauenseigenschaften mit jeweils korrespondierenden Unsicherheitsreduktionsstrategien einhergehen (vgl. Abschnitt 3.3.3.3). Aufgrund der Hierarchisierung dieser verschiedenen Unsicherheitsreduktionsstrategien ist es denkbar, dass sich theoretisch begründete Normen formulieren und darauf basierende Management-Instrumente entwickeln lassen. Wagniskapitalgebern bietet sich die Möglichkeit, die Effizienz des Investitionsprozesses durch Berücksichtigung der je unterschiedlichen Wirkungsmächtigkeit der einzelnen Unsicherheitsreduktionsstrategien zu erhöhen.

Es ist daher von Interesse zu erfahren, ob sich Wagniskapitalgeber realiter entsprechend konform zu den Voraussagen der Theorie bezüglich des Einsatzes von Unsicherheitsreduktionsstrategien verhalten. Im Umkehrschluss wäre es selbstverständlich ebenso bedeutend aufzuklären, ob Unternehmer je nach Phase des Prozesses diejenigen Informationen bieten, welche das größte Ausmaß an nachfragerseitiger Unsicherheit reduzieren und ob diejenigen, die tatsächlich in Übereinstimmung mit der informationsökonomischen Theorie handeln, erfolgreicher bei der Kapitalakquisition sind. Bspw. ist von einer generellen Präferenz für höherrangige Strategien gegenüber nachrangigen Strategien aufgrund des größeren Unsicherheitsreduktionspotentials auszugehen – genauso wie von einer zeitlichen Präferenz für höherrangige Strategien in frühen Abschnitten des Investitionsprozesses gegenüber nachrangigen Strategien in späteren Abschnitten des Prozesses. Dies wäre der Fall, da der Einsatz von nachrangigen Strategien erst dann sinnvoll ist, wenn das Potential der übergeordneten Strategien weitestgehend ausgeschöpft ist. T2 und T3 fassen diese Überlegungen zusammen.

T2: Wagniskapitalgeber machen sich im Investitionsprozess die Abwärtskompatibilität der Unsicherheitsstrategien 1., 2. und 3. Ordnung zu Nutze und präferieren Unsicherheitsreduktionsstrategien höherer Ordnung.

Und weiter:

T3: Der Einsatz von informationsökonomischen Unsicherheitsreduktionsstrategien variiert je nach Fortschritt des Wagniskapitalprozesses.

Geht man davon aus, dass das gesamte Beteiligungsportfolio eines Wagniskapitalgebers ebenso ein Gut darstellt wie die einzelne Beteiligung, so ist die informationsökonomische Güterklassifikation prinzipiell auch auf Portfolioebene anwendbar. Die Portfoliobetrachtung erlaubt es dann möglicherweise, auch auf Ebene der einzelnen Beteiligung Vertrauenstransaktionen durchzuführen. Dies wird erreicht, indem einerseits positive Diversifikationseffekte genutzt werden und andererseits dadurch, dass die Vertrauenseigenschaften einer Beteiligung durch Sucheigenschaften einer zweiten Beteiligung überkompensiert werden. T4 und T5 fassen diese Überlegungen zusammen.

> *T4:* Unternehmensbeteiligungs*portfolios* lassen sich wie jedes andere Gut über ihnen vom Nachfrager subjektiv zugeschriebene Such-, Erfahrungs- und Vertrauenseigenschaften klassifizieren.

Und weiter:

> *T5*: Die Aggregation von Vertrauenseigenschaften auf Portfolioebene erlaubt die Durchführung von singulären Vertrauenstransaktionen.

Neben der zukünftig möglichen Überprüfung der oben aufgeführten Thesen bleibt weiterhin zu berücksichtigen, dass sich nicht nur in dieser Studie das informationsökonomische Konzept der Such-, Erfahrungs- und Vertrauenseigenschaften als ausgesprochen erklärungsmächtig erwiesen hat. Über das spezielle Forschungsobjekt der Wagniskapitalfinanzierung hinaus bergen die informationsökonomischen Gütereigenschaften einiges Potenzial, zum Verständnis von Unsicherheit und ihrer Reduktion im Zuge *jeglicher* komplexen wirtschaftlichen Transaktionen beizutragen. Zukünftige Forschungsarbeiten sollten dies beachten; die nunmehr mögliche dynamische Betrachtungsweise von Transaktionsprozessen stellt einen wesentlichen Schritt hin zu realitätsnäheren Analysen dar.

Anhang

[eBusiness.lehrstuhl

Univ.-Prof. Dr. Tobias Kollmann
Andreas Kuckertz, M.A.

multimedia campus kiel
International Graduate School of Digital Media and Management

VentureCapital Magazin

Lehrstuhl für Electronic Business
Christian-Albrechts-Universität zu Kiel
Multimedia-Campus-Kiel

Was zählt wann im Finanzierungsprozess?

Businessplanprüfung > **Due Diligence** > **Vertragsabschluss**

Fragebogen zu einer dynamischen Analyse der Wagniskapitalfinanzierung

Dieser Fragebogen befasst sich mit dem Prozess der Wagniskapitalfinanzierung. Dazu werden wir Sie bitten, sich zuerst die Phase der Prüfung des Businessplans zu vergegenwärtigen, sich dann mit der Due Diligence und letztlich auch mit der Phase des Vertragsabschlusses zu beschäftigen.

Bitte beantworten Sie den Fragebogen vollständig. Manche Fragen und Antwortmöglichkeiten mögen Ihnen sehr ähnlich vorkommen - bitte beantworten Sie dennoch alle Fragen, da dies die Qualität der statistischen Auswertung verbessert. Die Beantwortung des Fragebogens dauert erfahrungsgemäß **weniger als 30 Minuten**.

Es gibt keine richtigen und keine falschen Antworten! Sollten bei einigen Fragen keine exakten Zahlenwerte verfügbar sein, so geben Sie uns bitte Ihre bestmögliche Schätzung.

Alle Daten werden streng vertraulich behandelt! Alle Daten werden nur für Forschungszwecke verwendet und nicht an Dritte weitergegeben.

Vielen Dank für Ihre Mitarbeit. Sie haben mehrere Möglichkeiten, den ausgefüllten Fragebogen an uns zurückzuschicken.

a) **Per Fax**: Bitte faxen Sie uns den ausgefüllten Fragebogen an die Nummer **+49/ (0) 431 / 70 97 630**

b) **Per Post**: Schicken Sie den ausgefüllten Fragebogen per Post an:

   Andreas Kuckertz, M.A., Multimedia Campus Kiel, Westring 431 - 451, D-24118 Kiel, Deutschland.

Für Rückfragen stehen wir Ihnen selbstverständlich gerne unter der Telefonnummer +49/ (0) 431 / 70 97 623 zur Verfügung. Sie können uns Ihre Fragen aber auch per E-Mail zukommen lassen (a.kuckertz@mmc-kiel.com).

[eBusiness.lehrstuhl

Die Fragen im folgenden Abschnitt beziehen sich nur auf die Phase der Businessplan-Prüfung, d.h. **das Lesen des gesamten Businessplans.** Es ist daher wichtig, dass Sie sich jetzt nur diese Phase vergegenwärtigen. Wir bitten Sie, sich diesen Punkt im Beteiligungsprozess bildlich vor Augen zu führen.

TEIL A: Phase der Businessplan-Prüfung

Businessplan-Prüfung > Due Diligence > Vertragsabschluss

Stellen Sie sich bitte eine typische Investitionsmöglichkeit vor. Wie gut können Sie diese zum Zeitpunkt der Businessplan-Prüfung einschätzen?

1. Geben Sie bitte an, für *wie wahrscheinlich* Sie die folgenden Aussagen in dieser Situation halten.	stimme gar nicht zu	←→				stimme voll und ganz zu
Vor der eingehenden Prüfung des Businessplans halte ich es für sehr wahrscheinlich, die für mich wichtigen Aspekte ***vollständig*** beurteilen zu können.	1 ❑	2 ❑	3 ❑	4 ❑	5 ❑	6 ❑
Erst ***nach*** der eingehenden Prüfung des Businessplans halte ich es für sehr wahrscheinlich, die für mich wichtigen Aspekte ***vollständig*** beurteilen zu können.	1 ❑	2 ❑	3 ❑	4 ❑	5 ❑	6 ❑
Selbst nach der eingehenden Prüfung des Businessplans halte ich es für sehr wahrscheinlich, die für mich wichtigen Aspekte ***nicht vollständig*** beurteilen zu können.	1 ❑	2 ❑	3 ❑	4 ❑	5 ❑	6 ❑

Wie gut ist es Ihnen möglich, einzelne Teilaspekte eines typischen Investitionsvorschlages zum Zeitpunkt der Businessplanprüfung zu beurteilen? Bitte verteilen Sie insgesamt 100 % auf die angeführten drei Kategorien.

2. Die Qualität des Teilaspektes ... kann ich zum Zeitpunkt der Businessplan-Prüfung einschätzen...	... bereits vorher (zu ... %)	... erst nachher (zu ... %)	... auch nachher nicht (zu ... %)	Summe (in %)
Background/Track Record des Unternehmers				100%
Innovationsgrad des Angebots				100%
Übereinstimmung mit Investitionsstrategie				100%
Unternehmer ist ein „Wagniskapital-Typ"				100%
Marktvolumen				100%
Führungserfahrung Unternehmer/-team				100%
Einsatzbereitschaft Unternehmer/-team				100%
Technische Qualifikationen				100%
Signifikantes Marktwachstum				100%
Investitionsrendite (ROI)				100%
Patentierbares/schützbares Angebot				100%
Marktakzeptanz des Angebotes				100%
Alleinstellungsmerkmale des Unternehmens				100%
Exitmöglichkeiten				100%
Kaufmännische Qualifikation				100%

3. Geben Sie bitte an, *wie sicher* Sie sich hinsichtlich der Beurteilung in dieser Situation sind.	stimme gar nicht zu	←→				stimme voll und ganz zu
Vor der eingehenden Prüfung des Businessplans fühle ich mich ***sicher***, die für mich wichtigen Aspekte vollständig beurteilen zu können.	1 ❑	2 ❑	3 ❑	4 ❑	5 ❑	6 ❑
Erst ***nach*** der eingehenden Prüfung des Businessplans fühle ich mich ***sicher***, die für mich wichtigen Aspekte vollständig beurteilen zu können.	1 ❑	2 ❑	3 ❑	4 ❑	5 ❑	6 ❑
Selbst nach der eingehenden Prüfung des Businessplans fühle ich mich ***immer noch nicht sicher***, die für mich wichtigen Aspekte vollständig beurteilen zu können.	1 ❑	2 ❑	3 ❑	4 ❑	5 ❑	6 ❑

[eBusiness.lehrstuhl

TEIL A: Phase der Businessplan-Prüfung

Businessplan-Prüfung > Due Diligence > Vertragsabschluss

Treffen Sie bitte eine Aussage über Ihre Neigung zum Zeitpunkt der Businessplan-Prüfung einen <u>typischen</u> Investitionsvorschlag zu akzeptieren.

4. Geben Sie bitte an, inwieweit Sie den folgenden Aussagen in dieser Situation zustimmen können.	stimme gar nicht zu	←			→	stimme voll und ganz zu
Mein ***Hang*** zu einer Investitionsentscheidung ist zu diesem Zeitpunkt ***sehr gering***.	1 ☐	2 ☐	3 ☐	4 ☐	5 ☐	6 ☐
Meine ***Bereitschaft*** zu diesem Zeitpunkt eine Investitionsentscheidung zu treffen ist ***sehr hoch***.	1 ☐	2 ☐	3 ☐	4 ☐	5 ☐	6 ☐
Mein ***Wille*** zu einer Investitionsentscheidung ist zu diesem Zeitpunkt ***sehr gering***.	1 ☐	2 ☐	3 ☐	4 ☐	5 ☐	6 ☐

Und für wie wichtig halten Sie die jeweiligen Teilaspekte zum Zeitpunkt der Businessplanprüfung?

5. Den folgenden Teilaspekt halte ich zum Zeitpunkt der Businessplanprüfung für ...	weniger wichtig	←			→	extrem wichtig
Background/Track Record des Unternehmers	1 ☐	2 ☐	3 ☐	4 ☐	5 ☐	6 ☐
Innovationsgrad des Angebots	1 ☐	2 ☐	3 ☐	4 ☐	5 ☐	6 ☐
Übereinstimmung mit Investitionsstrategie	1 ☐	2 ☐	3 ☐	4 ☐	5 ☐	6 ☐
Unternehmer ist ein „Wagniskapital-Typ"	1 ☐	2 ☐	3 ☐	4 ☐	5 ☐	6 ☐
Marktvolumen	1 ☐	2 ☐	3 ☐	4 ☐	5 ☐	6 ☐
Führungserfahrung Unternehmer/-team	1 ☐	2 ☐	3 ☐	4 ☐	5 ☐	6 ☐
Einsatzbereitschaft Unternehmer/-team	1 ☐	2 ☐	3 ☐	4 ☐	5 ☐	6 ☐
Technische Qualifikationen	1 ☐	2 ☐	3 ☐	4 ☐	5 ☐	6 ☐
Signifikantes Marktwachstum	1 ☐	2 ☐	3 ☐	4 ☐	5 ☐	6 ☐
Investitionsrendite (ROI)	1 ☐	2 ☐	3 ☐	4 ☐	5 ☐	6 ☐
Patentierbares/schützbares Angebot	1 ☐	2 ☐	3 ☐	4 ☐	5 ☐	6 ☐
Marktakzeptanz des Angebotes	1 ☐	2 ☐	3 ☐	4 ☐	5 ☐	6 ☐
Alleinstellungsmerkmale des Unternehmens	1 ☐	2 ☐	3 ☐	4 ☐	5 ☐	6 ☐
Exitmöglichkeiten	1 ☐	2 ☐	3 ☐	4 ☐	5 ☐	6 ☐
Kaufmännische Qualifikation	1 ☐	2 ☐	3 ☐	4 ☐	5 ☐	6 ☐

Wie schwierig ist es für Sie zum Zeitpunkt der Businessplan-Prüfung, die für Sie wichtigen Aspekte einer <u>typischen</u> Investitionsmöglichkeit einzuschätzen?

6. Geben Sie bitte an, für <u>*wie schwierig*</u> Sie die Beurteilung in dieser Situation halten.	stimme gar nicht zu	←			→	stimme voll und ganz zu
Vor der eingehenden Prüfung des Businessplans habe ich ***keine Schwierigkeiten***, die für mich wichtigen Aspekte vollständig zu beurteilen.	1 ☐	2 ☐	3 ☐	4 ☐	5 ☐	6 ☐
Erst ***nach*** der eingehenden Prüfung des Businessplans habe ich ***keine Schwierigkeiten***, die für mich wichtigen Aspekte vollständig zu beurteilen.	1 ☐	2 ☐	3 ☐	4 ☐	5 ☐	6 ☐
Selbst nach der eingehenden Prüfung des Businessplans habe ich ***immer noch Schwierigkeiten***, die für mich wichtigen Aspekte vollständig zu beurteilen.	1 ☐	2 ☐	3 ☐	4 ☐	5 ☐	6 ☐

[eBusiness.lehrstuhl

Die Fragen im folgenden Abschnitt beziehen sich nur auf die Phase der Due Diligence, d.h. die **eingehende Prüfung des Unternehmens.** Es ist daher wichtig, dass Sie sich jetzt nur diese Phase vergegenwärtigen. Wir bitten Sie, sich diesen Punkt im Beteiligungsprozess bildlich vor Augen zu führen.

TEIL B: Phase der Due Diligence

Businessplan-Prüfung > **Due Diligence** > Vertragsabschluss

Stellen Sie sich bitte eine typische Investitionsmöglichkeit vor. Wie gut können Sie diese zum Zeitpunkt der Due Diligence einschätzen?

7. Geben Sie bitte an, für *wie wahrscheinlich* Sie die folgenden Aussagen in dieser Situation halten.	stimme gar nicht zu	↔				stimme voll und ganz zu
Vor der Due Diligence halte ich es für sehr wahrscheinlich, die für mich wichtigen Aspekte ***vollständig*** beurteilen zu können.	1 ❑	2 ❑	3 ❑	4 ❑	5 ❑	6 ❑
Erst ***nach*** der Due Diligence halte ich es für sehr wahrscheinlich, die für mich wichtigen Aspekte ***vollständig*** beurteilen zu können.	1 ❑	2 ❑	3 ❑	4 ❑	5 ❑	6 ❑
Selbst nach der Due Diligence halte ich es für sehr wahrscheinlich, die für mich wichtigen Aspekte ***nicht vollständig*** beurteilen zu können.	1 ❑	2 ❑	3 ❑	4 ❑	5 ❑	6 ❑

Wie gut ist es Ihnen möglich, einzelne Teilaspekte eines typischen Investitionsvorschlages zum Zeitpunkt der Due Diligence zu beurteilen? Bitte verteilen Sie insgesamt 100 % auf die angeführten drei Kategorien.

8. Die Qualität des Teilaspektes ... kann ich zum Zeitpunkt der Due Diligence einschätzen...	... bereits vorher (zu ... %)	... erst nachher (zu ... %)	... auch nachher nicht (zu ... %)	Summe (in %)
Background/Track Record des Unternehmers				100%
Innovationsgrad des Angebots				100%
Übereinstimmung mit Investitionsstrategie				100%
Unternehmer ist ein „Wagniskapital-Typ"				100%
Marktvolumen				100%
Führungserfahrung Unternehmer/-team				100%
Einsatzbereitschaft Unternehmer/-team				100%
Technische Qualifikationen				100%
Signifikantes Marktwachstum				100%
Investitionsrendite (ROI)				100%
Patentierbares/schützbares Angebot				100%
Marktakzeptanz des Angebotes				100%
Alleinstellungsmerkmale des Unternehmens				100%
Exitmöglichkeiten				100%
Kaufmännische Qualifikation				100%

9. Geben Sie bitte an, *wie unsicher* Sie sich hinsichtlich der Beurteilung in dieser Situation sind.	stimme gar nicht zu	↔				stimme voll und ganz zu
Vor der Due Diligence fühle ich mich ***sicher***, die für mich wichtigen Aspekte vollständig beurteilen zu können.	1 ❑	2 ❑	3 ❑	4 ❑	5 ❑	6 ❑
Erst ***nach*** der Due Diligence fühle ich mich ***sicher***, die für mich wichtigen Aspekte vollständig beurteilen zu können.	1 ❑	2 ❑	3 ❑	4 ❑	5 ❑	6 ❑
Selbst nach der Due Diligence fühle ich mich ***immer noch nicht sicher***, die für mich wichtigen Aspekte vollständig beurteilen zu können.	1 ❑	2 ❑	3 ❑	4 ❑	5 ❑	6 ❑

[eBusiness.lehrstuhl

TEIL B: Phase der Due Diligence

Businessplan-Prüfung > **Due Diligence** > Vertragsabschluss

Treffen Sie bitte eine Aussage über Ihre Neigung zum Zeitpunkt der Due Diligence einen typischen Investitionsvorschlag zu akzeptieren.

10. Geben Sie bitte an, inwieweit Sie den folgenden Aussagen in dieser Situation zustimmen können.	stimme gar nicht zu	←		→		stimme voll und ganz zu
Mein ***Hang*** zu einer Investitionsentscheidung ist zu diesem Zeitpunkt ***sehr gering***.	1 ☐	2 ☐	3 ☐	4 ☐	5 ☐	6 ☐
Meine ***Bereitschaft*** zu diesem Zeitpunkt eine Investitionsentscheidung zu treffen ist ***sehr hoch***.	1 ☐	2 ☐	3 ☐	4 ☐	5 ☐	6 ☐
Mein ***Wille*** zu einer Investitionsentscheidung ist zu diesem Zeitpunkt ***sehr gering***.	1 ☐	2 ☐	3 ☐	4 ☐	5 ☐	6 ☐

Und für wie wichtig halten Sie die jeweiligen Teilaspekte zum Zeitpunkt der Due Diligence?

11. Den folgenden Teilaspekt halte ich zum Zeitpunkt der Due Diligence für ...	weniger wichtig	←		→		extrem wichtig
Background/Track Record des Unternehmers	1 ☐	2 ☐	3 ☐	4 ☐	5 ☐	6 ☐
Innovationsgrad des Angebots	1 ☐	2 ☐	3 ☐	4 ☐	5 ☐	6 ☐
Übereinstimmung mit Investitionsstrategie	1 ☐	2 ☐	3 ☐	4 ☐	5 ☐	6 ☐
Unternehmer ist ein „Wagniskapital-Typ"	1 ☐	2 ☐	3 ☐	4 ☐	5 ☐	6 ☐
Marktvolumen	1 ☐	2 ☐	3 ☐	4 ☐	5 ☐	6 ☐
Führungserfahrung Unternehmer/-team	1 ☐	2 ☐	3 ☐	4 ☐	5 ☐	6 ☐
Einsatzbereitschaft Unternehmer/-team	1 ☐	2 ☐	3 ☐	4 ☐	5 ☐	6 ☐
Technische Qualifikationen	1 ☐	2 ☐	3 ☐	4 ☐	5 ☐	6 ☐
Signifikantes Marktwachstum	1 ☐	2 ☐	3 ☐	4 ☐	5 ☐	6 ☐
Investitionsrendite (ROI)	1 ☐	2 ☐	3 ☐	4 ☐	5 ☐	6 ☐
Patentierbares/schützbares Angebot	1 ☐	2 ☐	3 ☐	4 ☐	5 ☐	6 ☐
Marktakzeptanz des Angebotes	1 ☐	2 ☐	3 ☐	4 ☐	5 ☐	6 ☐
Alleinstellungsmerkmale des Unternehmens	1 ☐	2 ☐	3 ☐	4 ☐	5 ☐	6 ☐
Exitmöglichkeiten	1 ☐	2 ☐	3 ☐	4 ☐	5 ☐	6 ☐
Kaufmännische Qualifikation	1 ☐	2 ☐	3 ☐	4 ☐	5 ☐	6 ☐

Wie schwierig ist es für Sie zum Zeitpunkt der Due Diligence, die für Sie wichtigen Aspekte einer typischen Investitionsmöglichkeit einzuschätzen?

12. Geben Sie bitte an, für *wie schwierig* Sie die Beurteilung in dieser Situation halten.	stimme gar nicht zu	←		→		stimme voll und ganz zu
Vor der Due Diligence habe ich ***keine Schwierigkeiten***, die für mich wichtigen Aspekte vollständig zu beurteilen.	1 ☐	2 ☐	3 ☐	4 ☐	5 ☐	6 ☐
Erst ***nach*** der Due Diligence habe ich ***keine Schwierigkeiten***, die für mich wichtigen Aspekte vollständig zu beurteilen.	1 ☐	2 ☐	3 ☐	4 ☐	5 ☐	6 ☐
Selbst nach der Due Diligence habe ich ***immer noch Schwierigkeiten***, die für mich wichtigen Aspekte vollständig zu beurteilen.	1 ☐	2 ☐	3 ☐	4 ☐	5 ☐	6 ☐

Die Fragen im folgenden Abschnitt beziehen sich nur auf die Phase des Vertragsabschlusses, d.h. das **Aushandeln der Finanzierungsbedingungen**. Es ist wichtig, dass Sie sich jetzt nur diese Phase vergegenwärtigen. Wir bitten Sie, sich diesen Punkt im Beteiligungsprozess bildlich vor Augen zu führen.

TEIL C: Phase des Vertragsabschlusses

Businessplan-Prüfung > Due Diligence > **Vertragsabschluss**

Stellen Sie sich bitte eine typische Investitionsmöglichkeit vor. Wie gut können Sie diese zum Zeitpunkt des Vertragsabschlusses einschätzen?

13. Geben Sie bitte an, für *wie wahrscheinlich* Sie die folgenden Aussagen in dieser Situation halten.	stimme gar nicht zu	←			→	stimme voll und ganz zu
Vor dem Vertragsabschluss halte ich es für sehr wahrscheinlich, die für mich wichtigen Aspekte ***vollständig*** beurteilen zu können.	1 ☐	2 ☐	3 ☐	4 ☐	5 ☐	6 ☐
Erst ***nach*** dem Vertragsabschluss halte ich es für sehr wahrscheinlich, die für mich wichtigen Aspekte ***vollständig*** beurteilen zu können.	1 ☐	2 ☐	3 ☐	4 ☐	5 ☐	6 ☐
Selbst nach dem Vertragsabschlusshalte ich es für sehr wahrscheinlich, die für mich wichtigen Aspekte ***nicht vollständig*** beurteilen zu können.	1 ☐	2 ☐	3 ☐	4 ☐	5 ☐	6 ☐

Wie gut ist es Ihnen möglich, einzelne Teilaspekte eines typischen Investitionsvorschlages zum Zeitpunkt des Vertragsabschlusses zu beurteilen? Bitte verteilen Sie insgesamt 100 % auf die angeführten drei Kategorien.

14. Die Qualität des Teilaspektes ... kann ich zum Zeitpunkt des Vertragsabschlusses einschätzen...	... bereits vorher (zu ... %)	erst nachher (zu ... %)	... auch nachher nicht (zu ... %)	Summe (in %)
Background/Track Record des Unternehmers				100%
Innovationsgrad des Angebots				100%
Übereinstimmung mit Investitionsstrategie				100%
Unternehmer ist ein „Wagniskapital-Typ"				100%
Marktvolumen				100%
Führungserfahrung Unternehmer/-team				100%
Einsatzbereitschaft Unternehmer/-team				100%
Technische Qualifikationen				100%
Signifikantes Marktwachstum				100%
Investitionsrendite (ROI)				100%
Patentierbares/schützbares Angebot				100%
Marktakzeptanz des Angebotes				100%
Alleinstellungsmerkmale des Unternehmens				100%
Exitmöglichkeiten				100%
Kaufmännische Qualifikation				100%

15. Geben Sie bitte an, *wie unsicher* Sie sich hinsichtlich der Beurteilung in dieser Situation sind.	stimme gar nicht zu	←			→	stimme voll und ganz zu
Vor dem Vertragsabschluss fühle ich mich ***sicher***, die für mich wichtigen Aspekte vollständig beurteilen zu können.	1 ☐	2 ☐	3 ☐	4 ☐	5 ☐	6 ☐
Erst ***nach*** dem Vertragsabschluss fühle ich mich ***sicher***, die für mich wichtigen Aspekte vollständig beurteilen zu können.	1 ☐	2 ☐	3 ☐	4 ☐	5 ☐	6 ☐
Selbst nach dem Vertragsabschluss fühle ich mich ***immer noch nicht sicher***, die für mich wichtigen Aspekte vollständig beurteilen zu können.	1 ☐	2 ☐	3 ☐	4 ☐	5 ☐	6 ☐

[eBusiness.lehrstuhl

TEIL C: Phase des Vertragsabschlusses

Businessplan-Prüfung > Due Diligence > **Vertragsabschluss**

Treffen Sie bitte eine Aussage über Ihre Neigung zum Zeitpunkt des Vertragsabschlusses einen typischen Investitionsvorschlag zu akzeptieren.

16. Geben Sie bitte an, inwieweit Sie den folgenden Aussagen in dieser Situation zustimmen können.	stimme gar nicht zu ←→ stimme voll und ganz zu					
Mein ***Hang*** zu einer Investitionsentscheidung ist zu diesem Zeitpunkt ***sehr gering***.	1 ❑	2 ❑	3 ❑	4 ❑	5 ❑	6 ❑
Meine ***Bereitschaft*** zu diesem Zeitpunkt eine Investitionsentscheidung zu treffen ist ***sehr hoch***.	1 ❑	2 ❑	3 ❑	4 ❑	5 ❑	6 ❑
Mein ***Wille*** zu einer Investitionsentscheidung ist zu diesem Zeitpunkt ***sehr gering***.	1 ❑	2 ❑	3 ❑	4 ❑	5 ❑	6 ❑

Und für wie wichtig halten Sie die jeweiligen Teilaspekte zum Zeitpunkt des Vertragsabschlusses?

17. Den folgenden Teilaspekt halte ich zum Zeitpunkt des Vertragsabschlusses für ...	Weniger wichtig ←→ extrem wichtig					
Background/Track Record des Unternehmers	1 ❑	2 ❑	3 ❑	4 ❑	5 ❑	6 ❑
Innovationsgrad des Angebots	1 ❑	2 ❑	3 ❑	4 ❑	5 ❑	6 ❑
Übereinstimmung mit Investitionsstrategie	1 ❑	2 ❑	3 ❑	4 ❑	5 ❑	6 ❑
Unternehmer ist ein „Wagniskapital-Typ"	1 ❑	2 ❑	3 ❑	4 ❑	5 ❑	6 ❑
Marktvolumen	1 ❑	2 ❑	3 ❑	4 ❑	5 ❑	6 ❑
Führungserfahrung Unternehmer/-team	1 ❑	2 ❑	3 ❑	4 ❑	5 ❑	6 ❑
Einsatzbereitschaft Unternehmer/-team	1 ❑	2 ❑	3 ❑	4 ❑	5 ❑	6 ❑
Technische Qualifikationen	1 ❑	2 ❑	3 ❑	4 ❑	5 ❑	6 ❑
Signifikantes Marktwachstum	1 ❑	2 ❑	3 ❑	4 ❑	5 ❑	6 ❑
Investitionsrendite (ROI)	1 ❑	2 ❑	3 ❑	4 ❑	5 ❑	6 ❑
Patentierbares/schützbares Angebot	1 ❑	2 ❑	3 ❑	4 ❑	5 ❑	6 ❑
Marktakzeptanz des Angebotes	1 ❑	2 ❑	3 ❑	4 ❑	5 ❑	6 ❑
Alleinstellungsmerkmale des Unternehmens	1 ❑	2 ❑	3 ❑	4 ❑	5 ❑	6 ❑
Exitmöglichkeiten	1 ❑	2 ❑	3 ❑	4 ❑	5 ❑	6 ❑
Kaufmännische Qualifikation	1 ❑	2 ❑	3 ❑	4 ❑	5 ❑	6 ❑

Wie schwierig ist es für Sie zum Zeitpunkt des Vertragsabschlusses, die für Sie wichtigen Aspekte einer typischen Investitionsmöglichkeit einzuschätzen?

18. Geben Sie bitte an, für *wie schwierig* Sie die Beurteilung in dieser Situation halten.	stimme gar nicht zu ←→ stimme voll und ganz zu					
Vor dem Vertragsabschluss habe ich ***keine Schwierigkeiten***, die für mich wichtigen Aspekte vollständig zu beurteilen.	1 ❑	2 ❑	3 ❑	4 ❑	5 ❑	6 ❑
Erst ***nach*** dem Vertragsabschluss habe ich ***keine Schwierigkeiten***, die für mich wichtigen Aspekte vollständig zu beurteilen.	1 ❑	2 ❑	3 ❑	4 ❑	5 ❑	6 ❑
Selbst nach dem Vertragsabschluss habe ich ***immer noch Schwierigkeiten***, die für mich wichtigen Aspekte vollständig zu beurteilen.	1 ❑	2 ❑	3 ❑	4 ❑	5 ❑	6 ❑

TEIL D: Fragen zu Ihnen und Ihrem Unternehmen

Die folgenden Fragen beziehen sich sowohl auf Ihr Unternehmen als auch auf Ihre Person. Die Beantwortung dieses Fragenkomplexes hilft uns dabei, das unterschiedliche Investitionsverhalten von verschiedenen Investorentypen besser zu verstehen. Zuerst zu den Fragen nach Ihrer Beteiligungsgesellschaft.

19. In welchem Land ist Ihre Gesellschaft, bzw. die Niederlassung in der Sie tätig sind, angesiedelt?

❑ Deutschland ❑ Österreich ❑ Schweiz ❑ Anderes Land, und zwar ____________

20. In welchem Umfang sind Sie mit einer übergeordneten Gesellschaft verbunden, d.h., verstehen Sie sich als eine unabhängige, abhängige (captive) oder semi-captive Beteiligungsgesellschaft?

❑ unabhängige Gesellschaft ❑ captive Gesellschaft ❑ semi-captive Gesellschaft

21. Betätigt sich Ihre Beteiligungsgesellschaft bevorzugt als Lead-Investor oder als Non-Lead-Investor?

❑ Lead-Investor ❑ Non-Lead-Investor ❑ Sowohl als auch

22. Welche Branchenschwerpunkte setzt Ihre Beteiligungsgesellschaft bei der Investitionstätigkeit?

❑ Computer related ❑ Chemie/Werkstoffe ❑ Biotechnologie
❑ Medizin ❑ Kommunikationstechnologie ❑ Handel
❑ Maschinen-/Anlagenbau ❑ Transportwesen ❑ Dienstleistungen
❑ Andere Branchen

23. In welchen Finanzierungsphasen investieren Sie bevorzugt?

❑ Seed-Phase ❑ Start-up-Phase ❑ Expansions-Phase
❑ Later Stage ❑ Keine Bevorzugung von Finanzierungsphasen

24. Engagieren Sie sich bevorzugt als Mehrheits- oder als Minderheitsgesellschafter?

❑ Mehrheitsgesellschafter ❑ Minderheitsgesellschafter ❑ Sowohl als auch

25. Seit wann ist Ihre Gesellschaft mit der Finanzierung von Unternehmen befasst? ____________

26. Welches Fondsvolumen verwaltet Ihre Beteiligungsgesellschaft (in Mio. €)? ____________

27. Welche Beträge investieren Sie (in Mio. €)? Von ______________ bis ____________

28. Wie viele Investmentmanager beschäftigt Ihre Beteiligungsgesellschaft? ____________

29. Wie viele Neubeteiligungen strebt Ihre Beteiligungsgesellschaft pro Jahr an? ____________

30. Welche Haltedauer von Beteiligungen strebt Ihre Beteiligungsgesellschaft an? ____________

Zum Abschluss noch einige Fragen zu Ihrer Person.

31. Wie schätzen Sie Ihre allgemeine Risikobereitschaft ein?

sehr niedrig ←——————————————→ sehr hoch

1 ❑ 2 ❑ 3 ❑ 4 ❑ 5 ❑ 6 ❑

32. Welche Position nehmen Sie in Ihrem Unternehmen ein? ____________

33. Ist Ihre Ausbildungshintergrund eher als kaufmännisch oder eher als technisch zu bezeichnen?

❑ eher kaufmännisch ❑ eher technisch ❑ Sowohl als auch

34. Für welche Phase des Prozesses fühlen Sie sich hauptsächlich verantwortlich?

❑ Businessplan-Prüfung ❑ Due Diligence ❑ Vertragsabschluss ❑ Alle gleichermaßen

35. Für wie viele Beteiligungen zeichnen Sie direkt verantwortlich? ____________

36. Nehmen Sie Aufsichtsratssitze in Beteiligungsunternehmen ein, um die jeweilige Performance zu kontrollieren? Wenn ja, wie viele?

❑ Nein, keine Aufsichtsratssitze ❑ Ja, und zwar ____________ (Anzahl)

37. Auf wie viele Jahre Berufserfahrung können Sie zurückblicken und wie viele Jahre davon sind Sie im Bereich Wagniskapital/Private Equity aktiv?

____________(Berufserfahrung) ____________ (davon Wagniskapital/Private Equity)

Herzlichen Dank für Ihre Unterstützung!

II. *SPSS-Ergebnisse zur Dynamik der Gütereigenschaften*

Zur Dynamik der informationsökonomischen Gütereigenschaften (aggregierte Einschätzungen)

Test auf Normalverteilung

One-Sample Kolmogorov-Smirnov Test

		Aggregierte Sucheigenschaften BP	Aggregierte Erfahrungseigenschaften BP	Aggregierte Vertrauenseigenschaften BP
N		81	81	81
Normal Parameters	Mean	18,6667	49,4568	31,7835
	Std. Deviation	14,72648	13,28401	14,53314
Most Extreme Differences	Absolute	,162	,086	,059
	Positive	,162	,086	,059
	Negative	-,102	-,040	-,041
Kolmogorov-Smirnov Z		1,458	,772	,528
Asymp. Sig. (2-tailed)		,028	,590	,943

One-Sample Kolmogorov-Smirnov Test

		Aggregierte Sucheigenschaften DD	Aggregierte Erfahrungseigenschaften DD	Aggregierte Vertrauenseigenschaften DD
N		81	81	81
Normal Parameters	Mean	48,6922	39,9317	11,2370
	Std. Deviation	20,94839	17,89930	7,26956
Most Extreme Differences	Absolute	,081	,103	,100
	Positive	,045	,103	,100
	Negative	-,081	-,046	-,061
Kolmogorov-Smirnov Z		,729	,931	,902
Asymp. Sig. (2-tailed)		,662	,352	,390

One-Sample Kolmogorov-Smirnov Test

		Aggregierte Sucheigenschaften VA	Aggregierte Erfahrungseigenschaften VA	Aggregierte Vertrauenseigenschaften VA
N		81	81	81
Normal Parameters	Mean	81,1292	9,5136	9,2667
	Std. Deviation	16,93731	14,64515	6,53914
Most Extreme Differences	Absolute	,217	,258	,079
	Positive	,133	,234	,079
	Negative	-,217	-,258	-,078
Kolmogorov-Smirnov Z		1,952	2,322	,707
Asymp. Sig. (2-tailed)		,001	,000	,699

Test auf Signifikanz der Dynamik (Wilcoxon Signed Ranks Test)

Ranks

		N	Mean Rank	Sum of Ranks
Aggregierte Sucheigenschaften DD - Aggregierte Sucheigenschaften BP	Negative Ranks	9	15,28	137,50
	Positive Ranks	69	42,66	2943,50
	Ties	3		
	Total	81		
Aggregierte Erfahrungseigenschaften DD - Aggregierte Erfahrungseigenschaften BP	Negative Ranks	55	44,41	2442,50
	Positive Ranks	25	31,90	797,50
	Ties	1		
	Total	81		
Aggregierte Vertrauenseigenschaften DD - Aggregierte Vertrauenseigenschaften BP	Negative Ranks	74	40,28	2980,50
	Positive Ranks	3	7,50	22,50
	Ties	4		
	Total	81		
Aggregierte Sucheigenschaften VA - Aggregierte Sucheigenschaften DD	Negative Ranks	0	,00	,00
	Positive Ranks	76	38,50	2926,00
	Ties	5		
	Total	81		
Aggregierte Erfahrungseigenschaften VA - Aggregierte Erfahrungseigenschaften DD	Negative Ranks	76	38,50	2926,00
	Positive Ranks	0	,00	,00
	Ties	5		
	Total	81		
Aggregierte Vertrauenseigenschaften VA - Aggregierte Vertrauenseigenschaften DD	Negative Ranks	52	31,95	1661,50
	Positive Ranks	13	37,19	483,50
	Ties	16		
	Total	81		

Test Statistics

	Aggregierte Sucheigenschaften DD - Aggregierte Sucheigenschaften BP	Aggregierte Erfahrungseigenschaften DD - Aggregierte Erfahrungseigenschaften BP	Aggregierte Vertrauenseigenschaften DD - Aggregierte Vertrauenseigenschaften BP	Aggregierte Sucheigenschaften VA - Aggregierte Sucheigenschaften DD	Aggregierte Erfahrungseigenschaften VA - Aggregierte Erfahrungseigenschaften DD	Aggregierte Vertrauenseigenschaften VA - Aggregierte Vertrauenseigenschaften DD
Z	-6,988	-3,945	-7,510	-7,575	-7,575	-3,852
Asymp. Sig. (2-tailed)	,000	,000	,000	,000	,000	,000

Zur Dynamik informationsökonomischer Gütereigenschaften (globale Einschätzungen)

Test auf Normalverteilung

One-Sample Kolmogorov-Smirnov Test

		SGlobalBP	EGlobalBP	vGlobalBP
N		81	81	81
Normal Parameters	Mean	16,78	40,70	42,52
	Std. Deviation	17,774	16,122	24,092
Most Extreme Differences	Absolute	,173	,098	,084
	Positive	,138	,068	,084
	Negative	-,173	-,098	-,052
Kolmogorov-Smirnov Z		1,553	,883	,758
Asymp. Sig. (2-tailed)		,016	,417	,614

One-Sample Kolmogorov-Smirnov Test

		SGlobalDD	EGlobalDD	VGlobalDD
N		81	81	81
Normal Parameters	Mean	24,3133	53,5197	22,1670
	Std. Deviation	19,30991	19,32364	20,05783
Most Extreme Differences	Absolute	,119	,098	,179
	Positive	,119	,066	,179
	Negative	-,104	-,098	-,135
Kolmogorov-Smirnov Z		1,073	,878	1,612
Asymp. Sig. (2-tailed)		,200	,424	,011

One-Sample Kolmogorov-Smirnov Test

		sGlobalVA	eGlobalVA	vGlobalVA
N		81	81	81
Normal Parameters	Mean	67,8750	18,5999	13,5251
	Std. Deviation	24,48377	16,30907	16,11650
Most Extreme Differences	Absolute	,113	,132	,201
	Positive	,095	,132	,145
	Negative	-,113	-,127	-,201
Kolmogorov-Smirnov Z		1,016	1,190	1,806
Asymp. Sig. (2-tailed)		,253	,118	,003

Test auf Signifikanz der Dynamik (Wilcoxon Signed Ranks Test)

Ranks

		N	Mean Rank	Sum of Ranks
SGlobalDD - SGlobalBP	Negative Ranks	16	34,56	553,00
	Positive Ranks	58	38,31	2222,00
	Ties	7		
	Total	81		
EGlobalDD - EGlobalBP	Negative Ranks	18	28,50	513,00
	Positive Ranks	61	43,39	2647,00
	Ties	2		
	Total	81		
VGlobalDD - vGlobalBP	Negative Ranks	67	42,49	2847,00
	Positive Ranks	10	15,60	156,00
	Ties	4		
	Total	81		
sGlobalVA - SGlobalDD	Negative Ranks	0	,00	,00
	Positive Ranks	78	39,50	3081,00
	Ties	3		
	Total	81		
eGlobalVA - EGlobalDD	Negative Ranks	76	40,50	3078,00
	Positive Ranks	3	27,33	82,00
	Ties	2		
	Total	81		
vGlobalVA - VGlobalDD	Negative Ranks	59	38,01	2242,50
	Positive Ranks	11	22,05	242,50
	Ties	11		
	Total	81		

Test Statistics

	SGlobalDD - SGlobalBP	EGlobalDD - EGlobalBP	VGlobalDD - vGlobalBP	sGlobalVA - SGlobalDD	eGlobalVA - EGlobalDD	vGlobalVA - VGlobalDD
Z	-4,496	-5,215	-6,832	-7,673	-7,321	-5,852
Asymp. Sig. (2-tailed)	,000	,000	,000	,000	,000	,000

III. SPSS-Ergebnisse zur Einschätzbarkeit der Investitionskriterien

Test auf Abweichung einzelner Investitionskriterien von der aggregierten Einschätzung (Wilcoxon Signed Ranks Test für Businessplanphase)

Test Statistics

	Aggregierte Sucheigenschaften BP - Background/Trackrecord UnternehmerBP-S	Aggregierte Erfahrungseigenschaften BP - Background/Trackrecord UnternehmerBP-E	Aggregierte Vertrauenseigenschaften BP - Background/Trackrecord UnternehmerBP-V	Aggregierte Sucheigenschaften BP - InnovationsgradBP-S	Aggregierte Erfahrungseigenschaften BP - InnovationsgradBP-E	Aggregierte Vertrauenseigenschaften BP - InnovationsgradBP-V
Z	-,070	-2,932	-4,341	-2,318	-4,593	-5,603
Asymp. Sig. (2-tailed)	,944	,003	,000	,020	,000	,000

Test Statistics

	Aggregierte Sucheigenschaften BP - InvestitionsstrategieBP-S	Aggregierte Erfahrungseigenschaften BP - InvestitionsstrategieBP-E	Aggregierte Vertrauenseigenschaften BP - InvestitionsstrategieBP-V	Aggregierte Sucheigenschaften BP - Wagniskapital-TypBP-S	Aggregierte Erfahrungseigenschaften BP - Wagniskapital-TypBP-E	Aggregierte Vertrauenseigenschaften BP - Wagniskapital-TypBP-V
Z	-6,676	-,080	-7,230	-,087	-2,407	-1,064
Asymp. Sig. (2-tailed)	,000	,936	,000	,931	,016	,287

Test Statistics

	Aggregierte Sucheigenschaften BP - MarktvolumenBP-S	Aggregierte Erfahrungseigenschaften BP - MarktvolumenBP-E	Aggregierte Vertrauenseigenschaften BP - MarktvolumenBP-V	Aggregierte Sucheigenschaften BP - FührungserfahrungBP-S	Aggregierte Erfahrungseigenschaften BP - FührungserfahrungBP-E	Aggregierte Vertrauenseigenschaften BP - FührungserfahrungBP-V
Z	-2,851	-,430	-4,088	-4,555	-,367	-3,288
Asymp. Sig. (2-tailed)	,004	,667	,000	,000	,714	,001

Test Statistics

	Aggregierte Sucheigenschaften BP - EinsatzbereitschaftBP-S	Aggregierte Erfahrungseigenschaften BP - EinsatzbereitschaftBP-E	Aggregierte Vertrauenseigenschaften BP – EinsatzbereitschaftBP-V	Aggregierte Sucheigenschaften BP - Technische Qual BP-S	Aggregierte Erfahrungseigenschaften BP - Technische Qual BP-E	Aggregierte Vertrauenseigenschaften BP - Technische Qual BP-V
Z	-4,878	-4,367	-5,763	-2,666	-,841	-,005
Asymp. Sig. (2-tailed)	,000	,000	,000	,008	,401	,996

Test Statistics

	Aggregierte Sucheigenschaften BP - MarktwachstumBP-S	Aggregierte Erfahrungseigenschaften BP - MarktwachstumBP-E	Aggregierte Vertrauenseigenschaften BP - MarktwachstumBP-V	Aggregierte Sucheigenschaften BP - InvestitionsrenditeBP-S	Aggregierte Erfahrungseigenschaften BP - InvestitionsrenditeBP-E	Aggregierte Vertrauenseigenschaften BP - InvestitionsrenditeBP-V
Z	-1,513	-,476	-2,155	-5,269	-1,794	-4,021
Asymp. Sig. (2-tailed)	,130	,634	,031	,000	,073	,000

Test Statistics

	Aggregierte Sucheigenschaften BP - Schützbares AngebotBP-S	Aggregierte Erfahrungseigenschaften BP - Schützbares AngebotBP-E	Aggregierte Vertrauenseigenschaften BP - Schützbares AngebotBP-V	Aggregierte Sucheigenschaften BP - MarktakzeptanzBP-S	Aggregierte Erfahrungseigenschaften BP - MarktakzeptanzBP-E	Aggregierte Vertrauenseigenschaften BP - MarktakzeptanzBP-V
Z	-4,470	-1,425	-,971	-3,626	-2,412	-3,658
Asymp. Sig. (2-tailed)	,000	,154	,332	,000	,016	,000

Test Statistics

	Aggregierte Sucheigenschaften BP - USPBP-S	Aggregierte Erfahrungseigenschaften BP - USPBP-E	Aggregierte Vertrauenseigenschaften BP - USPBP-V	Aggregierte Sucheigenschaften BP - ExitmöglichkeitenBP-S	Aggregierte Erfahrungseigenschaften BP - ExitmöglichkeitenBP-E	Aggregierte Vertrauenseigenschaften BP - ExitmöglichkeitenBP-V
Z	-1,682	-2,556	-1,891	-1,064	-,252	-1,436
Asymp. Sig. (2-tailed)	,093	,011	,059	,288	,801	,151

Test Statistics

	Aggregierte Sucheigenschaften BP - KaufmännischeQualifikationenBP-S	Aggregierte Erfahrungseigenschaften BP - KaufmännischeQualifikationenBP-E	Aggregierte Vertrauenseigenschaften BP - KaufmännischeQualifikationenBP-V
Z	-3,443	-2,060	-,357
Asymp. Sig. (2-tailed)	,001	,039	,721

Test auf Abweichung einzelner Investitionskriterien von der aggregierten Einschätzung (Wilcoxon Signed Ranks Test für Due Diligence Phase)

Test Statistics

	Aggregierte Sucheigenschaften DD - Background/Trackrecord UnternehmerDD-S	Aggregierte Erfahrungseigenschaften DD - Background/Trackrecord UnternehmerDD-E	Aggregierte Vertrauenseigenschaften DD - Background/Trackrecord UnternehmerDD-V	Aggregierte Sucheigenschaften DD - InnovationsgradDD-S	Aggregierte Erfahrungseigenschaften DD - InnovationsgradDD-E	Aggregierte Vertrauenseigenschaften DD - InnovationsgradDD-V
Z	-1,815	-,896	-5,580	-2,516	-,021	-4,897
Asymp. Sig. (2-tailed)	,070	,370	,000	,012	,983	,000

Test Statistics

	Aggregierte Sucheigenschaften DD - InvestitionsstrategieDD-S	Aggregierte Erfahrungseigenschaften DD - InvestitionsstrategieDD-E	Aggregierte Vertrauenseigenschaften DD – InvestitionsstrategieDD-V	Aggregierte Sucheigenschaften DD - Wagniskapital-TypDD-S	Aggregierte Erfahrungseigenschaften DD - Wagniskapital-TypDD-E	Aggregierte Vertrauenseigenschaften DD - Wagniskapital-TypDD-V
Z	-7,046	-5,781	-7,313	-,640	-,110	-2,237
Asymp. Sig. (2-tailed)	,000	,000	,000	,522	,913	,025

Test Statistics

	Aggregierte Sucheigenschaften DD - MarktvolumenDD-S	Aggregierte Erfahrungseigenschaften DD - MarktvolumenDD-E	Aggregierte Vertrauenseigenschaften DD - MarktvolumenDD-V	Aggregierte Sucheigenschaften DD - FührungserfahrungDD-S	Aggregierte Erfahrungseigenschaften DD - FührungserfahrungDD-E	Aggregierte Vertrauenseigenschaften DD - FührungserfahrungDD-V
Z	-1,709	-,105	-3,321	-,688	-,854	-1,779
Asymp. Sig. (2-tailed)	,087	,917	,001	,491	,393	,075

Test Statistics

	Aggregierte Sucheigenschaften DD - Einsatzbereitschaft DD-S	Aggregierte Erfahrungseigenschaften DD - EinsatzbereitschaftDD-E	Aggregierte Vertrauenseigenschaften DD - EinsatzbereitschaftDD-V	Aggregierte Sucheigenschaften DD - Technische Qual DD-S	Aggregierte Erfahrungseigenschaften DD - Technische Qual DD-E	Aggregierte Vertrauenseigenschaften DD - Technische Qual DD-V
Z	-2,902	-1,011	-2,515	-1,483	-2,826	-3,035
Asymp. Sig. (2-tailed)	,004	,312	,012	,138	,005	,002

Test Statistics

	Aggregierte Sucheigenschaften DD - MarktwachstumDD-S	Aggregierte Erfahrungseigenschaften DD - MarktwachstumDD-E	Aggregierte Vertrauenseigenschaften DD - MarktwachstumDD-V	Aggregierte Sucheigenschaften DD - InvestitionsrenditeDD-S	Aggregierte Erfahrungseigenschaften DD - InvestitionsrenditeDD-E	Aggregierte Vertrauenseigenschaften DD - InvestitionsrenditeDD-V
Z	-,584	-,782	-,855	-3,542	-,907	-4,358
Asymp. Sig. (2-tailed)	,559	,434	,393	,000	,365	,000

Test Statistics

	Aggregierte Sucheigenschaften DD - Schützbares AngebotDD-S	Aggregierte Erfahrungseigenschaften DD - Schützbares AngebotDD-E	Aggregierte Vertrauenseigenschaften DD - Schützbares AngebotDD-V	Aggregierte Sucheigenschaften DD - MarktakzeptanzDD-S	Aggregierte Erfahrungseigenschaften DD - MarktakzeptanzDD-E	Aggregierte Vertrauenseigenschaften DD - MarktakzeptanzDD-V
Z	-2,359	-3,750	-3,982	-5,114	-,523	-6,290
Asymp. Sig. (2-tailed)	,018	,000	,000	,000	,601	,000

Test Statistics

	Aggregierte Sucheigenschaften DD - USPDD-S	Aggregierte Erfahrungseigenschaften DD - USPDD-E	Aggregierte Vertrauenseigenschaften DD - USPDD-V	Aggregierte Sucheigenschaften DD - ExitmöglichkeitenDD-S	Aggregierte Erfahrungseigenschaften DD - ExitmöglichkeitenDD-E	Aggregierte Vertrauenseigenschaften DD - ExitmöglichkeitenDD-V
Z	-,256	-,707	-,381	-,759	-1,968	-2,318
Asymp. Sig. (2-tailed)	,798	,479	,704	,448	,049	,020

Test Statistics

	Aggregierte Sucheigenschaften DD - KaufmännischeQualifikationenDD-S	Aggregierte Erfahrungseigenschaften DD – Kaufmännische-QualifikationenDD-E	Aggregierte Vertrauenseigenschaften DD - Kaufmännische-QualifikationenDD-V
Z	-1,157	-,812	-4,103
Asymp. Sig. (2-tailed)	,247	,417	,000

Test auf Abweichung einzelner Investitionskriterien von der aggregierten Einschätzung (Wilcoxon Signed Ranks Test für Vertragsabschlussphase)

Test Statistics

	Aggregierte Sucheigenschaften VA - Background/Trackrecord Unternehmer-VA-S	Aggregierte Erfahrungseigenschaften VA - Background/Trackrecord Unternehmer-VA-E	Aggregierte Vertrauenseigenschaften VA - Background/Trackrecord Unternehmer-VA-V	Aggregierte Sucheigenschaften VA - InnovationsgradVA-S	Aggregierte Erfahrungseigenschaften VA - InnovationsgradVA-E	Aggregierte Vertrauenseigenschaften VA - InnovationsgradVA-V
Z	-4,596	-1,739	-5,567	-3,138	-2,318	-2,218
Asymp. Sig. (2-tailed)	,000	,082	,000	,002	,020	,027

Test Statistics

	Aggregierte Sucheigenschaften VA - InvestitionsstrategieVA-S	Aggregierte Erfahrungseigenschaften VA - InvestitionsstrategieVA-E	Aggregierte Vertrauenseigenschaften VA - InvestitionsstrategieVA-V	Aggregierte Sucheigenschaften VA - Wagniskapital-TypVA-S	Aggregierte Erfahrungseigenschaften VA - Wagniskapital-TypVA-E	Aggregierte Vertrauenseigenschaften VA - Wagniskapital-TypVA-V
Z	-6,570	-4,576	-6,744	-,433	-1,465	-1,937
Asymp. Sig. (2-tailed)	,000	,000	,000	,665	,143	,053

Test Statistics

	Aggregierte Sucheigenschaften VA - MarktvolumenVA-S	Aggregierte Erfahrungseigenschaften VA - MarktvolumenVA-E	Aggregierte Vertrauenseigenschaften VA - MarktvolumenVA-V	Aggregierte Sucheigenschaften VA - FührungserfahrungVA-S	Aggregierte Erfahrungseigenschaften VA - FührungserfahrungVA-E	Aggregierte Vertrauenseigenschaften VA - FührungserfahrungVA-V
Z	-2,262	-3,371	-,382	-,799	-,008	-1,992
Asymp. Sig. (2-tailed)	,024	,001	,702	,424	,993	,046

Test Statistics

	Aggregierte Sucheigenschaften VA - Einsatzbereitschaft VA-S	Aggregierte Erfahrungseigenschaften VA - Einsatzbereitschaft VA-E	Aggregierte Vertrauenseigenschaften VA - Einsatzbereitschaft VA-V	Aggregierte Sucheigenschaften VA - Technische Qual VA-S	Aggregierte Erfahrungseigenschaften VA - Technische Qual VA-E	Aggregierte Vertrauenseigenschaften VA - Technische Qual VA-V
Z	-2,379	-2,674	-,253	-2,616	-,688	-3,302
Asymp. Sig. (2-tailed)	,017	,007	,800	,009	,491	,001

Test Statistics

	Aggregierte Sucheigenschaften VA - MarktwachstumVA-S	Aggregierte Erfahrungseigenschaften VA - Marktwachstum-VA-E	Aggregierte Vertrauenseigenschaften VA - Marktwachstum-VA-V	Aggregierte Sucheigenschaften VA - Investitionsrendite VA-S	Aggregierte Erfahrungseigenschaften VA - InvestitionsrenditeVA-E	Aggregierte Vertrauenseigenschaften VA - InvestitionsrenditeVA-V
Z	-2,008	-3,070	-,028	-4,316	-1,769	-3,620
Asymp. Sig. (2-tailed)	,045	,002	,978	,000	,077	,000

Test Statistics

	Aggregierte Sucheigenschaften VA - Schützbares AngebotVA-S	Aggregierte Erfahrungseigenschaften VA - Schützbares AngebotVA-E	Aggregierte Vertrauenseigenschaften VA - Schützbares AngebotVA-V	Aggregierte Sucheigenschaften VA - MarktakzeptanzVA-S	Aggregierte Erfahrungseigenschaften VA - MarktakzeptanzVA-E	Aggregierte Vertrauenseigenschaften VA - MarktakzeptanzVA-V
Z	-3,494	-2,148	-4,923	-6,031	-,792	-6,117
Asymp. Sig. (2-tailed)	,000	,032	,000	,000	,428	,000

Test Statistics

	Aggregierte Sucheigenschaften VA - USPVA-S	Aggregierte Erfahrungseigenschaften VA - USPVA-E	Aggregierte Vertrauenseigenschaften VA - USPVA-V	Aggregierte Sucheigenschaften VA - ExitmöglichkeitenVA-S	Aggregierte Erfahrungseigenschaften VA - ExitmöglichkeitenVA-E	Aggregierte Vertrauenseigenschaften VA - ExitmöglichkeitenVA-V
Z	-1,313	-1,456	-,458	-3,619	-1,061	-2,371
Asymp. Sig. (2-tailed)	,189	,146	,647	,000	,289	,018

Test Statistics

	Aggregierte Sucheigenschaften VA - KaufmännischeQualifikationen-VA-S	Aggregierte Erfahrungseigenschaften VA – KaufmännischeQualifikationenVA-E	Aggregierte Vertrauenseigenschaften VA - KaufmännischeQualifikationenVA-V
Z	-1,829	-,204	-2,858
Asymp. Sig. (2-tailed)	,067	,838	,004

IV. SmartPLS-Ergebnisse zum PLS-Pfadmodell (Businessplan)

Datum: 19.07.2005

PLS-Ergebnisse

Iterationen des PLS-Algorithmus

Iteration	e1bp	e2bp	e3bp	in1bp
0	1,000	1,000	1,000	1,000
1	-0,265	0,836	0,438	0,341
2	-0,256	0,826	0,444	0,344
3	-0,254	0,824	0,445	0,344
4	-0,254	0,824	0,445	0,344
5	-0,254	0,824	0,445	0,344
6	-0,254	0,824	0,445	0,344

Iteration	in2bp	in3bp	s1bp	s2bp
0	1,000	1,000	1,000	1,000
1	0,423	0,367	0,332	0,345
2	0,428	0,358	0,335	0,343
3	0,428	0,358	0,335	0,343
4	0,428	0,358	0,335	0,343
5	0,428	0,358	0,335	0,343
6	0,428	0,358	0,335	0,343

Iteration	s3bp	v1bp	v2bp	v3bp
0	1,000	1,000	1,000	1,000
1	0,411	0,251	0,381	0,452
2	0,412	0,253	0,376	0,455
3	0,411	0,253	0,375	0,455
4	0,411	0,253	0,375	0,455
5	0,411	0,253	0,375	0,455
6	0,411	0,253	0,375	0,455

Innere Gewichte (Strukturmodell)

	SEBP	EEBP	VEBP	INBP
SEBP				0,345
EEBP				0,272
VEBP				0,054
INBP				

Äußere Gewichte (Messmodell)

	SEBP	EEBP	VEBP	INBP
e1bp		-0,254		
e2bp		0,824		
e3bp		0,445		
in1bp				0,344
in2bp				0,428
in3bp				0,358
s1bp	0,335			
s2bp	0,343			
s3bp	0,411			
v1bp			0,253	
v2bp			0,375	
v3bp			0,455	

Äußere Ladungen (Messmodell)

	SEBP	EEBP	VEBP	INBP
e1bp		0,506		
e2bp		0,944		
e3bp		0,786		
in1bp				0,871
in2bp				0,908
in3bp				0,869
s1bp	0,899			
s2bp	0,907			
s3bp	0,943			
v1bp			0,892	
v2bp			0,928	
v3bp			0,935	

Scores der latenten Variablen

	SEBP	EEBP	VEBP	INBP
0	0,564	-0,452	-1,152	0,084
1	2,631	-1,342	-1,860	-0,507
2	-0,401	0,556	-0,133	-1,242
3	-0,652	0,395	0,505	-1,096
4	-0,959	-2,143	1,682	-1,696
5	-0,959	1,149	-0,842	0,711
6	1,087	-0,096	-1,035	1,423
7	0,836	0,905	-1,152	0,470
8	1,087	-1,098	0,347	0,188
9	-0,340	-0,096	1,372	0,760
10	-0,646	-0,341	0,974	-0,266
11	-0,959	1,059	1,682	0,016
12	-0,061	0,259	-0,045	1,283
13	-0,374	0,058	-0,273	-0,583

14	-0,061	0,259	-0,133	-0,951
15	-0,959	-1,988	1,214	-1,696
16	-0,061	0,349	-0,842	-1,242
17	0,217	-0,233	-0,671	1,051
18	-0,959	0,614	-0,038	0,035
19	0,245	0,104	0,424	-0,488
20	-0,959	-1,543	0,909	1,120
21	-0,669	0,859	-1,310	-1,696
22	-0,061	1,505	-1,083	-0,216
23	-0,061	-0,987	0,974	0,247
24	-0,646	1,350	-0,684	0,992
25	0,530	-0,387	-0,911	-1,696
26	-0,000	0,038	0,265	0,538
27	3,249	-0,029	-1,860	1,737
28	2,324	0,951	-1,152	2,027
29	0,245	-0,433	-0,911	-0,885
30	-0,652	-0,433	1,056	-1,464
31	-0,652	-1,543	1,214	-1,474
32	2,012	1,816	-1,462	0,819
33	0,557	1,260	-0,835	0,711
34	-0,959	0,750	0,734	0,325
35	-0,959	0,259	0,734	-0,507
36	2,664	0,969	-0,291	-0,710
37	-0,959	-0,387	0,974	1,224
38	0,836	0,305	0,447	2,027
39	-0,959	0,459	1,214	-0,951
40	-0,652	0,550	-0,583	0,992
41	-0,061	-0,387	-0,361	-0,207
42	-0,061	0,259	-0,835	0,316
43	-0,652	0,259	-0,443	0,992
44	-0,346	0,614	0,664	0,760
45	-0,061	-0,987	0,974	0,247
46	-0,061	0,259	-0,133	0,470
47	-0,374	-1,342	0,974	0,000
48	0,273	0,194	-1,203	-0,729
49	-0,669	1,059	0,751	-0,370
50	-0,061	0,413	-1,620	-1,096
51	0,217	0,459	-0,760	1,283
52	1,148	1,329	-1,152	1,224
53	-0,959	-1,098	0,664	0,538
54	-0,959	-1,342	1,682	-1,189
55	-0,374	0,058	-0,273	-0,583
56	1,176	0,259	-0,835	0,701
57	-0,061	1,059	-1,152	0,316
58	-0,652	0,905	1,442	-1,183
59	-0,646	-0,987	0,657	-0,370
60	-0,959	-0,987	0,974	-1,696
61	-0,959	-0,696	0,974	-0,951
62	-0,027	1,461	-0,893	0,992

63	-0,959	0,259	0,892	-0,729
64	-0,374	0,259	1,682	-0,592
65	0,251	0,704	0,265	-1,242
66	-0,959	-1,342	1,682	1,446
67	-0,959	-2,143	1,682	-1,096
68	1,733	1,059	-0,843	0,616
69	0,836	-0,943	-0,443	0,247
70	2,046	0,556	-1,860	1,283
71	-0,652	1,615	-0,343	1,505
72	-0,680	-2,320	1,372	-1,096
73	1,733	0,750	-0,911	0,770
74	1,733	-0,341	-0,993	0,770
75	0,570	1,816	0,352	0,838
76	-0,959	0,413	0,107	-0,797
77	-0,959	-2,343	-0,133	-1,096
78	-0,959	-1,342	0,424	0,247
79	-0,061	-0,542	0,664	0,992
80	0,241	-0,122	-1,152	-0,951

Korrelationen der latenten Variablen

	SEBP	EEBP	VEBP	INBP
SEBP	1,000			
EEBP	0,266	1,000		
VEBP	-0,654	-0,458	1,000	
INBP	0,382	0,339	-0,297	1,000

Gütemaße

R Quadrat

	R Quadrat
SEBP	
EEBP	
VEBP	
INBP	0,208

Interne Konsistenz

	Interne Konsistenz
SEBP	0,940
EEBP	0,802
VEBP	0,942
INBP	0,914

Durchschnittlich erfasste Varianz

	Durchschnittlich erfasste Varianz
SEBP	0,840
EEBP	0,589
VEBP	0,843
INBP	0,780

Kreuzladungen

	SEBP	EEBP	VEBP	INBP
e1bp	-0,067	0,506	-0,327	-0,089
e2bp	0,060	0,944	-0,315	0,192
e3bp	0,050	0,786	-0,200	0,114
in1bp	0,316	0,393	-0,336	0,871
in2bp	0,356	0,414	-0,274	0,908
in3bp	0,505	0,557	-0,376	0,869
s1bp	0,899	0,093	-0,490	0,255
s2bp	0,907	0,195	-0,447	0,221
s3bp	0,943	0,265	-0,564	0,287
v1bp	-0,642	-0,582	0,892	-0,326
v2bp	-0,636	-0,512	0,928	-0,292
v3bp	-0,584	-0,596	0,935	-0,373

Modelldaten

Einstellungen

fehlende Werte	-1.0
Stop-Kriterium	1.0E-5
Gewichtungsschema	Pfad
Anzahl Fälle	81
max. Anzahl Iterationen	500
Daten-Metrik	MW 0, VAR 1

Messmodell

	SEBP	EEBP	VEBP	INBP
e1bp		-1,000		
e2bp		-1,000		
e3bp		-1,000		
in1bp				-1,000
in2bp				-1,000
in3bp				-1,000
s1bp	-1,000			
s2bp	-1,000			
s3bp	-1,000			
v1bp			-1,000	
v2bp			-1,000	
v3bp			-1,000	

Strukturmodell

	SEBP	EEBP	VEBP	INBP
SEBP				1,000
EEBP				1,000
VEBP				1,000
INBP				

Bootstrapping-Ergebnisse

Einstellungen

Anzahl an Ziehungen	200
Fälle pro Ziehung	81
Vorab-Behandlung	Keine
Anzahl Fälle in Originalschätzung	81

Resultate für die inneren Gewichte

	Originalschätzung	Mittelwert über alle Ziehungen	Standardabweichung	T-Statistik
SEBP -> INBP	0,345	0,331	0,148	2,330
EEBP -> INBP	0,272	0,234	0,233	1,167
VEBP -> INBP	0,054	0,019	0,169	0,317

Resultate für die äußeren Ladungen

	Originalschätzung	Mittelwert über alle Ziehungen	Standardabweichung	T-Statistik
SEBP				
s1bp	0,899	0,897	0,032	28,370
s2bp	0,907	0,907	0,032	28,314
s3bp	0,943	0,945	0,018	53,648
EEBP				
e1bp	0,506	0,506	0,325	1,554
e2bp	0,944	0,789	0,313	3,020
e3bp	0,786	0,701	0,249	3,160
VEBP				
v1bp	0,892	0,883	0,070	12,779
v2bp	0,928	0,920	0,045	20,623
v3bp	0,935	0,928	0,052	18,051
INBP				
in1bp	0,871	0,872	0,040	21,656
in2bp	0,908	0,906	0,026	35,035
in3bp	0,869	0,864	0,043	20,052

Resultate für die äußeren Gewichte

	Originalschätzung	Mittelwert über alle Ziehungen	Standardabweichung	T-Statistik
SEBP				
s1bp	0,335	0,328	0,050	6,652
s2bp	0,343	0,343	0,050	6,911
s3bp	0,411	0,416	0,045	9,125
EEBP				
e1bp	-0,254	-0,094	0,526	0,483
e2bp	0,824	0,608	0,468	1,760
e3bp	0,445	0,389	0,202	2,199
VEBP				
v1bp	0,253	0,250	0,182	1,396
v2bp	0,375	0,374	0,069	5,431
v3bp	0,455	0,451	0,166	2,748
INBP				
in1bp	0,344	0,352	0,053	6,452
in2bp	0,428	0,424	0,054	7,896
in3bp	0,358	0,352	0,065	5,502

V. SmartPLS-Ergebnisse zum PLS-Pfadmodell (Due Diligence)

Datum: 19.07.2005

PLS-Ergebnisse

Iterationen des PLS-Algorithmus

Iteration	e1dd	e2dd	e3dd	in1dd
0	1,000	1,000	1,000	1,000
1	0,258	0,482	0,380	0,382
2	0,238	0,494	0,387	0,367
3	0,237	0,496	0,386	0,366
4	0,237	0,496	0,386	0,366
5	0,237	0,496	0,386	0,366
6	0,237	0,496	0,386	0,366
7	0,237	0,496	0,386	0,366

Iteration	in2dd	in3dd	s1dd	s2dd
0	1,000	1,000	1,000	1,000
1	0,464	0,286	0,344	0,493
2	0,475	0,290	0,363	0,459
3	0,477	0,289	0,364	0,456
4	0,478	0,289	0,364	0,455
5	0,478	0,289	0,364	0,455
6	0,478	0,289	0,364	0,455
7	0,478	0,289	0,364	0,455

Iteration	s3dd	v1dd	v2dd	v3dd
0	1,000	1,000	1,000	1,000
1	0,245	0,383	0,343	0,335
2	0,261	0,381	0,344	0,337
3	0,264	0,382	0,343	0,337
4	0,264	0,382	0,343	0,337
5	0,264	0,382	0,343	0,337
6	0,264	0,382	0,343	0,337
7	0,264	0,382	0,343	0,337

Innere Gewichte (Strukturmodell)

	SEDD	EEDD	VEDD	INDD
SEDD				0,082
EEDD				0,079
VEDD				-0,300
INDD				

Äußere Gewichte (Messmodell)

	SEDD	EEDD	VEDD	INDD
e1dd		0,237		
e2dd		0,496		
e3dd		0,386		
in1dd				0,366
in2dd				0,478
in3dd				0,289
s1dd	0,364			
s2dd	0,455			
s3dd	0,264			
v1dd			0,382	
v2dd			0,343	
v3dd			0,337	

Äußere Ladungen (Messmodell)

	SEDD	EEDD	VEDD	INDD
e1dd		0,865		
e2dd		0,921		
e3dd		0,877		
in1dd				0,887
in2dd				0,898
in3dd				0,855
s1dd	0,913			
s2dd	0,944			
s3dd	0,899			
v1dd			0,937	
v2dd			0,942	
v3dd			0,949	

Scores der latenten Variablen

	SEDD	EEDD	VEDD	INDD
0	-0,539	0,454	-0,633	-0,596
1	1,645	-2,321	-1,133	0,141
2	-0,745	-0,281	1,130	-1,946
3	-0,539	0,454	-0,633	-1,350
4	-1,360	-3,245	2,638	-3,905
5	-0,684	0,454	-0,379	0,322
6	-1,154	-0,077	1,884	-0,379
7	0,004	-0,281	-0,379	-0,274
8	0,690	-0,889	1,130	-0,689
9	-0,539	-0,889	1,629	-0,520
10	-0,469	0,175	-0,623	-0,274
11	0,146	1,062	2,638	-0,210
12	0,075	0,454	-0,379	0,147
13	-0,745	1,379	-1,133	1,152

14	0,281	0,454	-0,379	0,141
15	-0,745	-0,154	0,375	0,141
16	0,075	0,454	-0,623	-0,871
17	1,510	-1,370	-0,379	0,387
18	-0,316	-0,370	-0,379	0,387
19	0,558	-0,281	0,875	-1,455
20	-0,238	0,454	-0,017	0,141
21	-0,394	0,454	-0,379	-3,905
22	-0,539	0,644	-0,879	0,141
23	-0,202	-0,344	0,387	0,141
24	1,378	-1,713	-1,133	1,152
25	0,558	0,644	-0,634	0,141
26	1,102	0,454	0,000	0,141
27	2,743	-3,245	-1,133	1,152
28	1,922	-1,396	-0,379	1,152
29	-0,745	0,454	-0,878	-0,028
30	-0,600	0,036	-0,390	0,003
31	-1,022	-1,396	1,130	-1,531
32	1,378	1,062	-0,378	1,152
33	0,004	0,644	-0,634	-0,028
34	-0,654	0,264	0,120	0,141
35	-0,948	1,379	-1,133	1,152
36	1,922	0,454	1,271	-1,882
37	-1,360	0,961	-0,624	0,737
38	-0,539	0,454	-0,124	0,141
39	0,825	1,189	-0,379	-0,976
40	-0,745	-0,154	-0,633	0,077
41	0,896	0,454	-0,379	0,141
42	-0,057	-0,154	-0,379	0,000
43	0,281	0,454	-0,379	0,141
44	0,690	0,961	-1,133	1,152
45	-0,202	-0,344	0,387	0,141
46	1,378	0,371	-0,124	-2,033
47	-0,539	-0,471	0,375	0,000
48	1,922	0,163	-0,879	0,802
49	-1,360	0,454	2,128	0,036
50	0,775	0,644	-0,634	0,387
51	0,281	0,454	-0,379	0,141
52	0,619	-0,433	-0,634	0,141
53	-0,745	0,454	0,375	0,737
54	-1,154	0,074	-0,227	0,077
55	-0,745	1,379	-1,133	1,152
56	-0,263	0,137	0,121	0,141
57	-0,263	0,454	-0,633	1,152
58	-1,360	1,189	-0,379	1,152
59	-0,877	0,036	0,375	-1,286
60	-1,083	-0,281	1,884	0,141
61	-0,539	-0,180	0,110	-0,871
62	-0,263	0,644	-0,379	-0,105

63	0,558	-0,471	2,383	1,152
64	1,378	1,379	-1,133	0,492
65	0,680	-0,610	-0,124	-0,274
66	-1,360	0,454	2,638	0,737
67	-1,360	-3,245	2,138	1,152
68	1,041	-0,686	-0,379	0,556
69	0,075	0,454	-0,134	1,152
70	1,163	0,454	-0,889	0,387
71	2,128	-1,105	-1,133	1,152
72	-0,860	-0,382	1,884	-1,286
73	1,163	-0,598	0,385	-0,028
74	1,716	-2,004	-0,889	0,802
75	0,014	1,379	-0,623	0,802
76	-1,360	0,771	0,631	0,322
77	-1,360	-0,686	0,121	-0,689
78	-1,360	1,062	-1,133	0,737
79	-0,539	0,454	0,120	0,492
80	-0,103	0,454	-0,379	-0,561

Korrelationen der latenten Variablen

	SEDD	EEDD	VEDD	INDD
SEDD	1,000			
EEDD	-0,235	1,000		
VEDD	-0,358	-0,258	1,000	
INDD	0,171	0,137	-0,349	1,000

Gütemaße

R Quadrat

	R Quadrat
SEDD	
EEDD	
VEDD	
INDD	0,130

Interne Konsistenz

	Interne Konsistenz
SEDD	0,942
EEDD	0,918
VEDD	0,960
INDD	0,911

Durchschnittlich erfasste Varianz

	Durchschnittlich erfasste Varianz
SEDD	0,845
EEDD	0,789
VEDD	0,888
INDD	0,774

Kreuzladungen

	SEDD	EEDD	VEDD	INDD
e1dd	-0,242	0,865	-0,155	0,187
e2dd	-0,138	0,921	-0,377	0,166
e3dd	-0,177	0,877	-0,217	0,116
in1dd	0,036	0,113	-0,301	0,887
in2dd	0,229	0,113	-0,326	0,898
in3dd	0,112	0,112	-0,213	0,855
s1dd	0,913	-0,144	-0,377	0,192
s2dd	0,944	-0,278	-0,363	0,225
s3dd	0,899	-0,260	-0,372	0,102
v1dd	-0,341	-0,266	0,937	-0,440
v2dd	-0,342	-0,283	0,942	-0,360
v3dd	-0,468	-0,303	0,949	-0,290

Modelldaten

Einstellungen

fehlende Werte	-1.0
Stop-Kriterium	1.0E-5
Gewichtungsschema	Pfad
Anzahl Fälle	81
max. Anzahl Iterationen	500
Daten-Metrik	MW 0, VAR 1

Messmodell

	SEDD	EEDD	VEDD	INDD
e1dd		-1,000		
e2dd		-1,000		
e3dd		-1,000		
in1dd				-1,000
in2dd				-1,000
in3dd				-1,000
s1dd	-1,000			
s2dd	-1,000			
s3dd	-1,000			
v1dd			-1,000	
v2dd			-1,000	
v3dd			-1,000	

Strukturmodell

	SEDD	EEDD	VEDD	INDD
SEDD				1,000
EEDD				1,000
VEDD				1,000
INDD				

Bootstrapping-Ergebnisse

Einstellungen

Anzahl an Ziehungen	200
Fälle pro Ziehung	81
Vorab-Behandlung	Individual Sign Changes
Anzahl Fälle in Originalschätzung	81

Resultate für die inneren Gewichte

	Originalschätzung	Mittelwert über alle Ziehungen	Standardabweichung	T-Statistik
SEDD -> INDD	0,082	0,105	0,190	0,433
EEDD -> INDD	0,079	0,099	0,180	0,437
VEDD -> INDD	-0,300	-0,268	0,138	2,169

Resultate für die äußeren Ladungen

	Originalschätzung	Mittelwert über alle Ziehungen	Standardabweichung	T-Statistik
SEDD				
s1dd	0,913	0,883	0,163	5,591
s2dd	0,944	0,899	0,183	5,159
s3dd	0,899	0,867	0,185	4,858
EEDD				
e1dd	0,865	0,770	0,320	2,700
e2dd	0,921	0,825	0,236	3,898
e3dd	0,877	0,786	0,287	3,053
VEDD				
v1dd	0,937	0,927	0,130	7,206
v2dd	0,942	0,928	0,134	7,051
v3dd	0,949	0,938	0,138	6,869
INDD				
in1dd	0,887	0,867	0,108	8,182
in2dd	0,898	0,884	0,091	9,919
in3dd	0,855	0,844	0,097	8,772

Resultate für die äußeren Gewichte

	Originalschätzung	Mittelwert über alle Ziehungen	Standardabweichung	T-Statistik
SEDD				
s1dd	0,364	0,361	0,182	1,998
s2dd	0,455	0,400	0,248	1,834
s3dd	0,264	0,275	0,251	1,052
EEDD				
e1dd	0,237	0,215	0,417	0,567
e2dd	0,496	0,439	0,343	1,445
e3dd	0,386	0,351	0,301	1,282
VEDD				
v1dd	0,382	0,386	0,090	4,255
v2dd	0,343	0,333	0,072	4,750
v3dd	0,337	0,331	0,099	3,390
INDD				
in1dd	0,366	0,350	0,154	2,367
in2dd	0,478	0,462	0,170	2,811
in3dd	0,289	0,304	0,090	3,214

VI. SmartPLS-Ergebnisse zum PLS-Pfadmodell (Vertragsabschluss)

Datum: 19.07.2005

PLS-Ergebnisse

Iterationen des PLS-Algorithmus

Iteration	e1va	e2va	e3va	in1va
0	1,000	1,000	1,000	1,000
1	0,242	0,453	0,402	0,328
2	0,244	0,455	0,398	0,329
3	0,244	0,455	0,398	0,329
4	0,244	0,455	0,398	0,329
5	0,244	0,455	0,398	0,329

Iteration	in2va	in3va	s1va	s2va
0	1,000	1,000	1,000	1,000
1	0,355	0,380	0,374	0,354
2	0,355	0,379	0,373	0,354
3	0,356	0,379	0,373	0,354
4	0,356	0,379	0,373	0,354
5	0,356	0,379	0,373	0,354

Iteration	s3va	v1va	v2va	v3va
0	1,000	1,000	1,000	1,000
1	0,333	0,369	0,287	0,404
2	0,333	0,368	0,288	0,404
3	0,333	0,368	0,288	0,404
4	0,333	0,368	0,288	0,404
5	0,333	0,368	0,288	0,404

Innere Gewichte (Strukturmodell)

	SEVA	EEVA	VEVA	INVA
SEVA				0,520
EEVA				0,328
VEVA				0,036
INVA				

Äußere Gewichte (Messmodell)

	SEVA	EEVA	VEVA	INVA
e1va		0,244		
e2va		0,455		
e3va		0,398		
in1va				0,329
in2va				0,356
in3va				0,379
s1va	0,373			
s2va	0,354			
s3va	0,333			
v1va			0,368	
v2va			0,288	
v3va			0,404	

Äußere Ladungen (Messmodell)

	SEVA	EEVA	VEVA	INVA
e1va		0,834		
e2va		0,958		
e3va		0,905		
in1va				0,961
in2va				0,899
in3va				0,960
s1va	0,943			
s2va	0,937			
s3va	0,949			
v1va			0,939	
v2va			0,951	
v3va			0,944	

Scores der latenten Variablen

	SEVA	EEVA	VEVA	INVA
0	-0,007	-0,998	-0,766	-3,276
1	1,000	-0,730	-0,766	0,423
2	-1,002	0,596	1,414	-0,464
3	-0,328	1,726	-0,766	0,423
4	-4,034	1,171	0,678	0,423
5	0,679	-0,998	-0,766	0,423
6	0,346	-0,998	1,839	0,423
7	0,346	1,369	-0,766	0,423
8	1,000	-0,175	-0,766	0,035
9	-2,675	0,715	2,029	-1,441
10	0,326	-0,127	-0,151	-1,451
11	-0,007	1,894	3,381	0,268
12	0,346	-0,226	-0,544	0,423
13	1,000	-0,998	-0,766	0,423

14	-0,007	-0,275	0,063	0,423
15	-1,014	1,894	0,063	0,423
16	0,679	-0,781	-0,766	0,423
17	-0,007	0,013	-0,014	0,045
18	-0,007	-0,226	0,063	0,423
19	-0,661	0,280	0,285	0,423
20	-0,007	1,662	-0,766	-0,298
21	1,000	-0,998	0,063	0,423
22	0,326	-0,562	-0,195	0,423
23	-0,007	-0,161	0,063	0,423
24	0,346	-0,443	-0,766	0,423
25	0,647	1,494	-0,467	0,423
26	-0,007	-0,000	-0,000	-0,676
27	1,000	-0,998	-0,766	-5,069
28	1,000	-0,998	-0,244	0,000
29	-0,007	-0,443	-0,544	0,423
30	-0,007	-0,998	0,686	0,423
31	-0,007	-0,275	0,052	-0,298
32	0,679	-0,830	-0,766	0,423
33	-0,007	1,374	-0,237	0,301
34	0,015	1,894	0,585	0,423
35	0,334	-0,998	-0,766	0,423
36	1,000	-0,449	-0,544	0,423
37	0,346	1,777	-0,766	0,423
38	0,000	-0,000	-0,000	0,000
39	0,326	-0,161	-0,544	0,423
40	-0,340	-0,443	0,670	-0,343
41	-0,007	0,181	0,063	-0,676
42	-0,007	-0,562	0,063	0,045
43	-0,007	-0,710	0,063	0,423
44	-0,007	1,993	-0,467	0,423
45	-0,007	0,527	0,063	0,423
46	-0,007	0,517	0,063	0,423
47	-0,007	0,448	-0,766	0,000
48	1,000	-0,998	-0,766	0,045
49	-0,007	-0,998	-0,195	0,423
50	0,346	-0,998	-0,766	0,268
51	-0,007	-0,998	-0,766	-0,676
52	0,647	-0,275	-0,766	0,423
53	0,358	0,982	-0,459	-0,087
54	-0,007	-0,275	0,063	0,035
55	1,000	-0,998	-0,766	0,423
56	-1,014	-0,275	0,371	-0,676
57	0,326	-0,226	-0,244	0,423
58	1,000	-0,998	-0,766	0,423
59	-0,007	-0,830	1,414	0,268
60	-2,361	1,627	2,551	0,035
61	-2,706	1,894	0,063	-1,774
62	-0,007	-0,275	-0,159	0,423

63	-1,014	1,171	3,381	0,423
64	1,000	-0,998	-0,766	0,423
65	-0,007	-0,275	0,063	0,268
66	-0,661	2,062	3,381	0,423
67	-4,034	-0,998	2,551	-5,069
68	1,000	-0,275	-0,766	0,423
69	-0,328	0,260	-0,475	0,423
70	0,679	-0,730	-0,766	0,423
71	1,000	-0,710	-0,766	0,423
72	-0,994	1,894	0,027	0,268
73	0,326	0,469	0,885	0,090
74	1,000	-0,998	-0,766	0,423
75	1,000	-0,998	-0,766	0,423
76	0,647	-0,998	0,585	0,301
77	-0,712	-0,830	-0,467	0,423
78	1,000	-0,998	-0,766	0,423
79	-0,007	-0,275	-0,244	-0,288
80	-1,014	1,894	0,063	0,423

Korrelationen der latenten Variablen

	SEVA	EEVA	VEVA	INVA
SEVA	1,000			
EEVA	-0,441	1,000		
VEVA	-0,571	0,341	1,000	
INVA	0,355	0,111	-0,149	1,000

Gütemaße

R Quadrat

	R Quadrat
SEVA	
EEVA	
VEVA	
INVA	0,216

Interne Konsistenz

	Interne Konsistenz
SEVA	0,960
EEVA	0,928
VEVA	0,961
INVA	0,958

Durchschnittlich erfasste Varianz

	Durchschnittlich erfasste Varianz
SEVA	0,889
EEVA	0,811
VEVA	0,892
INVA	0,885

Kreuzladungen

	SEVA	EEVA	VEVA	INVA
e1va	-0,391	0,834	0,406	0,008
e2va	-0,345	0,958	0,238	0,103
e3va	-0,392	0,905	0,297	0,053
in1va	0,119	0,002	-0,060	0,961
in2va	0,152	0,100	-0,018	0,899
in3va	0,176	0,035	-0,218	0,960
s1va	0,943	-0,327	-0,340	0,163
s2va	0,937	-0,265	-0,305	0,170
s3va	0,949	-0,288	-0,327	0,156
v1va	-0,362	0,286	0,939	-0,099
v2va	-0,353	0,237	0,951	-0,053
v3va	-0,444	0,232	0,944	-0,095

Modelldaten

Einstellungen

fehlende Werte	-1.0
Stop-Kriterium	1.0E-5
Gewichtungsschema	Pfad
Anzahl Fälle	81
max. Anzahl Iterationen	500
Daten-Metrik	MW 0, VAR 1

Messmodell

	SEVA	EEVA	VEVA	INVA
e1va		-1,000		
e2va		-1,000		
e3va		-1,000		
in1va				-1,000
in2va				-1,000
in3va				-1,000
s1va	-1,000			
s2va	-1,000			
s3va	-1,000			
v1va			-1,000	
v2va			-1,000	
v3va			-1,000	

Strukturmodell

	SEVA	EEVA	VEVA	INVA
SEVA				1,000
EEVA				1,000
VEVA				1,000
INVA				

Bootstrapping-Ergebnisse

Einstellungen

Anzahl an Ziehungen	200
Fälle pro Ziehung	81
Vorab-Behandlung	Individual Sign Changes
Anzahl Fälle in Originalschätzung	81

Resultate für die inneren Gewichte

	Originalschätzung	Mittelwert über alle Ziehungen	Standardabweichung	T-Statistik
SEVA -> INVA	0,520	0,517	0,258	2,018
EEVA -> INVA	0,328	0,286	0,132	2,475
VEVA -> INVA	0,036	0,048	0,123	0,291

Resultate für die äußeren Ladungen

	Originalschätzung	Mittelwert über alle Ziehungen	Standardabweichung	T-Statistik
SEVA				
s1va	0,943	0,934	0,054	17,535
s2va	0,937	0,925	0,062	15,057
s3va	0,949	0,937	0,070	13,486
EEVA				
e1va	0,834	0,764	0,291	2,864
e2va	0,958	0,880	0,237	4,035
e3va	0,905	0,831	0,229	3,954
VEVA				
v1va	0,939	0,915	0,127	7,365
v2va	0,951	0,931	0,115	8,267
v3va	0,944	0,912	0,174	5,436
INVA				
in1va	0,961	0,950	0,050	19,363
in2va	0,899	0,898	0,073	12,261
in3va	0,960	0,950	0,045	21,334

Resultate für die äußeren Gewichte

	Originalschätzung	Mittelwert über alle Ziehungen	Standardabweichung	T-Statistik
SEVA				
s1va	0,373	0,378	0,170	2,201
s2va	0,354	0,349	0,091	3,876
s3va	0,333	0,328	0,188	1,773
EEVA				
e1va	0,244	0,253	0,387	0,631
e2va	0,455	0,382	0,349	1,306
e3va	0,398	0,374	0,267	1,490
VEVA				
v1va	0,368	0,340	0,143	2,572
v2va	0,288	0,330	0,257	1,120
v3va	0,404	0,366	0,320	1,261
INVA				
in1va	0,329	0,330	0,053	6,246
in2va	0,356	0,358	0,085	4,204
in3va	0,379	0,382	0,057	6,612

Literaturverzeichnis

Achleitner, A. (2001): Venture Capital, in: Breuer, R. (Hrsg.): Handbuch Finanzierung, Gabler: Wiesbaden, S. 514-529.

Achleitner, A./Nathusius, E. (2004): Unternehmensbewertung bei Venture-Capital-Finanzierungen, in: WiSt – Wirtschaftswissenschaftliches Studium, Bd. 33, Nr. 3, S. 134-139.

Achleitner, A./Nathusius, E. (2005): First-Chicago-Methode – Alternativer Ansatz zur Bewertung von innovativen Unternehmensgründungen bei Venture-Capital-Finanzierungen, in: BFuP – Betriebwirtschaftliche Forschung und Praxis, Bd. 57, Nr. 4, S. 333-347.

Adler, J. (1996): Informationsökonomische Fundierung von Austauschprozessen: eine nachfragerorientierte Analyse, Gabler: Wiesbaden.

Adler, J. (1998): Eine informationsökonomische Perspektive des Kaufverhaltens, in: WiSt – Wirtschaftswissenschaftliches Studium, Bd. 27, Nr. 7, S. 341-347.

Adler, J. (2003): Anbieter- und Vertragstypenwechsel. Eine nachfrageorientierte Analyse auf der Basis der Neuen Institutionenökonomik, Gabler: Wiesbaden.

Adler, J. (2005): Kausalmodelle in der empirischen Forschung. KfW/FGF-Doktorandenseminar, 1. April 2005, Frankfurt a. M.

Admati, A./Pfleiderer, P. (1994): Robust Financial Contracting and the Role of Venture Capitalists, in: Journal of Finance, Bd. 49, Nr. 2, S. 371-402.

Adrian, R./Heidorn, T. (1996): Der Bankbetrieb: Lehrbuch und Aufgabensammlung, 14. Auflage, Gabler: Wiesbaden.

Akerlof, G. A. (1970): The Market for 'Lemons': Quality Uncertainty and the Market Mechanism, in: Quarterly Journal of Economics, Bd. 84, Nr. 3, S. 488-500.

Akerlof, G. A. (2000): Economics and Identity, in: Quarterly Journal of Economics, Bd. 115, Nr. 3, S. 715-753.

Albers, S./Panten, G./Schäfers, B. (2002): Die Gewinner des E-Commerce, in: Frankfurter Allgemeine Zeitung, 14.3.2002, S. 25.

Amis, D./Liechtenstein, H. v./Stevenson, H. (2003): Winning Angels, Mentoren im Netzwerk des Erfolgs, Signum Wirtschaftsverlag: Wien.

Amit, R./Brander, J./Zott, C. (1998): Why Do Venture Capital Firms Exist? Theory and Canadian Evidence, in: Journal of Business Venturing, Bd. 13, S. 441-466.

Arnthorsson, A./Berry, W. E./Urbany, J. E. (1991): Difficulty of Pre-purchase Quality Inspection: Conceptualization and Measurement, in: Advances in Consumer Research, Bd. 18, S. 217-224.

Arrow, K. J. (1985): The Economics of Agency, in: Pratt, J. W./Zeckhauser, R. J. (Hrsg.): Principals and Agents: The Structure of Business, Harvard Business School Press: Boston, Mass., S. 37-51.

Audretsch, D. B./Lehmann, E. E. (2004): Financing High-Tech Growth: The Role of Banks and Venture Capitalists, in: Schmalenbach Business Review, Bd. 56, Nr. 4, S. 340-357.

Auken, v. H. E. (2001): Financing Small Technology-Based Companies: The Relationship between Familiarity with Capital and Ability to Price and Negotiate Investment, in: Journal of Small Business Management, Bd. 39, Nr. 3, S. 240-258.

Axelrod, R. (1984): The evolution of cooperation, Basic Books: New York.

Babbie, E. (1990): Survey Research Methods, Wadsworth: Belmont, Calif.

Backhaus, K./Erichson, B./Plinke, W./Weiber, R. (2003): Multivariate Analysemethoden: eine anwendungsorientierte Einführung, 10. Auflage, Springer: Berlin [u.a.].

Bagozzi, R. (1998): A Prospectus for Theory Construction in Marketing: Revisited and Revised, in: Hildebrandt, L./Homburg, C. (Hrsg.): Die Kausalanalyse: ein Instrument der empirischen betriebswirtschaftlichen Forschung, Schäffer-Poeschel: Stuttgart, S. 45-81.

Bagozzi, R. P. (1981): Evaluating Structural Equation Models With Unobservable Variables and Measurement Error: A Comment, in: Journal of Marketing Research, Bd. XVIII, August, S. 375-381.

Baker, M./Gompers, P. A. (2003): The Determinants of Board Structure at the Initial Public Offering, in: The Journal of Law and Economics, Bd. XLVI, Nr. 2, S. 569-598.

Bankhofer, U. (1995): Unvollständige Daten- und Distanzmatrizen in der Multivariaten Datenanalyse, Eul: Bergisch Gladbach; Köln.

Bankhofer, U./Praxmarer, S. (1998): Zur Behandlung fehlender Daten in der Markforschungspraxis, in: Marketing ZFP, Nr. 2, S. 109-118.

Barthel, C. W. (1999a): Unternehmenswert-Ermittlung vs. Due-Diligence-Untersuchung, Teil 1, in: Deutsche Steuer-Zeitung, Bd. 87, Nr. 3, S. 73-81.

Barthel, C. W. (1999b): Unternehmenswert-Ermittlung vs. Due-Diligence-Untersuchung, Teil 2, in: Deutsche Steuer-Zeitung, Bd. 87, Nr. 4, S. 136-143.

Bassen, A. (2002): Ausgestaltung der Corporate Governance bei Start-up-Unternehmen, in: Hommel, U./Knecht, T. C. (Hrsg.): Wertorientiertes Start-up-Management, Vahlen: München, S. 149-162.

Becker, R./Hellmann, T.(2003): The Genesis of Venture Capital - Lessons from the German Experience, CESifo Working Paper No. 883, München.

Bell, M. G. (1999): Venture Capitalist oder Angel - Welcher Kapitalgeber stiftet größeren Nutzen? in: Die Bank, Nr. 6, S. 372-377.

Berens, W./Brauner, H. U./Strauch, J. (2002): Due Diligence bei Unternehmensakquisitionen, 3. Auflage, Schäffer-Poeschel: Stuttgart.

Berglöf, E. (1994): A Control Theory of Venture Capital Finance, in: Journal of Law, Economics & Organisation, Bd. 10, Nr. 2, S. 247-267.

Betsch, O./Groh, A. P./Schmidt, K. (2000): Gründungs- und Wachstumsfinanzierung innovativer Unternehmen, Oldenbourg: München.

Bhave, M. P. (1994): A Process Model of Entrepreneurial Venture Creation, in: Journal of Business Venturing, Bd. 9, Nr. 3, S. 233-242.

Bhidé, A. (1999): Bootstrap finance: the art of start-ups, in: Harvard Business Review on Entrepreneurship, Harvard Business School Press: Boston, Mass., S. 149-174.

Bhidé, A. V. (2000): The origin and evolution of new businesses, Oxford Univ. Press: Oxford.

Bigus, J. (2003a): Zur Theorie der Wagnisfinanzierung. Informations- und Anreizprobleme vor dem Börsengang, Deutscher Universitäts-Verlag: Wiesbaden.

Bigus, J. (2003b): Fehlanreize für Insider-Investoren bei der Wagnisfinanzierung, in: Zeitschrift für Betriebswirtschaft, Bd. 73, Nr. 3, S. 267-293.

Binder, J./Sieber, M./Angst, J. (1979): Verzerrung bei postalischen Befragungen: das Problem der Nichtantworter, in: Zeitschrift für experimentelle und angewandte Psychologie, Bd. XXVI, Nr. 1, S. 53-71.

Birkinshaw, J./Morrison, A./Hulland, J. (1995): Structural and Competitive Determinants of a Global Integration Strategy, in: Strategic Management Journal, Bd. 16, Nr. 8, S. 637-655.

Black, B. S./Gilson, R. J. (1998): Venture Capital and the Structure of Capital Markets: Banks versus Stock Markets, in: Journal of Financial Economics, Bd. 47, S. 243-277.

Bliemel, F./Eggert, A./Fassot, G./Henseler, J. (2005): Handbuch PLS-Pfadmodellierung. Methode, Anwendung, Praxisbeispiele, Schäffer-Poeschel: Stuttgart.

Bliemel, F./Eggert, A./Fassott, G./Henseler, J. (2005): Die PLS-Pfadmodellierung: Mehr als eine Alternative zur Kovarianzstrukturanalyse, in: Bliemel, F./Eggert, A./Fassott, G./Henseler, J. (Hrsg.): Handbuch PLS-Pfadmodellierung. Methode, Anwendung, Praxisbeispiele, Schäffer-Poeschel: Stuttgart, S. 9-16.

Boehm-Bezing, v. C. L. (2001): Rentabilisierung der Bankverbindung mit nicht emissionsfähigen Unternehmen, in: Breuer, R. (Hrsg.): Handbuch Finanzierung, Gabler: Wiesbaden, S. 495-511.

Börner, C. J. (2005): Gründungs- und Wachstumsfinanzierung als Finanzdienstleistung, in: Börner, C./Grichnik, D. (Hrsg.): Entrepreneurial Finance. Kompendium der Gründungs- und Wachstumsfinanzierun, Physica: Heidelberg, S. 81-101.

Bortz, J. (1984): Lehrbuch der empirischen Forschung für Sozialwissenschaftler, Springer: Berlin [u.a.].

Bortz, J. (2005): Statistik für Human- und Sozialwissenschaftler, 6. Auflage, Springer: Berlin [u.a.].

Bössmann, E. (1988): Information, in: Handwörterbuch der Wirtschaftswissenschaften, UTB für Wissenschaft: Stuttgart, S. 184-200.

Bössmann, E. (2000): Informationsökonomik, in: Woll, A. (Hrsg.): Wirtschaftslexikon, 9. Auflage, Oldenbourg: München; Wien, S. 358-360.

Brachtendorf, G. (2004): Gestaffelte Finanzierung junger Unternehmen, Gabler: Wiesbaden.

Brander, J. A./Amit, R./Antweiler, W. (2002): Venture-Capital Syndication: Improved Venture Selection vs. the Value-Added Hypothesis, in: Journal of Economics & Management Strategy, Bd. 11, Nr. 3, S. 423-452.

Brandkamp, M. (2003): Neue Ansätze für Förderprogramme in der Net Economy, in: Kollmann, T. (Hrsg.): E-Venture-Management : neue Perspektiven der Unternehmensgründung in der Net Economy, Gabler: Wiesbaden, S. 35-44.

Brauner, H. U./Lescher, J. (2002): Due Diligence aus finanzwirtschaftlicher Sicht, in: Berenes, W./Brauner, H. U./Strauch, J. (Hrsg.): Due Diligence bei Unternehmensakquisitionen, 3. Auflage, Schäffer-Poeschel: Stuttgart, S. 325-362.

Brav, A./Gompers, P. A. (1997): Myth or Reality? The Long-Run Underperformance of Initial Public Offerings: Evidence from Venture and Nonventure Capital-Backed Companies, in: Journal of Finance, Bd. LII, Nr. 5, S. 1791-1821.

Brazeal, D. V./Herbert, T. M. (1999): The Genesis of Entrepreneurship, in: Entrepreneurship Theory and Practice, Bd. 23, Nr. 3, S. 29-45.

Brettel, M. (2002): Entscheidungskriterien von Venture Capitalists: eine empirische Analyse im internationalen Vergleich, in: Die Betriebswirtschaft, Bd. 62, Nr. 3, S. 305-325.

Brettel, M./Jaugey, C./Rost, C. (2000): Business Angels: der informelle Beteiligungskapitalmarkt in Deutschland, Gabler: Wiesbaden.

Brettel, M./Thust, S./Witt, P. (2002): Die Beziehung zwischen VC-Gesellschaften und Start-Up-Unternehmen, Wissenschaftliche Hochschule für Unternehmensführung: Vallendar.

Breuer, W./Kleefisch, A. (2003): Theorie der Unternehmensfinanzierung, in: Breuer, W./Schweizer, T. (Hrsg.): Gabler Lexikon Corporate Finance, Gabler: Wiesbaden, S. 511-514.

Breuninger, G./Krüger, A. (2004): Stille Gesellschaft als flexibles Finanzierungsinstrument, in: Finance/ConVent (Hrsg.): Jahrbuch Unternehmensfinanzierung 2004, Frankfurt a. M, S. 90-92.

British Venture Capital Association (BVCA) (2003): Reporting and Valuation Guidelines, London.

Bronner, R./Mellewigt, T./Späth, J. F. (2001): Gründungsmanagement, in: Die Betriebswirtschaft, Bd. 61, Nr. 5, S. 581-599.

Brophy, D. J./Shulman, J. M. (1993): Financial Factors Which Stimulate Innovation, in: Entrepreneurship Theory and Practice, Bd. 17, Nr. 2, S. 61-75.

Brosius, F. (2004): SPSS 12, mitp-Verlag: Bonn.

Brüderl, J./Preisendörfer, P. (1998): Network support and the success of newly founded businesses, in: Small Business Economics, Bd. 10, Nr. 3, S. 213-225.

Bryman, A. (2004): Social Research Methods, Oxford Univ. Press: Oxford.

Bühner, R. (1999): Betriebswirtschaftliche Organisationslehre, 9. Auflage, Oldenbourg: München; Wien.

Bull, I./Willard, G. E. (1993): Towards a Theory of Entrepreneurship, in: Journal of Business Venturing, Bd. 8, S. 183-195.

Bundesverband Deutscher Kapitalbeteiligungsgesellschaften e.V. (BVK) (1994-2005): BVK Statistik, Berlin.

Burg, U. v./Kenney, M. (2000): Venture Capital and the Birth of the Local Area Networking Industry, in: Reseach Policy, Bd. 29, Nr. 9, S. 1135-1155.

Bürgschaftsbank Sachsen/Mittelständische Beteiligungsgesellschaft Sachsen (2003): Geschäftsberichte 2002, Dresden.

Bygrave, W. D. (1988): The Structure of the Investment Networks of Venture Capital Firms, in: Journal of Business Venturing, Bd. 3, Nr. 2, S. 137-157.

Bygrave, W. D. (1989a): The Entrepreneurship Paradigm (I): A Philosophical Look at Its Research Methodologies, in: Entrepreneurship Theory and Practice, Bd. 14, Nr. 1, S. 7-26.

Bygrave, W. D. (1989b): The Entrepreneurship Paradigm (II): Chaos and Catastrophes among Quantum Jumps? in: Entrepreneurship Theory and Practice, Bd. 14, Nr. 2, S. 7-30.

Bygrave, W. D. /Lange, J./Roedel, J./Wu, G. (2000): Capital market excess and competitive strength: the case of the hard disk drive industry 1984-2000, in: Journal of Applied Corporate Finance, Bd. 13, Nr. 3, S. 8-19.

Bygrave, W. D./Hofer, C. W. (1991): Theorizing about Entrepreneurship, in: Entrepreneurship Theory and Practice, Bd. 16, Nr. 2, S. 13-22.

Bygrave, W. D./Timmons, J. (1992): Venture Capital at the Crossroads, Harvard Business School Press: Boston, Mass.

Bygrave, W.D. /Fast, N./Kholyian, R./Vincent, L./Yue, W. (1989): Early Rates of Return of 131 Venture Capital Funds Started 1978-1984, in: Journal of Business Venturing, Bd. 4, S. 93-105.

Cable, D./Shane, S. (1997): A prisoner's dilemma approach to entrepreneur-venture capitalist relationships, in: Academy of Management Review, Bd. 22, Nr. 1, S. 142-176.

Cantillon, R./Hayek, F. A./Hayek, H. (1931): Abhandlung über die Natur des Handels im allgemeinen, Fischer: Jena.

Chalmers, A. F. (2001): Wege der Wissenschaft, Einführung in die Wissenschaftstheorie, Springer: Berlin [u.a.].

Chan, Y. (1983): On the positive role of financial intermediation in allocation of venture capital in a market with imperfect information, in: Journal of Finance, Bd. 38, Nr. 5, S. 1543-1568.

Chatelin, Y./Esposito Vinzi, V./Tennenhaus, M. (2002): State-of-art on PLS path modeling through the available software, Chambre de Commerce et d'Industrie de Paris: Paris [u.a.].

Chesbrough, H. W. (2000): Designing Corporate Ventures in the Shadow of Private Venture Capital, in: California Management Review, Bd. 42, Nr. 3, S. 31-49.

Chiampou, G. F./Kallet, J. J. (1989): Risk/Return Profile of Venture Capital, in: Journal of Business Venturing, Bd. 4, Nr. 1, S. 1-10.

Chin, W. W. (1998): The Partial Least Squares Approach to Structural Equation Modeling, in: Marcoulides, G. A. (Hrsg.): Modern Methods for Business Research, Lawrence Erlbaum: Mahwah, New Jersey, S. 295-336.

Chin, W. W. (2001): PLS-Graph User's Guide, Soft Modeling Inc.: o. O.

Chin, W./Newsted, P. (1999): Structural equation modeling analysis with small samples using partial least squares, in: Hoyle, R. (Hrsg.): Statistical strategies for small sample research, Sage: Thousand Oaks, S. 307-342.

Christensen, C. M./Carlile, P./Sundahl, D. (2004): The Process of Theory-Building. www.innosigth.com/research.php#Theory%Building.pdf, Zugriff am 13.09.2004.

Churchill, N./Lewis, V. (1983): The five stages of small business growth, in: Harvard Business Review, Bd. 61, Nr. 3, S. 30-50.

Clausen, T. F. (2003): Private Equity und Volkswirtschaft - Teil II Moral Hazard, in: Venture Capital Magazin, Bd. 4, Nr. 9, S. 27.

Coase, R. H. (1988 (1937)): The Nature of the Firm (Reprinted from Economica, Nr. 4, November 1937, in: Coase, R. H. (Hrsg.): The firm, the market, and the law, University of Chicago Press: Chicago, S. 33-56.

Coenenberg, A. G./Schultze, W. (2002): Unternehmensbewertung: Konzeptionen und Perspektiven, in: Die Betriebswirtschaft, Bd. 62, Nr. 6, S. 597-621.

Constantin, S./Rau, H. (2002): Buy-out-Strategien, in: Hommel, U./Knecht, T. C. (Hrsg.): Wertorientiertes Start-Up-Management: Grundlagen - Konzepte - Strategien, Vahlen: München, S. 741-763.

Cool, K./Dierickx, I./Jemison, D. (1989): Business Strategy, Market Structure and Risk-Return Relationships: A Structural Approach, in: Strategic Management Journal, Bd. 10, Nr. 6, S. 507-522.

Cornelli, F./Yosha, O. (2003): Stage financing and the role of convertible securities, in: The review of economic studies, Bd. 70, Nr. 1, S. 1-32.

Cullom, P./Stein, C. (2001): MBO/MBI: Private Equity als Chance für den Start ins Unternehmerleben, in: Stadler, W. (Hrsg.): Venture Capital und Private Equity : erfolgreich wachsen mit Beteiligungskapital, Dt. Wirtschaftsdienst: Köln, S. 123-140.

Daferner, S. (2000): Eigenkapitalausstattung von Existenzgründungen, Verlag Wissenschaft und Praxis: Sternenfels.

Darby, M. R./Karni, E. (1973): Free Competition and the optimal amount of fraud, in: The Journal of Law and Economics, Bd. 16, Nr. 1, S. 67-88.

Dau, S. (2003): Modellierung der Einflussfaktoren auf den Erfolg von Kinofilmen in den USA und in Deutschland - Eine kausalanalytische Betrachtung des Kinojahres 2001. Wirtschafts- und Sozialwissenschaftliche Fakultät, Christian-Albrechts-Universität, Kiel.

De Clercq, D./Goulet, P. K./Kumpulainen, M./Mäkelä, M. (2001): Portfolio Investment Strategies in the Finnish Venture Capital Industry: A Longitudinal Study, in: Venture Capital: An International Journal of Entrepreneurial Finance, Bd. 3, Nr. 1, S. 41-62.

Deibert, V. (2003): Private Equity und Volkswirtschaft - Teil I Adverse Selection, in: Venture Capital Magazin, Bd. 4, Nr. 8, S. 28.

Dillmann, D. A. (1978): Mail and Telephone Surveys: The total Design Method, John Wiley & Sons: Chichester.

Dörscher, M./Hinz, H. (2003): Mezzanine Capital - Ein flexibles Finanzierungsinstrument für KMU, in: Finanz-Betrieb, Nr. 10, S. 606-610.

Dowling, M./Drumm, H. J. (2002): Gründungsmanagement: vom erfolgreichen Unternehmensstart zu dauerhaftem Wachstum, Springer: Berlin [u.a.].

Drucker, P. F. (1985): Entrepreneurial Strategies, in: California Management Review, Bd. 27, Nr. 2, S. 9-25.

Drukarczyk, J. (2001): Unternehmensbewertung, 3. Auflage, Vahlen: München.

Dubin, R. (1978): Theory Building, The Free Press: New York.

Dulleck, U./Kerschbamer, R. (2001): On Doctors, Mechanics and Computer Specialists. Or Where are the Problems with Credence Goods? Centre for Economic Policy Research: London.

Dulleck, U./Kerschbamer, R. (2003): Price Discrimination in Markets for Expert's Services, Centre for Economic Policy Research: London.

Eberl, M. (2004): Formative und reflektive Indikatoren im Forschungsprozess: Entscheidungsregeln und die Dominanz des reflektiven Modells, Institut für Unternehmensentwickling und Organisation, Ludwig-Maximilians-Universität: München.

Eggert, A./Fassot, G. (2003): Zur Verwendung formativer und reflektiver Indikatoren in Strukturgleichungsmodellen, Lehrstuhl für Marketing, Universität Kaiserslautern: Kaiserslautern.

Elschen, R. (1991): Gegenstand und Anwendungsmöglichkeiten der Agency Theorie, in: Schmalenbachs Zeitschrift für betriebswirtschaftliche Forschung (zfbf), Bd. 43, S. 1002-1012.

Emons, W. (1997): Credence goods and fraudulent experts, in: RAND Journal of Economics, Bd. 28, Nr. 1, S. 107-119.

Emons, W. (2001): Credence Goods Monopolists, in: International Journal of Industrial Organization, Bd. 19, Nr. 3-4, S. 375-389.

Erlich, S. B./De Noble, A. F./Moore, T./Weaver, R. R. (1994): After the Cash Arrives: A Comparative Study of Venture Capital and Private Investor Involvement in Entrepreneurial Firms, in: Journal of Business Venturing, Bd. 9, S. 67-82.

European Commission - Directorate General Economic and Financial Affairs (2004): BACH Database. https://europa.eu.int/comm/economy_finance/indicators/bachdatabase_en.htm, Zugriff am 03.03.2004.

EVCA (2004): European Private Equity & Venture Capital Association. www.evca.com, Zugriff am 17.08.2004.

Fallgatter, M. J. (2002): Theorie des Entrepreneurship: Perspektiven zur Erforschung der Entstehung und Entwicklung junger Unternehmungen, Dt. Univ.-Verl.: Wiesbaden.

Fallgatter, M. J. (2004): Entrepreneurship: Konturen einer jungen Disziplin, in: Schmalenbachs Zeitschrift für betriebswirtschaftliche Forschung (zfbf), Bd. 56, Nr. 2, S. 23-44.

Fanselow, K. (1993): Finanzierung besonderer Unternehmensphasen (Management-Buy-Out, Management-Buy-In, Spin-off, Existenzgründung, Innovationsvorhaben), in: Gebhardt, G./Gerke, W./Steiner, M. (Hrsg.): Handbuch des Finanzmanagements. Instrumente und Märkte der Unternehmensfinanzierung, C.H. Beck'sche Verlagsbuchhandlung: München, S. 384-399.

Fassot, G. (2005): Die PLS-Pfadmodellierung: Entwicklungsrichtungen, Möglichkeiten, Grenzen, in: Bliemel, F./Eggert, A./Fassot, G./Henseler, J. (Hrsg.): Handbuch PLS-Pfadmodellierung. Methode, Anwendung, Praxisbeispiele, Schäffer-Poeschel: Stuttgart, S. 19-29.

Fassot, G./Eggert, A. (2005): Zur Verwendung formativer und reflektiver Indikatoren in Strukturgleichungsmodellen: Bestandsaufnahme und Anwendungsempfehlungen, in: Bliemel, F./Eggert, A./Fassot, G./Henseler, J. (Hrsg.): Handbuch PLS-Pfadmodellierung. Methode, Anwendung, Praxisbeispiele, Schäffer-Poeschel: Stuttgart, S. 31-47.

Feeney, L./Haines, G. H. J./Riding, A. L. (1999): Private investors' investment criteria: insights from qualitative data, in: Venture Capital: An International Journal of Entrepreneurial Finance, Bd. 1, Nr. 2, S. 121-145.

Feess (2000): Mikroökonomie. Eine spieltheoretisch- und anwendungsorientierte Einführung, Metropolis: Marburg.

Fendel, A. (1987): Investitionsentscheidungsprozesse in Venture Capital-Unternehmungen: Darstellung und Möglichkeiten der instrumentellen Unterstützung, Deutscher Wirtschaftsdienst: Köln.

Fenwick, I. (1979): Techniques in Market Measurement: The Jackknife, in: Journal of Marketing Research, Bd. XVI, August, S. 410-414.

Fiet, J. (1995): Risk Avoidance Strategies in VC Markets, in: Journal of Management Studies, Bd. 32, Nr. 4, S. 551-574.

Fiet, J. O. (1996): The informational basis of entrepreneurial discovery, in: Small Business Economics, Bd. 8, Nr. 6, S. 419-430.

Fließ, S. (2004): Qualitätsmanagement bei Vertrauensgütern, in: Marketing-ZFP, Bd. 26, Spezialausgabe „Dienstleistungsmarketing“, S. 33-44.

Ford, G./Smith, D./Swasy, J. (1990): Consumer Skepticism of Advertising Claims: Testing Hypotheses from Economics of Information, in: Journal of Consumer Research, Bd. 16, March, S. 433-441.

Fornell, C./Bookstein, F. L. (1982): Two Structural Equation Models: LISREL and PLS Applied to Consumer Exit-Voice Theory, in: Journal of Marketing Research, Bd. XIX, November, S. 440-452.

Fornell, C./Lorange, P./Roos, J. (1990): The Cooperative Venture Formation Process: A Latent Variable Structural Modeling Approach, in: Management Science, Bd. 36, Nr. 10, S. 1246-1255.

Forst, M. (1992): Management Buy-out und buy-in als Form der Übernahme mittelständischer Unternehmen, Schäffer-Poeschel: Stuttgart.

Franke, N./Gruber, M./Harhoff, D./Henkel, J.(2003): What you are is what you like - similarity biases in venture capitalists' evaluations of start-up teams, Ludwig-Maximilians-Universität, München.

Frederiksen, Ö./Olofsson, C./Wahlbin, C. (1997): Are Venture Capitalists Firefighters? A Study of Influence and Impact of Venture Capital Firms, in: Technovation, Bd. 17, Nr. 9, S. 503-511.

Fried, V. H./Hisrich, R. D. (1994): Toward a model of venture capital investment decision making, in: Financial Management, Bd. 23, Nr. 3, S. 28-37.

Frien (2004): Unheilige Dreifaltigkeit. Die historischen Wurzeln der heutigen Finanzierungsprobleme, in: Finance. Der Markt für Unternehmen und Finanzen, Mai, S. 52-55.

Fudenberg, D./Tirole, J. (1991): Game Theory, MIT Press: Cambridge, Mass.

Gailly, B./Taylor, J. (2004): Re-Visiting the Venture Capital Decision Process: Beyond Evaluation Criteria. Babson Kauffman Entrepreneurship Research Conference (BKERC), 3.-5. Juni 2004, Glasgow.

Galais, N. (1998): Motive und Beweggründe für die Selbständigkeit und ihre Bedeutung für den Erfolg, in: Frese, M. (Hrsg.): Erfolgreiche Unternehmensgründer, Verlag für angewandte Psychologie: Göttingen, S. 83-98.

Gartner, W. B. (1985): A Conceptual Framework for Describing the Phenomenon of New Venture Creation, in: Academy of Management Review, Bd. 10, Nr. 4, S. 696-706.

Geigenberger, I. (1999): Risikokapital für Unternehmensgründer - Der Weg zum Venture Capital, Beck: München.

Gemünden, H. G. (1985): Wahrgenommenes Risiko und Informationsnachfrage, in: Marketing-ZFP, Bd. 7, Nr. 1, S. 27-38.

Gereth, B./Schulte, K. (1992): Mezzanine-Finanzierung, Eul: Köln.

Gerke, W./Bank, M. (1999): Finanzierungsprobleme mittelständischer Unternehmen, in: Finanz-Betrieb, Nr. 5, S. 10-20.

Gifford, S. (1997): Limited Attention and the Role of the Venture Capitalist, in: Journal of Business Venturing, Bd. 12, S. 459-482.

Gifford, S. (2003): Risk and Uncertainty, in: Acs, Z./Audretsch, D. (Hrsg.): Handbook of Entrepreneurship Research, Kluwer Academics Publishers: Boston, Mass. , S. 37-53.

Glaser, B. G./Strauss, A. L. (1980): The discovery of grounded theory. Strategies for qualitative research, Aldine Publ.: New York.

Godin, S. (1998): The Bootstrapper's Bible: How to Start and Build a Business with a Great Idea and (Almost) No Money, Upstart Publishing: Chicago.

Gomez-Mejia, L. R./Balkin, D. B./Welbourne, T. M. (1990): Influence of Venture Capitalists on High Tech Management, in: Journal of High Technology Management Research, Bd. 1, Nr. 1, S. 103-118.

Gompers, P. (1995): Optimal Investment, Monitoring, and the Staging of Venture Capital Investments, in: Journal of Finance, Bd. 50, S. 1461-1489.

Gompers, P. A./Lerner, J. (2000): The venture capital cycle, MIT Press: Cambridge, Mass.

Gompers, P./Lerner, J. (1996): The Use of Covenants: An Empirical Analysis of Venture Partnership Agreements, in: Journal of Law and Economics, Bd. XXXIX, Nr. 2, S. 463-498.

Gorman, M./Sahlman, W. A. (1989): What Do Venture Capitalists Do? in: Journal of Business Venturing, Bd. 4, Nr. 4, S. 231-248.

Götz, O./Liehr-Gobbers, K. (2004): Analyse von Strukturgleichungsmodellen mit Hilfe der Partial-Least-Squares(PLS)-Methode, in: Die Betriebswirtschaft, Bd. 64, Nr. 6, S. 714-738.

Graumann, M. (2003): Unternehmerfunktion im Wandel der Zeit, in: Das Wirtschaftsstudium: WISU; Zeitschrift für Ausbildung, Examen und Weiterbildung, Bd. 32, Nr. 5, S. 637-642.

Greenwald, B. C./Stiglitz, J. E./Weiss, A. W. (1984): Informational Imperfections in the Capital Markets and Macroeconomic Fluctuations, in: American Economic Review, Bd. 74, Nr. 2, S. 194-199.

Greve, A./Salaff, J. W. (2003): Social Networks and Entrepreneurship, in: Entrepreneurship Theory and Practice, Bd. 28, Nr. 1, S. 1-22.

Grichnik, D./Schwärzel, F. (2005): Chancen und Risiken der Gründungsfinanzierung aus informationsökonomischer Sicht, in: Börner, C./Grichnik, D. (Hrsg.): Entrepreneurial Finance. Kompendium der Gründungs- und Wachstumsfinanzierung, Physica-Verlag: Heidelberg, S. 25-45.

Gross, K./Amiri, A. (1990): Flexible Financing with Mezzanine Debt, in: Journal of Business Strategy, Bd. 11, Nr. 2, S. 54-56.

Gupta, A. K./Sapienza, H. J. (1992): Determinants of Venture Capital Firms' Preferences Regarding the Industry Diversity and Geographic Scope of their Investments, in: Journal of Business Venturing, Bd. 7, S. 347-62.

Haenlein, M. (2004): An Exploratory Investigation of E-Business Success Factors Using Partial Least Squares Analysis, Cuvillier: Göttingen.

Hansmann, K./Ringle, C. M. (2004): SmartPLS Benutzerhandbuch, Universität Hamburg, Hamburg.

Harhoff, D./Steil, F. (1997): Die ZEW-Gründungspanels: konzeptionelle Überlegungen und Analysepotential, in: Harhoff, D. (Hrsg.): Unternehmensgründungen - Empirische Analysen für die alten und neuen Bundesländer, Nomos: Baden-Baden, S. 11-28.

Hart, O. D. (1995): Firms, contracts, and financial structure, Oxford University Press: Oxford.

Hartmann-Wendels, T. (1987): Venture Capital aus finanzierungstheoretischer Sicht, in: Schmalenbachs Zeitschrift für betriebswirtschaftliche Forschung (zfbf), Bd. 39, Nr. 1, S. 16-30.

Hauschildt, J. (1998): Promotoren - Antriebskräfte der Innovation. www.uni-klu.ac.at/wiwi/forschung/01.pdf, Zugriff am 29.7.2002.

Hauschildt, J. (2003): Zum Stellenwert der empirischen betriebswirtschaftlichen Forschung, in: Schwaiger, M./Harhoff, D. (Hrsg.): Empirie und Betriebswirtschaft, Schäffer-Poeschel: Stuttgart, S. 3-24.

Hayek, F. (1945): The use of knowledge in society, in: American Economic Review, Bd. XXXV, Nr. 4, S. 519-30.

Hayek, F. A. (1931): Richard Cantillon, in: Cantillon, R.: Abhandlung über die Natur des Handels im allgemeinen, Fischer: Jena.

Hellmann, T. (1998): The Allocation of Control Rights in Venture Capital Contracts, in: RAND Journal of Economics, Bd. 29, Nr. 1, S. 57-76.

Hellmann, T./Puri, M. (2002): Venture Capital and the Professionalization of Start-up Firms: Empirical Evidence, in: Journal of Finance, Bd. LVII, Nr. 1, S. 169-197.

Helm, S. (1999): Institutionen- und Informationsökonomik, in: Das Wirtschaftsstudium: WISU; Zeitschrift für Ausbildung, Examen und Weiterbildung, Bd. 28, Nr. 12, S. 1617-1618.

Helm, S. (2005): Entwicklung eines formativen Messmodells für das Konstrukt Unternehmensreputation, in: Bliemel, F./Eggert, A./Fassot, G./Henseler, J. (Hrsg.): Handbuch PLS-Pfadmodellierung. Methode, Anwendung, Praxisbeispiele, Schaeffer-Poeschel: Stuttgart, S. 241-254.

Helmstaedter, S./van Halem, P. (2003): Ansätze zur Wertsteigerung von Technologieunternehmen in 'Break-Through'-Märkten durch ein lebenszyklusbasiertes Portfoliomanagement, in: Jugel, S. (Hrsg.): Private Equity Investments. Praxis des Beteiligungsmanagements, Gabler: Wiesbaden, S. 133-146.

Henseler, J. (2005): Einführung in die PLS-Pfadmodellierung, in: WiSt – Wirtschaftswissenschaftliches Studium, Bd. 34, Nr. 2, S. 70-75.

Hering, T./Vincenti, A. J. F. (2005): Unternehmensgründung, Oldenbourg: München [u.a.].

Herron, L./Robinson, R. B. J. (1993): A Structural Model of the Effects of Entrepreneurial Characteristics on Venture Performance, in: Journal of Business Venturing, Bd. 8, S. 281-294.

Hess, K. L. (2001): Bootstrapping: Lessons Learned Building a Successful Company from Scratch, S-Curve Press: Carmel, Cal.

Hielscher, U. (1996): Investmentanalyse, Oldenbourg: München.

Hirshleifer, J. (1973): Economics of Information - Where are We in the Theory of Information? in: American Economic Association, Bd. 63, Nr. 2, S. 35.

Hirshleifer, J. (1989): Time, uncertainty and information, Blackwell: Oxford.

Hirshleifer, J./Riley, J. G. (1992): The analytics of uncertainty and information, Cambridge Univ. Press: Cambridge.

Hirshleifer, J./Riley, J. G.(1976): The new economics of information, UCLA: Los Angeles.

Hofmeister, R. (1999): Der Business Plan: Geschäftsidee prüfen - Firmengründung planen - Finanzierung sichern, 2. Auflage: Ueberreuter: Wien.

Holi, M. T./Krafft, L./Golla, S./Klandt, H. (2005): A Survey of the Venture Capital Market in Germany from 1997-2003, in: Achleitner, A./Klandt, H./Koch, L. T./Voigt, K. (Hrsg.): Jahrbuch Entrepreneurship 2004/2005 - Gründungsforschung und Gründungsmanagement, Springer: Berlin [u.a.], S. 165-176.

Holm, K. (1975a): Die Befragung 1 - Der Fragebogen - Die Stichprobe, Francke: München.

Holm, K. (1975b): Die Befragung 2 - Datenaufbereitung, Tabellenanalyse, Korrelationsmatrix, Francke: München.

Homburg, C./Giering, A. (1996): Konzeptualisierung und Operationalisierung komplexer Konstrukte. Ein Leitfaden für die Marketingforschung, in: Marketing ZFP, Nr. 1, S. 5-24.

Homburg, C./Hildebrandt, L. (1998): Die Kausalanalyse: Bestandsaufnahme, Entwicklungsrichtungen, Problemfelder, in: Hildebrandt, L./Homburg, C. (Hrsg.): Die Kausalanalyse: ein Instrument der empirischen betriebswirtschaftlichen Forschung, Schäffer-Poeschel: Stuttgart, S. 15-43.

Homburg, C./Pflesser, C. (1999): Strukturgleichungsmodelle mit latenten Variablen: Kausalanalyse, in: Herrmann, A./Homburg, C. (Hrsg.): Marktforschung: Methoden, Anwendungen, Praxisbeispiele, Gabler: Wiesbaden, S. 634-659.

Hopf, M. (1983): Ausgewählte Probleme zur Informationsökonomie, in: WiSt – Wirtschaftswissenschaftliches Studium, Nr. 6, S. 313-319.

Höser, W. (2004): Eigenkapital aktiv gestalten - Nachrangdarlehen, Stille Beteiligung und Genußscheine, in: Venture Capital Magazin, Bd. 5, Nr. 5, S. 44-45.

Hox, J. J. (1999): A Review of Current Software for Handling Missing Data, in: Kwantitatieve Methoden, Bd. 62, S. 123-138.

Hsu, D. H. (2004): What Do Entrepreneurs Pay for Venture Capital Affiliation? in: Journal of Finance, Bd. LIX, Nr. 4, S. 1805-1844.

Hudson, D./Seah, L./Hite, D./Haab, T. (2004): Telephone presurvey, self-selection, and non-response bias to mail and Internet survey in economic research, in: Applied Economics Letters, Bd. 11, Nr. 4, S. 237-240.

Hulland, J. (1999): Use of Partial Least Squares (PLS) in Strategic Management Research: A Review of Four Recent Studies, in: Strategic Management Journal, Bd. 20, Nr. 2, S. 195-204.

Hume, D. (1992): A Treatise of Human Nature, Scientia Verlag: Aalen.

Jakob, E. (2004): Mezzanine-Kapital als Erfolgsfaktor für Small- und MidCap-M&A, in: Venture Capital Magazin, Bd. 5, Nr. 5 (Sonderbeilage Kauf und Verkauf von kleineren und mittleren Unternehmen), S. 7.

Jarvis, C. B./MacKenzie, S. B./Podsakoff, P. M. (2003): A Critical Review of Construct Indictors and Measurement Model Misspecification in Marketing and Consumer Research, in: Journal of Consumer Research, Bd. 30, September, S. 199-218.

Jeng, L. A./Wells, P. C. (2000): The Determinants of Venture Capital Funding: Evidence Across Countries, in: Journal of Corporate Finance, Bd. 6, Nr. 3, S. 241-289.

Jensen, M./Meckling, W. (1979): Theory of the Firm: Managerial Behavior, Agency Costs and Codetermination, in: Journal of Financial Economics, Bd. 3, October, S. 305-360.

John, E. (2003): Frauenspezifische Gründungsförderung: politically correct, aber auch betriebswirtschaftlich sinnvoll? in: Die Betriebswirtschaft, Bd. 63, Nr. 2, S. 156-178.

Jungen, P. (2003): Business Angels und der informelle Venture-Capital-Markt: der Weg zu einer neuen Entrepreneurship-Kultur in Europa, in: Kollmann, T. (Hrsg.): E-Venture-Management: neue Perspektiven der Unternehmensgruendung in der Net Economy, Gabler: Wiesbaden, S. 59-72.

Kaas, K. (1990): Marketing als Bewältigung von Informations- und Unsicherheitsproblemen im Markt, in: Die Betriebswirtschaft, Bd. 50, Nr. 4, S. 539-548.

Kaas, K. P. (1995): Informationsökonomik, in: Tietz, B./Köhler, R./Zentes, J. (Hrsg.): Enzyklopädie der Betriebswirtschaftslehre - Handwörterbuch des Marketing, Schäffer-Poeschel: Stuttgart, Sp. 971-981.

Kaas, K./Busch, A. (1996): Inspektions-, Erfahrungs- und Vertrauenseigenschaften von Produkten. Theoretische Konzeption und empirische Validierung, in: Marketing ZFP, Nr. 4, S. 243-252.

Kann, A.(2001): Strategic Venture Capital Investing by Corporations: A Framework for Structuring and Valuing Corporate Venture Capital Programs, Stanford University.

Kaplan, S. N./Strömberg, P. (2003a): Venture Capitalists As Economic Principals, in: NBER Reporter, Summer, S. 22-25.

Kaplan, S./Strömberg, P. (2003b): Financial Contracting Theory Meets the Real World: An Empirical Analysis of Venture Capital Contracts, in: The Review of Economic Studies, Bd. 70, Nr. 2, S. 281-315.

Kasperzak, R. (2001): Unternehmenskauf durch Management Buy Out / Management Buy In, in: Koch, L./Zacharias, C. (Hrsg.): Gründungsmanagement, Oldenbourg: München, S. 151-162.

Kautz, W. (1998): Existenzgründung. Planung und Durchführung - ein Leitfaden mit Fallbeispielen, Gabler: Wiesbaden.

Kawasaki, G. (2004): The Art of the Start. The Time-Tested, Battle-Hardened Guide for Anyone Starting Anything, Portfolio: New York.

Kazanjian, R. K. (1988): Relation of Dominant Problems to Stages of Growth in Technology-Based New Ventures, in: Academy of Management Journal, Bd. 31, Nr. 2, S. 257-279.

Kelly, P./Hay, M. (2000): 'Deal-makers': reputation attracts quality, in: Venture Capital: An International Journal of Entrepreneurial Finance, Bd. 2, Nr. 3, S. 183-202.

KfW Bankengruppe (2004): Unternehmensfinanzierung. Noch kein Grund zur Entwarnung aber Fortschritte bei der Anpassung an neue Spielregeln des Finanzmarktes. Auswertung der Unternehmensbefragung 2003/2004, Frankfurt am Main.

Kimberley, J./Miles, R. (1980): The Organizational Life Cycle, Jossey-Bass: San Francisco.

Kirchner, H. (1998): Privatinvestoren, in: Achleitner, A./Thoma, G. F. (Hrsg.): Handbuch Corporate Finance: Konzepte, Strategien und Praxiswissen für das moderne Finanzmanagment, Deutscher Wirtschaftsdienst: Köln.

Klandt, H. (1996): Zum Stand der akademischen Forschung und Lehre im Bereich der kleinen und mittleren Unternehmen und der Unternehmensgründung in Deutschland, in: Pleitner, H. J. (Hrsg.): Bedeutung und Behauptung der KMU in einer neuen Umfeldkonstellation: Beiträge zu den 'Recontes de St-Gall' 1996, St. Gallen, S. 133-156.

Klandt, H. (2004): Entrepreneurship Education and Research in German-Speaking Europe, in: Academy of Management Learning & Education, Bd. 3, Nr. 3, S. 293-301.

Klandt, H./Brüning, E. (2002): Das Internationale Gründungklima. Neun Länder im Vergleich ihrer Rahmenbedingungen für Existenz- und Unternehmensgründungen, Duncker und Humboldt: Berlin.

Kleiman, R. T./Shulman, J. M. (1992): The Risk-Return Attributes of Publicly Traded Venture Capital: Implications for Investors and Public Policy, in: Journal of Business Venturing, Bd. 7, Nr. 3, S. 195-208.

Kleinaltenkamp, M. (1992): Investitionsgüter-Marketing aus informationsökonomischer Sicht, in: Schmalenbachs Zeitschrift für betriebswirtschaftliche Forschung (zfbf), Bd. 44, Nr. 9, S. 809-829.

Kluge, F./Seebold, E. (. (2002): Etymologisches Wörterbuch der deutschen Sprache, 24. Auflage (CD-Rom Ausgabe), de Gruyter: Berlin.

Knight, F. H. (1921): Risk, Uncertainty and Profit, Houghton Mifflin Company: Boston, New York.

Knyphausen-Aufseß, D. zu (2003): Corporate Venture Capital, in: Kollmann, T. (Hrsg.): E-Venture-Management – Neue Perspektiven der Unternehmensgründung in der Net E-conomy, Gabler: Wiesbaden, S. 416-428.

Koch, L. T./Zacharias, C. (2001): Gründungsmanagement: mit Aufgaben und Lösungen, Oldenbourg: München.

Kollmann, T. (1998): Akzeptanz innovativer Nutzungsgüter und -systeme: Konsequenzen für die Einführung von Telekommunikations- und Multimediasystemen, Gabler: Wiesbaden.

Kollmann, T. (2003a): E-Venture-Management. Neue Perspektiven der Unternehmensgründung in der Net Economy, Gabler: Wiesbaden.

Kollmann, T. (2003b): Vertrauensmanagement. Erfolgsfaktoren für die Kundengewinnung im E-Business, Deuscher Fachverlag: Frankfurt am Main.

Kollmann, T. (2003c): Unternehmensbeteiligung im Electronic Business, in: WiSt – Wirtschaftswissenschaftliches Studium, Bd. 32, Nr. 6, S. 322-327.

Kollmann, T. (2003d): Unternehmensfinanzierung im Electronic Business, in: WiSt – Wirtschaftswissenschaftliches Studium, Bd. 32, Nr. 5, S. 270-275.

Kollmann, T. (2004a): E-Venture, Grundlagen der Unternehmensgründung in der Net Economy – mit Multimedia-Fallstudie auf CD-ROM, Gabler: Wiesbaden.

Kollmann, T. (2004b): Risikomanagement für Business Angels, Lehrstuhl für Electronic Business, Universität Kiel - Multimedia Campus Kiel, Kiel.

Kollmann, T. (2005a): Investor Relations für Start-up-Unternehmen: eine Analyse der Kommunikationsbedürfnisse von Venture-Capital-Gebern, in: Marketing-ZFP, Bd. 27, Nr. 3, S. 155-167.

Kollmann, T. (2005b): Gabler Kompakt-Lexikon Unternehmensgründung, Gabler: Wiesbaden.

Kollmann, T. (2005c): Finanzierung von jungen Unternehmen in der Net Economy, in: Börner, C. J./Grichnik, D. (Hrsg.): Entrepreneurial Finance. Kompendium der Gründungs- und Wachstumsfinanzierung, Physica-Verl.: Heidelberg, S. 65-80.

Kollmann, T./Christofor, J. (2004): Die Internationalisierung von jungen Unternehmen im elektronischen Handel, in: Ahlert, D./Olbrich, R./Schröder, H. (Hrsg.): Internationalisierung von Vertrieb und Handel. Jahrbuch Vertriebs- und Handelsmanagement 2004, Deutscher Fachverlag: Frankfurt am Main, S. 99-120.

Kollmann, T./Herr, C. (2005): Die Vertrauenswürdigkeit von jungen Unternehmen im elektronischen Handel, in: Die Betriebswirtschaft, Bd. 65, Nr. 2, S. 119-136.

Kollmann, T./Kuckertz, A. (2003a): Shareholder-Value-Ansatz als Basis für das Controlling bei Start-up-Unternehmen, in: Achleitner, A./Bassen, A. (Hrsg.): Controlling von jungen Unternehmen, Schäffer-Poeschel: Stuttgart, S. 199-220.

Kollmann, T./Kuckertz, A. (2003b): E-Venture-Capital. Unternehmensfinanzierung in der Net Economy. Grundlagen und Fallstudien, Gabler: Wiesbaden.

Kollmann, T./Kuckertz, A. (2003c): Möglichkeiten der Finanzierung junger Unternehmen im E-Business - zur Situation nach dem Zusammenbruch der Technologiemärkte, in: Finanz-Betrieb, Bd. 5, Nr. 11, S. 770-776.

Kollmann, T./Kuckertz, A. (2004): Venture Capital Decision Making after the High Tech Downturn - Considerations based on German E-Business Investment Cases, in: The Journal of Private Equity. Strategies and Techniques for Venture Investing, Bd. 7, Nr. 3, S. 48-59.

Kollmann, T./Kuckertz, A. (2005a): Investor Relations for Start-ups: An Analysis of Venture Capital Investor's Communicative Needs, in: International Journal of Technology Management, Special Issue on Venture Capital (im Erscheinen).

Kollmann, T./Kuckertz, A. (2005b): Rahmenbedingungen der Unternehmensgründung - eine Analyse des 'Entrepreneurial Events' im internationalen Vergleich, in: BFuP – Betriebwirtschaftliche Forschung und Praxis, Bd. 57, Nr. 4, S. 307-318.

Kortum, S./Lerner, J. (2000): Assessing the Contribution of Venture Capital to Innovation, in: RAND Journal of Economics, Bd. 31, Nr. 4, S. 674-692.

Kraemer, C./Nöth, M. (2005): Informationserkennung und -kauf: Eine experimentelle Untersuchung, in: Schmalenbachs Zeitschrift für betriebswirtschaftliche Forschung (zfbf), Bd. 57, Nr. 3, S. 129-154.

Krafft, M./Götz, O./Liehr-Gobbers, K. (2005): Die Validierung von Strukturgleichungsmodellen mit Hilfe des Partial-Least-Squares(PLS)-Ansatzes, in: Bliemel, F./Eggert, A./Fassot, G./Henseler, J. (Hrsg.): Handbuch PLS-Pfadmodellierung. Methode, Anwendung, Praxisbeispiele, Schäffer-Poeschel: Stuttgart, S. 71-86.

Kranebitter, G. (2002): Due Diligence: Risikoanalyse im Zuge von Unternehmenstransaktionen, Redline Wirtschaft bei Verl. Moderne Industrie: München.

Kroiß, A. (2003): Erfolgsfaktoren von Internet-Start-Ups – eine empirische Untersuchung originärer deutscher Unternehmensgründungen nach Wachstumsphasen und Internet-Anbietersegmenten, Verlag Dr. Kovac: Hamburg.

Krueger, N. (1993): The Impact of Prior Entrepreneurial Exposure on Perceptions of New Venture Feasibility and Desirability, in: Entrepreneurship Theory and Practice, Bd. 18, Nr. 1, S. 5-21.

Kuhn, T. (1962): The Structure of Scientific Revolutions, The University of Chicago Press: Chicago.

Kumar, N./Stern, L./Anderson, J. (1993): Conducting Interorganizational Research using Key Informants, in: Academy of Management Journal, Bd. 36, Nr. 6, S. 1633-1651.

Kuratko, D. F./Hodgetts, R. M. (1998): Entrepreneurship. A Contemporary Approach, 4. Auflage, Dryden Press: Forth Worth.

Kuratko, D. F./Hornsby, J. S./Naffziger, D. W. (2001): An Examination of Owner's Goals in Sustaining Entrepreneurship, in: Journal of Small Business Management, Bd. 35, Nr. 1, S. 24-33.

Landström, H. (1992): The relationships between private investors and small firms: An agency theory approach, in: Entrepreneurship & Regional Development, Nr. 4, S. 199-223.

Lechler, T./Gemünden, H. G. (2003): Gründerteams: Chancen und Risiken für den Unternehmenserfolg, Physica-Verl.: Heidelberg.

Lee, D. Y./Tsang, E. W. (2001): The Effects of Entrepreneurial Personality, Background and Network Activities on Venture Growth, in: Journal of Management Studies, Bd. 38, Nr. 4, S. 583-602.

Leipold, H. (1985): Ordnungspolitische Implikationen der Transaktionskostenökonomie, in: Ordo, Bd. 36, S. 31-50.

Leopold, G. (1993): Gewinnung von externem Eigenkapital für nicht börsennotierte Unternehmen, in: Gebhardt, G./Gerke, W./Steiner, M. (Hrsg.): Handbuch des Finanzmanagements. Instrumente und Märkte der Unternehmensfinanzierung, C.H. Beck'sche Verlagsbuchhandlung: München, S. 346-364.

Lerner, J. (1994): The Syndication of Venture Capital Investments, in: Financial Management, Bd. 23, Nr. 3, S. 16-27.

Lerner, J./Hardymon, F. (2002): Venture capital and private equity: a casebook, John Wiley & Sons: New York.

Lindsay, N. J./Craig, J. (2002): A Framework for Understanding Opportunity Recognition, in: Journal of Private Equity, Bd. 6, Nr. 1, S. 13-24.

Lippmann, W. (1990): Die öffentliche Meinung, Universitätsverlag Brockmeyer: Bochum.

Lisle, C. (2003): Outsource a Core Competency? Why Private Equity Groups are Outsourcing Business Strategy Due Diligence, in: Journal of Private Equity, Bd. 7, Nr. 1, S. 72-75.

Little, R. J./Rubin, D. B. (2002): Statistical analysis with missing data, John Wiley & Sons: Hoboken, NJ.

Lloyd, S. (1989): Special Report: An Industry on the Brink of the 1990s, in: UK Venture Capital Journal, November, S. 10-15.

Lohmöller, J. (1989): Latent Variable Path Modeling with Partial Least Squares, Physica-Verl.: Heidelberg.

Lossen, U. (2004): The optimal level of diversification in venture capital funds. RENT XVIII – Research in Entrepreneurship and Small Business, 25. bis 26. November 2004, Kopenhagen.

Low, M. B./MacMillan, I. C. (1988): Entrepreneurship: Past Research and Future Challenges, in: Journal of Management, Bd. 14, Nr. 2, S. 139-161.

Luderer, M. (2003): Bedeutung des Projektmanagements in der Net Economy, in: Kollmann, T. (Hrsg.): E-Venture-Management. Neue Perspektiven der Unternehmensgründung in der Net Economy, Gabler: Wiesbaden, S. 611-619.

Macho-Stadler, I./Pérez-Castrillo, J. D./Watt, R. (1997): An introduction to the economics of information: incentives and contracts, Oxford Univ. Press: Oxford.

Mackewicz, D. (2005): Analyse der unterschiedlichen Phasen des Private Equity-Marktes, in: Venture Capital Magazin, Bd. 6, Sonderausgabe Mittelstandsfinanzierung 2005, S. 34-38.

MacMillan, I. C./Kulow, D. M./Khoylian, R. (1988): Venture Capitalists' Involvement in Their Investments: Extent and Performance, in: Journal of Business Venturing, Bd. 4, Nr. 1, S. 27-47.

MacMillan, I. C./Narasimha, P. S. (1986): Characteristics distinguishing funded from unfunded business plans evaluated by venture capitalists, in: Frontiers of Entrepreneurship Research, Waltham, Mass., S. 404-413.

MacMillan, I. C./Siegel, R./Narasimha, P. S. (1985): Criteria used by venture capitalists to evaluate new venture proposals, in: Journal of Business Venturing, Bd. 1, S. 119-128.

MacMillan, I. C./Zemann, L./Narasimha, P. S. (1987): Criteria Distinguishing successful from unsuccessful ventures in the venture screening process, in: Journal of Business Venturing, Bd. 2, Nr. 2, S. 123-137.

Maes, A./Poels, G./Gailly, F./Paemeleire, R. (2005): Measuring User Beliefs and Attitudes towards Conceptual Models: A Factor and Structural Equation Model, Faculteit Economie en Bedrijfskunde, Universität Gent, Gent.

Manigart, S. (1994): The Founding Rate of Venture Capital Firms in Three European Countries (1970-1990), in: Journal of Business Venturing, Bd. 9, Nr. 6, S. 525-541.

Marcoulides, G. A./Schumacher, R. E. (1996): Introduction, in: Marcoulides, G. A./Schumacher, R. E. (Hrsg.): Advanced Structural Equation Modeling - Issues and Techniques, Lawrence Erlbaum: Mahwah, New Jersey, S. 1-6.

Markowitz, H. M. (1990): Foundations of Portfolio Theory. Nobel Lecture, December 7, 1990, in: Journal of Finance, Bd. 46, Nr. 2, S. 469-477.

Marschak, J. (1954): Towards an Economic Theory of Organization and Information, in: Thrall, R./Coombs, C./Davis, R. (Hrsg.): Decision Processes, John Wiley & Sons: New York; London, S. 187-220.

Martin, A. (1989): Die empirische Forschung in der Betriebswirtschaftslehre: Eine Untersuchung über die Logik der Hypothesenprüfung, die empirische Forschungspraxis und die Möglichkeiten einer theoretischen Fundierung realwissenschaftlicher Untersuchungen, Poeschel: Stuttgart.

Marty, F. (1998): Capacity as a determinant of the supply for physicians' services, Department of Economics, University of Bern: Bern.

Mason, C./Harrison, R. T. (1995): Closing the Regional Equity Capital Gap: The Role of Informal Venture Capital, in: Small Business Economics, Nr. 7, S. 152-172.

Mason, C./Stark, M. (2002): What do investors look for in a business plan? A comparison of bankers, venture capitalists and business angels. 25th ISBA National Small Firms Policy and Research Conference: Competing Perspectives of Small Business and Entrepreneurship, 13. bis 15. November 2002, Brighton.

Maula, M. V. J. (2001): Corporate Venture Capital and the Value-Added for Technology-Based New Firms, Helsinki University of Technology: Helsinki.

Mayer, C. (1990): Financial Systems, Corporate Finance, and Economic Development, in: Hubbard, R. G. (Hrsg.): Asymetric information, corporate finance and investment, University of Chicago Press: Chicago, S. 307-332.

Mayer, M. (2003): Finanzierung innovativer Unternehmungen aus Sicht der Institutionen- und Informationsökonomie, in: Das Wirtschaftsstudium: WISU; Zeitschrift für Ausbildung, Examen und Weiterbildung, Bd. 32, Nr. 12, 1508-1512.

McClelland, D. (1976): The achieving society, John Wiley & Sons: New York.

McNally, K. (1994): Sources of finance for UK venture capital funds: the role of corporate investors, in: Entrepreneurship & Regional Development, Bd. 6, S. 275-297.

McNally, K. (1997): Corporate Venture Capital: Bridging the Equity Gap in the Small Business Sector, Routledge: London.

Merten, K./Teipen, P. (1991): Empirische Kommunikationsforschung, Ölschläger: München.

Mishra, C./Gobeli, D. (2000): Strategic Value of Corporate Venture Programs, in: The Journal of Private Equity, Summer, S. 55-64.

Modigliani, F./Miller, M. (1958): The cost of capital, corporation finance and the theory of investment, in: The American economic review, Bd. 48, Juni, S. 261-297.

Moesel, D. D./Fiet, J. O./Busenitz, L. W. (2001): Embedded fitness landscapes – part 1: how a venture capitalist maps highly subjective risk, in: Venture Capital: An International Journal of Entrepreneurial Finance, Bd. 3, Nr. 2, S. 91-106.

Moore, C. (1986): Understanding Entrepreneurial Behaviour, in: Pearce, J./Robinson Jr., R. (Hrsg.): Academy of Management Best Papers Proceedings. Forty-sixth Annual Meeting of the Academy of Management, Chicago.

Morris, M. H./Lewis, P. S. (1995): The determinants of entrepreneurial activity, in: European Journal of Marketing, Bd. 29, Nr. 7, S. 31-48.

Moser, U. (2002): Bewertungsverfahren, in: Finance. Der Markt für Unternehmen und Finanzen, Nr. 7, S. 42.

Mugler, J. (1993): Betriebswirtschaftslehre der Klein- und Mittelbetriebe, Springer: Wien; New Yorck.

Müller-Böling, D./Klandt, H. (1993): Methoden empirischer Sozialforschung: eine Einführung aus wirtschaftswissenschaftlicher Sicht, Förderkreis Gründungsforschung: Köln; Dortmund.

Murray, G. C. (1995): Evolution and Change: An Analysis of the First Decade of the UK Venture Capital Industry, in: Journal of Business Finance & Accounting, Bd. 22, Nr. 8, S. 1077-1106.

Murray, G. C. (1998): A Policy Response to Regional Disparities in the Supply of Risk Capital to New Technology-based Firms in the European Union: The European Seed Capital Fund Scheme, in: Regional Studies, Bd. 32, Nr. 5, S. 405-419.

Muzyka, D./Birley, S./Leleux, B. (1996): Trade-offs in the Investment Decisions of European Venture Capitalists, in: Journal of Business Venturing, Bd. 11, Nr. 4, S. 273-287.

Myers, S. C./Majluf, N. S. (1984): Corporate Financing and Investment Decisions When Firms Have Information That Investors Do Not Have, in: Journal of Financial Economics, Bd. 13, Nr. 2, S. 187-221.

Nagel, A. (2003): Der Businessplan, Geschäftspläne professionell erstellen - mit Checklisten und Fallbeispielen, Gabler: Wiesbaden.

Nathusius, K. (2001a): Grundlagen der Gründungsfinanzierung: Instrumente, Prozesse, Beispiele, Gabler: Wiesbaden.

Nathusius, K. (2001b): Eigenkapitalfinanzierung durch Venture Capital, in: Koch, L./Zacharias, C. (Hrsg.): Gründungsmanagement, Oldenbourg: München, S. 177-196.

Nathusius, K. (2003a): Gründungsfinanzierung. Wie Sie mit dem geeigneten Finanzierungsmodell Ihren Kapitalbedarf decken, F.A.Z.-Institut für Management-, Markt- und Medieninformationen: Frankfurt am Main.

Nathusius, K. (2003b): Situation und Perspektiven der Gründungsfinanzierung in der Net E-conomy, in: Kollmann, T. (Hrsg.): E-Venture-Management. Neue Perspektiven der Unternehmensgründung in der Net Economy, Gabler: Wiesbaden, S. 249-269.

Nathusius, K. (2003c): Finanzierungsinstrumente für unterschiedliche Gründungs-Modelle, in: Schmalenbachs Zeitschrift für betriebswirtschaftliche Forschung (zfbf), Bd. 55, Nr. 3, S. 158-193.

Neck, H. M./Meyer, G. D./Cohen, B./Corbett, A. C. (2004): An Entrepreneurial System View of New Venture Creation, in: Journal of Small Business Management, Bd. 42, Nr. 2, S. 190-208.

Neisser, L. (1982): Memory Observed: Remembering in Natural Contexts, Freeman and Company: San Francisco, Cal.

Nelles, M./Klusemann, M. (2003): Die Bedeutung der Finanzierungsalternative Mezzanine-Capital im Kontext von Basel II für den Mittelstand, in: Finanz-Betrieb, Bd. 5, Nr. 1, S. 1-10.

Nelles, M./Rocke, R. (2001): Finanzierungsplanung, in: Koch, L. T./Zacharias, C. (Hrsg.): Gründungsmanagement, Oldenbourg: München, S. 163-176.

Nelson, P. (1970): Information and Consumer Behaviour, in: The Journal of Political Economy, Bd. 78, S. 311-329.

Nelson, P. (1981): Consumer Information and Advertising, in: Galatin, M./Leiter, R. D. (Hrsg.): Economics of Information. Annual conference of the Economics Department of the City College of the City University of New York. Nijhoff: Boston, S. 42-82.

Nestel, T. (2000): Die Bank als Partner, in: Dieterle, K./Winckler, E. (Hrsg.): Gründungsplanung und -finanzierung – Voraussetzungen für den Gründungserfolg, Dt. Taschenbuchverlag, München, S. 418-433.

Neuhaus, G./Braun, M. (2003): Bewertungskriterien für Businesspläne in der Net Economy, in: Kollmann, T. (Hrsg.): E-Venture-Managment. Neue Perspektiven der Unternehmensgründung in der Net Economy, Gabler: Wiesbaden, S. 213-225.

Neus, W. (1989): Die Aussagekraft von Agency-Costs, in: Schmalenbachs Zeitschrift für betriebswirtschaftliche Forschung (zfbf), Bd. 41, S. 472-490.

Nevermann, H./Falk, D. (1986): Venture Capital: Ein betriebswirtschaftlicher und steuerlicher Vergleich zwischen den USA und der Bundesrepublik Deutschland, Nomos: Baden-Baden.

Nicolai, A./Kieser, A. (2002): Trotz eklatanter Erfolglosigkeit: Die Erfolgsfaktorenforschung weiter auf Erfolgskurs, in: Die Betriebswirtschaft, Bd. 62, Nr. 6, S. 579-596.

Nolting, R./Nolte, B. (2002): Mezzanines Kapital, in: Das Wirtschaftsstudium: WISU; Zeitschrift für Ausbildung, Examen und Weiterbildung, Bd. 31, Nr. 8-9, S. 1065.

Noorderhaven, N./Thurik, R./Wennekers, S./van Stel, A. (2004): The Role of Dissatisfaction and per Capita Income in Explaining Self-Employment across 15 European Countries, in: Entrepreneurship Theory and Practice, Bd. 28, Fall, S. 447-466.

Nunnally, J. (1978): Psychometric Theory, 2. Auflage, McGraw-Hill: New York.

NVCA (2004): National Venture Capital Association. www.nvca.org, Zugriff am 17.8.2004.

o.V. (2000): Theorie der Verfügungsrechte, in: Hadeler, T./Sellien, R. (Hrsg.): Gabler Wirtschaftslexikon, 15. Auflage, Gabler: Wiesbaden, S. 3052-3053.

o.V. (2005): Missing data: the hidden problem, SPSS White Paper, Chicago.

Olson, J. C./Jacoby, J. (1972): Cue Utilization in the Quality Perception Process, in: Venkatesan, M. (Hrsg.): Proceedings of the 3rd Annual Conference of the Association for Consumer Research, Chicago, S. 167-179.

Opaschowski, H. W. (2003): Gründungsneigung und gründungsbezogene Einflussfaktoren in Deutschland, in: Steinle, C./Schumann, K. (Hrsg.): Gründung von Technologieunternehmen. Merkmale – Erfolg – empirische Ergebnisse, Gabler: Wiesbaden, S. 323-336.

Osnabrugge, M. v. (2000): A comparison of business angel and venture capitalist investment procedures: an agency theory-based analysis, in: Venture Capital: An International Journal of Entrepreneurial Finance, Bd. 2, Nr. 2, S. 91-109.

Oster, S. M. (1999): Modern Competitive Analysis, 3. Auflage, Oxford University Press: New York.

Otto, H. (1989): Fremdfinanzierte Übernahmen – Gesellschafts- und steuerrechtliche Kriterien des Leveraged Buy-Out, in: Der Betrieb, Bd. 42, Nr. 27, S. 1389-1396.

Papendick, U./Schmalholz, C. G. (2002): Viel gewagt - und viel verloren, in: Manager Magazin, Bd. 32, Nr. 6, S. 126-132.

Paul, W. (1988): Wirtschaftliches Wachstum und Wolfahrtsentwicklung in Mexiko, Schulz-Kirchner: Idstein.

Perridon, L./Steiner, M. (1999): Finanzwirtschaft der Unternehmung, 10. Auflage, Vahlen: München.

Piekenbrock, D. (2002): Gabler Kompakt-Lexikon Volkswirtschaft, Gabler: Wiesbaden.

Popper, K. R. (1966): Die Logik der Forschung, Mohr: Tübingen.

Popper, K. R. (1972): Die Logik der Sozialwissenschaften, in: Adorno, T./Dahrendorf, R./Pilot, H./Albert, H./Habermas, J./Popper, K. (Hrsg.): Der Positivismusstreit in der deutschen Soziologie, S. 103-123, Darmstadt.

Porter, M. E. (1998): Competitive advantage: creating and sustaining superior performance, Free Press: New York.

Raff, T.(1998): Informationsökonomische Fundierung nachfragerseitiger Unsicherheitspositionen im Systemgeschäft, Universität Trier: Trier.

Raupach, G./Jakob, E. (2004): Mezzanine-Kapital hilft mittelständischen Unternehmen, in: Finance/Convent (Hrsg.): Jahrbuch Unternehmensfinanzierung, Frankfurt am Main, S. 81-82.

Richter, H. (1970): Die Strategie schriftlicher Massenbefragungen, Bad Harzburg.

Riley, J. G. (2001): Silver Signals: Twenty-Five Years of Screening and Signaling, in: Journal of Economic Literature, Bd. 39, Nr. 2, S. 432-478.

Ringle, C. M. (2004a): Messung von Kausalmodellen. Ein Methodenvergleich, Institut für Industriebetriebslehre und Organisation, Universität Hamburg: Hamburg.

Ringle, M. C. (2004b): Gütemaße für den Partial Least Squares-Ansatz zur Bestimmung von Kausalmodellen, Institut für Industriebetriebslehre und Organisation, Universität Hamburg: Hamburg.

Ritzer-Angerer, P. M. (2005): Die atypisch stille Gesellschaft in der VC-Finanzierung - ein Vergleich von Finanzierungsinstrumenten anhand von aus VC-Modellen entwickelten Kriterien, in: BFuP – Betriebwirtschaftliche Forschung und Praxis, Bd. 57, Nr. 4, S. 366-393.

Robbie, K./Wright, M./Chiplin, B. (1997): The Monitoring of Venture Capital Firms, in: Entrepreneurship Theory and Practice, Bd. 21, Nr. 4, S. 9-28.

Roberts, E. B. (1991): High Stakes for High-Tech Entrepreneurs: Understanding Venture Capital Decision Making, in: Sloan Management Review, Winter, S. 9-20.

Rockholtz, C. (2002): Due Diligence-Konzeption zum synergieorientierten Akquisitionsmanagement, in: Berens, W./Brauner, H. U./Strauch, J. (Hrsg.): Due Diligence bei Unternehmensakquisitionen, 3. Auflage, Schäffer-Poeschel: Stuttgart, S. 193-215.

Rohrmann, B. (1978): Empirische Studien zur Entwicklung von Antwortskalen für die sozialwissenschaftliche Forschung, in: Zeitschrift für Sozialpsychologie, Nr. 9, S. 222-245.

Ross, S. A. (1973): The Economic Theory of Agency: The Principal's Problem, in: American Economic Review, Bd. 63, S. 134-139.

Roure, J. B./Keeley, R. H. (1990): Predictors of Success in New Technology Based Ventures, in: Journal of Business Venturing, Bd. 5, Nr. 4, S. 201-220.

Ruhnka, J. C./Young, J. E. (1987): A Venture Capital Model of the Development Process for New Ventures, in: Journal of Business Venturing, Bd. 2, Nr. 2, S. 167-184.

Ruhnka, J. C./Young, J. E. (1991): Some Hypotheses about Risk in Venture Capital Investing, in: Journal of Business Venturing, Bd. 6, Nr. 2, S. 115-133.

Runte, M. (1999): Missing Values – Konzepte und statistische Literatur, Lehrstuhl für Marketing, Universität Kiel: Kiel.

Sahlman, W. A. (1990): The structure and governance of venture-capital organizations, in: Journal of Financial Economics, Bd. 27, S. 473-521.

Sahlman, W./Stevenson, H. (1985): Capital market myopia, in: Journal of Business Venturing, Bd. 1, Nr. 1, S. 7-30.

Sahlmann, W. (1989): The Changing Structure of the American Venture Capital Industry. National Venture Capital Association Annual Conference.

Samuelson, P. A. (1998): Volkswirtschaftslehre. Redline Wirtschaft bei Ueberreuter: Frankfurt; Wien.

Sandberg, W. R./Schweiger, D. M./Hofer, C. W. (1988): The Use of Verbal Protocols in Determining Venture Capitalists' Decision Processes, in: Entrepreneurship Theory and Practice, Bd. 13, Nr. 2, S. 8-20.

Sapienza, H. (1992): When do venture capitalists add value? in: Journal of Business Venturing, Bd. 7, Nr. 1, S. 9-27.

Sapienza, H. J./Manigart, S./Vermeir, W. (1996): Venture Capitalist Governance and Value Added in Four Countries, in: Journal of Business Venturing, Bd. 11, S. 439-469.

Scandura, T. A./Williams, E. A. (2000): Research Methodology in Management: Current Practices, Trends, and Implications for Future Research, in: Academy of Management Journal, Bd. 43, Nr. 6, S. 1248-1264.

Schäcker, H./Brehm, J./Ho, C. S. (2003): Hybride Finanzierungsformen, in: Breuer, W./Schweizer, T. (Hrsg.): Gabler Lexikon Corporate Finance, Gabler: Wiesbaden, S. 235-239.

Schade, C./Schott, E. (1993): Kontraktgüter im Marketing, in: Marketing ZFP, Nr. 1, S. 15-25.

Schefczyk, M. (1999): Erfolgsdeterminanten von Venture Capital-Investments in Deutschland, in: Schmalenbachs Zeitschrift für betriebswirtschaftliche Forschung (zfbf), Bd. 51, Nr. 12, S. 1123-1145.

Schefczyk, M. (2000a): Erfolgsstrategien deutscher Venture Capital-Gesellschaften: Analyse der Investitionsaktivitäten und des Beteiligungsmanagement von Venture Capital-Gesellschaften, 2. Auflage: Schäffer-Poeschel: Stuttgart.

Schefczyk, M. (2000b): Finanzieren mit Venture Capital: Grundlagen für Investoren, Finanzintermediäre, Unternehmer und Wissenschaftler, Schäffer-Poeschel: Stuttgart.

Schefczyk, M. (2003): Finanzieren mit Venture Capital, in: Kollmann, T. (Hrsg.): E-Venture-Managment - Neue Perspektiven der Unternehmensgründung in der Net Economy, Gabler: Wiesbaden, S. 403-413.

Schefczyk, M. (2004): Erfolgsstrategien deutscher Venture Capital-Gesellschaften: Analyse der Investitionsaktivitäten und des Beteiligungsmanagement von Venture Capital-Gesellschaften, 3. überarbeitete und erweiterte Auflage, Schäffer-Poeschel: Stuttgart.

Schefczyk, M./Gerpott, T. J. (1998): Managerqualifikationen und -fluktuation in Venture Capital-Unternehmen, in: Die Betriebswirtschaft, Bd. 58, Nr. 5, S. 573-590.

Scheibhenne, V./Ising, J./Schiereck, D. (2005): Erfolgreiches Venture Capital Fundraising in der Biotechnologie: Erfolgsfaktor Management vs. Produkt, in: Achleitner, A./Klandt, H./Koch, L. T./Voigt, K. (Hrsg.): Jahrbuch Entrepreneurship 2004/05 - Gründungsforschung und Gründungsmanagement, Springer: Berlin [u.a.], S. 217-240.

Schmeisser, W./Galler, M. (2001): Öffentliche Maßnahmen der Innovations- und Beteiligungsförderung, in: Schmeisser, W./Krimphove, D. (Hrsg.): Vom Gründungsmanagement zum Neuen Markt: Strategien für technologieorientierte kleine und mittlere Unternehmen, Gabler: Wiesbaden, S. 113-134.

Schnell, R. (1986): Missing-Data-Probleme in der empirischen Sozialforschung, Ruhruniversität: Bochum.

Scholderer, J./Balderjahn, I. (2005): PLS versus LISREL: Ein Methodenvergleich, in: Bliemel, F./Eggert, A./Fassot, G./Henseler, J. (Hrsg.): Handbuch PLS-Pfadmodellierung. Methode, Anwendung, Praxisbeispiele, Schäffer-Poeschel: Stuttgart, S. 87-98.

Scholz, O./Uthoff, C. (2002): Due Diligence bei E-Commerce-Unternehmen, in: Berens, W./Brauner, H. U./Strauch, J. (Hrsg.): Due Diligence bei Unternehmensakquisitionen, 3. Auflage, Schäffer-Poeschel: Stuttgart, S. 555-574.

Schreyögg, G./Geiger, D. (2003): Wenn alles Wissen ist, ist Wissen am Ende nichts? in: Die Betriebswirtschaft, Bd. 63, Nr. 1, S. 7-22.

Schuler, H./Rolfs, H. (2000): Hohenheimer Gründerdiagnose, in: Müller, G. F. (Hrsg.): Existenzgründung und unternehmerisches Handeln - Forschung und Förderung, Verlag empirische Pädagogik: Landau, S. 55-73.

Schüller, A. (1983): Property Rights und ökonomische Theorie, Vahlen: München.

Schulte-Zurhausen, M. (1999): Organisation, 2. Auflage, Vahlen: München.

Schumann, J. (1999): Grundzüge der mikroökonomischen Theorie, 7. Auflage, Springer: Berlin [u.a.].

Schumpeter, J. (1934): Theorie der wirtschaftlichen Entwicklung: eine Untersuchung über Unternehmergewinn, Kapital, Kredit, Zins und den Konjunkturzyklus, unveränderter Nachdruck der 1934 erschienenen 4. Auflage. Duncker/Humboldt: Berlin 1997.

Schüte, M. (2001): Über die Anwendung von Stichprobengenerierungsverfahren in den Wirtschaftswissenschaften, Logos: Berlin.

Schwab, G. (1991): Fehlende Werte in der angewandten Statistik, Deutscher Universitäts-Verlag: Wiesbaden.

Schwager, S. (2002): Due Diligence, in: Das Wirtschaftsstudium: WISU; Zeitschrift für Ausbildung, Examen und Weiterbildung, Bd. 31, Nr. 12, S. 1531.

Schwark, E. (1995): Kapitalanlagegesellschaften, Gesetz über (KAGG), in: Gerke, W./Steiner, M. (Hrsg.): Handwörterbuch des Bank- und Finanzwesens, 2. Auflage, Schaeffer-Poeschel: Stuttgart, Sp. 1065-1075.

Searle, J. R. (1997): Sprechakte. Ein sprachphilosophischer Essay, 7. Auflage, Suhrkamp: Frankfurt am Main.

Shane, S. (2003): A General Theory of Entrepreneurship – The Individual-Opportunity Nexus, Edward Elgar: Cheltenham.

Shane, S./Venkataraman, S. (2000): The Promise of Entrepreneurship as a Field of Research, in: Academy of Management Review, Bd. 25, Nr. 1, S. 217-226.

Shepherd, D. A. (1997): Researchers of Venture Capital Decision Making, Beware! USASBE Annual Conference – Entrepreneurship: The Engine of Global Economic Development, 21. bis 24. Juni 1997, San Franciso, Cal.

Shepherd, D. A. (1999a): Venture Capitalists' Assessment of New Venture Survival, in: Management Science, Bd. 45, Nr. 5, S. 621-632.

Shepherd, D. A. (1999b): Venture Capitalists' Introspection: A Comparison of 'In Use' and 'Espoused' Decision Policies, in: Journal of Small Business Management, April, S. 76-87.

Shepherd, D. A./Zacharakis, A./Baron, R. A. (2003): VCs' decision processes: Evidence suggesting more experience may not always be better, in: Journal of Business Venturing, Bd. 18, Nr. 3, S. 381-401.

Shleifer, A./Vishny, R. (1997): A Survey on Corporate Governance, in: Journal of Finance, Bd. 52, S. 737-783.

Siebert, H. (2000): Einführung in die Volkswirtschaftslehre, 13. vollständige überarbeitete und erweiterte Auflage, W. Kohlhammer: Stuttgart.

Siegel, R./Siegel, E./MacMillan, I. (1988): Corporate Venture Capitalists: Autonomy, Obstacles and Performance, in: Journal of Business Venturing, Nr. 3, S. 233-247.

Simon, H. (1947): Administrative Behaviour: A Study of Decision Making Processes in Administrative Organizations, Macmillan: Chicago.

Simon, J. (1969): Basic Research Methods in Social Science, Random House: New York.

Smart, G. H. (1999): Management assessment methods in venture capital: an empirical analysis of human capital valuation, in: Venture Capital: An International Journal of Entrepreneurial Finance, Bd. 1, Nr. 1, S. 59-82.

Spence, M. A. (1974): Market Signaling: Informational Transfer in Hiring and Related Screening Processes, Harvard University Press: Cambridge, Mass.

Spremann, K. (1990): Asymmetrische Information, in: Zeitschrift für Betriebswirtschaft, Bd. 60, Nr. 5/6, S. 561-586.

Stahl, E. (2003): Aussagekraft und Signalwirkung von Businessplänen in der Net Economy, in: Kollmann, T. (Hrsg.): E-Venture-Management - Neue Perspektiven der Unternehmensgründung in der Net Economy, Gabler: Wiesbaden, S. 201-212.

Starbatty, J. (1999): Das Menschenbild in den Wirtschaftswissenschaften, Eberhard-Karls-Universität: Tübingen.

Steinle, C./Schumann, K. (2003): Gründung von Technologieunternehmen: Merkmale, Erfolg, empirische Ergebnisse, Gabler: Wiesbaden.

Sternberg, R./Bergmann, H./Lückgen, I.(2004): Global Entrepreneurship Monitor. Länderbericht Deutschland 2003, Wirtschafts- und Sozialgeographisches Institut, Universität zu Köln: Köln.

Sternberg, R./Bergmann, H./Tamásy, C. (2001): Global Entrepreneurship Monitor. Länderbericht Deutschland 2001, Wirtschafts- und Sozialgeographisches Institut, Universität zu Köln: Köln.

Stigler, G. J. (1961): The Economics of Information, in: The Journal of Political Economy, Bd. 69, Nr. 3, S. 213-225.

Stiglitz, J. E. (1975): Information and Economic Analysis, in: Parkin, J. M./Nobay, A. R. (Hrsg.): Current economic problems, Cambridge Univ. Press: Cambridge, S. 27-52.

Stiglitz, J. E. (1985): Information and Economic Analysis: A Perspective, in: Economic Journal, Bd. 95, Supplement, S. 21-41.

Stiglitz, J. E. (1987): The Causes and Consequences of the Dependence of Quality on Prices, in: Journal of Economic Literature, Bd. 25, Nr. 1, S. 1-48.

Stiglitz, J. E. (1988): Money, Credit, and Business Fluctuations, in: Economic Record, Bd. 64, Nr. 187, S. 307-322.

Stiglitz, J. E. (1992): Capital Markets and Economic Fluctuations in Capitalist Economies, in: European Economic Review, Bd. 36, Nr. 2-3, S. 269-306.

Stiglitz, J. E. (2000): The Contributions of the Economics of Information to Twentieth Century Economics, in: Quarterly Journal of Economics, Bd. 115, Nr. 4, S. 1441-1478.

Stiglitz, J. E. (2002): Information and the change in paradigm in economics, in: The American economic review, Bd. 92, Nr. 3, S. 460-501.

Storn, A. (2003): Totes Kapital, in: Die Zeit, 27. November, S. 30-31.

Struck, J. (1999): Quo vadis Gründungsstatistik? Auszug aus einer Dissertation zu Stand und Entwicklungschancen einer Gründungsstatistik in der Bundesrepublik Deutschland, Deutsche Ausgleichsbank (DtA): Bonn-Bad Godesberg.

Stuck, B./Weingarten, M. (2005): How Venture Capital Thwarts Innovation. http://www.spectrum.ieee.org/WEBONLY/publicfeature/apr05/0405vcap.html, Zugriff am 13.4.2005.

Süchting, J. (1995): Finanzmanagement: Theorie und Politik der Unternehmensfinanzierung, 6. Auflage, Gabler: Wiesbaden.

Süchting, J./Kill, R./Neitzel, M. (1999): Beurteilung und Controlling von Venture Capital-Beteiligungen – Grundlagen zur Beurteilung und zum Controlling von Venture Capital-Finanzierungen durch Kapitalbeteiligungsgesellschaften, Ruhruniversität: Bochum.

Sull, D. N. (2004): Disciplined Entrepreneurship, in: MIT Sloan Management Review, Bd. 46, Nr. 1, S. 71-77.

Sutton, R. I./Staw, B. M. (1995): What Theory is Not, in: Administrative Science Quarterly, Bd. 40, S. 371-384.

Swan, J. E./Martin, W. S. (1994): The Theory-Setting-Testable Hypothesis Model: A Framework to Assist Doctoral Students in Linking Theory and Empirical Research, in: Marketing Education Review, Bd. 4, Fall, S. 2-15.

Szyperski, N./Nathusius, K. (1999): Probleme der Unternehmensgründung. Eine betriebswirtschaftliche Analyse unternehmerischer Startbedingungen, 2. Auflage, Eul: Lohmar.

Talaulicar, T./Grundei, J./Werder, A. v. (2001): Corporate Governance deutscher Start-ups: Ergebnisse einer empirischen Erhebung, in: Finanz-Betrieb, Nr. 9, S. 511-519.

Talkenberg, A. (1992): Die Ökonomie des Bildermarktes: eine informationsökonomische Analyse, Vandenhoeck Ruprecht: Göttingen.

Taylor, C. (1995): The economics of breakdowns, checkups, and cures, in: Journal of Political Economy, Bd. 103, Nr. 1, S. 53-74.

Temme, D./Kreis, H. (2005): Der PLS-Ansatz zur Schätzung von Strukturgleichungsmodellen: Ein Softwareüberblick, in: Bliemel, F./Eggert, A./Fassot, G./Henseler, J. (Hrsg.): Handbuch PLS-Pfadmodellierung. Methode, Anwendung, Praxisbeispiele, Schaeffer-Poeschel: Stuttgart, S. 193-208.

Thieme, H. J. (1992): Wirtschaftssysteme, in: Bender, D. (Hrsg.): Vahlens Kompendium der Wirtschaftstheorie und Wirtschaftspolitik, Vahlen: München, S. 1-48.

Tiedt, S. (2000): Financial Due Diligence in der Technologie-Branche, in: Finanz-Betrieb, Bd. 2, Nr. 10, S. 608-614.

Timmers, P. (1999): Electronic Commerce, John Wiley & Sons: Chichester.

Timmons, J. A. (1999): New venture creation: entrepreneurship for the 21st century, Irwin/McGraw-Hill: Boston, Mass.

Timmons, J. A./Bygrave, W. D. (1986): Venture Capital's Role in Financing Innovation for Economic Growth, in: Journal of Business Venturing, Bd. 1, S. 161-176.

Tolle, E. (1994): Informationsökonomische Erkenntnisse für das Marketing bei Qualitätsunsicherheit des Konsumenten, in: Schmalenbachs Zeitschrift für betriebswirtschaftliche Forschung (zfbf), Bd. 46, S. 926-938.

Torpey, W. J./Viscione, J. A. (1987): Mezzanine money for smaller businesses, in: Harvard Business Review, Bd. 65, Nr. 3, S. 116-122.

Tyebjee, T. T./Bruno, A. V. (1981): Venture capital decision-making: Preliminary results from three empirical studies, in: Frontiers of Entrepreneurship Research, Waltham, Mass., S. 281-320.

Tyebjee, T. T./Bruno, A. V. (1984): A model of venture capitalist investment activity, in: Management Science, Bd. 30, Nr. 9, S. 1051-1066.

Ucbasaran, D./Westhead, P./Wright, M./Binks, M. (2003): Does Entrepreneurial Experience Influence Opportunity Identification? in: Journal of Private Equity, Bd. 6, Nr. 4, S. 7-14.

Ulrich, H. (1987): Unternehmungspolitik, 2. Auflage, Haupt: Bern; Stuttgart.

Velde, M. v. d./Jansen, P./Anderson, N. (2004): Guide to Management Research Methods, Blackwell Publishing: Malden, Mass.

Venaik, S./Midgley, D. F./Devinney, T. M. (2001): Autonomy, Networking and Interunit Learning in a Model of MNC Subsidiary Innovation and Performance. http://www.agsm.edu.au/~timdev/research/VMD.PDF, Zugriff am 1. Juli 2005.

Vivekarajah, S./Harrison, R./Gregson, G. (2005): Strategic Considerations for Global Venture Capital Investing in Emerging Asian Markets, in: Li, Z. G./Chen, R./Cannice, M. (Hrsg.): Proceedings of the 2005 San Francisco-Silicon Valley Global Entrepreneurship Reseach Conference, San Francisco, Cal., S. 7-15.

Voigt, K./Christofor, J./Landwehr, S.(2004): Erfolgsvoraussetzungen der Zusammenarbeit zwischen jungen Technologieunternehmen und Industrieunternehmen im Rahmen des Corporate Venture Capitals, Arbeitspapier Nr. 7 am Lehrstuhl für Industriebetriebslehre. Wirtschafts- und Sozialwissenschaftliche Fakultät, Friedrich-Alexander-Universität: Erlangen-Nürnberg.

Volk, G. (2003): Mezzanine Capital: Neue Finanzierungsmöglichkeit für den Mittelstand? in: Betriebs-Berater, Bd. 58, Nr. 23, S. 1224-1226.

Volkmann, C. (2004): Entrepreneurship Studies – An Ascending Academic Discipline in the Twenty-First Century, in: Higher Education in Europe, Bd. XXIX, Nr. 2, S. 177-185.

Walter, A. (1998): Der Beziehungspromoter. Ein personaler Gestaltungsansatz für erfolgreiches Relationship Marketing, Gabler: Wiesbaden.

Warren, L./Hutchinson, W. E. (2000): Success Factors For High-Technology SMEs: A Case Study From Australia, in: Journal of Small Business Management, Bd. 38, Juli, S. 86-91.

Weiber, R. (1992): Diffusion von Telekommunikation, Gabler: Wiesbaden.

Weiber, R./Adler, J. (1995a): Informationsökonomisch begründete Typologisierung von Kaufprozessen, in: Schmalenbachs Zeitschrift für betriebswirtschaftliche Forschung (zfbf), Bd. 47, Nr. 1, S. 43-65.

Weiber, R./Adler, J. (1995b): Positionierung von Kaufprozessen im informationsökonomischen Dreieck: Operationalisierung und verhaltenswissenschaftliche Prüfung, in: Schmalenbachs Zeitschrift für betriebswirtschaftliche Forschung (zfbf), Bd. 47, Nr. 2, S. 99-123.

Weiber, R./Adler, J. (1995c): Der Einsatz von Unsicherheitsreduktionsstrategien im Kaufprozess: Eine informationsökonomische Analyse, in: Kaas, K. P. (Hrsg.): Kontrakte, Geschäftsbeziehungen, Netzwerke - Marketing und Neue Institutionenökonomik, Verl.-Gruppe Handelsblatt: Frankfurt am Main, S. 61-77.

Weiss, M. (2005): Finanzierungsfragen, in: Hölters, W. (Hrsg.): Handbuch des Unternehmens- und Beteiligungskaufs, Dr. Otto Schmidt: Köln (im Erscheinen).

Weitnauer, W./Guth, M. (2001): Handbuch Venture Capital: Von der Innovation zum Börsengang, 2. Auflage, Beck: München.

Wells, W. A. (1974): Venture Capital Decision-Making, Carnegie-Mellon University: Pittsburgh, PA.

Welpe, I. (2004): Venture-Capital-Geber und ihre Portfoliounternehmen. Erfolgsfaktoren der Kooperation, Gabler: Wiesbaden.

Werner, H. (2000): Junge Technologieunternehmen: Entwicklungsverläufe und Erfolgsfaktoren, Dt. Univ.-Verlag: Wiesbaden.

Westermann, H. P. (2005): Due Diligence beim Unternehmenskauf, in: Zeitschrift für das gesamte Handelsrecht und Wirtschaftsrecht, Bd. 169, Nr. 2/3, S. 248-273.

Whetten, D. A. (1989): What Constitutes a Theoretical Contribution? in: Academy of Management Review, Bd. 14, Nr. 4, S. 490-495.

White, S./Gao, J./Zhang, W. (2002): China's venture capital industry: Institutional trajectories and system structure. International Conference on Financial Systems, Corporate Investment in Innovation and Venture Capital, 7. bis 8. November 2002, Brussels.

Williamson, O. E. (1988): Corporate finance and corporate governance, in: Journal of Finance, Bd. 43, Nr. 3, S. 567-591.

Winkler, C. (2004): Rechtsfragen der Venture Capital-Finanzierung, Duncker & Humboldt: Berlin.

Wipfli, C. (2001): Unternehmensbewertung im Venture Capital-Geschäft: Herleitung von Einflussfaktoren und deren empirische Überprüfung in der Praxis, Haupt: Bern.

Witt, P. (2003): Grundlagen der Businessplan-Erstellung in der Net Economy, in: Kollmann, T. (Hrsg.): E-Venture-Management – Neue Perspektiven der Unternehmensgründung in der Net Economy, Gabler: Wiesbaden, S. 189-200.

Witt, P. (2004): Discussion of 'Financing High-Tech Growth: The Role of Banks and Venture Capitalists', in: Schmalenbach Business Review, Bd. 56, Nr. 4, S. 358-359.

Wold, H. (1966): Estimation of principal components and related models by iterative least squares. International symposium on multivariate analysis, 14. bis 19. Juni 1965, Wrigth State University: Dayton, Ohio.

Wold, H. (1982): Systems Under Indirect Observation Using PLS, in: Fornell, C. (Hrsg.): A Second Generation of Multivariate Analysis. Volume 1, Praeger: New York, S. 325-347.

Wolinsky, A. (1993): Competition in a market for informed experts' services, in: RAND Journal of Economics, Bd. 24, Nr. 3, S. 380-398.

Wright, M./Robbie, K. (1998): Venture Capital and Private Equity: A Review and Synthesis, in: Journal of Business Finance & Accounting, Bd. 25, Nr. 5-6, S. 521-570.

Wright, M./Sapienza, H. J./Busenitz, L. W. (2003): Introduction, in: Wright, M./Sapienza H. J./Busenitz, L. W. (Hrsg.): Venture Capital. Volume 1, Edward Elgar: Cheltenham, S. IX-XLVI.

Yin, R. K. (1984): Case Study Research. Design and Methods, Sage Publications: Beverly Hills; London; New Delhi.

Yung, Y./Bentler, P. M. (1996): Bootstrapping Techniques in Analysis of Mean and Covariance Structures, in: Marcoulides, G. A./Schumacker, R. E. (Hrsg.): Advanced Structural Equation Modeling. Issues and Techniques, Lawrence Erlbaum: Mahwah, New Jersey, S. 195-226.

Zacharakis, A. (2004): Country versus Industry Institutional Forces: What Drives VC Decision Making Across Countries. Babson Kauffman Entrepreneurship Research Conference (BKERC), 3. bis 5. Juni 2004, Glasgow, UK.

Zacharakis, A. L./Meyer, G. D. (1998): A lack of insight: Do Venture Capitalists Really Understand their own Decision Process? in: Journal of Business Venturing, Bd. 13, Nr. 1, S. 57-76.

Zacharakis, A. L./Shepherd, D. A./Coombs, J. E. (2003): The development of venture-capital-backed internet companies – An ecosystem perspective, in: Journal of Business Venturing, Bd. 18, S. 217-231.

Zider, B. (1998): How Venture Capital Works, in: Harvard Business Review, Bd. 76, Nr. 6, S. 131-139.

Zimmermann, J./Schütte, J. (2004): Intangibles, in: Das Wirtschaftsstudium: WISU; Zeitschrift für Ausbildung, Examen und Weiterbildung, Bd. 33, Nr. 3, S. 315.

Zöfel, P. (2004): Statistik für Wirtschaftswissenschaftler, Pearson Studium: München.

Stichwortverzeichnis

FSC
www.fsc.org
MIX
Papier | Fördert gute Waldnutzung
FSC® C083411

Kolibri 360 GmbH
Ferdinand-Jühlke-Straße 7
99095 Erfurt, Deutschland
produktsicherheit@kolibri360.de